合众 The Union Automobile Books 汽车馆

总主编 吴光强

汽车底盘常见故障及检修

主 编 黄 虎

上海科学技术文献出版社
Shanghai Scientific and Technological Literature Press

图书在版编目（CIP）数据

汽车底盘常见故障及检修 / 黄虎主编 . — 上海：上海科学技术文献出版社，2016.3
（合众汽车馆 / 吴光强总主编）
ISBN 978-7-5439-6963-6

Ⅰ . ①汽… Ⅱ . ①黄… Ⅲ . ①汽车 — 底盘 — 结构 ②汽车 — 底盘 — 车辆修理 Ⅳ . ① U463.1 ② U472.41

中国版本图书馆 CIP 数据核字（2016）第 035540 号

责任编辑：祝静怡　胡欣轩
封面设计：林　勤

书　名：汽车底盘常见故障及检修

黄　虎　主编
出版发行：上海科学技术文献出版社
地　　址：上海市长乐路 746 号
邮政编码：200040
经　　销：全国新华书店
印 刷 厂：上海出版印刷有限公司
开　　本：710×1000　1/16
印　　张：22
字　　数：360 000
版　　次：2016 年 3 月第 1 版　2016 年 3 月第 1 次印刷
书　　号：ISBN 978-7-5439-6963-6
定　　价：53.00 元
http://www.sstlp.com

编委会

总主编 吴光强

主　编 黄　虎

副主编 刘兆义　吴其观

编　者（排名不分先后）

黄　虎　吴其观

夏月琴　马桂秋

何东伟　刘新田

总序

Prologue

2015年中国汽车产销量分别为2450.33万辆和2459.8万辆，连续七年排名全球第一。随着汽车工业的快速发展，汽车界提出了产品全生命周期管理（Product Lifecycle Management, PLM）的开发理念，加强了对人才，特别是高端技能型专门人才质量与数量的需求。这无疑对汽车行业工作人员提出了更高的要求。

中国的汽车业始终是拉动国民经济的主要引擎，持续增长的消费需求掩盖了汽车行业面临的许多问题。汽车产业一直面临传统与创新的延续性问题。客户观念、社会观念、产业观念在不断演进；而汽车类图书的变革速度则相对迟缓得多。为此我们紧密结合汽车行业对汽车类从业人员的需求，以及汽车4S店工作人员、汽车维修工作人员、汽车营销等岗位的实际工作经验，并在此基础上进行了广泛的调研，对汽车类工作岗位进行分析和分类，按照相应岗位对汽车工作人员的职业素养和职业能力的要求，确定了本系列图书的指导思想和编写原则。

本系列图书采用最新的条例和法规，最前沿的汽车行业知识，并充分考虑汽车行业工作人员的需求，涵盖目前全国大部分汽车类行业的知识体系，体系完整，内容创新，实践性强，经过各分册编者和主审的辛勤劳动，本系列图书即将陆续面市。我们希望通过本系列图书的编写和推广，提高汽车行业工作人员的职业能力和职业素养。

本系列图书既可作为从事汽车保险、汽车维修、汽车营销、汽车评估等工作岗位人员的实际工作指导，最大限度地满足汽车行业一线工作人员的实际工作需要，又可满足广大爱车人士阅读、自修的需求。

在本套图书编写过程中，得到了行业专家、高等院校和企业家的支持与配合，在此表示诚挚的谢意！

同济大学汽车学院 吴光强教授、博士生导师

2016年2月于上海

前言
Foreword

随着汽车产业结构的调整和汽车行业人才市场的变化，汽车产业面临着“培养高素质和高技能汽车人才”的挑战。新时期下我国汽车行业转轨变型也造成汽车人才观的变化。

《汽车底盘常见故障及检修》是汽车运用技术、汽车检测与维修等运用类的核心内容之一。为适应日趋发展的汽车底盘技术对汽车人才的需要，本书内容在立足于成熟的技术和规范的同时，力争把握汽车底盘发展的最前沿，重视新技术、新知识、新规范的介绍和应用，力求做到内容与行业技术在工作运用中同步更新。本书特别注重与汽车底盘维修工作的紧密结合，内容具有极强的针对性和实用性，旨在切实提高从事汽车底盘岗位工作人员的专业素养。同时，本书配备了大量的图示说明，按图索骥，帮助读者更容易理解内容。

本书系统介绍了汽车底盘及检修基础知识、离合器、普通齿轮式变速器、汽车自动变速器、万向传动装置与驱动桥、车桥与悬架系统、车轮和轮胎、汽车转向系统、制动系统、ABS与ASR的结构与检修，内容系统、连贯、完整，具有较强的实用性，能够满足汽车底盘领域的工作人员从事汽车底盘技术必备的能力。

本书可供汽车维修从业人员、汽车运用、汽车制造等相关领域的技术人员、汽车驾驶人员使用和参考，还可作为本科和高职高专学校汽车类专业学生阅读参考。

由于编者的经历和水平有限，加之时间仓促，书中疏漏之处在所难免，恳请广大读者斧正。

编　者

2016年2月于上海

目录
Contents

第一章
汽车底盘总体概述和检修基础知识

第一节 认识汽车底盘

一、汽车使用特点

汽车的使用具有机动性强、使用地域宽广（平原、山区、丘陵、高速公路以及低等级路面等）以及全气候适应能力强的特点；汽车适宜在人口密集、道路拥挤的城市、郊区和城际高速公路进行“门对门”的短途运输。

由于汽车的使用环境复杂，因此它的行驶工况比其他路面交通工具更苛刻，它必须适应加速、减速、倒车、转弯、制动、驻车等各种复杂工况。

随着高速公路的快速发展，汽车平均车速不断提高，对汽车的操纵稳定性、制动安全性、行驶平顺性提出了更高的要求。

相比其他交通工具，汽车是一种量大且面广的交通工具，它既可以作为交通运输的生产资料，也可以作为公众的代步工具。同时运输对象十分广泛，除了货运、客运外，旅游休闲和竞技比赛等各种用途都会涉及。

汽车的使用条件、使用环境以及用途决定了汽车的结构有别于其他交通工具。同时要求汽车的购置和使用成本低、维修保养方便、结构性能可靠。

二、汽车底盘四大组成系统

汽车底盘四大组成系统如图1-1-1所示。

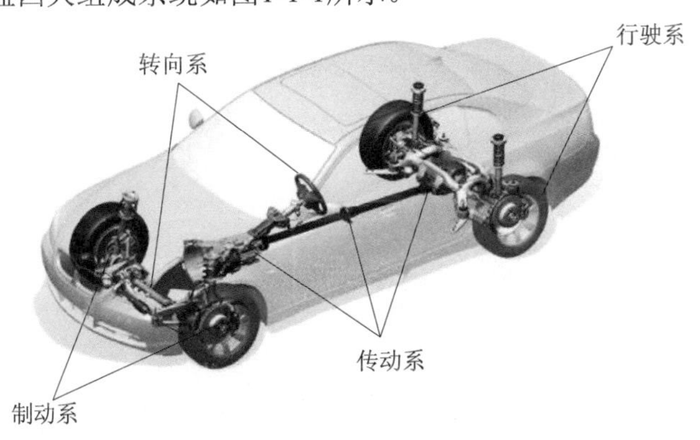

图 1-1-1 底盘四大组成系统

1. 传动系

传动系是连接发动机和驱动轮所有机构的总称，包括离合器、变速器、传动轴、驱动桥（主减速器、差速器、半轴）等。传动系具有减速、增矩、倒驶、中断动力、轮间差速等功能，与发动机配合工作，能保证汽车在各种工况条件下的正常行驶。

2. 行驶系

行驶系主要由车架、车桥、车轮、悬架等组成。行驶系的功用是支承汽车总质量，将传动系传来的转矩转化为汽车行驶的驱动力，承受并传递路面作用于车轮上的各种力及其所形成的力矩；缓和不平路面对车身造成的冲击和振动，保证汽车的行驶平顺性和操纵稳定性。

3. 转向系

转向系是用来改变或恢复汽车行驶方向的机构。汽车转向系的功用是按照驾驶员的意愿控制汽车的行驶方向。它由转向操纵机构、转向器和转向传动机构等组成。

4. 制动系

制动系是利用路面对车轮施加一定的力，从而对其进行强制制动的一系列专门装置。它使行驶中的汽车能按照驾驶员的要求进行强制减速甚至停车；使已停驶的汽车在各种道路条件下（包括在坡道上）稳定驻车。制动系通常由行车制动器、驻车制动器、制动源、调节装置和管道组成。

三、汽车行驶的基本原理

1. 汽车的行驶阻力

欲使汽车行驶，必须对汽车施加一个驱动力以克服各种阻力。汽车在路面上行驶时，须克服来自地面的滚动阻力F_f和来自空气的空气阻力F_w；汽车在坡道行驶时，还须克服重力沿坡道的分力，即坡道阻力F_i；汽车加速行驶时，须要克服加速阻力F_j。

（1）滚动阻力

滚动阻力主要是由于车轮滚动时轮胎与路面变形而产生。弹性车轮沿硬路面滚动，路面变形很小，轮胎变形是主要的；车轮沿软路面（如松软土路、沙地、雪地等）滚动，轮胎变形较小，路面变形较大。

此外，轮胎与路面以及车轮轴承内都存在着摩擦。车轮滚动时产生的这些变形与摩擦都要消耗发动机一定的动力，因而形成滚动阻力，以F_f表示，其数值与汽车的总重力、轮胎的结构和气压以及路面性质有关。

（2）空气阻力

汽车行驶时，须要挤开其周围的空气，汽车前面受气流压力并且后面形成真空，产生压力差，此外还存在着各层空气之间以及空气与汽车表面的摩擦，再加上冷却发动机、室内通风以及汽车表面外凸零件引起的气流干扰等，就形成空气阻力，以F_w表示。空气阻力与汽车的形状、汽车的正面投影面积有关，特别是与汽车和空气的相对速度的平方成正比。当汽车高速行驶时，空气阻力的数值将显著增加。

（3）上坡阻力

汽车上坡时，其总重力沿路面方向的分力形成的阻力称为上坡阻力，以F_i示，其数值取决于汽车的总重力和路面的纵向坡度。上坡阻力只是在汽车上坡时才存在，但汽车克服坡度所做的功并未白白耗掉，而是以位能的形式被贮存起来。当汽车下坡时，所贮存的位能又转变为汽车的动能，促使汽车行驶。

（4）加速阻力

汽车加速行驶时，须要克服其质量加速运动的惯性力，也就是加速阻力F_j。汽车的质量分为平移的质量和旋转的质量。

2. 汽车的驱动力

为了克服上述阻力，汽车必须有足够的驱动力。汽车驱动力如图1-1-2所示。

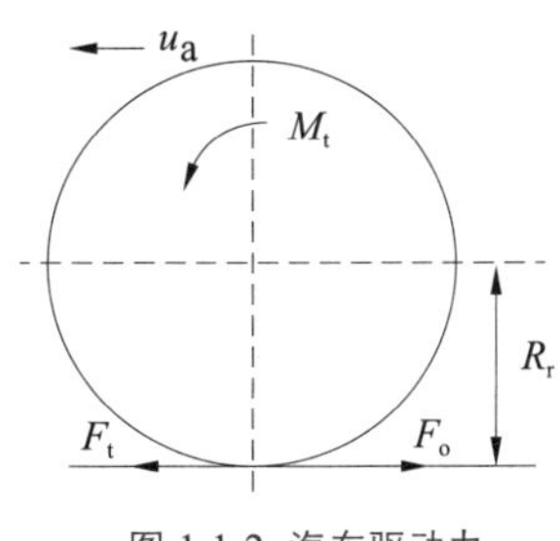

图 1-1-2 汽车驱动力

发动机经由传动系在驱动轮上施加一个驱动力矩M_t，力矩使驱动轮旋转。在M_t作用下，在驱动轮与路面接触之处对路面施加一个圆周力F_o，其方向与汽车行驶方向相反，其数值为M_t与车轮滚动半径R_r之比：$F_o = M_t / R_r$。

由于车轮与路面的附着作用，在车轮向路面施加力F_o的同时，路面也对车轮施加一个数值相等、方向相反的反作用力F_t，F_t就是汽车行驶的驱动力。

总阻力等于上述各项阻力之和：$\sum F = F_f + F_w + F_i + F_j$。

当驱动力增大到足以克服汽车静止时所受的阻力时，汽车开始起步行驶。汽车起步后，驱动力F_t等于总阻力$\sum F$时，汽车将匀速行驶。当驱动力F_t大于总阻力$\sum F$时，汽车将加速行驶。但是，随着车速增加，总阻力亦随空气阻力而急剧增加，所以汽车速度只能增大到驱动力与总阻力达到新的平衡为止。此后，汽车便以较高的速度匀速行驶。

当驱动力F_t小于总阻力$\sum F$时，汽车将减速或停驶。这时如欲维持原车速就须要加大节气门或将变速器换入低挡以便相应地增大驱动力。

四、汽车分类

我国在1988年颁布了GB/T 3730.1—1988《汽车和半挂车的术语和定义 车辆类型》的国家标准，根据汽车的功能和结构把汽车划成七种类别。2009年又颁布了GB/T 9417—1989《中国汽车分类标准》，作为对GB/T 3730.1—1988标准的补充，在GB/T 9417—1989中新增了挂车，这样把汽车划成了八种类别，在每种类别中再根据总质量、车身长度或发动机排量细分成轻、中和重不同级别。2001年根据国际标准ISO3833，我国又重新制定GB/T 3730.1—2001《汽车和挂车类型的术语和定义》的国家标准，汽车分为乘用车和商用车两大类，该标准于2005年开始执行。新老标准中有关汽车分类的原则差异很大。目前社会上许多早期生产的在用汽车仍按老标准执行，因此现阶段是新老标准的过渡期，在强制执行过程中遇到不少困难。

1. 关于GB/T 3730.1—1988《汽车和半挂车的术语和定义 车辆类型》

按照GB/T 3730.1—1988中的规定，汽车分为：货车（载货汽车）、越野汽车、客车、轿车、自卸汽车、牵引汽车、专用汽车等七种类别。

（1）货车（载货汽车）主要用于运送货物，有的也可牵引全挂车的汽车。按其总质量可分为以下四种。

微型货车：总质量≤1.8t

轻型货车：1.8t＜总质量≤6t

中型货车：6t＜总质量≤14t

重型货车：总质量＞14t

（2）越野汽车是主要用于坏路或无路地区的全轮驱动的，具有高通过性的汽车，也可牵引挂车。按其总质量可分为以下四种。

轻型越野汽车：总质量≤5t

中型越野汽车：5t＜总质量≤13t

重型越野汽车：13t＜总质量≤24t

超重型越野汽车：总质量＞24t

（3）客车是指具有长方箱形车厢，主要用于载送人员及其随身行李物品的汽车。有单层也有双层的，有铰接的，也有牵引挂车的结构。根据车辆的长度可分为以下五种。

微型客车：长度≤3.5m

轻型客车：3.5m＜长度≤7m

中型客车：7m＜长度≤10m

大型客车：长度＞10m

特大型客车：包括铰接式客车和双层客车

（4）轿车是用于载送人员及其随身物品且座位布置在两轴之间的四轮汽车。根据其发动机排量分为以下五种。

微型轿车：发动机排量≤1L

普通轿车：1.0L＜发动机排量≤1.6L

中级轿车：1.6L＜发动机排量≤2.5L

中高级轿车：2.5L＜发动机排量≤4L

高级轿车：发动机排量＞4L

（5）自卸汽车是指以运送货物为主且可倾卸货箱的汽车，分为轻型自卸汽车、中型自卸汽车、重型自卸汽车和矿用自卸汽车。

（6）牵引汽车是指专门或主要用于牵引挂车的汽车，分为全挂牵引汽车和半挂牵引汽车。

（7）专用汽车是指装置有专用设备，具备专用功能，用于承担专门运输任务或专项作业的汽车，分为厢式汽车、罐式汽车、起重举升汽车、专用自卸汽车、仓栅式汽车和特种结构汽车。

2. 关于GB/T 3730.1—2001《汽车和挂车类型的术语和定义》

2001年重新制定的GB/T 3730.1—2001《汽车和挂车类型的术语和定义》国家标准中，将汽车分为两大类：乘用车和商用车。

（1）乘用车

乘用车指在设计和技术特性上主要用于载运乘客及其随身行李或临时物品的汽车，包括驾驶员座位在内最多不超过9个座位。它也可以牵引一辆挂车。

根据乘用车的结构和功能又细分为普通乘用车、活顶乘用车、高级乘用车、小型乘用车、敞篷车、仓背乘用车、旅行车、多用途乘用车、短头乘用车、越野乘用车、专用乘用车等11种基本乘用车类别。

在11个基本乘用车类别基础上，又以发动机排量进一步划分，按发动机的排量共分为1L排量以下、1—1.6L、1.6—2.0L、2.0—2.5L、2.5L以上五个排量区间。对应GB/T 3730.1—1988的标准，大致就是微型轿车、普通轿车、中级轿车、中高级轿车、高级轿车等五个类别。

（2）商用车

商用车指在设计和技术特性上主要用于运送人员和货物的汽车，并且可以牵引挂车，乘用车不包括在内。根据商用车的结构和功能又细分为客车、货车和挂车三个基本类别。

客车指在设计和技术特性上用于载运乘客及其随身行李的商用车辆，包括驾驶员座位在内座位数超过9座。客车有单层和双层之分，也可牵引一挂车。根据客车的结构和功能又可细分为小型客车、城市客车、长途客车、旅游客车、铰接客车、无轨电车、越野客车、专用客车等八种车型。

货车指的是一种主要为载运货物而设计和装备的商用车辆，可牵引一挂车。根据货车的结构和功能又可细分为普通货车、多用途货车、全挂牵引车、越野货车、专用作业车、专用货车等六种车型。

挂车指的是就其设计和技术特性须由汽车牵引才能正常使用的一种无动力的道路车辆，可用于载运人员或货物以及其他特殊用途。根据挂车的结构和功能又可细分为牵引杆挂车、半挂车、中置轴挂车、汽车列车等四种基本类别。

五、汽车底盘的分类

目前我国还没有汽车底盘的统一分类标准。但由于底盘是十分重要的组成部分，是众多汽车系统的集成组件，并且可以作为独立的、具有性能特征的成品进入流通领域。为了区别不同汽车底盘的结构、性能特征以及反映底盘出厂成品的装配状态，在行业中还是存在底盘的习惯分类方法。

1. 按底盘的使用功能分类

在GB/T 3730.1—2001《汽车和挂车类型的术语和定义》国家标准中，无论是乘用车还是商务车，根据汽车的某种特定用途，在基本类别车型上派生出专用车、客车、专用乘用车等底盘，譬如城市客车底盘、旅游客车底盘、消防车底盘等。在国家工信部的《车辆生产企业及产品公告》中，客车底盘和专用车底盘等都被纳入正式的汽车产品目录中，具有统一的产品名称和产品代码。

2.按底盘出厂时的装配状态分类

按底盘出厂时的装配状态分类可以分为1类底盘、2类底盘、3类底盘和4类底盘（散件）。这不属于质量状态的分级标准，而是根据底盘出厂（提供给主机厂或进入流通领域）时装配状态和配置程度进行划分的一种方法。对于国内外许多客车制造和专用车改装企业，在进行设计和制造过程中，都须从整车制造厂或底盘制造企业订购整车或半成品（底盘零部件或总成）用于车辆进一步的再制造和改装。为了区别不同底盘的供货产品，根据底盘的装配状态，采用不同的名称。目前的规定或称谓都是沿袭了长春一汽集团对汽车总图编号的定义（企业标准CA/CBW-15）。

1类底盘：指通常意义上的整车，包括汽车的全部系统。这类底盘与标准的载货车结构和性能完全相同。

2类底盘：这类底盘的装配状态，是在1类底盘的基础上，取消车厢总成，有驾驶区和车前仪表、操作系统等零部件。

3类底盘：指不装车身而安装有发动机及传动装置、前后桥、转向器、悬架装置、车轮及轮胎、制动系统等总成，不能行驶。客车改装厂为了运输方便，往往要求整车厂提供的3类底盘带临时座椅和仪表便于自行，也称为自行式3类底盘。

4类底盘：指无车架的散件和总成，仅从方便销售的角度，指未经组装的包括汽车全部系统部件的成套配件。

上述的底盘分类方法，目前主要集中在商用车（客车、专用车）的制造企业。

3.按底盘重要性能特征分类

汽车底盘涵盖了四大系统，并有几十个重要的总成部件组成。企业为了展示整车和底盘的优势，会把某一总成的结构特征赋予底盘。其中传动系驱动方式就是一个典型的例子，它能够比较全面地反映整车的布置方式和性能。例如“四轮驱动底盘”或“独立悬架底盘”等。

汽车的传动驱动方式主要有以下几种：

（1）FF-前置前驱

FF-前置前驱即发动机前置前轮驱动，如图1-1-3所示，这是当前轿车最为流行的一种驱动方式，目前国内外经济型轿车和中等级型轿车绝大多数都采用这种布置方式。

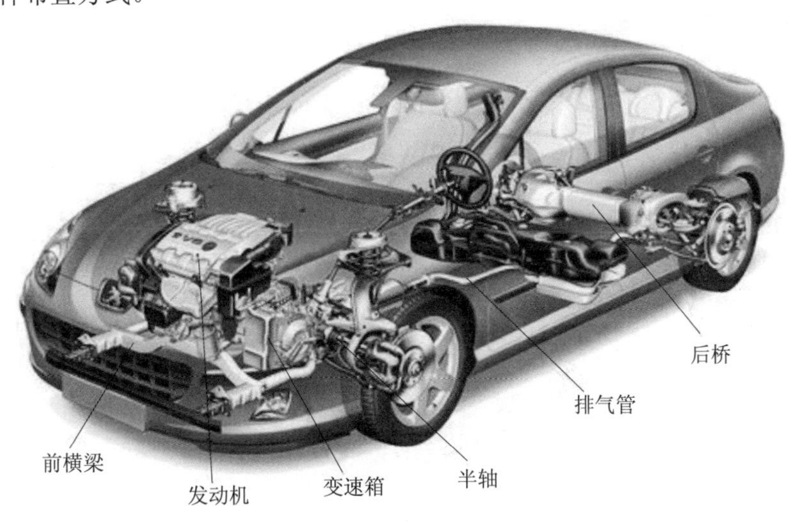

图 1-1-3 前置前驱

优点：减轻了车重，结构比较紧凑；车内空间比较宽敞，提高了乘坐舒适性；燃油经济性好；提高了汽车的操作稳定性和制动时的方向稳定性；简化了汽车后悬架的结构。

缺点：汽车加速或爬坡时，前轮易打滑；容易出现转向不足的情况。

代表车型：大众迈腾、丰田凯美瑞、奥迪A3、奔驰B级等。

（2）FR-前置后驱

FR-前置后驱即发动机前置后轮驱动，如图1-1-4所示，这是当前高级轿车、运动型轿车和货车普遍采用的一种布置方式。

图 1-1-4 前置后驱

优点：牵引性能比前置前驱优越；延长了轮胎的使用寿命；简化了操纵机构的布置；便于维修与保养。

缺点：增加了车重，影响了燃油经济性；减小了驾驶室空间，影响了乘坐舒适性；在雪地和易滑路面易发生摆尾现象。

代表车型：丰田锐志、宝马3系、奔驰C级、法拉利599等。

（3）MR-中置后驱

MR-中置后驱即发动机中置后轮驱动，如图1-1-5所示。当前这种布置方式大多用于跑车或者赛车中，如著名的法拉利F360、F430都采用该布置方式。

图 1-1-5 中置后驱

优点：前后载荷分配非常均匀，具有后驱车型的所有优势。

缺点：严重占用乘坐空间，结构复杂，泛用性不强，成本过高。

代表车型：法拉利458、兰博基尼盖拉多LP550-2、帕加尼Zonda、保时捷Carrera GT等。

（4）RR-后置后驱

RR-后置后驱即发动机后置后轮驱动，如图1-1-6所示，多用于大客车上，轿车上很少采用，但保时捷911，就是因RR布置而出名。

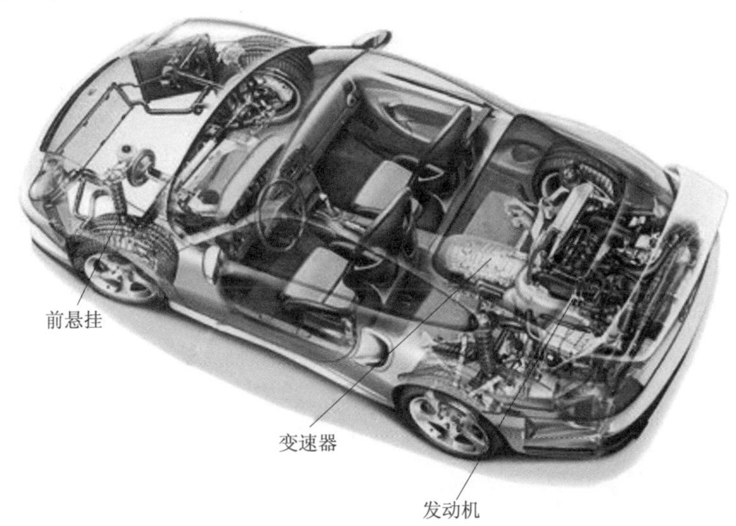

图 1-1-6 后置后驱

优点：结构紧凑，取消了传动轴，也没有复杂的前轮转向兼驱动机构。

缺点：后轴负荷较大，在操控性方面会产生与FF布置相反的转向过度倾向。

代表车型：保时捷911系列和Smart fortwo。

（5）4WD-四轮驱动

大多采用发动机前置，四轮同为驱动轮的形式，按技术划分为：全时、分时、适时四驱。

全时四驱（Full-Time）：前后车轮永远维持在四轮驱动模式，行驶时发动机输出扭矩以固定的比例分配到前后轮上，如斯巴鲁森林人汽车。

分时四驱（Part-Time）：由驾驶员根据路面情况，通过接通或断开分动器来变化两轮驱动或四轮驱动模式，如牧马人汽车。

适时四轮（Real-Time）：由电路选择驱动模式，正常路面一般采用后轮驱动，如果路面不良或驱动轮打滑，电脑控制系统会自动选择四轮驱动，如一汽丰田RAV4汽车。

除了汽车的驱动方式可以代表底盘的重要特征外，还有前后独立悬架结构的应用，也会给汽车的性能带来明显的改善。

第二节 汽车底盘保养

一、车辆保修技术管理规定的变化

交通部发布的《汽车运输业车辆技术管理规定》明确指出：坚持预防为主，依靠科技进步和技术与经济结合的原则，对原“定期保养、计划修理”的汽车保修制度做了重大调整，确立了“定期检测、强制维护、视情修理”的汽车维修制度。

1. 定期检测

定期检测是科学技术进步与技术管理相结合的产物。它包含两重含义：一是对所有从事运输的汽车，视其类型、新旧程度、使用条件和使用强度等，在车辆行驶一定里程或时间后，定期进行综合性能检测，通过检测，达到控制运输车辆技术状况的目的，同时也可监督车辆检测前的维修竣工质量；二是结合汽车二级维护定期进行诊断检测，以掌握汽车技术状况变化规律，确定是否须在常规维护的同时附加修理作业项目，从而达到视情修理的目的。

2. 强制维护

强制维护即“强制保养”，仍然是坚持了计划、预防的设备维护原则。之所以将过去的“定期保养”改为“强制维护”，是为了进一步强调维护的重要性，防止盲目追求眼前利益，对运输设备进行破坏性使用的错误行为。随着科学技术的进步，强制维护制度取消了过去对汽车主要总成大拆大卸的三级保养，采用国际上普遍使用的不解体状态检测下的维护工艺，通过维护前的诊断检测，进行汽车清洁、补给、润滑、紧固、调整及必要的修理，消除故障、隐患，防止车辆早期损坏。

3. 视情修理

视情修理是随着现代汽车高科技特征和汽车检测技术的发展而提出的。根据车辆诊断检测后的技术评定，按不同作业范围和作业深度进行修理。“视情修理”体现了以下基本实质：一是改定性判断为定量判断，确定修理作业的方式由以车辆行驶里程为基础，改变为以车辆实际技术状况为基础；二是使用高科技检测手段，送修车辆的检测诊断和技术评定，是实现车辆视情修理的重要保证；三是体现了技术经济原则，避免拖延修理造成车况恶化，也防止提前修理造成的浪费。

二、汽车保养技术管理规定

为规范汽车维护、检测、诊断作业，使汽车保持良好的技术状况，减少汽车故障，保证行车安全，延长车辆使用寿命，有效控制汽车排放污染物，国家颁布了标准GB/T 18344—2001《汽车维护、检测、诊断技术规范》的国家标准。在该标准中对汽车保养技术管理做了明确的说明。

关于汽车保养分级标准和保养项目

在GB/T 18344—2001标准中规定我国在用汽车的保养（或称维护）分成三个等级：日常维护、一级维护、二级维护。

（1）日常维护

日常维护是以清洁、补给和安全检视为作业中心内容，由驾驶员负责执行的车辆维护作业。

（2）一级维护

一级维护是除日常维护作业外，以清洁、润滑、紧固为作业中心内容，并检查有关制动、操纵等安全部件，由维修企业负责执行的车辆维护作业，如示1-2-1所示。

表1-2-1 汽车一级维护的项目和操作内容

序号	项目名称	操作内容
1	清洁作业	清洁汽车及各总成的外部，清除表面泥土和油垢
2	检查和调整皮带	检查并调整风扇皮带、发电机皮带及空气压缩机皮带的松紧度
3	检查传动轴	检查两端凸缘固定螺栓是否松动，检查传动轴管是否有凹陷，平衡块是否脱落
4	检查转向机构	检查转向机构各连接螺栓的紧固情况
5	检查悬架系统	检查前后钢板弹簧U形螺栓及支架的紧固情况
6	检查蓄电池	清洁蓄电池外部，检视并添加蒸馏水
7	检查车身件的连接螺栓	检查并紧固车前钣金零件，驾驶室、车厢等部位的连接螺栓
8	检查发动机悬置件	检查并紧固发动机的悬置件
9	润滑作业	按润滑规定进行各部位润滑

（3）二级维护

二级维护除一级维护作业内容外，以检查和调整转向节、转向摇臂、制动蹄片、悬架等容易磨损或变形的安全部件为主，并拆检轮胎，进行轮胎换位，检查调整发动机工作状况和排气污染控制装置等，由维修企业负责执行车辆维护作业。

按照GB/T 18344—2001《汽车维护、检测、诊断技术规范》和GB 18565—2001《营运车辆综合性能要求和检验方法》，二级维护的项目可分成人工检测项目（表1-2-2）和仪器检测项目（表1-2-3）两种。

表1-2-2 汽车二级维护采用的人工检测项目和技术要求

序号	项目名称	检查内容	技术要求
1	发动机润滑	检查发动机润滑油、机油滤清器	润滑油规格性能指标和添加的液面高度应符合原厂说明书规定；机油滤清器密封良好，无堵塞
2	底盘总成润滑	检查转向器、变速器、主减速器等润滑油规格和液面高度	符合原厂说明书规定
3	空气滤清器	检查空气滤清器的清洁、密封情况	空气滤清器安装可靠，清洁有效；恒温进气装置真空软管安装可靠，进气转换阀工作灵敏、准确
4	柴、汽油滤清器	检查柴、汽油滤清器的清洁、密封情况	柴、汽油滤清器密封可靠，清洁有效
5	转向轴（桥）制动及相关内容	检查调整臂的作用	作用正常，符合原厂说明书规定
		检查前轮毂总成、制动蹄、支承销孔、转向节、轴承、支承销、制动底板等零件	清洁，制动蹄无油污
		检查制动盘、制动凸轮轴	制动盘不变形；凸轮轴转动灵活、无卡滞，间隙符合原厂说明书规定
		检查转向节及螺母、保险片及油封、转向节臂，紧固螺栓	转向节无裂纹，螺纹完好，与螺母配合应无径向松旷，保险片作用良好，油封完好不漏油；转向节轴颈与轴承的配合间隙符合要求，转向节臂装置螺栓扭紧力矩符合原厂说明书规定
		检查轮毂内外轴承	滚柱保持架无断裂；滚柱无脱落、无裂损和烧蚀；轴承内座圈无裂损和烧蚀
		检查制动蹄及支承销	制动蹄无裂损及明显变形，摩擦片不破裂，铆接可靠，摩擦片厚度符合原厂说明书规定；支承销与制动蹄承孔衬套配合间隙符合规定

（续表）

序号	项目名称	检查内容	技术要求
		检查制动蹄复位弹簧	复位弹簧应无明显变形，自由长度、拉力符合原厂说明书规定
		检查前轮毂、制动鼓及轴承外座圈，紧固轮胎螺栓内螺母	轮毂无裂损；轴承外座圈无裂纹，无麻点，无烧蚀；左右制动鼓无裂纹，沟槽深度符合规定，检视孔完整，内径尺寸、圆度及圆柱度误差、左右内径差符合规定
		检查前轮毂和前轮轴承松紧度及制动间隙	制动蹄、支承销孔均应涂润滑脂，保险装置齐全有效；轴承润滑，松紧度符合规定；制动鼓、制动片表面清洁，无油污；制动片与制动鼓的间隙应符合规定，转动无碰擦现象或异响，检视孔挡板齐全；轮毂用拉力计测量时符合原厂说明书规定，轴向间隙符合规定；保险可靠，防尘罩、衬垫完好，螺栓垫圈齐全（螺栓规格一致）
6	其他轴（桥）制动及相关内容	检查制动底板或制动蹄支架、制动凸轮轴，紧固连接螺栓	制动底板或制动蹄支架不变形，清洁无油污，连接螺栓的预紧力符合规定；凸轮轴转动灵活，无卡滞，轴向间隙和径向间隙符合原厂说明书规定
		检查后桥半轴套管、螺母及油封	套管无裂纹及松动，与螺母配合无径向松旷；油封完好，无损坏，无漏油；套管颈与轴承配合间隙符合原厂说明书规定
		检查轮毂内外轴承	轴承保持架无断裂，润滑有效，滚柱不脱落，无裂损和烧蚀；轴承内座圈无裂纹和烧蚀
		检查制动蹄及支承销	制动蹄无裂纹及明显变形，清洁无油污；摩擦片不破损，铆接可靠，摩擦片厚度符合原厂说明书规定；支承销与制动蹄承孔衬套配合间隙符合原厂说明书规定
		检查制动蹄复位弹簧	复位弹簧无明显变形，自由长度和拉力符合原厂说明书规定

（续表）

序号	项目名称	检查内容	技术要求
		检查后轮毂、制动鼓及轴承外座圈；检查扭紧半轴螺栓，检查轮胎螺栓，紧固螺母	轮毂无裂损；轴承外座圈不松动，无麻点、无损坏；左右制动鼓无裂纹，内径、圆度及圆柱度误差、左右内径差符合规定；制动鼓沟槽深度符合规定，检视孔完整；半轴螺栓齐全有效
		检查半轴	半轴无明显变形，不磨套管，无裂纹，花键无过量磨损或扭曲变形
		检查后制动鼓，制动间隙	支承孔均应涂润滑脂，保险装置齐全可靠；套管轴颈表面应涂机油后再装上轴承；制动蹄片、制动鼓面应清洁，无油污；制动蹄片与制动鼓的间隙应符合原厂说明书规定，转动无碰擦现象和异响，检视孔挡板齐全紧固；轮毂转动灵活，拉力符合原厂说明书规定；锁紧螺母的预紧力符合规定
7	驻车制动	检查驻车制动器蹄片厚度，制动自由行程	符合原厂说明书规定
8	制动阀、制动管路、制动踏板	检查制动踏板自由行程；检查制动阀和管路接头；液压制动检查制动管路内是否有空气	制动踏板自由行程符合原厂说明书规定；制动阀和管路接头连接可靠，无漏气；液压制动管路内无空气，制动液质量及液面高度符合规定
9	变速器、差速器	检查密封状况和操纵机构，通气孔	密封良好、通气孔畅通，操纵机构工作正常，无异响、跳挡、乱挡现象
10	传动轴、传动轴承支架、中间轴承	检查防尘罩、传动轴万向节工作状况、传动轴承支架、中间轴承间隙、花键间隙	防尘罩不得有裂纹、损坏，卡箍可靠；万向节不松旷，无卡滞，无异响；传动轴承支架无松动；中间轴承间隙、传动轴花键间隙符合原厂说明书规定
11	转向器、转向传动机构	检查转向器传动机构的工作状况和密封性，各部分螺栓，转向盘自由转动量	转向盘自由转动量符合规定，转向轻便、灵活，无卡滞和漏油现象。垂臂及转向节臂无变形及裂纹，拉杆球头松紧适度，各部螺栓连接可靠，助力转向系统密封良好，驱动力符合规定

（续表）

序号	项目名称	检查内容	技术要求
12	悬架	检查悬架、减震器、导向杆	悬架不松动，无裂纹，无断片，螺栓的预紧力符合规定；减震器无漏油，工作有效；导向杆无变形，连接符合规定
13	轮胎（包括备胎）	检查轮胎气压和磨损及螺栓紧固情况	轮胎规格、气压和动平衡符合原厂说明书规定，清洁，无裂损、不老化、不变形，气门嘴完好；轮胎螺栓紧固；轮胎的装用和花纹深度符合规定；备胎的安装紧固符合规定
14	ABS	用专用仪器检查ABS	ABS系统应工作正常
	电子控制装置	用专用仪器检查电子控制装置	工作正常
	缓行器	路试缓行器	工作正常
	空气悬挂	检查空气悬挂	工作正常，上下底座无明显错位，气囊无龟裂、无漏气
	空气调节与控制	检查空气调节与控制	工作正常

表1-2-3 汽车二级维护采用的仪器检测项目和技术要求

序号	项目名称	检测内容	技术要求
1	排放	汽油车，CO和HC的排放量	怠速试验时符合GB 18565—2001的9.1.1.2的要求
			双怠速试验时，符合GB 18565—2001的9.1.1.1表4的要求
		柴油车，自由加速烟度	符合GB 18565—2001的9.1.2.2表8的要求
		排气可见污染物	符合GB 18565—2001的9.1.2.1表7的要求
2	传动系	滑行距离	符合GB 18565—2001的11.5.1的要求
3	制动系	制动力	符合GB 18565—2001的6.13.1.1和6.13.1.2的要求
		制动力平衡	符合GB 18565—2001的6.13.1.3的要求
		制动协调时间	符合GB 18565—2001的6.13.1.4要求
		车轮阻滞力	符合GB 18565—2001的6.13.1.5要求
		驻车制动力	符合GB 18565—2001的6.13.3要求

（续表）

序号	项目名称	检测内容	技术要求
4	转向系	转向盘最大自由转动量	符合GB 18565—2001的7.5的要求
		最大转向角	符合GB 18565—2001的7.5的要求
		转向轮横向侧滑量	符合GB 18565—2001的7.3的要求
5	乘用车	四轮定位	符合原厂说明书的规定

在一般情况下汽车经过二级维护后，发动机通过三清三滤作业，应易起动、运转平稳、排气正常（指尾气达标）、水温、机油压力符合要求、转速平稳、无异响、各皮带张紧适度，无四漏（水、油、电、气）现象。方向盘自由行程和前束符合要求，转向轻便、灵活、可靠，行驶时前轮无左右摆头和跑偏。离合器自由行程符合要求，操作方便、分离彻底、接合平稳、可靠，无异响，液压系统无漏油。变速箱、驱动桥、万向节（或半轴）传动装置润滑良好，连接可靠，无异响和过热，不跳挡、换挡灵活、不漏油。制动踏板自由行程和制动器间隙符合要求，行车、驻车制动良好，制动时无跑偏现象和拖滞现象，惯性比例阀工作正常，不漏油。轮胎压力正常。悬架臂、减震器固定可靠，功能正常，轮毂轴承温度在行驶后不高热。发电机、起动机、灯光、仪表、信号灯、按钮、开关附属设备齐全、完整，能工作正常。全车各润滑点加注润滑油。全车冲洗清洁。维修厂家只要达到以上10条二级保养作业标准，车辆就是合格产品。

（4）汽车维护常用工具和设备

汽车检修常用工具和设备的配置因企业的规模和服务对象不同而有所区别。根据国家标准GB/T 16739.1—2004《汽车维修业开业条件第1部分：汽车整车维修企业》的规定，把汽车维修企业分为两类：汽车整车维修企业和汽车专项维修业户。

①汽车整车维修企业（一类和二类）设备配置

它是指有能力对所维修车型的整车、各个总成及主要零部件进行各级维护、修理及更换，使汽车的技术状况和运行性能完全（或接近完全）恢复到原车的技术要求，并符合相应国家标准和行业标准的规定的汽车维修企业。按规模大小分为一类汽车整车维修企业和二类汽车整车维修企业。例如规模比较大的汽车维修企业和汽车品牌专卖店（4S店）等都属于汽车整车维修企业。

根据GB/T 16739.1—2004的规定，汽车整车维修企业（一类和二类）的开业条件，必须满足表1-2-4通用设备、表1-2-5专用设备和表1-2-6主要检测设备的条件。

表1-2-4 通用设备

序号	设 备 名 称
1	钻床
2	电焊及气体保护焊设备
3	气焊设备
4	压力机
5	空气压缩机

表1-2-5 专用设备

<table>
<tr><th>序号</th><th>设 备 名 称</th><th>大中型客车</th><th>大型货车</th><th>小型车</th><th>其他要求</th></tr>
<tr><td>1</td><td>换油设备</td><td colspan="3">√</td><td></td></tr>
<tr><td>2</td><td>轮胎轮辋拆装设备</td><td colspan="3">√</td><td></td></tr>
<tr><td>3</td><td>轮胎螺母拆装机</td><td>√</td><td>√</td><td>-</td><td></td></tr>
<tr><td>4</td><td>车轮动平衡机</td><td colspan="3">√</td><td></td></tr>
<tr><td>5</td><td>四轮定位仪</td><td>-</td><td>-</td><td>√</td><td></td></tr>
<tr><td>6</td><td>转向轮定位仪</td><td>√</td><td>√</td><td>-</td><td></td></tr>
<tr><td>7</td><td>制动鼓和制动盘维修设备</td><td>√</td><td>√</td><td>-</td><td></td></tr>
<tr><td>8</td><td>汽车空调冷媒加注回收设备</td><td>√</td><td>-</td><td>√</td><td></td></tr>
<tr><td>9</td><td>总成吊装设备</td><td colspan="3">√</td><td></td></tr>
<tr><td>10</td><td>汽车举升机</td><td>-</td><td>-</td><td>√</td><td>一类应不少于5台</td></tr>
<tr><td>11</td><td>地沟设施</td><td>√</td><td>√</td><td>-</td><td>一类应不少于2个</td></tr>
<tr><td>12</td><td>发动机检测诊断设备</td><td colspan="3">√</td><td>应具备示波器、转速表、发动机检测专用真空表的功能</td></tr>
<tr><td>13</td><td>数字式万用电表</td><td colspan="3">√</td><td></td></tr>
<tr><td>14</td><td>故障诊断设备</td><td>-</td><td>-</td><td>√</td><td></td></tr>
<tr><td>15</td><td>气缸压力表</td><td colspan="3">√</td><td></td></tr>
<tr><td>16</td><td>汽油喷油器清洗及流量测量仪</td><td>-</td><td>-</td><td>√</td><td></td></tr>
<tr><td>17</td><td>正时仪</td><td colspan="3">√</td><td></td></tr>
<tr><td>18</td><td>燃油压力表</td><td>-</td><td>-</td><td>√</td><td></td></tr>
<tr><td>19</td><td>液压油压力表</td><td colspan="3">√</td><td></td></tr>
<tr><td>20</td><td>连杆校正器</td><td colspan="3">√</td><td>允许外协</td></tr>
<tr><td>21</td><td>无损探伤设备</td><td colspan="3">√</td><td>修理大中型客车必备，其他允许外协</td></tr>
</table>

（续表）

序号	设 备 名 称	大中型客车	大型货车	小型车	其他要求
22	车身清洗设备	-	-	√	
23	打磨抛光设备	√	-	√	
24	除尘除垢设备	√	-	√	
25	型材切割机	√			
26	车身整形设备	√			
27	车身校正设备	-	-	√	
28	车架校正设备	√	√	-	二类允许外协
29	悬架试验台	-	-	√	二类允许外协
30	喷烤漆房及设备	√	-	√	
31	喷油泵试验设备	√			允许外协
32	喷油器试验设备	√			
33	调漆设备	√	-	√	
34	自动变速器维修设备（见GB/T 16739.2—2004）	-	-	√	
35	立式精镗床	√			
36	立式珩磨机	√			
37	曲轴磨床	√			
38	曲轴校正设备	√			
39	凸轮轴磨床	√			
40	激光淬火设备	√			
41	曲轴、飞轮与离合器总成动平衡机	√			

注：√——要求具备，-——不要求具备

表1-2-6 主要检测设备

序号	设 备 名 称	其他要求
1	声级计	
2	排气分析仪或烟度计	
3	汽车前照灯检测设备	二类允许外协
4	侧滑试验台	二类允许外协
5	制动检验台	修理大型货车及二类允许外协
6	车速表检验台	二类允许外协
7	底盘测功机	允许外协

企业配备的设备型号、规格和数量应与其生产纲领、生产工艺相适应；

设备技术状况应完好，满足加工、检测精度要求和使用要求。

企业应配备与其所承修车型相适应的量具、机工具及手工具。量具应定期进行检定。

各种设备应符合相应的产品技术条件等国家标准和行业标准的要求。各种设备应能满足加工、检测精度的要求和使用要求。表1-2-6所列检测设备应通过型式认定，并按规定经有资质的计量检定机构检定合格。

允许外协的设备，应具有合法的合同书，并能证明其技术状况符合国家标准和行业标准的要求。

②汽车专项维修业户（三类）设备配置

根据GB/T 16739.1—2004《汽车维修业开业条件第2部分：汽车专项维修业户》的规定，它是指从事汽车发动机、车身、电气系统、自动变速器、车身清洁维护、涂漆、轮胎动平衡及修补、四轮定位检测调整、供油系统维护及油品更换、喷油泵和喷油器维修、曲轴修磨、气缸镗磨、散热器（水箱）维修、空调维修、汽车装潢（篷布、座垫及内装饰）、门窗玻璃安装等专项维修作业的业户（三类）。例如专修自动变速器和专营轮胎动平衡及修补的企业，这些企业注重汽车某一项的维修业务，任务比较单一，企业规模相对较小。

表1-2-7和表1-2-8分别列出了自动变速器专修和轮胎动平衡及修补企业必须满足的专用设备。

表1-2-7 自动变速器修理专用设备

序号	设 备 名 称	其他要求
1	自动变速器翻转设备	
2	自动变速器拆解设备	
3	变扭器维修设备	
4	变扭器切割设备	
5	变扭器焊接设备	
6	变扭器检测（漏）设备	
7	零件高压清洗设备	
8	电控变速器测试仪	
9	油路总成测试机	
10	液压油压力表	
11	自动变速器总成测试机	
12	自动变速器专用测量器具	

表1-2-8 轮胎动平衡及修补专用设备

序号	设 备 名 称	其他要求
1	空气压缩机	
2	漏气试验设备	
3	轮胎气压表	
4	千斤顶	
5	轮胎螺母拆装机或专用拆装工具	
6	轮胎轮辋拆装、除锈设备或专用工具	
7	轮胎修补设备	
8	车轮动平衡机	

由于企业的性质不同，保养和检修对象不同，企业常用的检修工具和设备差异比较大。汽车整车维修企业的设备比较齐全，而汽车专项维修业户的设备配置专业化程度高。

三、汽车维护现场安全操作规范

在汽车实训车间或汽车检修车间里工作，安全极为重要。掌握安全预防措施的理论和实践可以避免严重的人身伤害和财产损失。了解汽车维修车间和检修现场可能存在的各种危险，并采取各种防范措施是十分必要的。

1. 车间存在的隐患

（1）可燃的液体，如汽、柴油，必须妥善保管和储存。

（2）可燃的材料如擦油的抹布必须妥善处理以避免火灾。

（3）电池里含有腐蚀性的硫酸溶液，在充电时产生易燃的氢气。

（4）汽车尾管排放的一氧化碳是有毒气体。

（5）电气设备和电灯上破损的电线可能引起严重的电击。若是高压电甚至会导致人员伤亡。

（6）松大的衣服和长发可能被绞进旋转的零件、设备或汽车，导致严重受伤。

（7）车间地面上的机油、润滑脂、水和零部件的清洗液可能会使人滑倒而受重伤。

（8）二立柱或四立柱的举升器的不同步升降或锁止失效会引起汽车的跌落，导致人员受伤和汽车受损。

（9）站在车间移动或行驶的车辆的前面或后面，存在被碰撞的危险。

（10）危险性的废料如电池，由冷热清洗液池排放出的腐蚀性的清洗液，对人体和环境有害。

（11）在拆装汽车零部件时，猛烈的敲打会引起零件破损或工具的失手，导致周围人员受伤和财产的损失。

2. 预防措施

（1）安全管理制度

①认真贯彻执行“安全第一、预防为主”的方针及国家有关的安全生产法律法规，制定适合本单位的安全管理制度，执行实训或生产设备的安全操作规程，并定期检查制度的落实情况。

②设置安全管理领导机构，学校各部门、参与实训和下厂实习的班级应配备专（兼）职安全管理人员，负责督促、教育和检查安全操作规程。

③学生实训或下厂实习前，要举行安全生产教育和安全知识培训，教育学生严格执行工艺流程、工艺规范和安全操作规程，不得违章作业。实训或实习结束后，针对安全问题、事故发生情况有专门的总结材料。

（2）人身保护措施

①必须按规定穿着劳动保护用品，不得穿背心、短裤、裙子和拖鞋进车间。

②不要穿宽大的衣服，并把长发挽在脑后。

③在有粉尘或有毒气体的环境下，要戴口罩或防毒面具。

④当进行磨削、焊接或处理化学制品、高温零件时要戴上合适的加厚型手套，处理腐蚀性化学制品应戴上特制的橡胶手套。

⑤不要用嘴吸吮汽油或柴油。

⑥在有些作业环境下工作，为了避免飞溅的铁屑或化学制品伤眼，必须戴安全眼镜。

（3）易燃物品使用安全性

①加强对易燃物品的管理，不得随意乱放。

②在车上修理作业及用汽油清洗零件时，不得吸烟；不准在修理汽油车的旁边烘烤零件或点燃喷灯等。

③在车间、油库、材料间等处所应配备充足的灭火器材，并加强维护，使之保持良好的技术状态，所有员工应会正确使用灭火器材。

④进入油库，严禁吸烟，严禁携带易燃易爆物品进入油库。

⑤当发动机或燃油管发生汽油泄漏时，应立即堵漏并把地面的汽油擦干净，防止火源接近。

⑥带油废弃的抹布要放在指定密封的容器中，避免挥发燃烧。

（4）用电安全性

①工作灯应采用低压（36V以下）的安全灯，工作灯不得冒雨或拖过水地使用，并经常检查导线、插座是否良好。

②手湿时不得扳动电力开关或插电源插座，电源线路保险丝应按规定安装，不得用铜线、铁线代替。

③非电工不得搬弄配电盘上的开关及电器设施。

④蓄电池充电作业时，要保持室内通风良好，并杜绝明火，充电时应将蓄电池盖打开，电液温度不得超过450℃。检查蓄电池时应戴防护眼镜。

⑤新蓄电池充电必须遵守两次充足的技术规程，在充电过程中要取出蓄电池应先将电源关闭，以免损坏充电电机及蓄电池。

⑥配电设施线路确保完好、性能可靠，使用移动电具应有安全防护措施。

（5）环境保护

①有毒、易燃、易爆物品和化学物品，粉尘、腐蚀剂、污染物、压力容器等应有安全防护措施和设施，压力容器及仪表等应严格按有关部门要求定期校验。

②根据季节变换切实做好防火、防涝、防冻、防腐及防盗工作，并制定相关措施，配备消防器材。

③废油应倒入指定的废油桶收集，不得随地倒泼或倒入排水沟内，防止废油污染。

④在室内起动发动机，其排气管的废气应通过排气装置通往室外。

⑤报废的蓄电池要妥善保管，并注意回收利用。

⑥报废的轮胎要妥善保管，不要任意堆放，并注意回收利用。

（6）清理工作的安全性

①工作前应检查所使用工具是否完整无损，施工中工具必须整齐，不得随地乱放，工作完成后应将工具清点检查并擦干净，按要求放入工具车或工具箱内。

②拆装零部件时，必须使用合适工具或专用工具，不得大力蛮干，不得用铁锤直接敲击零件，所有零件拆卸后要按一定顺序整齐安放，不得随地堆放。

③拆装车辆做到油、水、零件不落地，保持双手、零件、工具、场地的清洁。

④拆装废弃的零部件要堆放在指定位置，保持作业场地干净并避免和新零件混淆。

⑤修理作业时应注意保护汽车漆面光泽装饰，对地毯及座位必要时要使用保护垫布、座位套，以保持修理车辆的整洁。

⑥作业结束后要及时清除场地油污杂物，并将设备机具整齐安放在指定位置，以保持施工场地整齐清洁。

（7）车间总体的安全性

①用千斤顶进行底盘作业时，必须选择平坦、坚实场地并用三角木将前后轮塞稳，然后用搁车凳将车辆支撑稳固，严禁单纯用千斤顶升起车辆在车底作业。

②放松千斤顶时，要先看车下及周围是否有人，只有确认人员都在安全位置时，才能放松千斤顶。

③在修理过程中应认真检查原零件或更换件是否合乎技术要求，并严格按修理技术规范精心进行施工和检查调试。

④发动机进行起动检验前，应先检查各部位的装配工作是否已全部结束，是否按规定加足了润滑油、冷却水，起动时置变速器于空挡位置，拉紧手制动。

⑤车底有人时，严禁发动车辆。

⑥发动机在运转中不允许进行检修工作。

⑦汽车路试后进行底盘检修时，要防止被排气管烫伤。发动机过热时，不能打开水箱盖，谨防沸水喷出烫伤。

⑧指挥车辆行驶、移位时，不得站在车辆正前与后方，并注意周围障碍物。

⑨维修车辆前，应将车辆停放牢固后方可作业。举升设备应由专人操作，非工作人员不准进入车下，举车时不准检修举升设备。

⑩路试车辆必须由具有驾驶证且技术熟练的试车员进行，并在规定的路段上进行。

四、汽车底盘的集成化技术

现代汽车底盘电子控制系统从最初的单一控制发展到如今的多变量多目标的综合协调控制，这样可以在硬件上共享共用传感器、控制器件、线路，使零件数量减少，从而减少连接点，提高可靠性，在软件上实现信息融合、集中控制、提高和扩展各自单独的控制功能。

例如车轮防抱死制动系统ABS是为了解决汽车制动过程中，由于后轮完全抱死引起的汽车侧滑和甩尾，以及前轮完全抱死引起的汽车失去转弯方向控制能力。实际上ABS是解决制动方向稳定性的控制系统。同样，ASR系统是为了解决驱动轮滑转引起的汽车行驶方向问题，当驱动轮作用力大于地面的附着力引起车轮滑转，导致汽车侧滑而丢失行驶方向的控制能力。这两套系统表面上看是各自独立的，实际上异曲同工，都是为了解决行驶过程的方向控制问题，一个是解决汽车的制动过程，而另外一个解决的则是汽车的驱动过程。为了实现这两种不同的控制功能，系统所选择的硬件包括车轮速度传感器、ECU控制器、连接线都相同，甚至有部分执行器都是共用的，ABS和ASR许多传感器的输入信号资源都可以共享。它们的差别在于CPU处理器中的控制程序（算法）和最终的执行部件。因此在ABS技术诞生不久就派生出ASR技术，ABS/ASR是孪生兄弟，它们的组合是当今汽车底盘电控集成化技术应用最成功的典范。

ABS/ASR装置成功解决了制动和驱动过程的方向稳定性问题，但是还不能解决转向时的方向稳定性问题。汽车转向时，只有地面能够提供充分的转向力时，驾驶员才能够控制车辆，使其按照预定的轨迹行驶，如果地面的侧向附着能力不足，提供不了足够的转向力，汽车就会侧滑，影响汽车按预定方向行驶的能力。ESP技术就是在这种使用条件下提出的。汽车弯道行驶的转向力控制，最终还是要解决汽车弯道行驶中车轮制动力和驱动力的控制问题。一旦ABS/ASR/ESP三位一体的集成系统得以应用，将在制动、加速和转向方面满足驾驶员的较高要求，制造成本降低，控制性能提高，对汽车的主动行驶安全性具有较大的贡献。

ABS/ASR/ESP集成系统，仅仅是汽车底盘的集成化技术的案例之一。在今后的底盘系统中将会把汽车传动系统、电子悬架系统、电子转向系统、制动系统融合在一起成为综合的汽车底盘电子控制系统。把原来各自的控制功能集中在一个ECU中，通过CAN总线实现信息共享和资源综合利用。

五、线控技术在汽车底盘上的运用

1. 线控技术概述

线控技术已经被广泛用于航空业，用线控制系统来取代传统的液压和机械系统已经成为技术发展的趋势。汽车电子中各种线控制系统或线驱动系统将会在今后数年中大量出现，如线控制动（brake by-wire）、线控转向（steer by-wire）、线控悬架（suspension by-wire）等有望在未来汽车上率先获得应用。目前发动机上采用的电子节气门就是线控技术的应用例子。

（1）线控技术的优点

由于操纵控制直接通过驾驶员的手脚对输入信号开关进行控制，无须克服汽车传统的转向盘、转向柱、脚踏板以及连接杆产生的各种阻力，降低了驾驶员操作强度。简化了结构和生产工艺，便于实现汽车轻量化，同时提高了执行机构的响应速度。另外减小了汽车正面碰撞时的潜在危险性，改善了汽车的安全性和舒适性，并提供了更大的室内布置空间。

线控技术便于实现个性化设计，由于驾驶特性，如制动、转向、加速等过程，都是程序设定的，设计不同的程序供用户选择。可以将汽车的车内娱乐装置也集成到网络中，使得汽车导航和自动驾驶成为可能，整个汽车就是一个完整的电路整体。

汽车的保养和维护用品可大大减小，减少了维护费用。取消机械和液压连接可以简化维护工作，可能磨损的机械部件更少了，采用线控制动后无需制动液和液压油，使汽车更为环保。

（2）线控技术尚存在的问题

线控技术还处于发展阶段，其电子设备的技术性能还不完善，如抗电磁干扰、电子元器件可靠性、软件程序的设计、网络攻击等。一旦电路失效而没有机械冗余就会导致灾难性的后果，如转向失灵、油门难以控制和不能制动等致命故障。

同时，采用线控技术需要较多的电能，目前12V的汽车电源无法提供足够大的能量，未来的汽车电源系统须采用高压电源（如42V电源系统），加大能源供应，以满足各系统能量的需求，此外，须解决好高压电源的安全问题。

实现线控系统的一个关键技术是系统失效时的信息通信协议，如TTP/C等的研究应用。制造成本比传统的系统高，提高线控系统的性价比也是须要解决的问题。

2. 线控技术的结构原理

线控技术是在控制单元和执行器之间用电子装置取代传统的机械连接装置或液压连接装置，就是由“电线”或者电信号实现传递控制，而不是通过机械连接装置来操作的。传统的操纵汽车的方式是：当驾驶员踩制动、踩油门、换挡、打转向盘时，都是通过机械机构来操纵汽车。而线控技术则是将驾驶员的动作通过操作开关（传感器）转化为电信号，由电线来传递指令操纵汽车，并通过电动机或电磁阀驱动执行机构。

3. 线控制动系统

线控制动系统由实现电子化的供能装置、控制装置、传动装置、制动器等四个部分组成。ECU（电控单元）对制动系统进行整体控制，采用全新的电子制动器，每个制动器有各自的控制单元。机械连接逐渐减少，原制动踏板和制动器之间的动力传递（管路）分离或取消，取而代之的是电线连接，电线传递能量，数据线传递信号。线控制动是自ABS在汽车上得到广泛应用以来制动系统的又一次飞跃式发展。

目前线控制动系统分为两种类型：一种是电液制动系统EHB（Electronic-Hydraulic Brake），另一种是电子机械制动系统EMB（Electronic-Mechanical Brake）。电液制动系统是将电子与液压系统相结合，由电子系统控制，液压系统提供动力；电子机械制动系统则用电线取代传统制动系统中的空气或制动液等传力介质，电制动器取代传统制动器，电子机械制动系统是未来制动系统的发展方向。线控制动系统的共同特点是都具有踏板转角与踏板力可按比例调控的电子踏板；具有控制制动力矩与踏板转角相对应的程序控制单元；程序控制单元可基于其他传感器或控制器的输入信号实现主动制动及其他功能。

线控制动的显著优点在于：线控制动系统能够优化制动防抱死功能和稳定性控制的性能，制动响应时间短，提高制动效能；结构简单，系统质量比传统制动系统减小很多，减少了制动液的使用，利于环保；线控制动系统制造、装配、测试简单快捷，制动总成模块化结构，减少了机械制动部件，利于车厢布置，同时提高了制动安全性；易于增加汽车的辅助制动功能，可加装多种电控功能。

4. 线控转向系统

线控转向系统取消了传统的机械式转向装置，转向盘与转向车轮之间无机械连接，完全摆脱了传统转向系统的各种限制，不但可以自由设计汽车转向的力传递特性，而且可以设计汽车转向的角传递特性，给汽车转向特性的设计提供更大的空间，是汽车转向系统的重大革新。

线控转向系统由具有容错功能的网络相连接的控制单元、执行器、传感器和冗余电控单元组成。

它的性能特点在于：改善驾驶员的路感。由于转向盘和转向车轮之间无机械连接，驾驶员的“路感”通过模拟生成，可以从信号中提出最能够反应汽车实际行驶状态和路面状况的信息，作为转向盘回正力矩的控制变量，使转向盘仅向驾驶员提供有用信息，从而为驾驶员提供更为真实的“路感”。

线控转向系统可以与其他主动安全设备相结合，实现汽车的整体控制，提高其稳定性和整车设计自由度，便于操控系统布置。例如没有机械连接，可以很容易把左舵驾驶换为右舵驾驶。控制单元还可以接收各种数据，在瞬时转向条件下，立刻提供转向动力，改善驾驶特性，实现传动比的任意设置，并对随车速变化的参数进行补偿，使汽车转向特性不随车速变化。基于车速、牵引力控制以及其他相关参数基础上的转向传动比（转向盘转角和车轮转角的比值）不断变化，低速行驶时，转向传动比变低可以减少转弯或停车时转向盘转动的角度；高速行驶时，转向传动比变大，能够获得更好的直线行驶条件。线控转向系统是整个汽车智能化技术的一个分支，具有良好的市场发展前景。

目前线控技术在汽车中的应用还不成熟，但随着汽车各系统电子化、集成化的发展需要，线控技术必将得到广泛的应用。但电子化不可能完全取代机械化，机械系统的损坏通常都是有过程的，而线控制系统的失效是瞬间的。如果线控制系统失效那一刻汽车的行驶速度过高，造成的后果就可能非常严重。电子控制要完全取代机械操作还需要时间。

第二章
离合器

第一节 离合器的结构与检修

一、离合器概述

离合器是一个可以分离和接合动力的总成，安装在发动机和变速器之间，通过接合时产生的摩擦力矩来传递发动机动力（图2-1-1）。

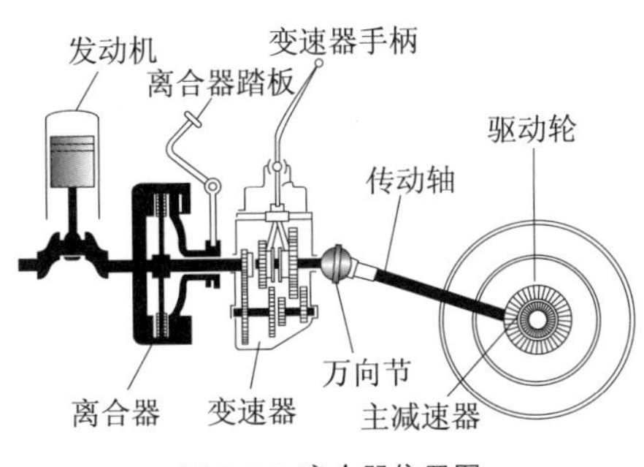

图 2-1-1 离合器位置图

1. 离合器的功用

（1）使发动机与传动系逐渐接合，保证汽车平稳起步

汽车起步时，汽车是从完全静止的状态逐步加速的。传动系中设置离合器后，在发动机起动后，汽车起步之前，驾驶员先踩下离合器踏板，将离合器分离，使发动机与传动系脱开，再将变速器挂上挡，然后逐渐松开离合器踏板，使离合器逐渐接合，同时逐渐踩下加速踏板，以增加发动机的输出扭矩，这样发动机的扭矩可以由小到大传递给传动系统。当牵引力足以克服起步阻力时，汽车即从静止开始运动并逐步加速。

（2）暂时切断发动机的动力传动，保证变速器换挡平顺

汽车行驶过程中，为了适应不断变化的行驶条件，传动系经常要换用不同挡位工作。对于普通齿轮变速器，换挡时不同的齿轮副要退出啮合或进入啮合，这就要求在换挡前踩下离合器踏板，中断发动机动力传递，以便退出原有齿轮副的啮合、进入新齿轮副的啮合。如果没有离合器或离合器分离不彻底，使动力不能完全中断，原有的齿轮副之间会因压力大而难以脱开，而待啮合的齿轮副之间因圆周速度不同而难以进入啮合，勉强啮合也会产生很大的冲击和噪声，甚至打齿。

（3）限制所传递的转矩，防止传动系过载

当车速急速变化时，传动系内各转动件将产生很大的惯性力矩，该力矩可能大大超出发动机正常工作时所输出的转矩，会造成传动系统过载而使其机件损坏。有了离合器后，当传动系统承受的载荷超过离合器所能传递的最大扭矩时，离合器会通过主、从动部分之间的打滑来消除这一危险，从而起

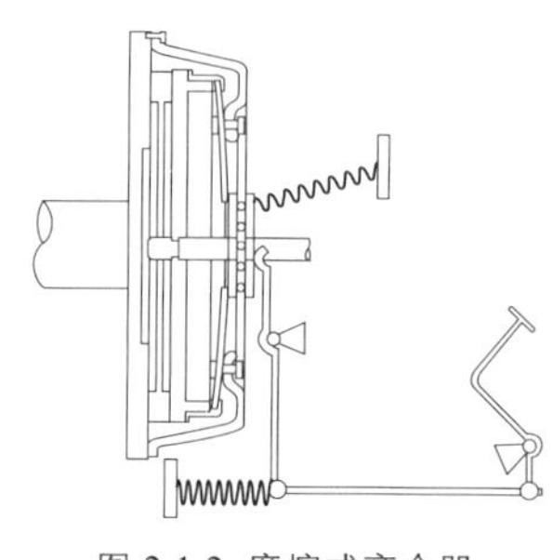
图 2-1-2 摩擦式离合器

到过载保护的作用。

2. 对离合器的要求

为了保证离合器的上述功能，要求离合器具有以下性能：

（1）能可靠地传递发动机的最大转矩，又能防止传动系过载。

（2）接合平顺柔和，以保证汽车平稳起步。

（3）分离迅速彻底，便于发动机起动和变速器换挡。

（4）具有良好的散热能力。

（5）操纵轻便，工作性能稳定，使用寿命长。

（6）从动部分的转动惯量应尽量小，以减小换挡时的冲击。

总之，离合器应在保证传递发动机最大转矩的前提下，满足两个基本性能要求：分离彻底和接合柔和。

3. 离合器的分类

离合器可分为摩擦式离合器、液力式耦合器和电磁离合器。摩擦式离合器是借传动件和主动件接触面之间的摩擦作用来传递转矩；液力式耦合器是利用液体作为传动介质；电磁离合器则是利用磁力传动。

（1）摩擦式离合器

如图2-1-2所示，目前汽车上广泛采用的是用弹簧压紧的摩擦式离合器。摩擦式离合器主要由主动部分、从动部分、压紧机构和操纵机构四部分组成，主、从动部分和压紧机构是保证离合器处于接合状态并能传递动力的基本结构，而操纵机构则是使离合器分离的装置。摩擦式离合器用螺旋弹簧或膜片弹簧作为压紧弹簧，通过压盘将从动盘压紧在飞轮上，由此输出动力。

（2）液力式耦合器

如图2-1-3所示，液力式耦合器靠工作液（油液）传递转矩，外壳与泵轮连为一体，是主动件；涡轮与泵轮相对，是从动件。当泵轮转速较低时，涡轮不能被带动，主动件与从动件之间不传递转矩，随着泵轮转速的提高，涡轮被带动，主动件与从动件之间传递转矩。

（3）电磁式离合器

如图2-1-4所示，电磁式离合器靠线圈的通断电来控制离合器的接合与分离。如在主动与从动件之间放置磁粉，则可以加强两者之间的接合力，这样的离合器称为磁粉式电磁离合器。

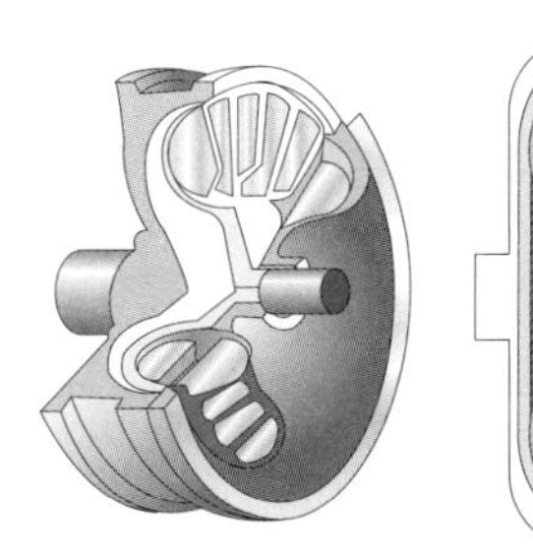
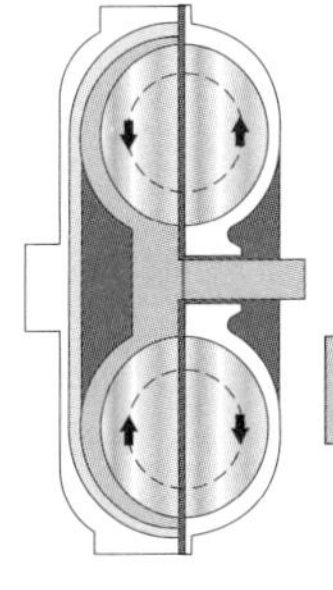

图 2-1-3 液力式耦合器

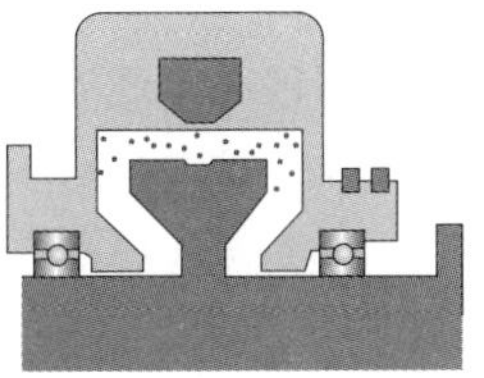
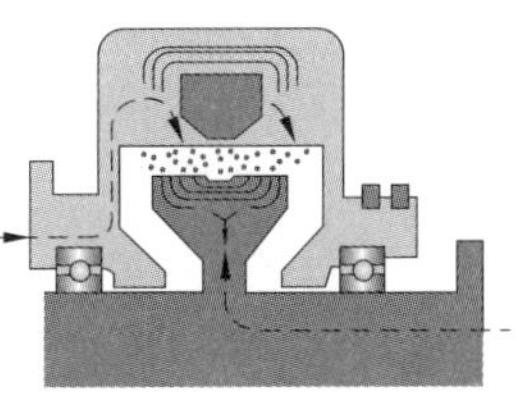

图 2-1-4 电磁式离合器

二、摩擦式离合器

1. 摩擦式离合器的类型

摩擦式离合器结构简单、性能可靠、维修方便，目前使用最广泛。摩擦式离合器利用主、从动元件间的摩擦力传递转矩，所能传递的最大转矩数值取决于摩擦面间的压紧力、摩擦系数、摩擦面的数目和尺寸等因素。常用摩擦式离合器之间，因摩擦面的数目（从动盘的数目）、压紧弹簧的形式和操纵机构的不同，其总体结构有较大的差异。

（1）按从动盘的数目分类

①单片式离合器

单片式离合器如图2-1-5所示。轿车、客车和部分中、小型货车多采用单片式离合器，因为发动机的最大扭矩一般不是很大，单片式从动盘就能满足动力传递的要求。

②双片式离合器

双片式离合器如图2-1-6所示。双片式离合器由于增加了一个压盘和一片从动盘，使得在其他条件不变的情况下，比单片式离合器所能传递扭矩增大一倍，可传递较大的发动机转矩，因此多用于中、重型载货汽车上。

（2）按照压紧弹簧的形式分类

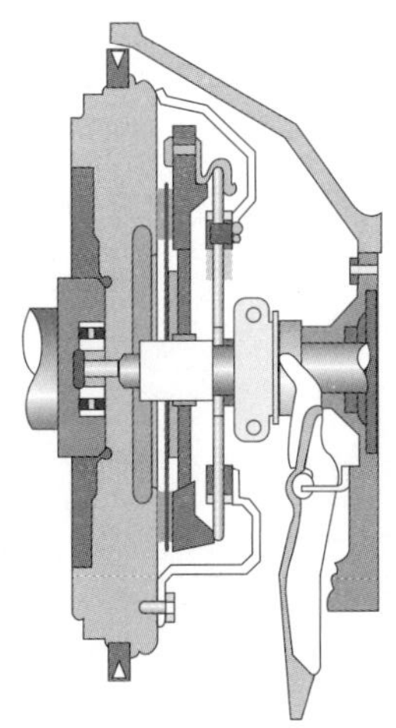

图 2-1-5 单片式离合器

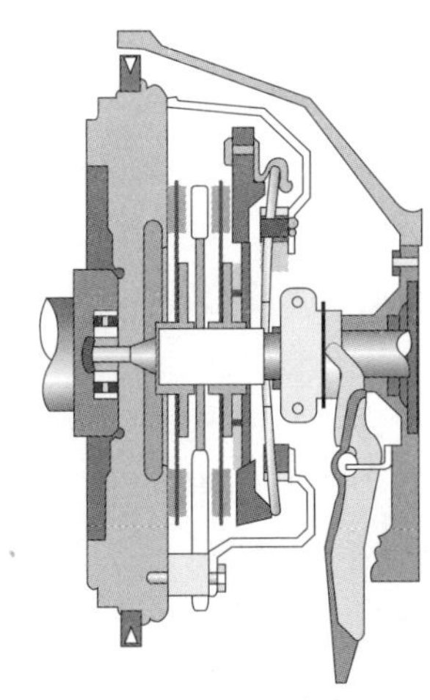

图 2-1-6 双片式离合器

摩擦式离合器按压紧弹簧的形式不同，分为膜片弹簧离合器、周布弹簧离合器和中央弹簧离合器。前两者应用最广，后者多用于重型车。

①膜片弹簧离合器

采用膜片弹簧作为压紧弹簧的离合器称为膜片弹簧离合器。膜片弹簧离合器如图2-1-7所示。膜片弹簧离合器还分推式膜片弹簧离合器和拉式膜片弹簧离合器，其结构由离合器盖、压盘、从动盘组件、分离轴承和飞轮组成。

膜片弹簧离合器转矩容量大且较稳定，操纵轻便，结构简单且较紧凑，散热通风性能好，摩擦片的使用寿命长。膜片弹簧的安装位置对离合器的旋转轴线是完全对称的，因此它的压紧力不会受离心力的影响，很适合高速旋转，并且制造膜片弹簧的工艺水平不断提高，因此这种离合器在汽车上用得越来越多。

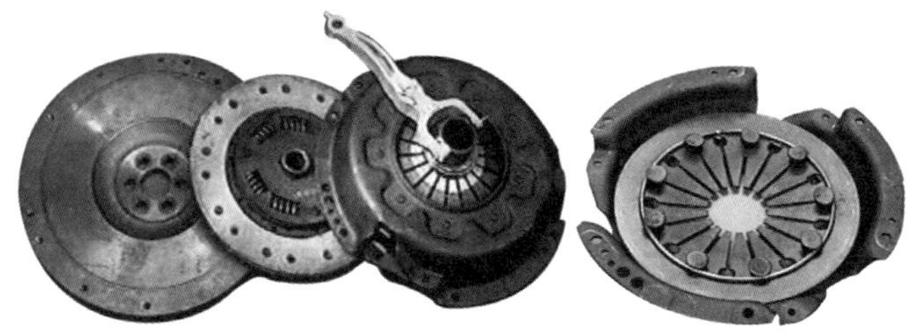

图 2-1-7 膜片弹簧离合器

②周布弹簧离合器

周布弹簧离合器目前主要用在载重汽车上。周布弹簧离合器结构如图2-1-8所示。结构上，螺旋弹簧沿着压盘的圆周做同心圆均匀布置。压盘、分离杠杆及螺旋弹簧均装在离合器盖内。飞轮作为离合器的一个主动摩擦面，而另一个主动摩擦面为压盘。

周布弹簧离合器所用的螺旋弹簧是线性的，当摩擦片磨损后，弹簧伸长，压紧力下降，这对离合器的可靠传动很不利。为此，可改用组合周置螺旋弹簧的结构，在大弹簧的里面放一个弹簧，两者旋转相反，弹簧刚度也不一样。为了保证摩擦片上压力分布尽量均匀，压簧的数目不应太少，且要随摩擦片直径的增大而增多，有时甚至布置成两排。

③中央弹簧离合器

中央弹簧离合器如图2-1-9所示，采用一到两个圆柱螺旋弹簧或用一个矩形断面的锥形螺旋弹簧做压簧布置在离合器正中间的结构形式，称为中央弹簧离合器。其结构组成部件有：压盘、离合器盖、调整环、弹性压杆、风扇叶盘、压紧弹簧、分离轴承、分离套筒、压盘分离弹簧。

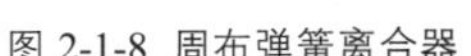

图 2-1-8 周布弹簧离合器

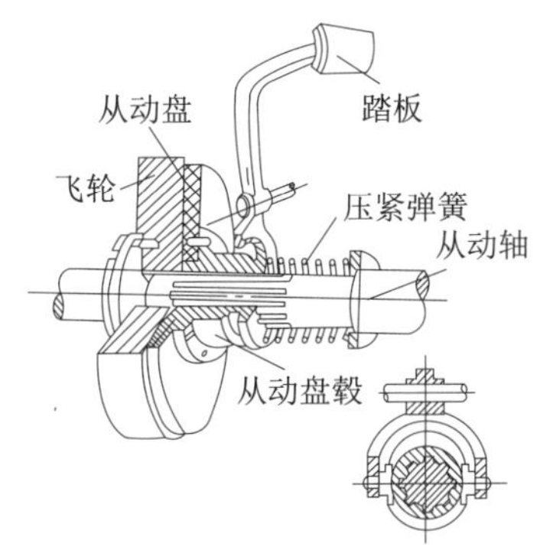

图 2-1-9 中央弹簧离合器

中央弹簧离合器的压簧不和压盘直接接触，因此压盘由于摩擦而产生的热量不会直接传给弹簧使其回火失效。中央弹簧的压紧力通过杠杆系统作用于压盘，并按杠杆比放大，因此可用较小的弹簧力而得到足够大的压盘压紧力。有些中央弹簧离合器弹性压杆的中段常常做成叶片形状，成为风扇叶片，有利于离合器的通风散热。

2. 摩擦式离合器的基本组成

摩擦式离合器指利用主、从动部分的摩擦作用来传递转矩的离合器。它主要有主动部分、从动部分、压紧机构和操纵机构四部分组成，如图2-1-10所示。

（1）主动部分

离合器的主动部分包括飞轮、离合器盖和压盘等部件。飞轮用螺栓和曲轴固定在一起，离合器盖通过螺钉固定在飞轮后端面上，压盘边缘的凸台伸入离合器盖上相应的窗口，并可沿窗口轴向移动，这样，只要曲轴旋转，发动机发出的动力便可经飞轮、离合器盖传至压盘，使它们一起旋转。

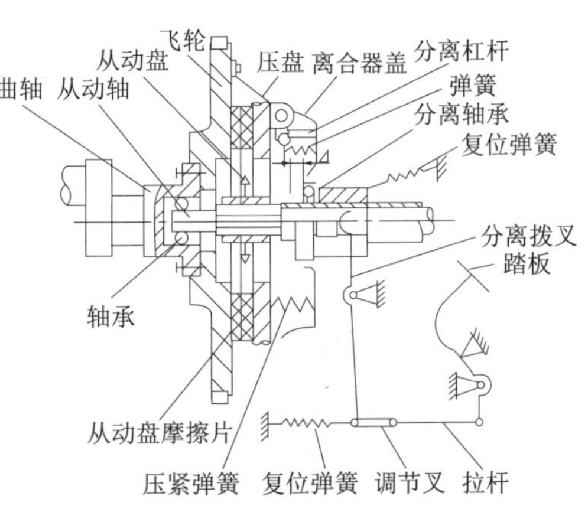

图 2-1-10 摩擦式离合器的组成和工作原理示意图

（2）从动部分

离合器从动部分主要由从动盘和从动轴组成。从动盘带有双面的摩擦衬片，离合器正常接合时分别与飞轮和压盘接触。从动盘通过花键毂装在从动轴的花键上，从动轴前端用轴承支撑在曲轴后端中心孔中，从动轴后端支撑在变速器壳体上并伸入变速器，所以离合器的从动轴通常又是变速器的输入轴。

（3）压紧机构

离合器压紧机构由若干根沿圆周均匀布置的压紧弹簧组成。它们装在压盘与离合器盖之间，用来将压盘和从动盘压向飞轮，使飞轮、从动盘和压盘三者压紧在一起。

（4）操纵机构

离合器操纵机构由离合器踏板、拉杆及拉杆调节叉、分离拨叉、分离轴承、分离杠杆和复位弹簧等组成。

分离杠杆中部支承装于离合器盖的支架上，外端与压盘铰接，内端处于自由状态。分离轴承压装在分离套筒上，分离套筒松套在从动轴的轴套上。分离拨叉是中部带支点的杠杆，内端与分离套筒接触，外端与拉杆铰接。离合器踏板中部铰接在车架或车身上，一端与拉杆铰接。分离杠杆、分离轴承及分离套筒、分离拨叉常同离合器主、从动部分及压紧装置一起装于离合器壳内，其他构件装在离合器壳外部。

3. 摩擦式离合器的工作原理

（1）接合状态

离合器在接合状态时，操纵机构各部件在复位弹簧的作用下回到图2-1-10所示的各自位置，此时分离杠杆内端与分离轴承之间存在一定的间隙，压紧弹簧将飞轮、从动盘和压盘三者压紧在一起，发动机的转矩经过飞轮及压盘通过从动盘两个摩擦片的摩擦作用传给从动盘，再由从动轴输入变速器。

（2）分离过程

分离离合器时，驾驶员踩下离合器踏板，分离套筒和分离轴承在分离叉的推动下，先消除分离轴承与分离杠杆内端之间的间隙，然后推动分离杠杆内端前移，使分离杠杆外端带动压盘克服压紧弹簧作用力后移，消除作用于从动盘的压紧力，摩擦作用消失，离合器主、从动部分分离，中断动力传递。

（3）接合过程

接合离合器时，驾驶员慢慢抬起离合器踏板，在压紧弹簧压力作用下，压盘向前移动并逐渐压紧从动盘，使接触面之间的压力逐渐增加，相应的摩擦力矩也逐渐增加。当飞轮、压盘和从动盘接合还不紧密，产生的摩擦力矩比较小时，主、从动部分可以不同步旋转，即离合器处于打滑状态。随飞轮、压盘和从动盘压紧程度的逐步加大，离合器主、从动部分转速也渐趋相等，直至离合器完全接合而停止打滑时，接合过程即告结束。

三、膜片弹簧离合器

1. 膜片弹簧离合器的构造

膜片弹簧离合器目前在各种类型的汽车上都广泛应用，其构造如图2-1-11所示。

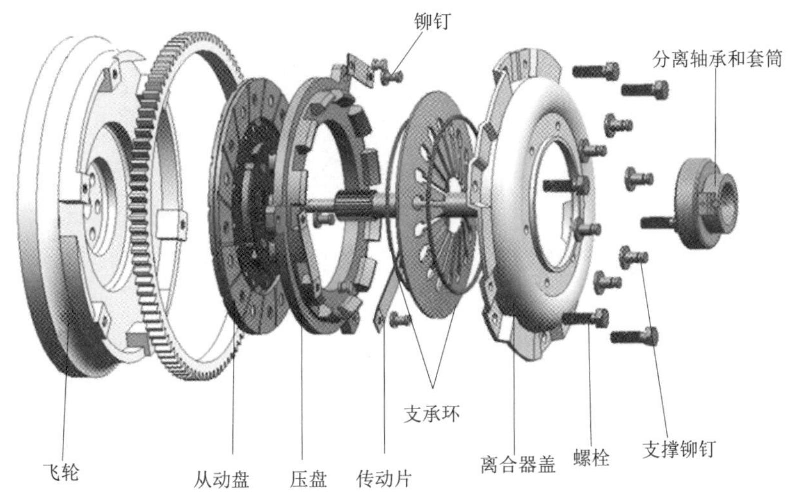

图 2-1-11 膜片弹簧离合器的组成

（1）主动部分

主动部分主要由飞轮、压盘、离合器盖等组成，用于将来自发动机的动力传给离合器的从动部分。

离合器盖通过螺栓固定在飞轮上，为了保持正确的安装位置，离合器盖通过定位销进行定位。压盘与离合器盖之间通过周向均布的三组或四组传动片来传递转矩。传动片用弹簧钢片制成，每组两片，一端用铆钉铆在离合器盖上，另一端用螺钉连接在压盘上。

（2）从动部分

从动部分的主要部件是从动盘，它将主动部分通过摩擦传来的动力传给变速器的输入轴。

从动盘由从动盘本体、摩擦片和从动盘毂三个基本部分组成。从动盘一般都带有扭转减震器，如图2-1-12所示，可以有效防止传动系统的扭转振动，避免传动系的零部件因受到冲击性交变载荷而使寿命下降、零件损坏。

（3）压紧机构

压紧机构主要由膜片弹簧组成，如图2-1-13所示，与主动部分一起旋转，它以离合器盖为依托，将压盘压向飞轮，从而将处于飞轮和压盘间的从动盘压紧。

膜片弹簧其径向开有若干切槽，形成弹性杠杆。切槽末端有圆孔，固定铆钉穿过圆孔，固定在离合器盖上。膜片弹簧两侧装有钢丝支承环作为膜片弹簧工作时的支点，膜片弹簧的外缘通过分离钩与压盘联系起来。

图 2-1-12 带扭转减震器的从动盘

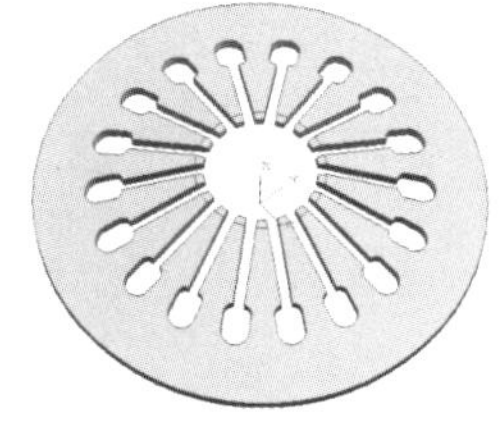

图 2-1-13 膜片弹簧

（4）操纵机构

操纵机构是驾驶员借以使离合器分离、柔和接合的一套机构。它由位于离合器壳内的分离机构和位于离合器壳外的离合器踏板及其传动机构、助力机构等组成，如图2-1-14所示。离合器操纵机构起始于离合器踏板，终止于分离叉（杠杆）。

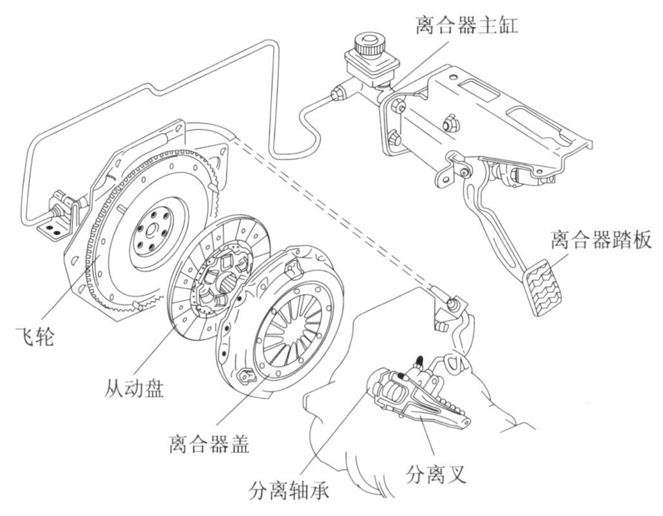

图 2-1-14 离合器操纵机构

2. 膜片弹簧离合器的安装和工作过程

（1）膜片弹簧离合器的安装

①安装前位置。当离合器在自由状态下时，膜片弹簧装在离合器总成里已经有一定变形量，产生一定的弹力，把压盘弹开，使压盘与离合器盖具有较大的空隙和距离，即压盘后移行程，如图2-1-15（a）所示。

②安装后（接合）位置。当离合器总成安装在飞轮上时，由于离合器盖与飞轮应完全接合，这将导致压盘往后移动，即向离合器盖方向移动，致使膜片弹簧反方向变形，变形弹簧对压盘产生反作用力，这个力使压盘压紧从动盘。离合器在这样压紧状态下传递动力，如图 2-1-15（b）所示。

③分离时的位置。离合器分离时，分离轴承压向分离杠杆，分离杠杆向内移动，由于离合器盖上定位钉起分离杠杆支点作用，分离杠杆另一端（与压盘分离钩相接一端）发生相反方向移动，由于连接了压盘分离钩，所以把压盘往反方向撬起，使压盘与离合器盖间距离减小，膜片弹簧变形量更大，产生弹力更大。要让离合器分离，必须要克服该压力，如图2-1-15（c）所示。

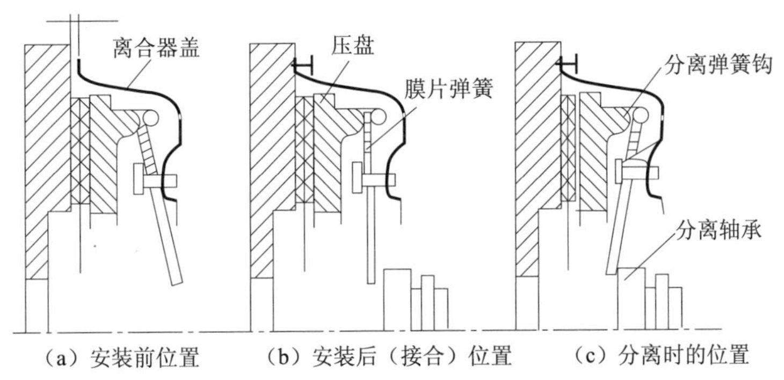

图 2-1-15 膜片弹簧离合器的安装与工作过程

（2）膜片弹簧离合器的工作过程

①不工作时，离合器从动盘被压盘总成压在飞轮上。发动机的动力由飞轮传至离合器的压盘总成，然后传动到离合器的从动盘。通过从动盘的花键毂传动到变速器的输入轴，发动机与传动系统处于连接状态。

②踩下离合器踏板时，离合器分离轴承前移，离合器的分离杠杆前移。离合器的压盘后移，离开从动盘。此时发动机的动力不能传动给离合器的从动盘，传动系统的动力被切断。

③松开离合器踏板，离合器分离轴承后移。离合器的压盘在压紧弹簧的作用下前移，压向从动盘。此时发动机的飞轮和离合器的从动盘、压盘总成连接在一起转动。发动机的动力经过离合器传动给传动系统，实现动力传动。

综上所述，膜片弹簧既是压紧弹簧，又是分离杠杆，使离合器的结构得到简化，操纵轻便，膜片弹簧与压盘整个圆周接触，使压力分布均匀，磨损均匀。因为膜片弹簧的弹簧特性优于螺旋弹簧，所以膜片弹簧离合器的应用越来越广泛。

四、离合器自由间隙和踏板自由行程

离合器在正常接合状态下，分离杠杆内端与分离轴承之间应留有一个间隙（一般为2—4mm），该间隙称为离合器自由间隙。如果没有自由间隙，从动盘摩擦片磨损变薄后压盘将不能向前移动压紧从动盘，将导致离合器打滑，使离合器所能传递的转矩下降，车辆行驶无力而且会加速从动盘的磨损。

为了消除离合器自由间隙（图2-1-16）和操纵机构零件的弹性变形所需要的离合器踏板行程称为离合器踏板自由行程（图2-1-17）。可以通过拧动调节叉来改变分离拉杆的长度对踏板自由行程进行调整。例如，桑塔纳轿车的离合器踏板自由行程为15—25mm，东风EQ1090E货车的离合器踏板自由行程为30—40mm。

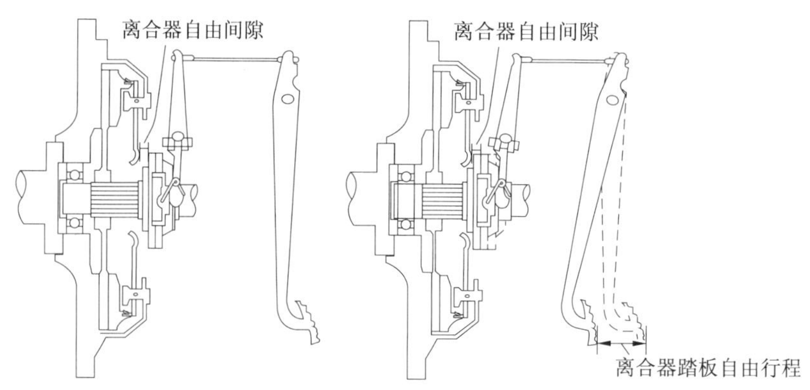

图 2-1-16 离合器自由间隙　　图 2-1-17 离合器踏板自由行程

五、离合器的操纵机构

按照分离离合器时所需要操纵能源的不同，离合器操纵机构分为人力式和助力式两种。人力式离合器操纵机构可分为机械式和液压式。助力式离合器操纵机构分为气压助力式和弹簧助力式。人力式操纵机构以驾驶员施加在踏板上的力作为唯一的操纵能源。助力式操纵机构除了驾驶员施加的力以外，还以其他形式的能源作为操纵能源。

1. 机械式操纵机构

机械式操纵机构有杠杆传动和绳索传动两种形式。

杠杆式操纵机构主要由离合器踏板、踏板复位弹簧、摆臂、轴及轴套、分离拨叉和复位弹簧调整螺母等组成，如图2-1-18所示。其结构简单，工作可靠，广泛应用于各种汽车上，例如，东风EQ1090E型汽车的离合器的操纵机构即为杠杆传动机构。但杠杆传动中杆件间铰接多，磨损损失大，车架或车身变形以及发动机位移时会影响其正常工作。

绳索式操纵机构主要由离合器踏板、踏板支架、钢索、钢索胶套、钢索胶套固定架、摆臂调整螺母和分离杠杆等组成，如图2-1-19所示。绳索传动机构可消除杠杆传动机构的一些缺点，并采用便于驾驶员操纵的吊挂式踏板。但绳索寿命较短，拉伸刚度较小，故只适用于轻型、微型汽车和轿车。例如，捷达轿车、早期桑塔纳轿车离合器的操纵机构就采用了该传动机构。

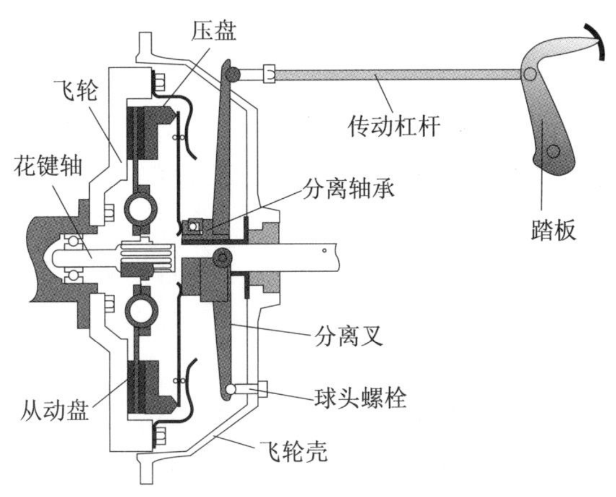

图 2-1-18 杠杆式操纵机构

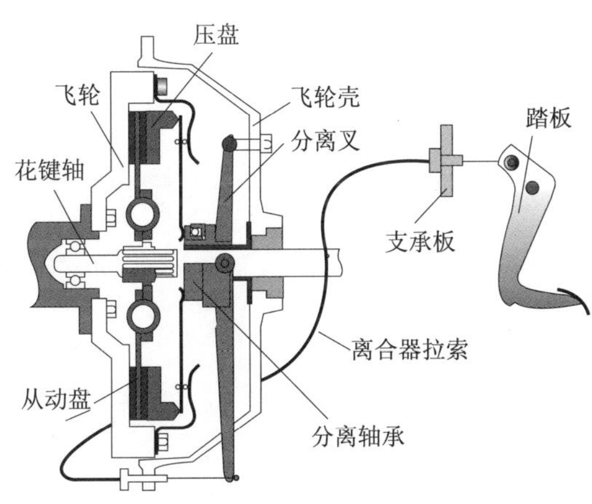

图 2-1-19 绳索式操纵机构

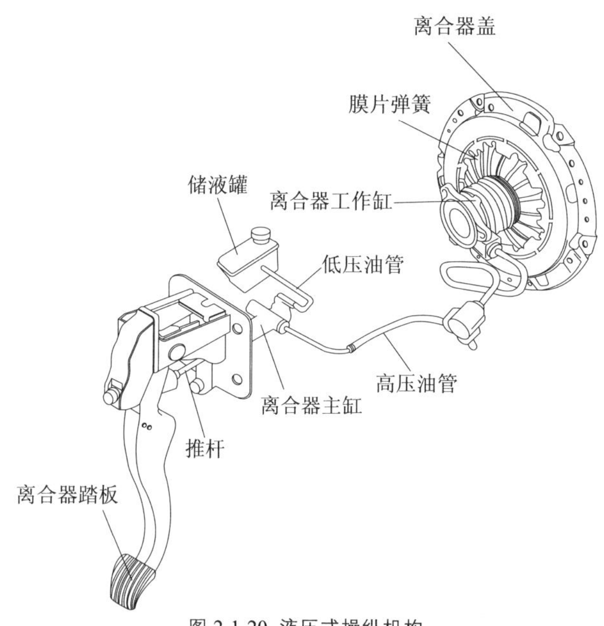

图 2-1-20 液压式操纵机构

2. 液压式操纵机构

液压式操纵机构（图2-1-20）利用液体传递操纵力矩，具有摩擦阻力小、重量轻、操纵轻便、接合柔和、布置方便、不受车身车架变形的影响等优点，采用吊挂式踏板，提高了车身内的密封性，因此液压式操纵机构在轿车上广泛应用。

液压式操纵机构主要由位于离合器盖内的分离杠杆、分离轴承、分离套筒、分离叉等机件组成的分离机构和位于离合器盖外的离合器踏板及离合器主缸、工作缸和液压管路等组成。

离合器踏板和分离轴承之间通过主缸、工作缸及液压管路相连，离合器依靠人力产生的液压力控制。

（1）离合器主缸

离合器主缸结构如图2-1-21所示。主缸壳体上的回油孔、补偿孔通过进油软管与储液罐相通。主缸内装有活塞，活塞两端装有皮碗，左端中部装有止回阀，经小孔与活塞右方主缸内腔的油室相通。当离合器踏板处于完全放松位置时，活塞左端皮碗位于回油孔与补偿孔之间，两孔均与储液罐相通。

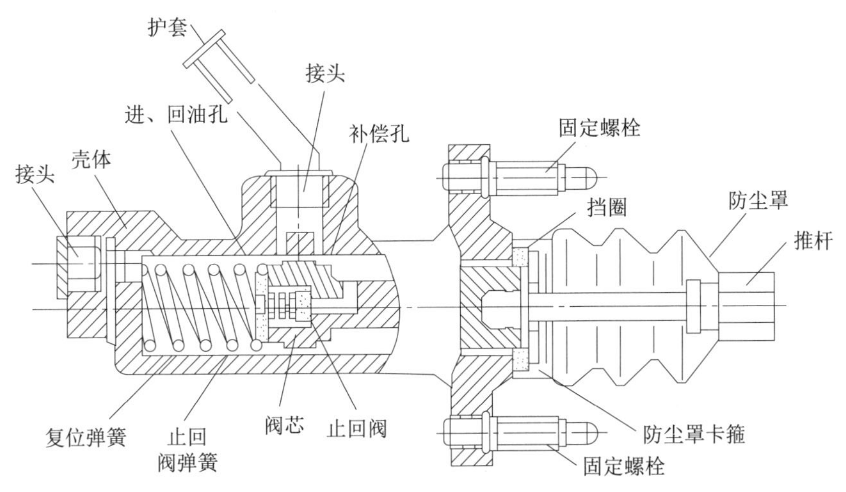

图 2-1-21 离合器主缸结构

（2）离合器工作缸

离合器工作缸结构如图2-1-22所示。工作缸内装有活塞、皮碗、推杆等，壳体上还设有放气螺塞。当管路内有空气存在而导致离合器不能分离时，须拧出放气螺塞进行放气。工作缸活塞直径略大于主缸活塞直径，故液压系统具有增力作用，以使操纵轻便。

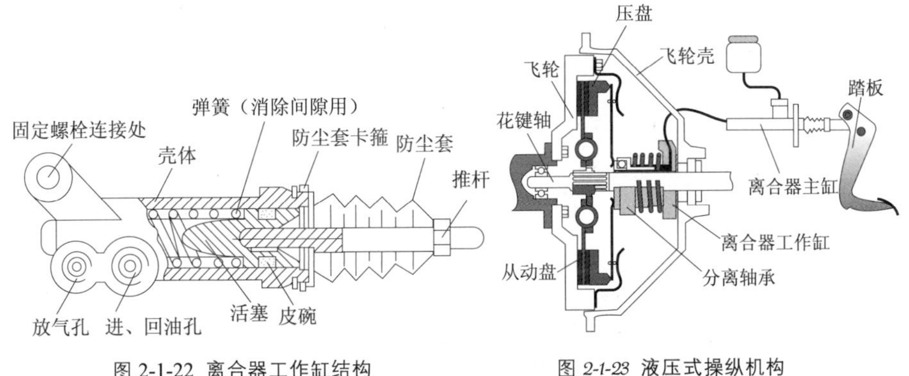

图 2-1-22 离合器工作缸结构

图 2-1-23 液压式操纵机构

（3）工作情况

液压式操纵机构以液压油做介质，传送压力，如图2-1-23所示。

①分离过程。当离合器踏板踩下时，离合器主缸推杆推动主缸活塞，离合器主缸产生油压，压力油经油管使工作缸的活塞推出，经推杆推动分离叉，再推移分离轴承等，使离合器分离。

②接合过程。离合器踏板放松时，踏板复位弹簧将踏板拉回，离合器主缸油压消失，各机件复原，离合器接合。

六、离合器的拆装、检修和调整

1. 膜片式离合器的拆装

（1）膜片式离合器分解步骤

①松开发动机的固定螺栓。

②将发动机与变速器脱开。

③吊出发动机，放置于平台上。

④松开离合器盖总成固定螺栓（内六角）（图2-1-24）。

⑤打开离合器总成，取出主动盘与从动盘（图2-1-25）。

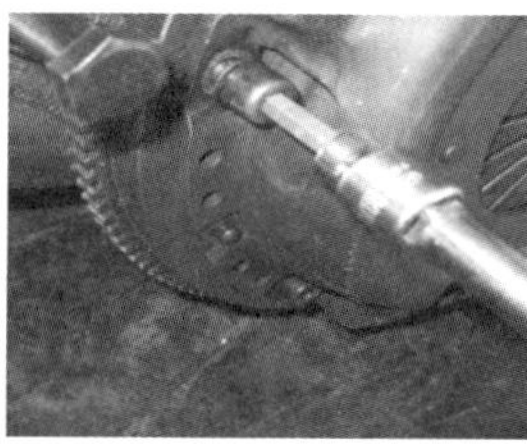

图 2-1-24

图 2-1-25

（2）液压操纵机构的分解步骤

液压操纵机构的组成（图2-1-26）：离合器踏板、主缸、储液罐、分离轴承、助力弹簧、工作缸以及输油管等。

工作缸

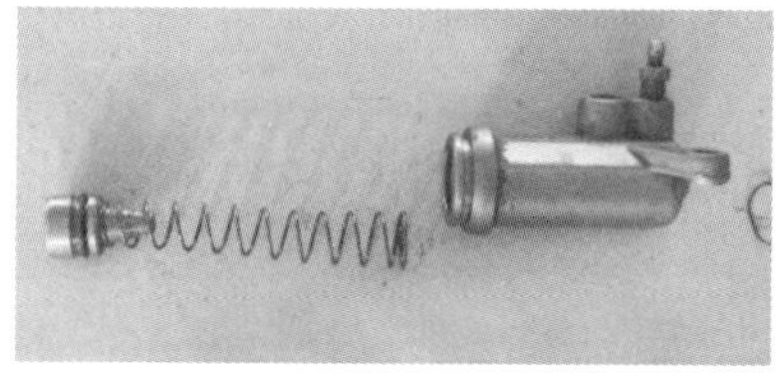

工作缸内部

油管

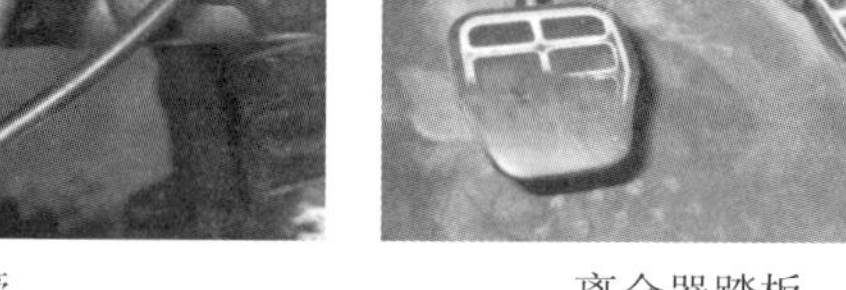

离合器踏板

图 2-1-26 液压操纵机构的组成

（3）离合器的安装步骤

离合器的安装步骤如图2-1-27所示。

①装车前请确认离合器与车型是否匹配，从动盘总成是否能顺利套入一轴；检查飞轮端面是否起沟槽或有异物；分离拨叉和导向轴承是否异常；主缸、工作缸和曲轴、变速箱油封是否漏油或失效；分离轴承座是否可以自由滑动；分离轴承是否失油、卡滞或磨损严重等。如有上述现象应及时修理或更换。最后，仔细清除飞轮壳内杂物，清除飞轮和离合器压盘工作面油污。

②安装离合器时，用专用定位芯轴等工具；应认准定位销孔的大小及方向，安装紧固螺钉时应对角交替均匀拧紧。变速箱与飞轮壳对接时，应检查壳体定位销是否完好；在插入一轴时，应注意高度、角度和齿面等因素，不得有卡滞现象。

③安装后，根据使用说明书，检查并调整离合器踏板自由行程，以保证分离轴承与离合器分离环之间的间隙符合规定的要求（常接触式分离轴承机构不用调）。

图 2-1-27 离合器的安装步骤

2. 离合器的检修

（1）从动盘的检修

①先目视检查，看从动盘摩擦片是否有裂纹、铆钉外露、减震器弹簧断裂、花键毂磨损严重等情况，如果有则更换从动盘。

②再检查从动盘的端面圆跳动。在距从动盘外边缘2.5mm处测量，离合器从动盘最大端面圆跳动为0.4mm，如图2-1-28所示。

③最后检查从动盘摩擦片的磨损程度。摩擦片的磨损程度可用游标卡尺进行测量。铆钉头埋入深度应不小于0.2mm，如图2-1-29所示。

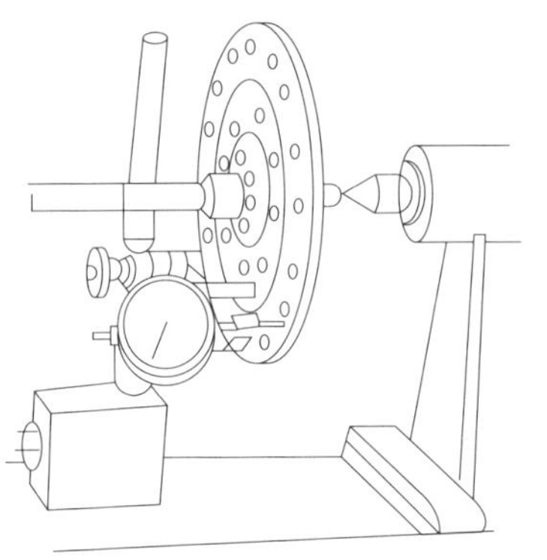

图 2-1-28 从动盘端面径向圆跳动检测

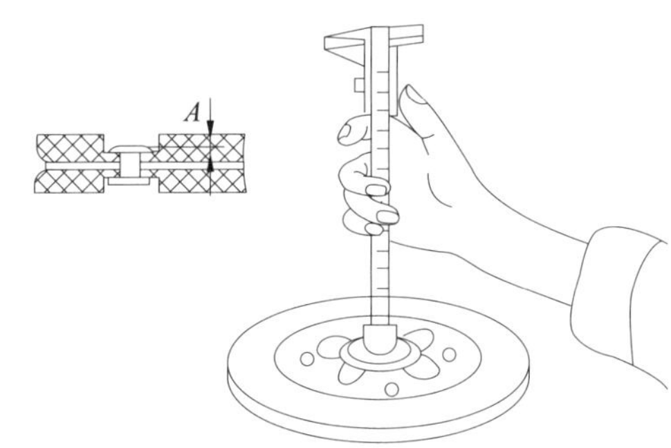

图 2-1-29 从动盘摩擦片磨损程度检测

注意：检查的是铆钉头的深度，即浅处的深度。如果检查结果超过要求，则应更换从动盘。

（2）压盘的检查

①压盘若出现翘曲、破裂或过度磨损，应及时更换。

②离合器压盘平面度不应超过0.2mm，检查方法是用钢直尺压在压盘上，然后用塞尺测量，如图2-1-30所示。

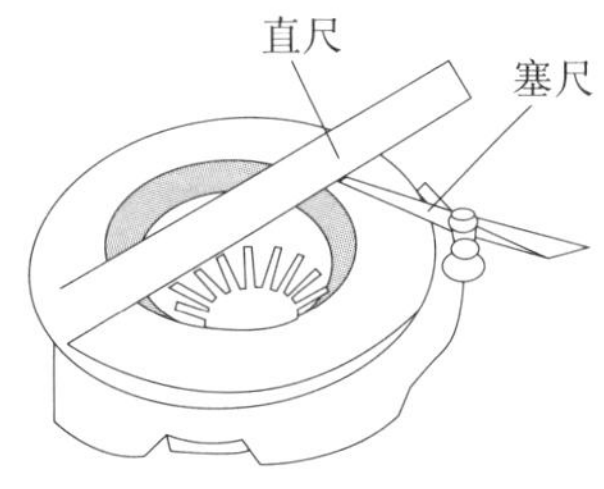

图 2-1-30 压盘平面度检测

（3）膜片弹簧的检查

①膜片弹簧磨损的检查

用游标卡尺测量膜片弹簧与分离轴承接触部位磨损的深度和宽度。深度应小于0.6mm，宽度应小于5mm，否则应更换。

②膜片弹簧变形的检修

用专业工具盖住弹簧分离环内端（小端），然后用塞尺测量弹簧内端与专用工具之间的间隙。弹簧内端应在同一平面内，间隙不应超过0.5mm。否则用维修工具将变形过大的弹簧分离指撬起以进行调整，如图2-1-31所示。

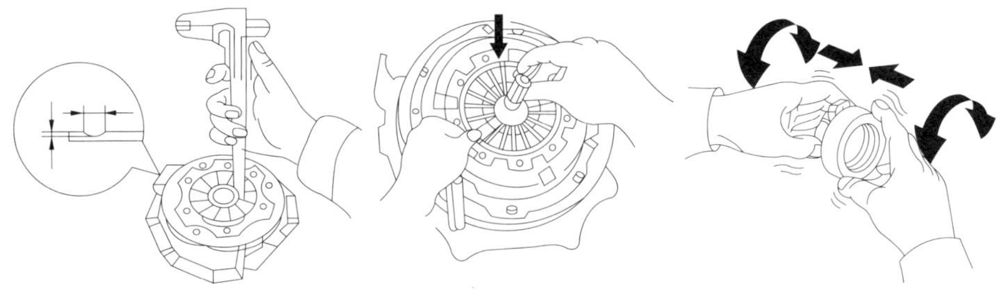

图 2-1-31 膜片弹簧检修

图 2-1-32 分离轴承检查

（4）分离轴承的检查

用手固定分离轴承内圈，转动外圈，同时在轴向施加压力，如图2-1-32所示，如有阻滞或有明显间隙感时，应更换分离轴承。

3. 离合器踏板自由行程的检查与调整

（1）测量离合器踏板自由行程。可用直尺在踏板处测量，先测出离合器踏板在最高位置时的高度，然后测出按下踏板感到稍有阻力时的高度，两者之差即为离合器踏板自由行程数值，如图2-1-33所示，如数值不符合要求，应及时调整。

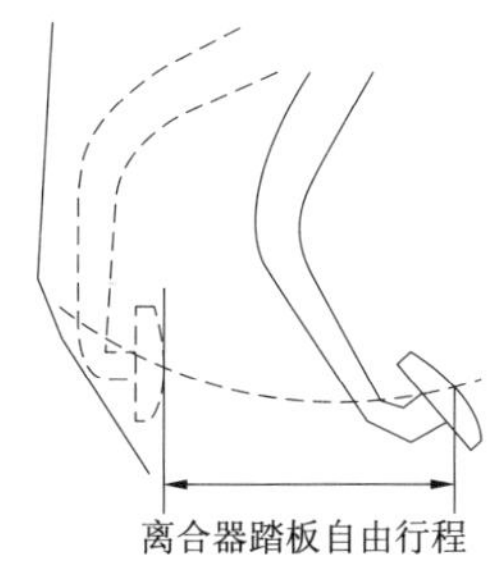

图 2-1-33 离合器踏板自由行程的测量

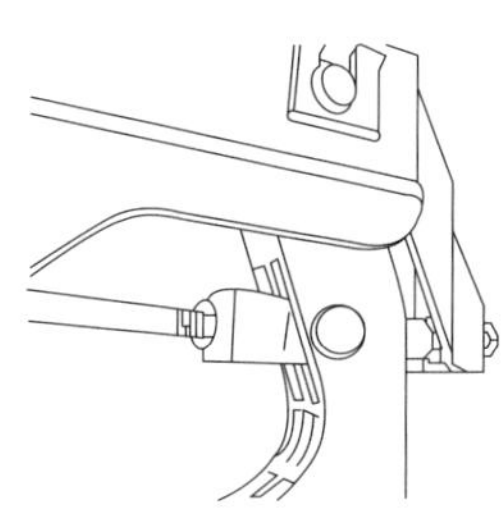

图 2-1-34 离合器踏板自由行程的调整

（2）调整离合器踏板自由行程。松开锁止螺母并转动螺栓，离合器踏板自由行程调整好后紧固锁止螺母。

①对机械操纵的离合器，可通过改变踏板拉杆的长度进行调整。先松开锁紧螺母，若拧紧踏板拉杆上的调整螺母，则自由行程减小，反之增大，调整合适后用锁紧螺母锁紧。如图2-1-34所示。

②对液压操纵的离合器，自由行程的调整要在两个部位进行：一是改变离合器工作缸推杆的长度，使分离叉与推杆有3—4mm的松旷量；二是转动连接离合器主缸推杆的偏心螺栓，使主缸与活塞之间有一定的间隙，这一间隙反映在踏板上有3—6mm的移动量。

4. 离合器油液的添加与放气

（1）离合器油液的添加

①彻底擦除储液罐盖子周围的污垢。

②将加注口盖旋下来。

③使用合适的离合器油液将储液罐加注到MAX（最高）标记。

注意：不要让油液洒到油漆边的表面。如果发生这种情况，应立即使用冷水冲洗受到影响的区域。

④把储液罐盖子重新装上。

（2）离合器油液的放气

离合器液压传动系统的放气工作，由两个人协同配合进行。其方法如下：

①检查离合器储液罐内的油液液面，须时加以补注。

②为了更快地放出液压传动系统中的空气，可旋出工作缸推杆，使分离轴承与膜片弹簧指端之间无间隙。

③摘下放气螺钉帽。

④踏几下离合器踏板，最后停留在踏到底的位置，旋松放气螺钉，使系统中空气随制动液喷出。之后，迅速拧紧放气螺钉，缓慢地放松踏板，使其回位。

⑤按上述程序重复3—5次，直到在工作缸放气螺钉处喷出的制动液中不夹有气泡为止。

⑥戴上放气螺钉帽，调整工作缸推杆长度，使之达到适合的踏板自由行程。

第二节　离合器常见故障诊断与排除

一、分离不彻底

1. 现象

发动机怠速运转，踩下离合器踏板，原地挂挡有齿轮撞击声，且难以挂入，情况严重时，原地挂挡后发动机熄火。

2. 原因

（1）离合器踏板自由行程过大。

（2）分离杠杆内端高度太低或内端不在同一平面上。

（3）新换的摩擦片太厚或从动片正反装错。

（4）从动盘钢片翘曲变形或摩擦片破裂。

（5）双片离合中间压板调整不当、中间压板个别支撑弹簧折断或疲劳、中间压板在传动销上或在离合器驱动窗孔内轴向移动不灵活。

（6）从动盘在花键轴上轴向移动不灵活。

（7）液压操纵离合器液压系漏油、油量不足或有空气。

3. 诊断方法

按下列方法诊断，其流程图如图2-2-1所示：

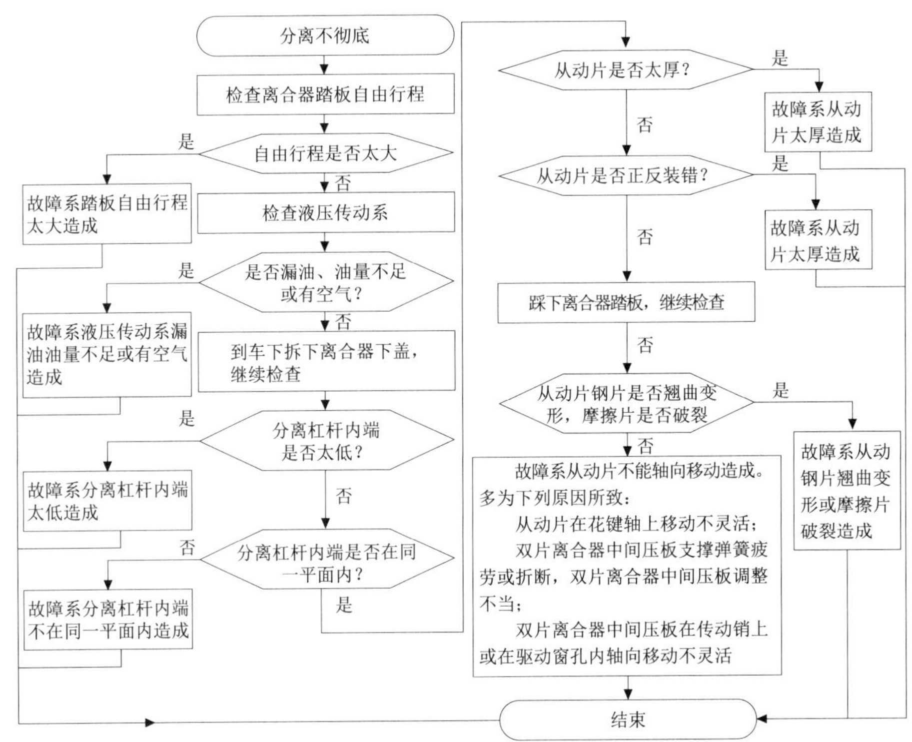

图 2-2-1 分离不彻底故障诊断流程图

二、起步发抖

1. 现象

汽车用低速挡起步时，按操作规程逐渐放松离合器踏板并缓慢踩下加速踏板，离合器不能平稳接合且产生抖振，严重时甚至使整车产生抖振现象。

2. 原因

（1）从动盘钢片或压板翘曲变形。

（2）飞轮工作端面圆跳动严重。

（3）分离杠杆内端高度不在同一平面内。

（4）从动盘上的缓冲片破裂、减震弹簧疲劳或折断。

（5）摩擦片油污、烧焦、表面硬化、表面不平、铆钉头露出、铆钉松动或切断。

（6）个别压力弹簧疲劳或折断，膜片弹簧疲劳或开裂。

（7）飞轮、离合器壳或变速器固定螺钉松动。

（8）分离轴承套筒与其导管之间油污、尘腻严重，使分离轴承不能回位。

3. 诊断方法

按下列方法诊断，其流程图如图2-2-2所示：

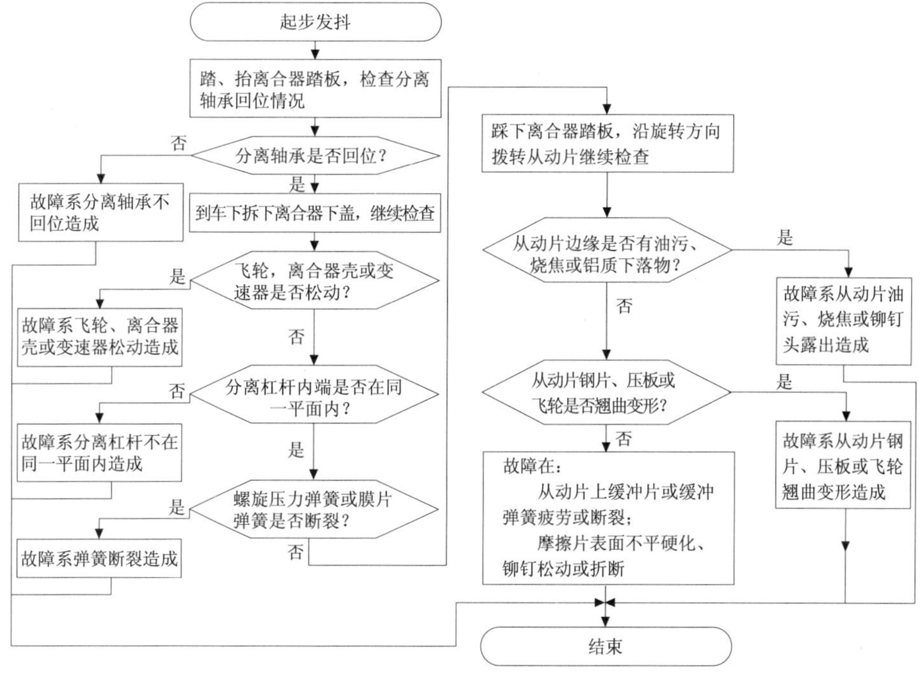

图 2-2-2 起步发抖故障诊断流程图

三、打滑

1. 现象

汽车挂低挡起步时，离合器踏板抬很高，汽车仍不起步或起步很不灵敏；汽车加速行驶时，行驶速度不能随发动机转速的升高而升高，且伴随有离合器发热、产生煳味或冒烟等现象；拉紧驻车制动器汽车低挡起步时，发动机不熄火。

2. 原因

（1）离合器踏板没有自由行程，使分离轴承压在分离杠杆上。

（2）摩擦片油污、烧焦、表面硬化、表面不平或铆钉头露出。

（3）摩擦片、压板和飞轮工作面磨损严重，厚度减薄。

（4）压紧弹簧退火或疲劳，膜片弹簧疲劳或开裂。

（5）离合器盖与飞轮之间装有调整垫片或固定螺钉松动。

（6）分离轴承套筒与其导管之间因油污、尘腻卡住而不能回位。

3. 诊断方法

按下列方法诊断，其流程图如图2-2-3所示：

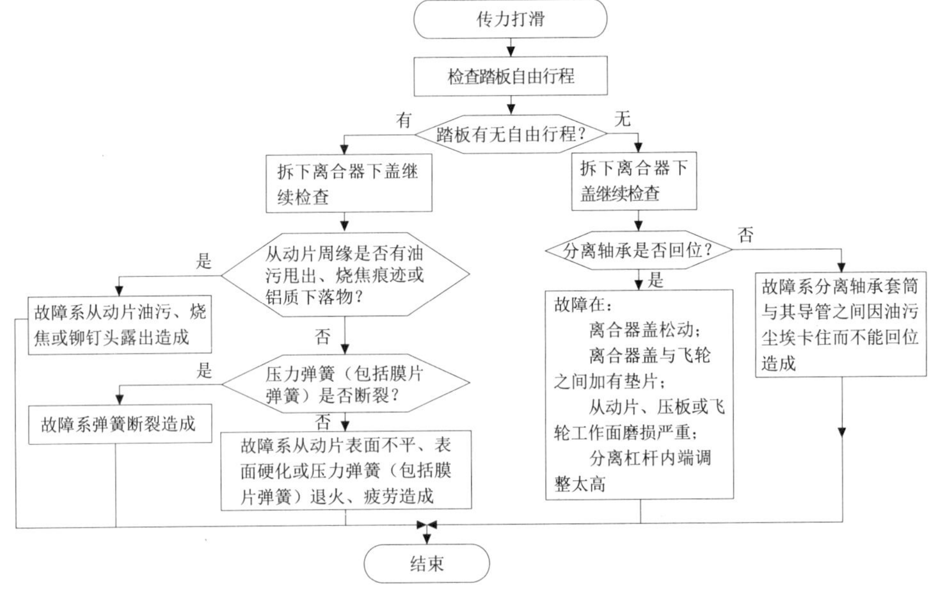

图 2-2-3 打滑故障诊断流程图

四、异响

1. 现象

离合器分离或接合时发出不正常响声。

2. 原因

（1）分离轴承缺少润滑剂干磨或轴承损坏。

（2）飞轮上的传动销与压板上的传力孔或离合器盖上的驱动孔与压板上的凸块配合间隙过大。

（3）分离杠杆与离合器盖的连接松旷或分离杠杆支撑弹簧疲劳、折断、脱落。

（4）从动毂花键孔与其轴配合松旷。

（5）摩擦片铆钉松动或铆钉头露出。

（6）分离轴承套筒与其导管之间油污、尘腻严重或分离轴承回位弹簧与离合器踏板回位弹簧疲劳、折断、脱落，造成分离轴承回位不佳。

（7）分离轴承与分离杠杆内端之间间隙过小。

（8）减震弹簧退火、疲劳或折断。

3. 诊断方法

按下列方法诊断，其流程图如图2-2-4所示：

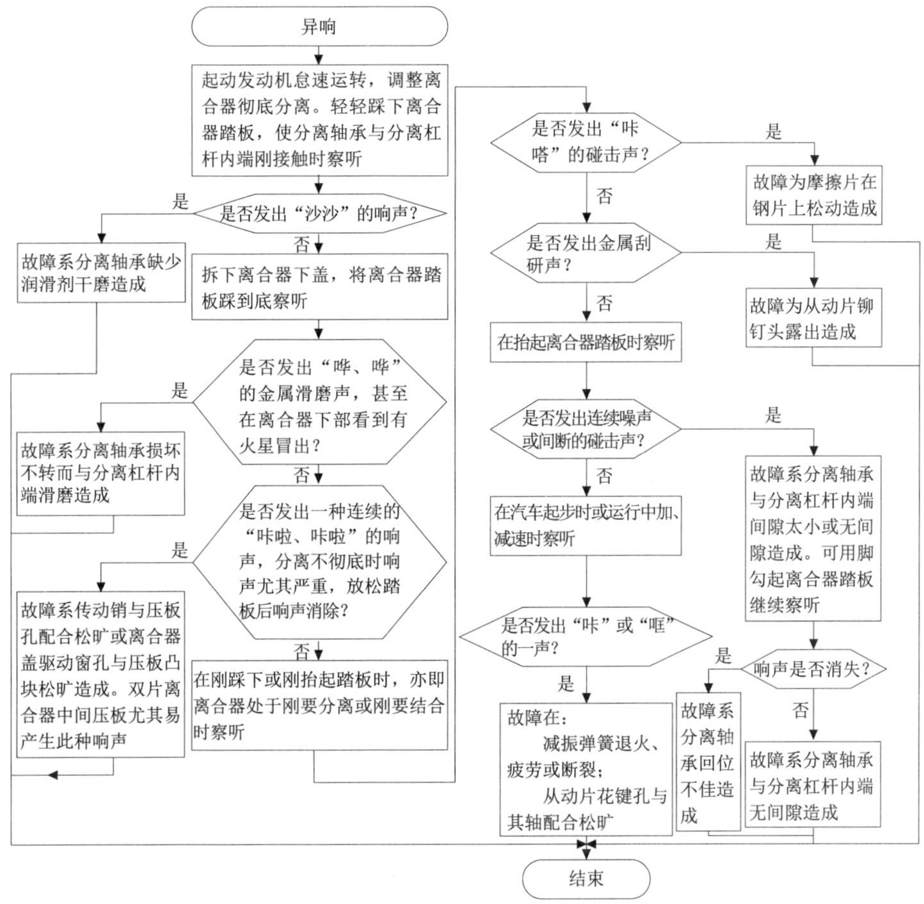

图 2-2-4 异响故障诊断流程图

五、离合器的故障诊断与排除

离合器分离不彻底故障诊断与排除如下：

（1）拆下离合器底盖，将变速器挂入空挡，将离合器踩到底。然后，用螺丝刀拨动从动盘。如果能轻松拨转，说明离合器分离良好；如果拨不动，说明离合器分离不彻底。

（2）检查离合器踏板自由行程是否过大，并调整。

（3）检查分离杠杆高度是否一致、是否过低。在车下拨动分离拨叉，使分离轴承前端轻轻地靠在分离杠杆内端面上，转动离合器一周进行查看，如果分离杠杆的内端能同时和分离轴承接触不上，说明分离杠杆的高度不一致，应进行调整。如果分离杠杆高度一致，仍然分离不彻底，就要检查杠杆高度。将各分离杠杆调到同样的高度，如果能彻底分离，说明原来调整不当或是磨损过大。分离杠杆调整之后，必须重新调整离合器踏板的自由行程。

（4）如果上述调整正常后，仍然分离不彻底，就要拆下离合器，检查从动盘是否装反、轴向移动是否困难、主从动盘有无翘曲、分离杠杆螺钉是否松动、浮动销是否脱落。

（5）对于新铆的摩擦片的离合器，要检查从动盘和摩擦片是否过厚。如果过厚，可在离合器盖和飞轮之间加垫片。

（6）对于液压传动的离合器，除上述检查外，还应检查制动液是否缺少，管道是否渗漏并排出液压系统内的空气。

六、电子离合式四轮驱动系统

机械式四轮驱动技术曾经被广泛地运用在越野汽车和高性能轿车上，随着电子技术的发展，在四轮驱动技术上出现了一个新的流派，那就是电子离合式四轮驱动系统。

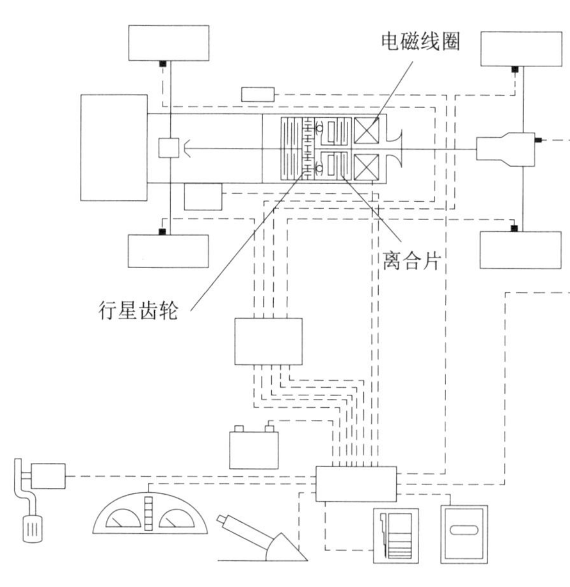

图 2-2-5 富士DCCD系统构成

富士的DCCD（Driver Control Center Differential，驾驶员控制的中央差速器）代表了富士最先进的四轮驱动技术，能够实现前后轴以及同轴左右车轮间的动力分配。DCCD的核心是一个带电磁离合器的中央差速器。

系统构成如图2-2-5所示：

富士DCCD中央差速器在基础的行星齿轮差速器上加入了电磁式离合片用以分配前后轴扭矩。

行星齿轮差速器是由太阳轮、行星架、行星齿轮以及外部齿圈组成。变速箱输出轴连接到行星架上，中心太阳轮连接到前轴，外部齿圈连接到后轴。传递扭矩时，行星架带动行星齿轮围绕太阳轮公转。前后轴没有差速时，行星轮不自转，行星架通过行星齿轮带动太阳轮以及外部齿圈一起转动，从而实现动力传递。由于齿圈和太阳轮的转动半径不一样，因此在前后轴扭力分配上不是50∶50平均分配。最新的翼豹车型上的DCCD前后轴动力自然分配比例为41∶59，车辆呈现后驱特性。

DCCD可以针对汽车的加速度、减速度、驾驶角度、转弯力以及车轮的滑移来决定汽车的扭矩分配。当中央差速器不锁死时，前后轴按照41∶59分配前后轴扭力；当中央差速器锁死后，变速箱输出轴和后桥输出轴接合，按照0∶100分配前后轴扭力。由于采用电磁离合器，因此通过控制离合器的结合力度可以多级调节前后轴动力分配。

DCCD系统的关键部件就是图2-2-6中的电动离合片。此离合片控制了前后轴的扭力输出的比例。

当离合器松开时，前后轴通过行星齿轮差速器自然连接，扭力分配比例为41∶59。

当离合器完全接合时，变速箱输出轴和后桥输出轴接合（差速器行星架和外部齿圈连接），前后轴按照0∶100分配前后轴动力。前后轴通过电磁离合器的接合力度调节前后轴的动力分配。

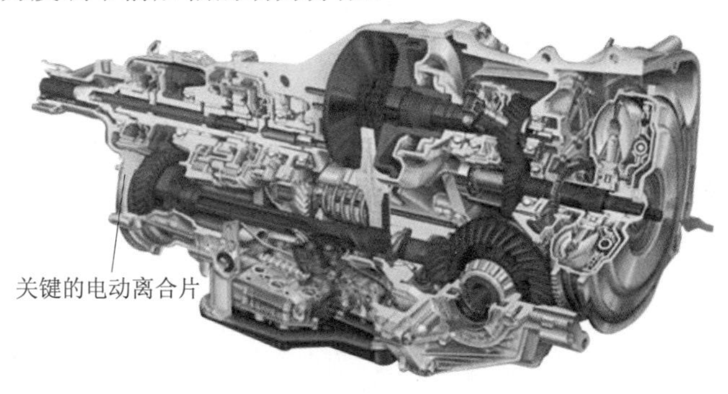

图 2-2-6 富士DCCD中央差速器

第三章
普通齿轮式变速器

第一节 变速器的结构与检修

一、变速器概述

1. 变速器的作用

（1）改变传动比。扩大驱动轮转矩和转速的变化范围，以适应经常变化的行驶条件，并使发动机在动力性和经济性比较有利的工况下工作。

（2）实现倒车。利用倒挡，改变驱动轮的旋转方向，从而实现汽车倒向行驶。

（3）中断动力。利用空挡，切断离合器与传动轴之间的动力传递，以便发动机起动及怠速运转。

2. 变速器的分类

现代汽车上所采用的变速器有多种结构形式，一般可按照传动比和操纵方式进行分类。

（1）按传动比的变化方式分类

变速器按传动比的级数可分为有级式、无级式、综合式三种。

①有级式变速器

有级式变速器如图3-1-1所示，通常采用齿轮和行星齿轮传动，具有若干个定值传动比。轿车和轻、中型货车变速器多采用3—5个前进挡和一个倒挡，每个挡位对应一个传动比。

齿轮式变速器具有结构简单、易于制造、工作可靠、传动效率高等优点。

②无级式变速器

无级式变速器英文缩写为CVT（Continuously Variable Transmission），如图3-1-2所示。它通常采用金属传动带和工作直径可变的主、从动轮相配合来传递动力，可以实现传动比的连续改变，从而实现传动系与发动机工况的最佳匹配。

无级变速器结构简单，体积小巧，且可以自由改变传动比，从而实现全程无级变速，使车速变化更为平稳，没有传统变速器换挡时那种“顿挫”的感觉。

图 3-1-1 有级式变速器

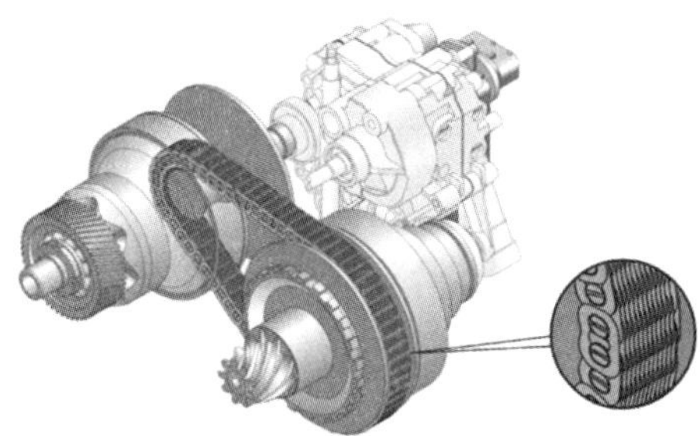

图 3-1-2 无级式变速器

（2）按操纵方式不同分类

按操纵方式不同，变速器可分为手动变速器、自动变速器和手自一体变速器，如表3-1-1所示。

表3-1-1 变速器的分类

类型	特点
手动变速器	手动变速器的英文缩写为MT（Manual Transmission），通过驾驶员用手操纵变速杆来选定挡位，并直接操纵变速器的换挡机构进行挡位变换。齿轮式有级变速器大多都采用这种换挡方式
 自动变速器	自动变速器的英文缩写为AT（Automatic Transmission）。这种变速器的自动控制系统根据发动机的负荷和车速的变化情况自动选定挡位，并进行挡位变换，即自动地改变传动比。驾驶员只须操纵加速踏板控制车速
 手自一体变速器	手自一体变速器就是把手动换挡和自动换挡两种模式结合在一起的变速形式，在这类变速器上，有显著的“+/－”标志，在城市道路行驶状态下，把挡位放入D挡，使其处于自动挡的模式，有效减少驾驶疲劳。而在郊区路段就可以使用手动模式，换挡杆推向“+”符号时完成加挡操作，推向“－”符号时完成减挡操作。手自一体化变速器实际上还是自动变速器的一种，通过电控系统模拟出手动变速器的操作

二、手动变速器工作原理

1. 变速变矩原理

如图3-1-3所示，手动变速器通常采用平行轴式齿轮传动，利用不同齿数的齿轮啮合传动来实现变速变矩。

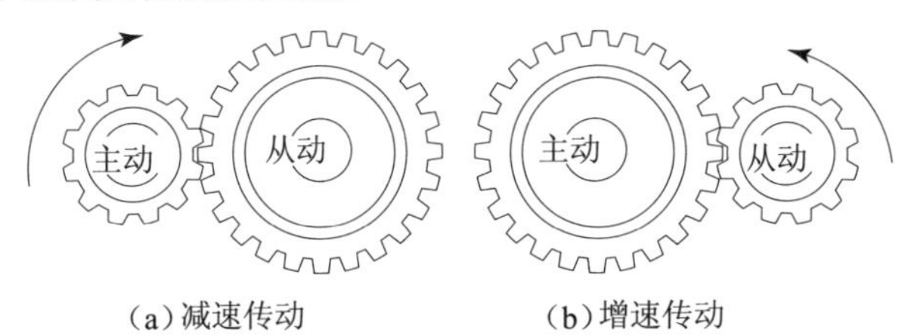

图 3-1-3　齿轮变速变矩原理

齿轮传动的基本原理为：一对齿数不同的齿轮啮合传动时可以实现变速变矩，而且两齿轮的转速比与其齿数成反比。设主动齿轮转速为n_1，齿数为z_1，从动齿轮转速为n_2，齿数为z_2。主动齿轮转速与从动齿轮转速之比值称为传动比，设传动比用字母i_{12}表示，即传动比$i_{12}=n_1 / n_2=z_2 / z_1$。

如图3-1-3（a）所示，当小齿轮为主动齿轮，带动大齿轮转动时，输出转速降低，即$n_2 < n_1$，称为减速传动，此时传动比$i > 1$；如图3-1-3（b）所示，当大齿轮驱动小齿轮时，输出转速升高，即$n_2 > n_1$，称为增速传动，此时传动比$i < 1$。变速器就是根据这一原理利用若干大小不同的齿轮副传动而实现变速变矩的。

2. 变向原理

如图3-1-4所示，由齿轮传动原理可知，一对相啮合的外齿轮旋向相反，每经过一对传动副，其轴改变一次转向，故倒挡的实现是在输入齿轮与输出齿轮之间增加了一个中间齿轮（称惰轮），从而改变了输出齿轮的方向。

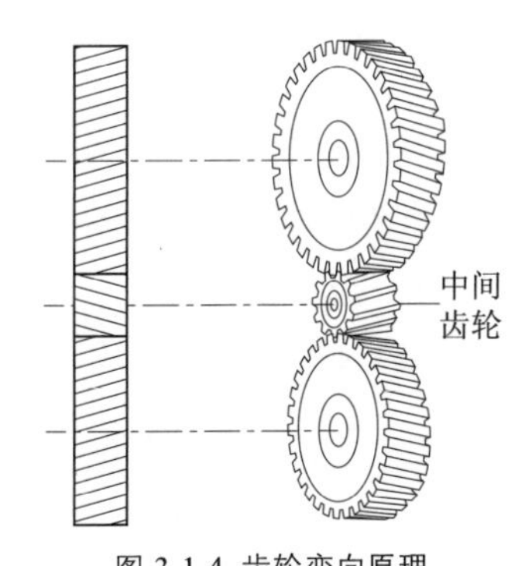

图 3-1-4　齿轮变向原理

三、手动变速器传动机构

手动变速器包括变速传动机构和操纵机构两大部分。变速传动机构的主要作用是改变转矩的大小和方向。

变速传动机构是变速器的主体，按轴的数量

（不包括倒挡轴）可分为两轴式变速器和三轴式变速器。

1. 三轴式变速器

三轴式变速器适用于发动机前置后轮驱动的布置型式，其结构如图3-1-5所示。

三轴式变速器设置有第一轴（输入轴）、第二轴（输出轴）和中间轴。第一轴前端通过离合器与发动机曲轴相连，第二轴后端通过凸缘连接万向传动装置，而中间轴则用来固定安装各挡的变速传动齿轮。

当变速器第一轴被离合器从动盘驱动时，第一轴常啮合齿轮通过中间轴常啮合齿轮带动中间轴转动，中间轴上的各挡位齿轮又带动第二轴上的相应各挡位齿轮转动。未挂挡时，各接合套都位于花键毂中央，第二轴上各挡位齿轮都在空转，第二轴不输出动力，变速器处于空挡状态。

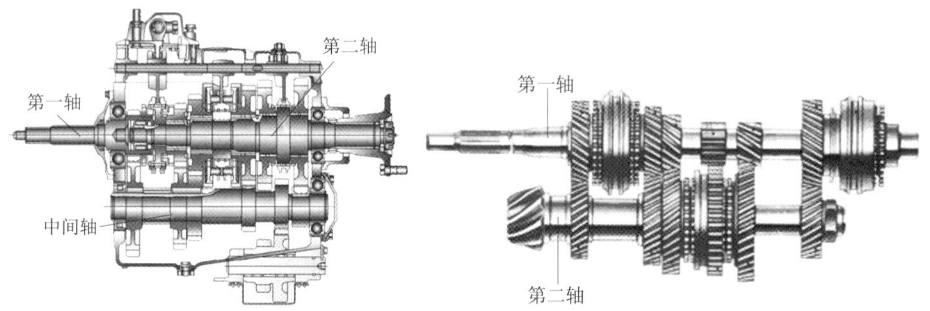

图 3-1-5 三轴式变速　　图 3-1-6 二轴式变速器器

三轴式变速器结构强度高，传动比范围大，故被大量使用在中大型载货汽车上。

2. 二轴式变速器

发动机前置前驱动或发动机后置后驱动的汽车中，常采用此种结构变速器，如桑塔纳、捷达轿车都是采用的二轴变速器。

二轴变速器结构如图3-1-6所示。二轴变速器在结构上没有中间轴，只有相平行的输入轴（第一轴）和输出轴（第二轴）。通常输入轴上的各挡齿轮与通过滚针轴承空套在输出轴上相应挡位齿轮常啮合。

与传统的三轴变速器相比，由于省去了中间轴，其结构紧凑、体积小、工艺简化、成本较低；同时，在一般挡位只经过一对齿轮就可以将输入轴的动力传至输出轴，所以传动效率比三轴式变速器要高。

四、同步器

目前汽车中手动挡、普通齿轮变速器换挡的方式有两种，一是采用直齿滑动齿轮，如东风EQ1092的一、倒挡的换挡方式；二是采用同步器换挡，这种方式应用最广泛，几乎所有的变速器都采用同步器进行换挡，同步器如图3-1-7所示。

1. 作用

同步器的作用是使接合套与待啮合的齿圈迅速同步，缩短换挡时间；消除在换挡过程中齿轮间的换挡冲击和噪声，延长齿轮的使用寿命。

2. 分类

目前所采用的同步器几乎都是摩擦式惯性同步器，按锁止装置不同，可分为锁环式惯性同步器和锁销式惯性同步器。轿车和轻、中型货车的变速器广泛采用锁环式惯性同步器，如图3-1-8所示。

锁环式惯性同步器主要由锁环（同步环）、接合套、花键毂（齿毂）、滑块、弹簧圈等组成。

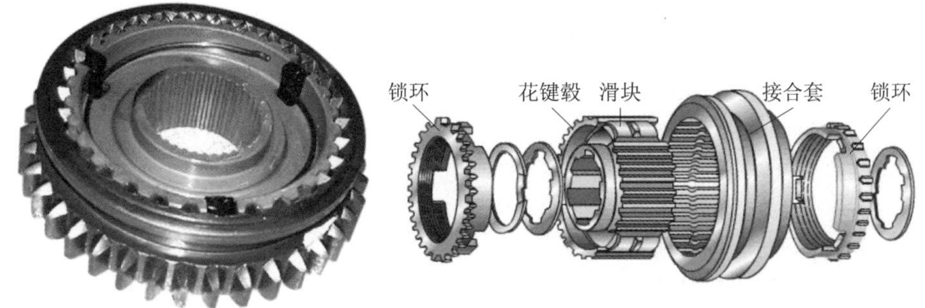

图 3-1-7 同步器　　图 3-1-8 锁环式惯性同步器组成

3. 工作原理

锁环式惯性同步器工作原理如图3-1-9所示，锁环式惯性同步器的接合套、锁环和待接合齿轮的齿圈上均有倒角，锁环的内锥面与待接合齿轮齿圈外锥面接触产生摩擦。当锁环内锥面与待接合齿轮齿圈外锥面接触后，锥面摩擦使得待啮合的齿套与齿圈迅速同步，同时产生一种锁止作用，防止齿轮在同步前进行啮合。在摩擦力矩的作用下齿轮转速迅速降低（或升高）到与同步锁环转速相等，两者同步旋转，齿轮相对于同步锁环的转速为零，因而惯性力矩也同时消失，这时在作用力的推动下，接合套不受阻碍地与同步锁环齿圈接合，并进一步与待接合齿轮的齿圈接合而完成换挡过程。

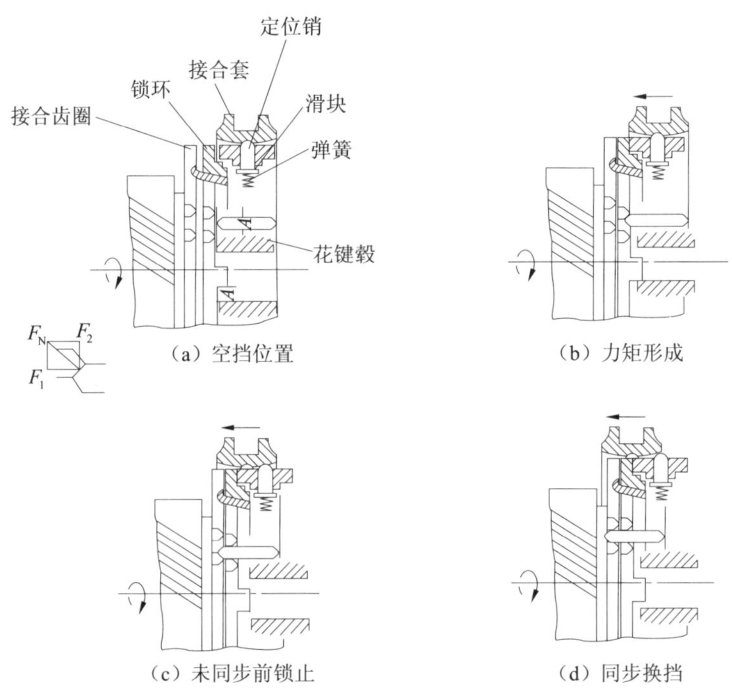

（a）空挡位置

（b）力矩形成

（c）未同步前锁止

（d）同步换挡

图 3-1-9 锁环式同步器工作过程

五、变速器操纵机构

手动变速器操纵机构的功用是保证驾驶员能准确可靠地将变速器挂入所需要的挡位，并可随时退至空挡。

变速器操纵机构按照变速操纵杆（变速杆）位置的不同，可分为直接操纵式和远距离操纵式两种类型。

1. 直接操纵式

直接操纵式的变速器布置在驾驶员座椅附近，变速杆由驾驶室底板伸出，驾驶员可以直接操纵。它一般由变速杆、拨块、拨叉轴以及安全装置等组成，多集装于上盖或侧盖内。直接操纵式变速机构结构简单，操纵方便，多用于发动机前置后轮驱动的汽车上，如图3-1-10所示。解放CA1091中型货车六挡变速器操纵机构就采用这种形式。

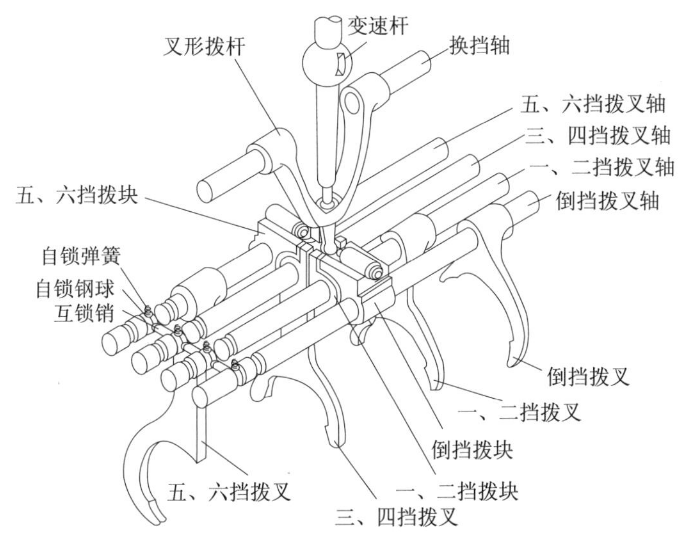

图 3-1-10 直接操纵式操纵机构

2. 远距离操纵式

有些汽车由于变速器离驾驶员座位较远，须在变速杆与拨叉之间加装一些辅助杠杆或一套传动机构，构成远距离操纵机构。这种操纵机构多用于发动机前置前轮驱动的轿车，如普通桑塔纳轿车的五挡手动变速器，由于其变速器安装在前驱动桥处，远离驾驶员座椅，须采用这种操纵方式，如图3-1-11所示。

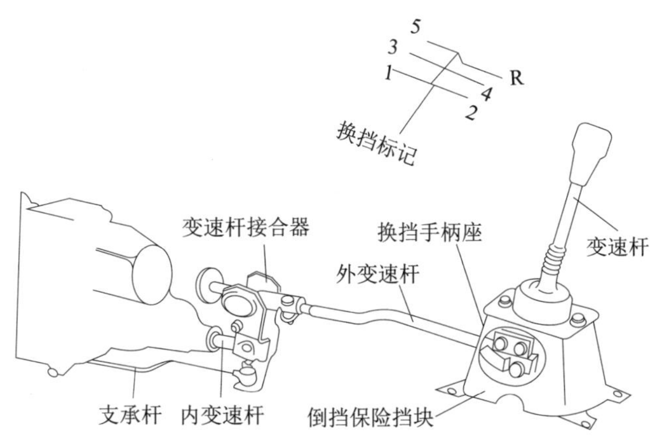

图 3-1-11 远距离操纵式操纵机构

3. 换挡锁止装置

为了保证变速器在任何情况下都能准确、安全、可靠地工作，变速器操纵机构一般都具有换挡锁止装置，包括自锁装置、互锁装置和倒挡锁装置。

（1）挂挡后应保证接合套与接合齿圈的全部套合。在振动等条件影响下，操纵机构应保证变速器不自行挂挡或自行脱挡。为此在操纵机构中设有自锁装置，如图3-1-12所示。

（2）为了防止同时挂上两个挡而使变速器卡死或损坏，在操纵机构中设有互锁装置，如图3-1-13所示。

（3）为了防止在汽车前进时误挂倒挡，导致零件损坏，在操纵机构中设有倒挡锁装置，如图3-1-14所示。

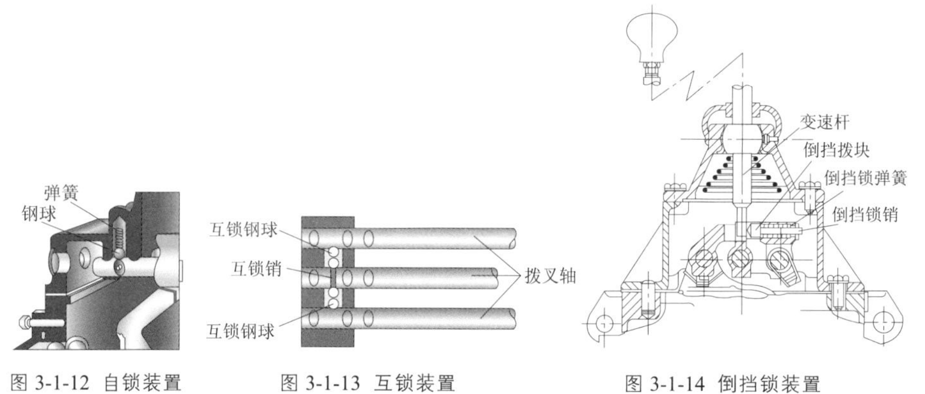

图 3-1-12 自锁装置 图 3-1-13 互锁装置 图 3-1-14 倒挡锁装置

六、桑塔纳014/Ⅱ型四挡变速器简介

1. 结构

上海桑塔纳轿车为前轮驱动的轿车，所以它的变速器结构与后轮驱动汽车的变速器不同。它将变速器、主减速器和差速器安装于一个组合的外壳之内，可以有效地减少体积、简化机构，而且动力直接传给前轮又提高了传动效率。这些变化最终改善了桑塔纳轿车的操纵性和稳定性，并提高了动力性和经济性。

桑塔纳轿车014/Ⅱ型四挡变速器结构如图3-1-15所示。此变速器属于二轴式变速器，主要由输入总成、输出总成（其中包括主减速器齿轮，差速器总成）和换挡机构等部件组成。它共有四个前进挡，一个倒挡。两个锁环式惯性同步器分别安装在输入轴和输出轴上。输入轴的一/二挡齿轮与轴制成一个整体，其他均为内套式齿轮。接合齿环也与齿轮成一整体。变速器壳体由壳体、壳盖、后盖和侧盖四部分组成，除侧盖选用铝合金外，其余则用镁合金。

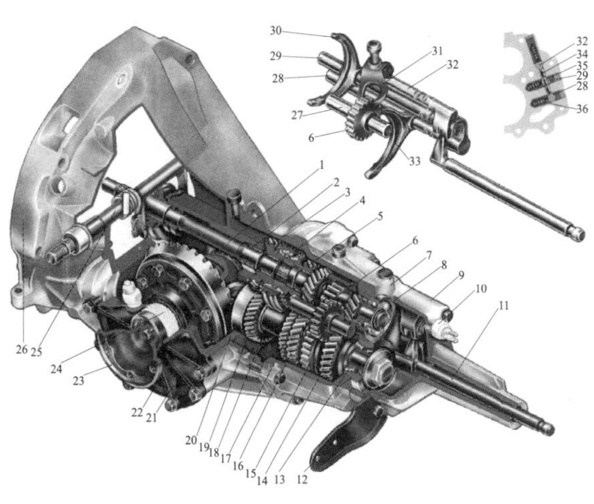

图 3-1-15 普桑四挡变速器结构

1-主动轴含一/二挡齿轮 2-滚针轴 3-主动轴四挡齿轮 4-三/四挡齿轮同步器总成 5-主动轴三挡齿轮 6-倒挡齿轮 7-轴承座壳体 8-组合轴承 9-后盖 10-倒挡灯开关 11-选挡轴 12-后支架 13-双列圆锥滚子轴承 14-从动轴一挡齿轮 15-一/二挡同步器总成 16-从动轴二挡齿轮 17-从动轴三挡齿轮 18-从动轴 19-从动轴四挡齿轮 20-圆柱滚子轴承 21-差速器盖 22-差速器组件23-凸缘轴 24-里程表传动齿轮 25-离合器分离轴承 26-变速器壳体 27-倒挡轴 28-一/二挡拨叉轴 29-三/四挡拨叉轴 30-三/四挡拨叉 31-倒挡拨叉 32-倒挡拨叉轴 33-一/二挡拨叉 34-大互锁销 35-小互锁销 36-定位锁销组件（自锁）

友情小贴士

桑塔纳变速器特点归纳起来如下：

1. 重量轻，整个变速器总成重量仅为31kg。
2. 采用二轴布置形式，取消了中间轴，结构合理，布置紧凑。
3. 采用小模数，多齿数，大螺旋角，小齿轮，从而提高了啮合率，降低了变速器的噪声。
4. 换挡操纵机构的所有连接处采用塑料件，并有橡胶防尘罩，既灵活又不松动，既可防震，又可防尘。

2. 各挡位的工作原理

各挡位的工作原理如表3-1-2所示。

表3-1-2 各挡位的工作原理

挡位	图示
空挡： 第一轴的3、4挡同步器，和第二轴的1、2挡同步器均没有接合，此时，3、4挡主动齿轮和1、2挡从动齿轮均空转，所以动力无法输出，即为空挡	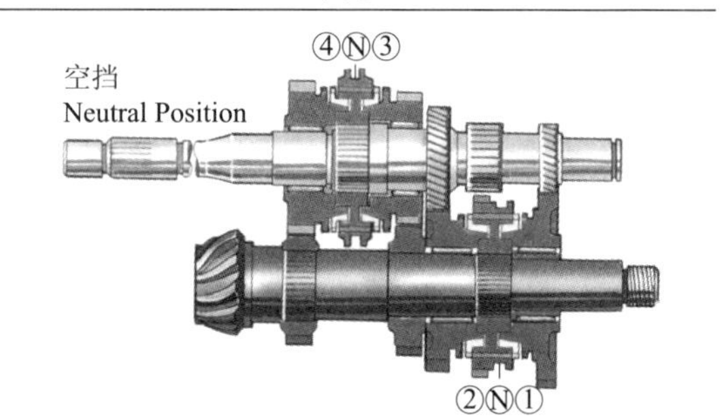
一挡： 1、2挡同步器接合套向后推，与1挡从动齿轮啮合，动力经发动机、离合器第一轴输入，由1挡主动齿轮至1挡从动齿轮、接合套、花键毂、第二轴输出	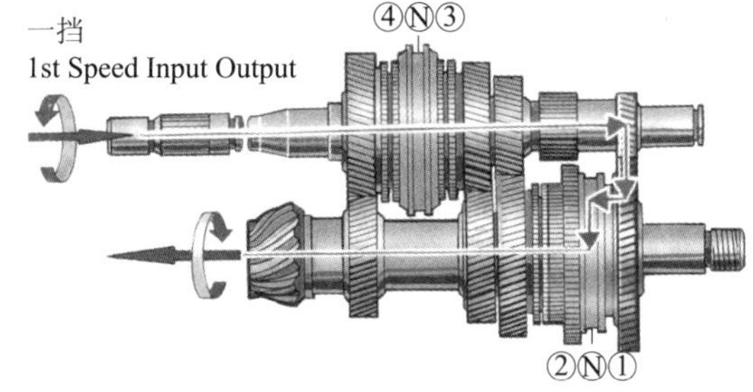
二挡： 1、2挡同步器接合套向前推，与2挡从动齿轮啮合，动力经发动机、离合器第一轴输入，由2挡主动齿轮至2挡从动齿轮、接合套、花键毂、第二轴输出	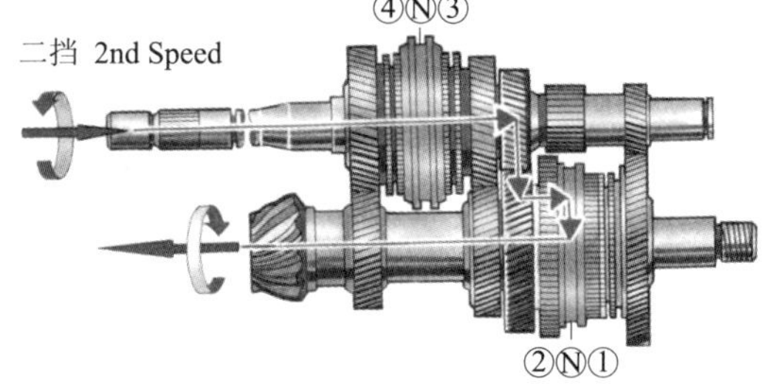
三挡： 3、4挡同步器接合套向后推，与3挡从动齿轮啮合，动力经发动机、离合器第一轴输入，由接合套、花键毂、3挡主动齿轮至3挡从动齿轮、第二轴输出	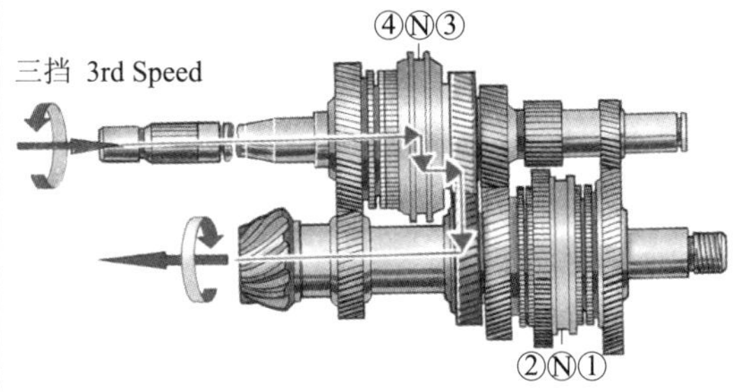

（续表）

挡位	图示
四挡： 3、4挡同步器接合套向前推，与4挡从动齿轮啮合，动力经发动机、离合器第一轴输入，由接合套、花键毂、4挡主动齿轮至4挡从动齿轮、第二轴输出	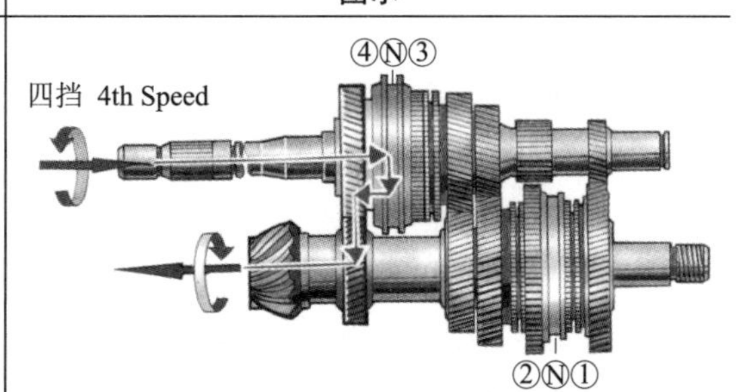
倒挡： 倒挡过渡齿轮经拨叉向前推，与倒挡主、从动齿轮啮合，动力经发动机离合器、第一轴输入，由倒挡主动齿轮至倒挡过渡齿轮，倒挡从动齿轮、花键毂、第二轴输出，改变旋转方向。	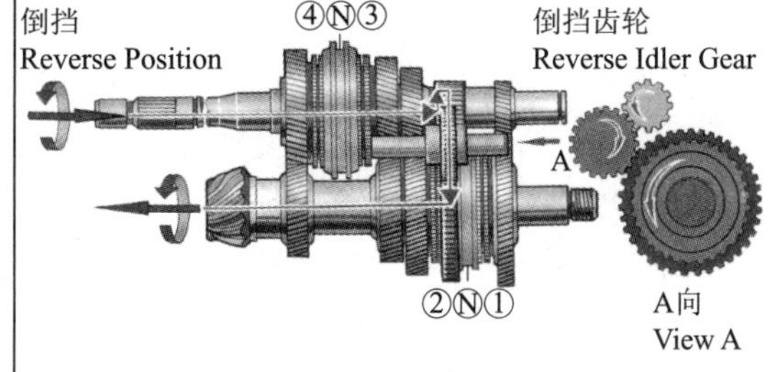

七、手动变速器的拆装及零部件检修

1. 普桑变速器拆装方法

（1）变速器的拆卸

①把变速器夹在修理架上。

②放出变速器机油。

③将变速器后盖拆下，取出调整垫片和密封垫圈。

④小心地将第三、四挡换挡杆滑向三挡方向，取出挡块，将换挡杆重新推向空挡位置。

⑤锁住轴并旋下主动锥齿轮螺母，使倒车挡和第一挡齿轮啮合。

⑥安装支承座时，心轴应位于输入轴的中心，支承座的支脚尽可能在一条直线上。

⑦取下输入轴的挡圈和垫片。

⑧拉出输入轴的向心球轴承。

⑨旋下轴承盖和输入轴连接螺栓以及主动锥齿轮的连接螺栓，并取出配合连轴套。

⑩取出变速器并夹在台钳上，使用保护垫片。

⑪取出第三、四挡换挡叉的夹紧套筒。

⑫取出输入轴。

⑬压出倒挡齿轮轴，取出倒挡齿轮。

⑭使用一个冲头将第一、二挡夹紧爪的弹性销压出，取出倒挡滑杆的夹紧爪。

⑮压出输出轴的锥齿轮。

⑯取出法兰轴的固定螺栓，用芯棒支撑住。

⑰拆下主动锥齿轮轴承盖的螺栓。

⑱拆下盖子，取出差速器。

（2）变速器的安装

①将换挡滑杆与第一、二挡按挡拨叉和主动锥齿轮一起装入轴承支座并压入圆锥滚柱轴承的第一内环（压入时请注意第一、二挡换挡滑杆的活动间隙，必要时轻轻地敲击以免卡住）。

②安装好第一、二挡夹紧爪，压入弹性销。

③安装倒挡齿轮、压入轴。

④安装输入轴。

⑤拉回第三、四挡的换挡滑杆，直至第三、四挡的换挡拨叉能够装入滑动套筒为止，将换挡滑杆放入空挡位置并将换挡滑杆与换挡拨叉用销子固定住。

⑥放好新的密封环并将齿轮组装入变速器壳内。

⑦压入定位销，用25N·m的力矩拧紧螺钉。

⑧如同拆卸时一样，使用支承桥将输入轴支承住。

⑨压入输入轴的向心球轴承或组合式轴承（向心轴承安装位置是向心球轴承保持器的封闭面对着轴承支承支座架，而组合式轴承安装位置是滚动件对着轴承支座架）。

⑩安装调整垫片和挡圈。

⑪拆卸支承桥。

⑫啮合第一挡和倒车挡齿轮，用100N·m的力矩拧紧主动齿轮螺母并锁紧。

⑬将换挡滑杆置于空挡位置。

⑭小心地将三、四挡换挡滑杆朝第三挡方向拉出，直至能安装互锁销为止，在止位块处稍涂一点润滑油，并将互锁销滑杆重新置于空挡位置并推入滑动套筒。

⑮安装差速器。

2. 变速器零部件的检修

下面以上海桑塔纳2000型轿车为例介绍手动变速器有关零部件的检修。

（1）齿轮和轴承

检查所有齿轮和轴承的损坏情况。齿面有轻微斑点，在不影响使用的情况下可以用油石修磨。当齿厚磨损超过0.2mm，齿长磨损超过原齿长的15%，或斑点面积超过齿面15%以上，则应更换齿轮（应成对更换）。装好滚针轴承和内座圈后，用百分表检查齿轮与内座圈之间的间隙，如图3-1-16所示。标准间隙为0.009—0.06mm，极限间隙为0.15mm，超过极限应更换轴承。

（2）轴

目视检查各轴，不应有裂纹，轴径及花键不应有严重磨损，轴上的齿轮不应有断齿和严重磨损，否则应更换。检查轴的径向圆跳动，如图3-1-17所示，不应超过0.05mm，否则应更换或校正。

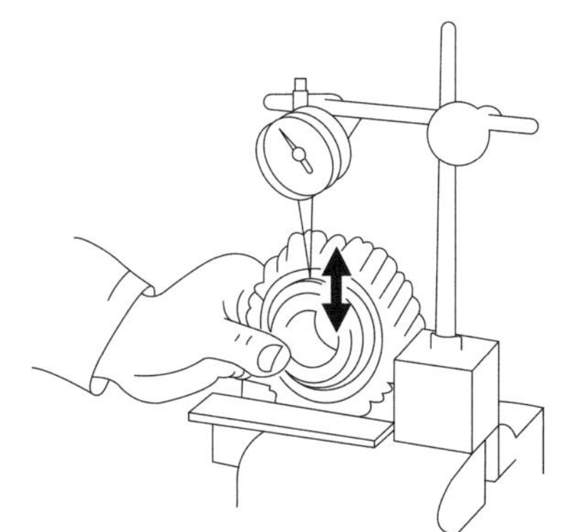

图 3-1-16 检查齿轮与内座圈之间的间隙

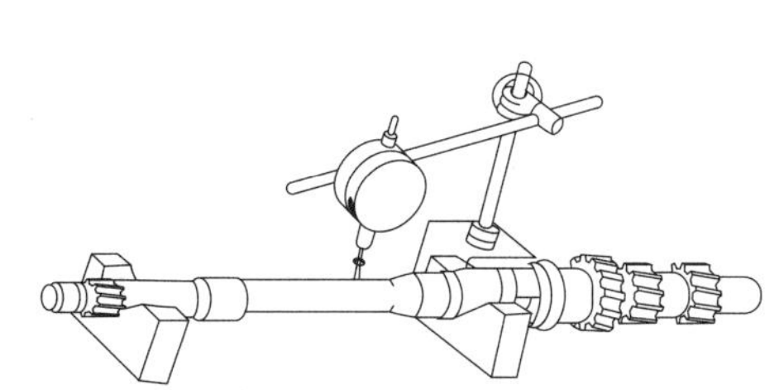

图 3-1-17 检查轴的径向圆跳动

（3）同步器

将锁环压向换挡齿轮的锥面，转动锁环时应有阻力，用塞尺测量环齿与轮齿之间的间隙a，如图3-1-18所示。间隙a的规定值见表3-1-3，如果不符合规定，应更换锁环。

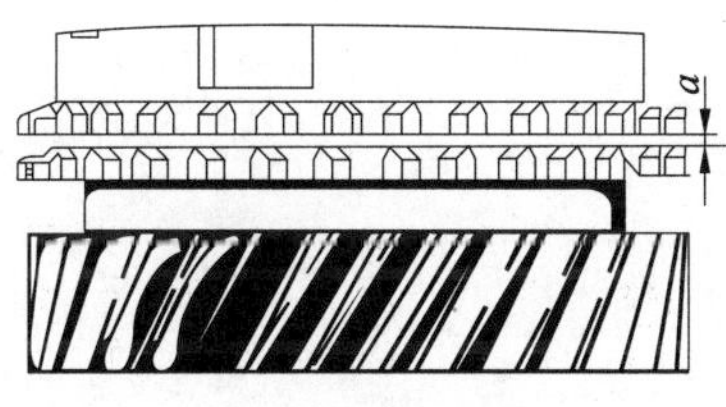

图 3-1-18 检查同步器间隙

表3-1-3 同步器环齿与轮齿之间的间隙*a*

锁环	间隙*a*（单位：mm）	
	新零件	磨损极限
一挡和二挡	1.10—1.17	0.05
三挡和四挡	1.35—1.90	0.05
五挡	1.10—1.70	0.05

（4）变速器壳体

变速器壳体如有裂纹、砂眼应更换；变速器轴承孔磨损过大应予更换；壳体接合面翘曲变形，平面度误差不应大于0.15mm，如超过应修复或更换。

八、分动器

1. 分动器简介

装有分动器的越野车，如图3-1-19所示。越野车须经常在坏路和无路情况下行驶，尤其是军用汽车的行驶条件更为恶劣，这就要求增加汽车驱动轮的数目，因此，越野车都采用多轴驱动。例如，一辆前轮驱动的汽车两前轮都陷入泥坑中（这种情况在坏路上经常会遇到），那汽车就无法将发动机的动力通过车轮与地面的磨擦产生驱动力而继续前进。假如这辆车的四个轮子都能产生驱动力的话，那么，还有两个没陷入坑中的车轮能正常工作，使汽车继续行驶。

图 3-1-19 装有分动器的越野车

2. 分动器功用

在多轴驱动的汽车上，为了将输出的动力分配给各驱动桥而设有分动器。分动器一般都设有高低挡，以进一步扩大在坏路或无路地带（地区）行驶时的传动比及排挡数目。

分动器的功用就是将变速器输出的动力分配到各驱动桥，并且进一步增大扭矩。分动器也是一个齿轮传动系统，它单独固定在车架上，其输入轴与变速器的输出轴用万向传动装置连接，分动器的输出轴有若干根，分别经万向传动装置与各驱动桥相连。

大多数分动器由于要起到降速增矩的作用而比变速箱的负荷大，所以分动器中的常啮齿轮均为斜齿轮，轴承也采用圆锥滚子轴承支承。

3. 分动器工作原理

分动器结构如图3-1-20所示，分动器的安装位置如图3-1-21所示。分动器各轴均用两个圆锥滚子轴承支承，其轴承松紧度用相应的调整垫调整。越野汽车在良好道路行驶时，为减小功率消耗及传动系机件和轮胎磨损，一般要切断通前桥动力。在越野行驶时，若需低速挡动力，则为了防止后桥和中桥超载，应使低速挡动力由所有驱动桥分担。为此，对分动器操纵机构有如下要求：非先接上前桥不得挂上低速挡，非先退出低速挡，不得摘下前桥。

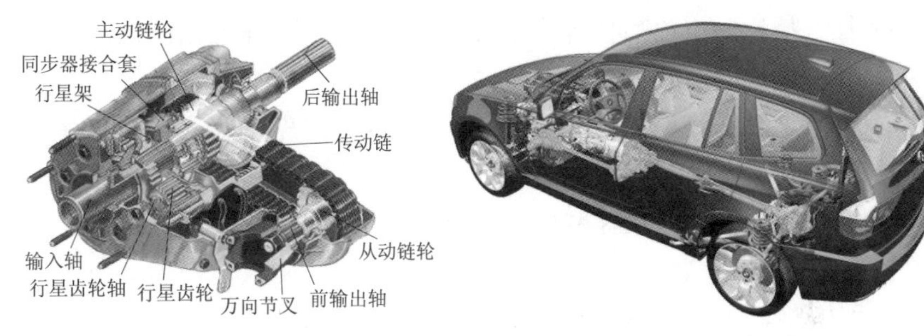

图 3-1-20 分动器结构图

图 3-1-21 分动器的安装位置

第二节 变速器常见故障诊断与排除

一、跳挡

1. 现象

汽车重载加速、爬越坡度或在颠簸的路面行驶时，变速杆有时从某挡自动跳回到空挡位置。

2. 原因

（1）相啮合的一对齿轮在啮合部位磨损成锥形。

（2）由于离合器壳后孔中心位置变动、离合器壳与变速器壳接合平面相对曲轴轴线的垂直度变动或第一轴、第二轴轴承过于松旷等原因，造成第一轴、第二轴、曲轴三者不在同一轴线上。

（3）挂入挡位后齿轮啮合未达轮齿全长或自锁钢球未进入凹槽内。

（4）各轴轴向间隙或径向间隙过大。

（5）有多道常啮齿轮的变速器，装在第二轴上的常啮齿轮轴向间隙或径向间隙过大。

（6）自锁装置凹槽、钢球磨损严重或自锁弹簧疲劳、折断。

3. 诊断方法

按下列方法诊断，其流程图如图3-2-1所示。

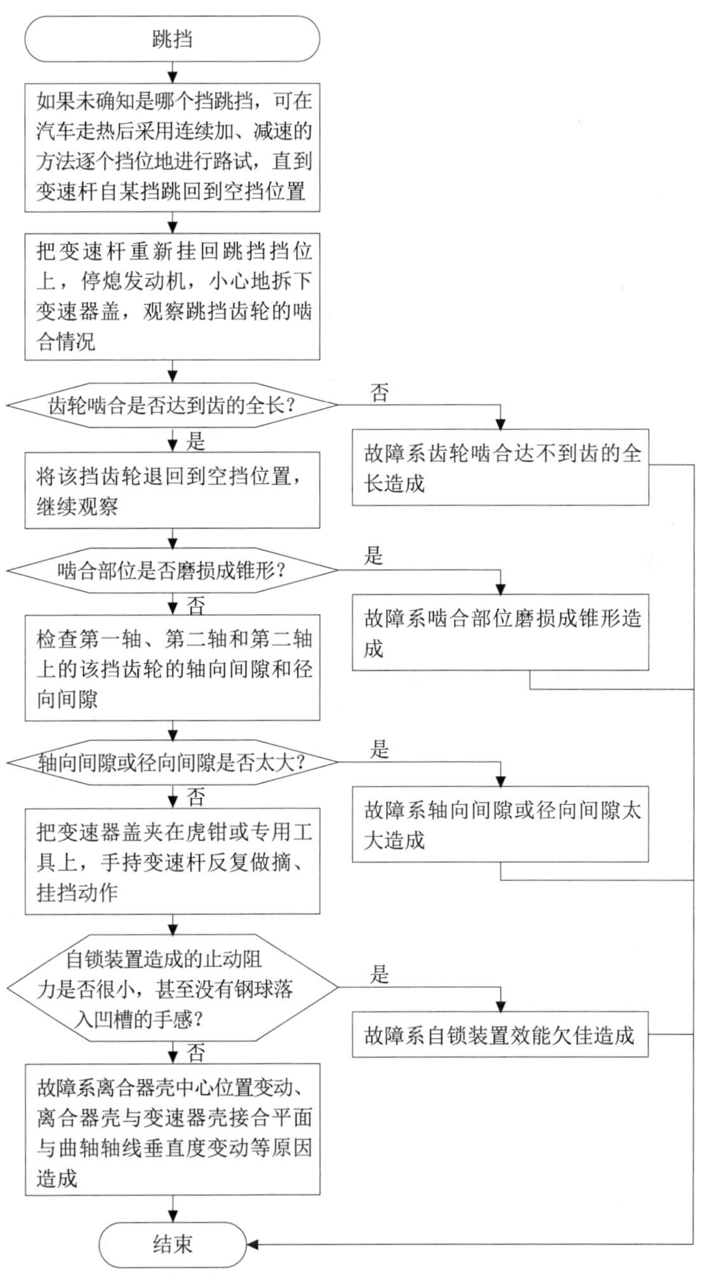

图 3-2-1 跳挡现象诊断流程图

二、乱挡

1. 现象

在离合器分离彻底的情况下，要挂挡挂不上或要摘挡摘不下；有时要挂某挡，结果挂在别的挡上。

2. 原因

（1）互锁装置损坏。

（2）变速杆下端长度不足、下端工作面磨损过大或变速叉轴上导块的导槽磨损过大。

（3）变速杆球头定位销松旷、折断或球头、球孔磨损过大。

3. 诊断方法

按下列方法诊断，其流程图如图3-2-2所示。

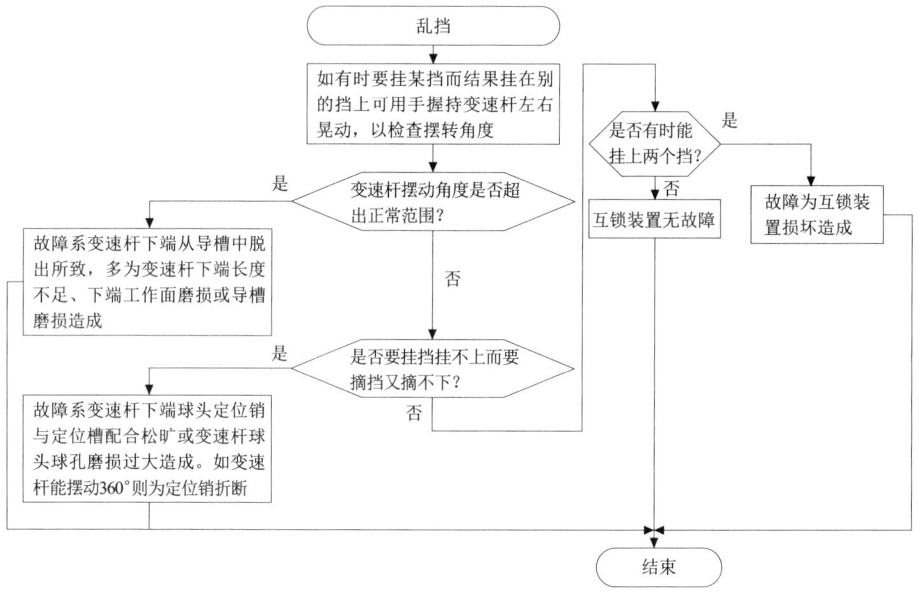

图 3-2-2 乱挡现象诊断流程图

三、漏油

1. 现象

变速器盖周边、壳体侧盖周边、加油口螺塞、放油口螺塞、第一轴回油螺纹、第二轴油封（或回油螺纹）或各轴承盖等处有明显漏油痕迹。

2. 原因

（1）接合平面变形或加工粗糙；密封垫片太薄、硬化或损坏。

（2）变速器盖、壳体侧盖和轴承盖等处固定螺钉松动或紧固顺序不符合要求。

（3）油封与轴颈安装不同轴、油封装反、油封本身磨损、硬化或轴颈与轴不同轴。

（4）回油螺纹与轴颈安装不同轴、回油螺纹沟槽污物沉积严重或有加工毛刺阻碍回油。

（5）油封轴颈磨损成沟槽。

（6）加油口盖、放油口螺栓松动或螺纹损坏。

（7）壳体有铸造缺陷或裂纹。

3. 诊断方法

按下列方法诊断，其流程图如图3-2-3所示。

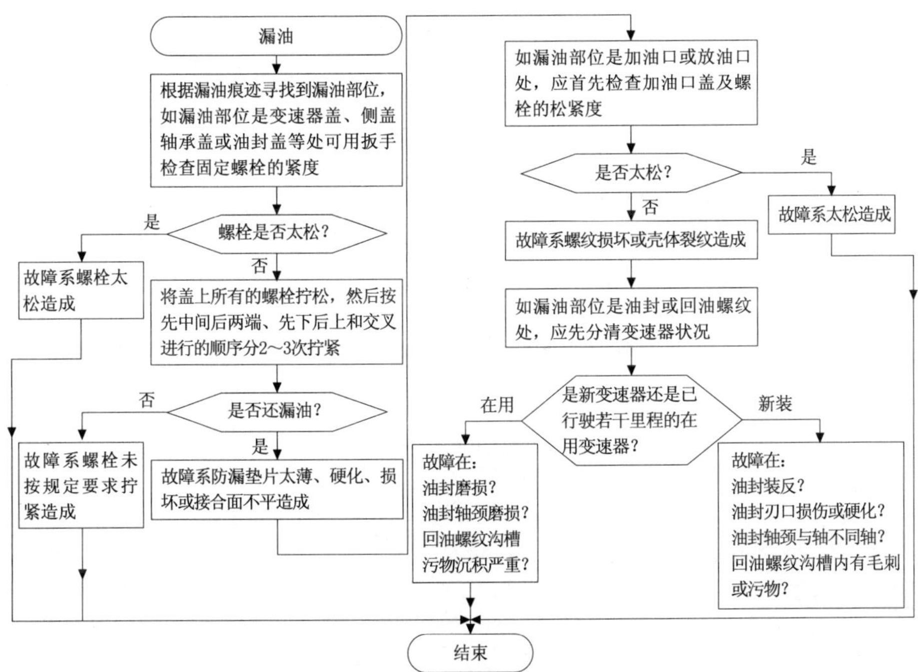

图 3-2-3 漏油现象诊断流程图

四、异响

1. 现象

变速器齿轮的啮合声、轴承的运转声等噪声过大；变速器发出干磨、撞击等不正常响声。

2. 原因

（1）滚动轴承缺油（如第一轴前导轴承），滚球磨损失圆，滚道有麻点、脱层、伤痕，内外滚道在轴上或壳体内转动，或轴承间隙太大。

（2）齿轮加工精度差或热处理工艺不当等造成齿轮偏摇或齿形发生变化；齿隙过大或花键配合间隙太大。

（3）修复过的齿面没有对毛刺、凸起等进行修整。

（4）齿面剥落、脱层、缺损、磨损过甚或换件修复中齿轮未成对更换。

（5）第一轴、第二轴或中间轴弯曲变形。

（6）壳体轴承孔镗孔镶套修复后，使两孔中心距发生变动或使两轴线不平行。

（7）经修复后的变速叉弯度不对或变速叉磨损后单边堆焊太厚，致使相关齿轮位置不准。

（8）第二轴紧固螺母松动或其他各轴轴向定位失准。

（9）自锁装置凹槽、钢球磨损过甚或自锁弹簧疲劳、折断，造成挂挡时越位。

3. 诊断方法

按下列方法诊断，其流程图如图3-2-4所示。

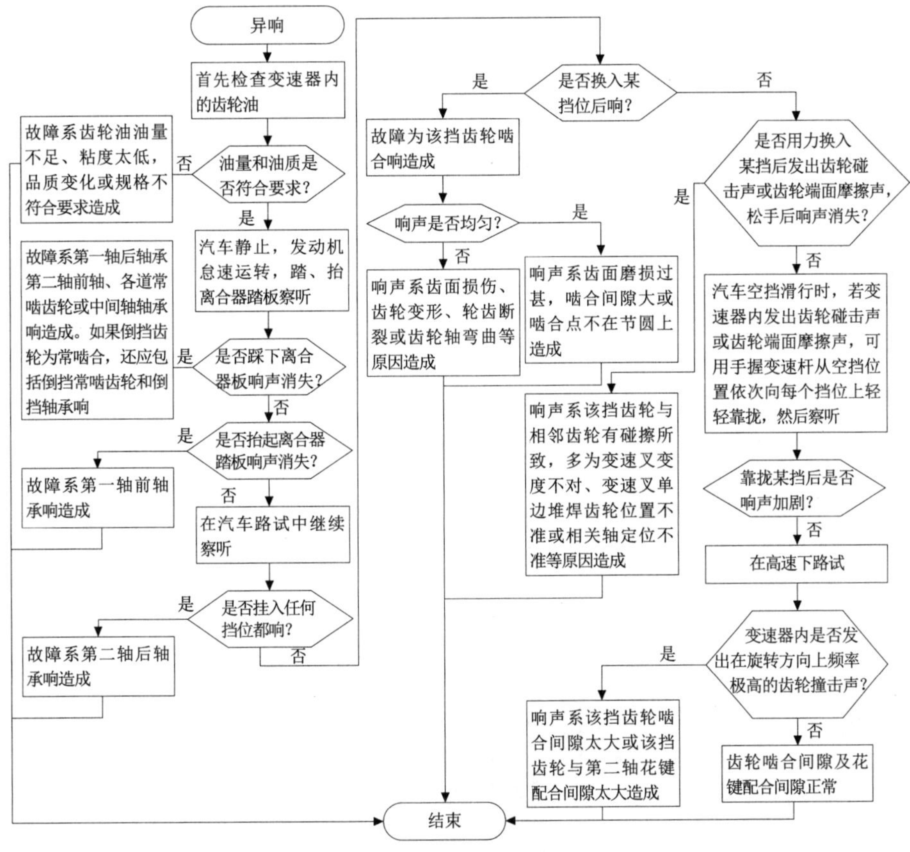

图 3-2-4　异响现象诊断流程图

五、变速器常见故障的诊断与排除

1. 捷达02K 倒挡齿打齿问题分析

（1）故障现象

装备02K手动变速器的捷达车，行车时挂入倒挡有异响，严重时挂其他挡位也有异响，甚至变速器壳体被打漏。

（2）故障原因分析

由于客户操作不当，导致倒挡齿打齿。

原因有两个：车辆前进时未完全停止而挂入倒挡或离合器未踩尽就挂倒挡。

挂倒挡过程分析：

（a）空挡

（b）啮合过程

（c）完全挂入

图 3-2-5 挂倒挡过程

从图3-2-5可得出以下结论：

①正常情况下，在车辆完全停稳后并完全踩下离合器挂入倒挡过程中，倒挡齿与传动齿轮处于相对静止，如图3-2-5（b）所示。

②正常在倒挡行车时，倒挡齿与传动齿处于完全接合的位置，如图3-2-5（c）所示。

因此，如果是倒挡齿质量问题，应是整个齿部一起被打掉。

2. 有故障的倒挡齿分析

（1）第一台故障车：车辆在前进时挂入倒挡。

图 3-2-6 前进中挂倒挡后损坏倒挡齿

现象分析：

①损坏的齿面都是在啮合开始时，说明倒挡齿未完全啮合就开始受力。

②损坏的齿痕由浅到深，说明受力啮合的时间从图3-2-6所示第1齿开始，到第8齿结束，第6齿受力最大而打裂。

③对于损坏哪个方向，应明确哪个方向的齿面，从手动变速器结构分析可知，是由于传动齿轮还在转动（前进方向），此时踩下离合器挂入倒挡，由于车辆惯性还是向前，挂倒挡车辆就应倒车，使倒挡齿还未完全接合就受力过大而损坏。

（2）第二台故障车：离合器未踩到底就挂倒挡，如图3-2-7所示。

图 3-2-7 离合器未踩到底就挂倒挡后损坏倒挡齿

故障处理方法：更换倒挡齿及相关的故障件。

第四章

汽车自动变速器

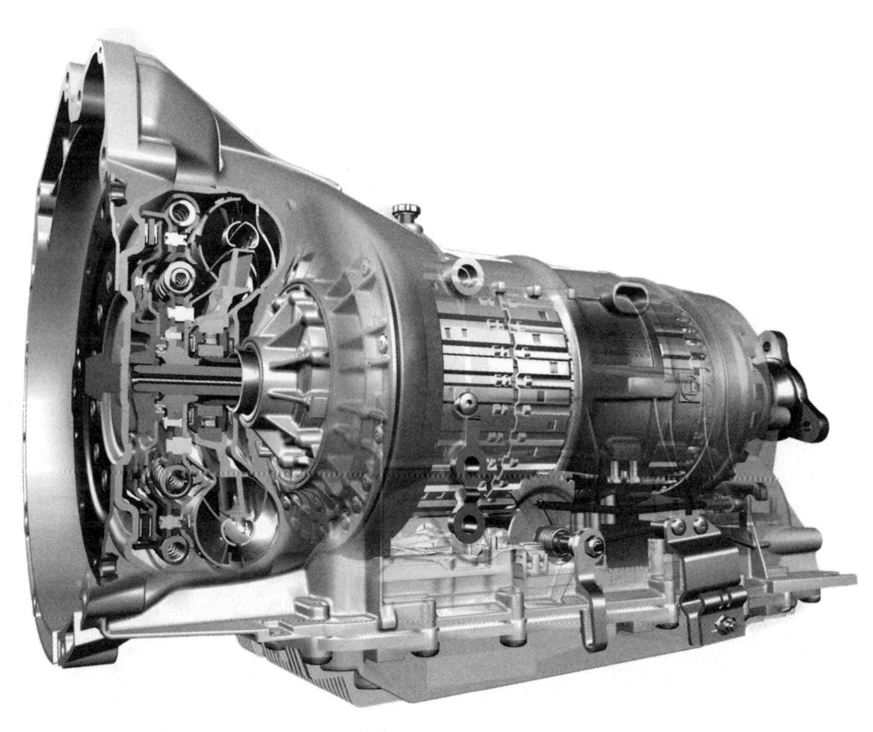

第一节　自动变速器的拆装与检修

一、自动变速器概述

自动变速器即自动操纵式变速器。它可根据发动机负荷和车速等工况的变化自动变换传动系统的传动比，使汽车获得良好的动力性和燃油经济性，同时有效减少发动机排放污染，显著提高车辆行驶的安全性、乘坐舒适性和操纵轻便性。

1. 自动变速器的种类

根据自动变速器结构以及发展的时间顺序，自动变速器大致可以分成以下四种：

（1）液力变矩器自动变速器AT（Automatic Transmission）

液力变矩器自动变速器，如图4-1-1所示，由液力变矩器、行星齿轮、液压操纵系统、传感器和ECU组成，通过液力传递和齿轮组合的方式来达到变速变矩。它属于阶梯间断式的传动方式。目前AT在市场上的拥有量最大，约占80%以上。

（2）机械式自动变速器AMT（Automated Mechanical Transmission）

机械式自动变速器AMT，如图4-1-2所示，通常是在手动变速器和离合器的基础上配备一套电子控制的液压或步进电机操纵系统，通过油缸或电机使离合器分离并使换挡杆移动，以达到自动变换挡位的目的。AMT继承了手动变速器传动效率高、技术难度低的优点。目前在国内小排量汽车，如上海通用雪佛兰新赛欧、奇瑞QQ、天津一汽威志等，配置了AMT。

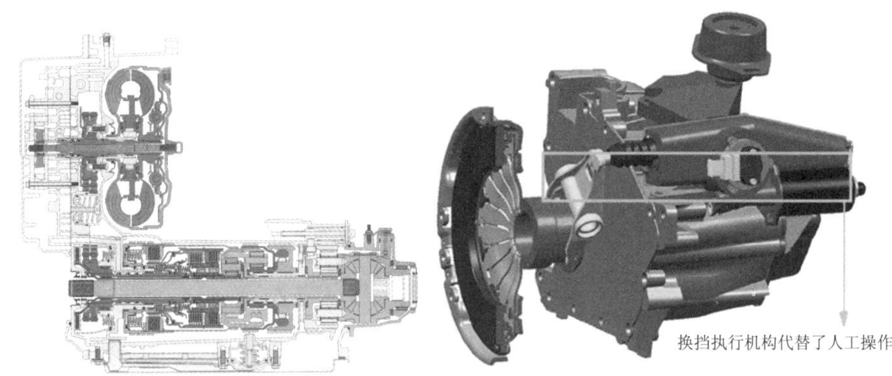

图 4-1-1 液力变矩器自动变速器（AT）　　图 4-1-2 机械式自动变速器（AMT）

（3）无级式自动变速器CVT（Continuous Variable Transmission）

无级式自动变速器CVT，如图4-1-3所示。相对于AT阶梯间断式传动方式，CVT连续可变传动，它没有明确的挡位，操作上类似自动变速箱，但是速比的变化是连续的。CVT采用传动带和可变槽宽的皮带轮进行动力传递，即当皮带轮变化槽宽时，相应改变驱动轮与从动轮上传动带的接触半径进行变速，传动带一般用皮带、金属带和金属链等。CVT可获得更佳的传动比，以满足发动机燃油经济性和尾气排放的要求。CVT没有一般自动挡变速箱的传动齿轮，换挡时的顿挫感也随之消失。目前CVT传动能够承受的扭矩有限，一般3.0L排量或者300N・m的扭矩是它的上限。国产轿车东风日产天籁、上汽名爵MG3等车型采用了CVT。

（4）双离合器自动变速器DCT（Double Clutch Transmission）

图 4-1-3 无级式自动变速器（CVT）　　图 4-1-4 双离合器自动变速器（DCT）

双离合器自动变速器DCT如图4-1-4所示，保留了传统手动变速器平行轴齿轮传动的特点。它的两根输入轴布置在同一轴线上，两根中间轴分置在两侧，在输入轴和中间轴上分别搭接不同挡位的齿轮（通常布置成奇数挡轴和偶数挡轴）。两个离合器分别和两根输入轴连接，最后来自两根中间轴的动力可分别和一根输出轴齿轮挂接并由此输出。DCT技术克服传统自动变速器换挡时的间断传动的方式，可以实现“零间隙”的挡位变化。DCT在效率和成本上都显示出许多优势，与传统的自动变速器相比，该系统换挡的舒适性更高。国产汽车以上海大众、一汽大众为代表，已有不少车型上采用了6速和7速的DCT。DCT是自动变速器发展的新技术，具有广泛的发展前景。

2. 自动变速器的组成

自动变速器的基本组成如图4-1-5所示，由液力变矩器、齿轮变速传动装置、液压控制装置、电子控制装置等组成。此外，还有自动变速器冷却和滤清装置。

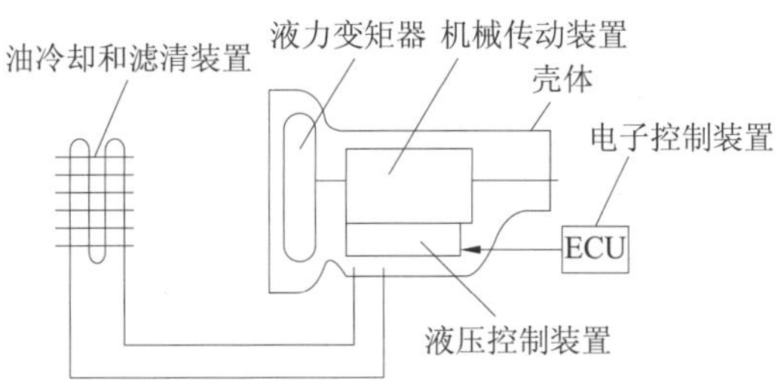

图 4-1-5 自动变速器的基本组成

二、电控自动变速器的挡位

电控自动变速器的挡位和早期的自动变速器相比发生了很大变化。下面以上海通用汽车公司生产的4T65E自动变速器和6T40E自动变速器为例，说明电控自动变速器的挡位变化。

1. 4T65E自动变速器

4T65E自动变速器具有四个前进挡和一个倒挡。该自动变速器主要与V6发动机（L3.0和L2.5）相配，应用的主要车型是老款的GL8商务车、别克新世纪和老款君威2.5L等车型。

挡位标志分别为：P、R、N、OD、D、2、1，共七个位置，如图4-1-6所示。

以下具体说明4T65E各挡位的定义：

P：驻车挡位，处于该挡位时把变速器输出轴锁止，并允许发动机在该挡位起动。

R：倒车挡位，仅允许

图 4-1-6 4T65E自动变速器换挡位

在停车时置入该挡位。

N：空车挡位，允许发动机在该挡位起动，但不允许挂空挡滑行。

OD：超速挡位，允许前进挡位在1、2、3、4挡之间自动变换。在该挡位行驶期间，仅有4挡具有发动机制动功能，而其他1、2、3挡位则允许汽车滑行。

D：手动3挡位（直接挡），仅允许前进挡位在1、2、3挡之间自动变换。在该挡位行驶期间，仅有3挡具有发动机制动功能，而其他1、2挡位则允许汽车滑行。因此也称为手动3挡位。

2：手动2挡位，仅允许前进挡在1、2挡之间自动变换，在下坡时2挡具有发动机制动功能，而1挡则为汽车滑行。

1：手动1挡位，只允许在1挡行驶，在下坡时具有发动机制动功能。

如图4-1-7所示，当换挡杆置于P位时，变速器输出轴被锁止。扇形齿板的P位缺口总是置于最外端，当定位滚柱置于P位缺口时，和扇形齿板联动的轴向凸轮达到最大升程，压住棘爪使输出轴上的棘轮锁止。当输出轴仍处旋转状态，若把换挡杆置于P位，棘爪和棘轮的齿容易损坏。因此仅允许在停车或接近停车状态时置于该位置。

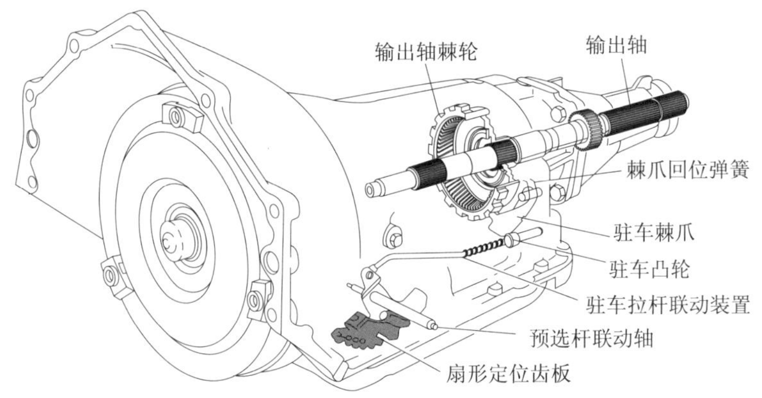

图 4-1-7 4T65E自动变速器驻车机构

自动变速器的换挡杆仅处于P和N挡位，发动机才能起动。因此需要有一个能够反映P和N挡位位置的挡位开关，液压系统的手动阀也和换挡杆关联，手动阀处于不同的位置将引导液体流入不同的液压通道。

2. 6T40E 自动变速器

6T40E自动变速器（通用汽车公司第二代6挡手自一体化自动变速器，如图4-1-8所示）挡位：

P：驻车挡位，处于该挡位时把变速器输出轴锁止，并允许发动机在该挡位起动。

R：倒车挡位，仅允许在停车时置入该挡位。

N：空车挡位，允许发动机在该挡位起动，但不允许挂空挡滑行。

D（前进挡）：允许前进挡位在1、2、3、4、5、6挡之间自动变换。

±（手动挡位）：当操纵杆处在“D”位置并左移，则进入手动挡位置。该挡位的操纵方式类似手动变速器，没有驾驶员上下推动操纵杆的移动指令，即外界的“人工干预”，变速器不会执行升降挡。当操纵杆向上靠近“＋”，则自动变速器挡位向上升一挡位，但必须满足该挡位（发动机负荷和车速）的工作条件。当操纵杆向下靠近“－”，则自动变速器挡位向下一挡位，同样必须满足进入该挡位的条件。

图 4-1-8 6T40E自动变速器外观和挡位标志

三、液力耦合器和液力变矩器

液力耦合器和液力变矩器都是动液传动装置。动液传动指靠液体在循环流动过程中动能变化而传递动力的液压传动方式。

1. 液力耦合器

液力耦合器主要由泵轮、导轮和壳体组成。它的工作原理可以用两个风扇来说明，如图4-1-9所示。通电转动的风扇带动空气流动，冲击对置并静止（不通电）的风扇的叶片。空气流动的能量推动了对置的风扇叶片，因此使能量从一个风扇传递到另一个风扇上。尽管这种耦合的效率很低，但说明两个相互间没有刚性连接的叶轮，同样可以进行能量的传递。它是一种“软连接”能量传递方式。为了提高两叶轮间传递效率，把两叶轮安装在一个密闭的容器中，让两叶轮对置的间隙尽可能减少，并在其中充满液压油，其中一个叶轮由发动机曲轴直接驱动，称为泵轮，而另一个被动叶轮则作为输出，称为涡轮，如图4-1-10 所示。

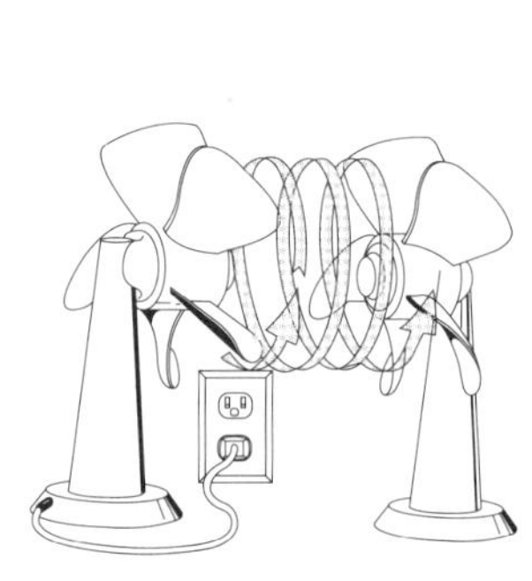

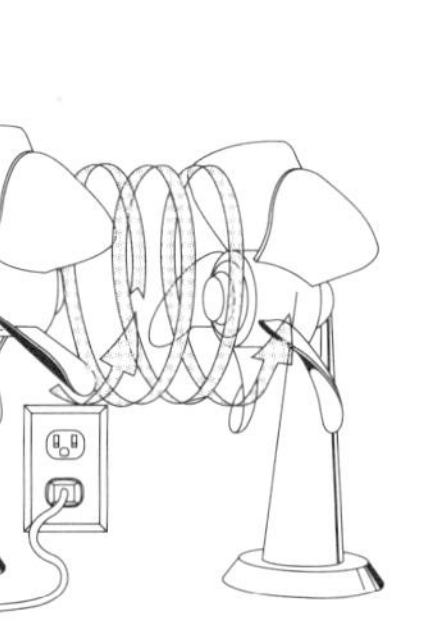

图 4-1-9 风扇耦合原理

图 4-1-10 耦合器结构图

这种仅有两个叶轮，只能进行扭矩传递的耦合装置称为耦合器。虽然耦合器只能传递扭矩，但“软连接”给汽车带来多方面的好处：

（1）在没有附加其他机械操纵装置的情况下，能够通过它平稳地切断和接通发动机与驱动轮之间的动力传递，能够很好地适应汽车平稳起步的要求，在十分恶劣的路面条件下行驶，发动机不会轻易熄火。

（2）“软连接”可以通过液体的介质，吸收传动系统的冲击和振动，延长零部件的寿命和降低噪声。

2. 液力变矩器

（1）液力变矩器结构

液力变矩器主要由泵轮、涡轮和导轮组成，如图4-1-11所示。变矩器壳体用螺栓与发动机飞轮连接在一起。壳体又和泵轮焊接在一起。因此，壳体与泵轮随发动机转动，作为发动机的动力输入。泵轮的叶片冲焊在壳体上。当泵轮转动时，在离心力的作用下，液体从中央被甩到泵轮的边缘。

液体从泵轮外缘甩出，撞击到涡轮的外边缘。涡轮和泵轮相似，在其内部有叶片。液体撞击涡轮叶片边缘冲击力使涡轮转动。机械变速器的输入轴用花键与涡轮相连，当涡轮和输入轴旋转时，动力输入到机械变速器。

为了使变矩器在某些工况下具有扭矩增大的功能，新增了一个导轮，它介于泵轮和涡轮之间，导轮通过中间的单向离合器内花键和固定轴相连，进而与变速器壳体连接，它允许导轮沿一个方向自由旋转，而在另一个旋转方向则锁止。导轮叶片通常是铝合金浇铸而成，其叶片呈斜平面，如图4-1-12所示。

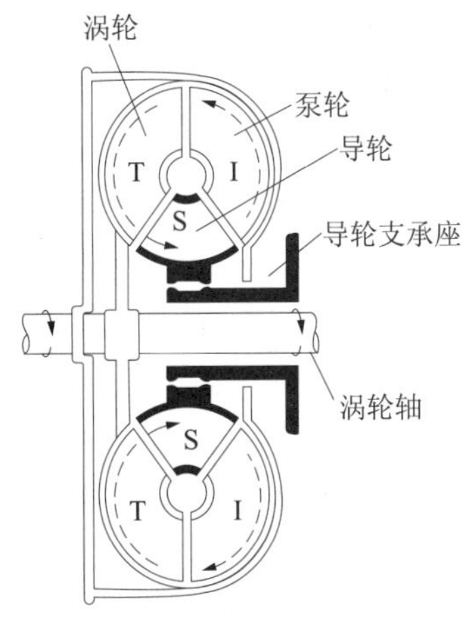

图 4-1-11 液力变矩器结构图

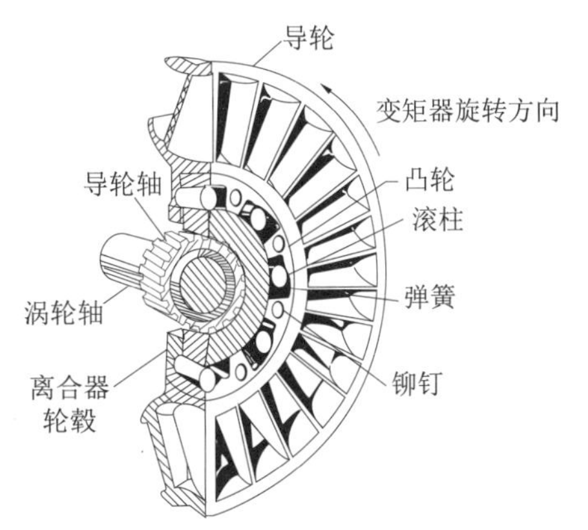

图 4-1-12 导轮结构

（2）变矩器输出扭矩增大原理

如图4-1-13所示，新增一个导轮后使变矩器具有扭矩增大的功能。当液体离开泵轮冲击涡轮时，把液体能量传递给涡轮并使其转动，与此同时流经涡轮的液体从中间流出，撞击导轮叶片的正面（此时单向离合器锁止导轮静止），液体受阻挡而产生折射，具有方向性的液体重新返回到泵轮叶片上。根据作用力和反作用力相等的原则，导轮正面叶片受到冲击力增加了涡轮的输出力矩。流动液体对导轮产生的作用力矩，可使变矩器的输出扭矩提高两倍甚至更多。

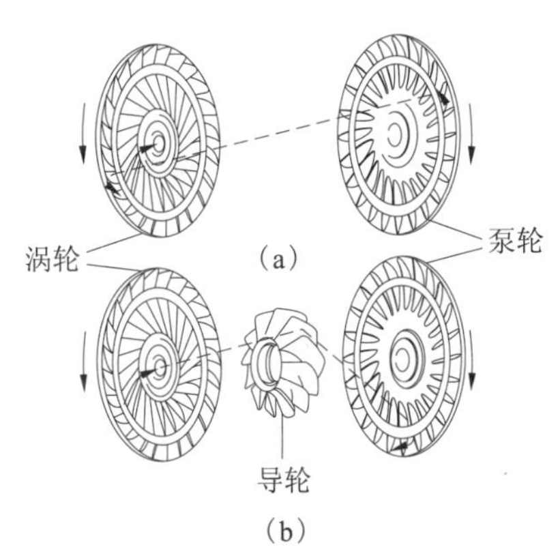

图 4-1-13 液力变矩器扭矩增大原理图

（3）变矩器锁止离合器

为了解决变矩器高速时传动效率低的问题，电控自动变速器变矩器内部都设置了锁止离合器。变矩器锁止离合器的主要功能有：①在汽车低速时，利用变矩器液力耦合低速扭矩增大的特征，提高汽车起步和坏路的加速性；②在高速时，变矩器锁止离合器锁止，使液力耦合（“软连接”）让位于直接的机械传动（“硬连接”），提高传动效率，降低燃油消耗。

变矩器的锁止离合器由一个类似普通离合器压盘的活塞组成，如图4-1-14所示。当车速较低时，活塞两侧压力相等，锁止离合器分离，动力完全通过液压油传至涡轮。当汽车在良好路面上行驶且符合锁止要求时，活塞在前后压力差的作用下压紧变矩器壳体，锁止离合器接合，输入变矩器的动力通过锁止离合器的机械连接，由压盘直接传至涡轮输出，使其效率为100%。

带锁止离合器的变矩器结构如图4-1-14所示。在变矩器壳体和涡轮之间的压盘用花键与涡轮轮毂连接，并允许压盘在涡轮轮毂上轴向运动。环状的摩擦材料粘在压盘前端面上，处于锁止状态时，压力油作用在压盘的背面，通过摩擦材料和壳体端部接触，由此建立发动机和变速器的刚性连接。处于刚性连接时，为了吸收传动系的振动和冲击，在压盘总成上设置了多个扭振弹簧和窗口，增设阻尼材料，通过扭振弹簧的变形加以吸收。当解除锁止时，来自控制阀的压力油进入压盘的正面，推动压盘移动，解除摩擦材料和壳体接触，同时该液压油从活塞外缘和壳体内缘的缝隙中进入叶轮的腔内，此时变矩器恢复液力耦合状态。变矩器两种状态的实现是通过改变进入变矩器液体的流动方向完成的，如图4-1-15所示。注意，作用在压盘正面和背面的油压差别很大，前者是低压（释放），而后者则为高压（锁止）。

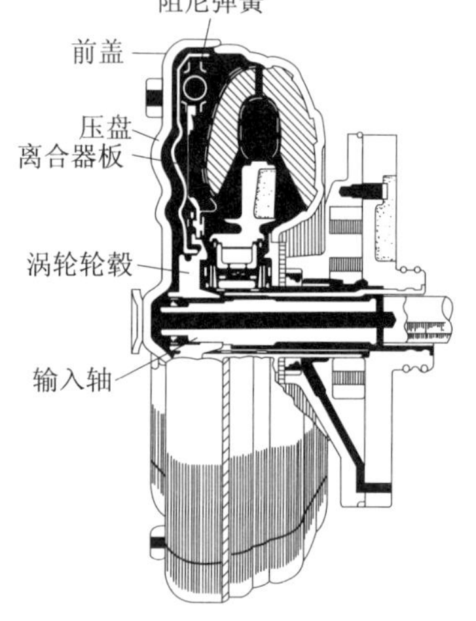

图 4-1-14 锁止离合器

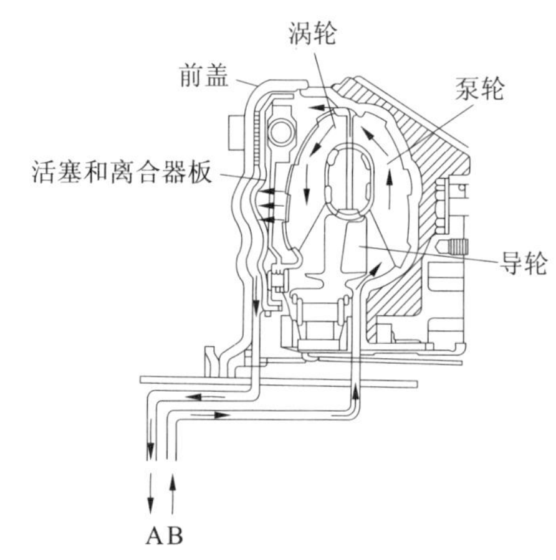

图 4-1-15 变矩器锁止离合器处于锁止位置

四、行星齿轮变速机构

1. 简单行星齿轮机构的特点

（1）行星齿轮机构传动的基本原理

自动变速器的变速机构建立在传统齿轮传动原理的基础上，它包括齿轮、轴以及换挡执行元件多片离合器、制动箍带和伺服油缸、单向离合器等部件。行星齿轮机构在绝大多数AT自动变速器中广泛使用。

变速机构可以提供不同的有级传动比，在整个驱动范围内，为汽车的动力性和经济性的提高创造了条件。齿轮传动的变速器的传动比都是有级的，传动比可以由驾驶员手动选择或液压控制系统通过变速执行元件的作用和释放自动选择。

简单（单排）的行星齿轮机构是变速机构的基础，通常自动变速器的变速机构都由两排或三排以上行星齿轮机构组成。简单行星齿轮机构包括一个太阳轮、若干个行星齿轮和一个齿圈，其中行星齿轮是由行星架的固定轴支承，允许行星轮在支承轴上转动。行星齿轮和相邻的太阳轮、齿圈总是处于常啮合状态，通常采用斜齿轮以提高工作的平稳性，如图4-1-16 所示。

如图4-1-17所示，太阳轮和行星轮常啮合，两个外齿轮啮合旋转方向相反。行星轮除了可以绕行星架支承轴旋转外，在有些工况下，还会在行星架的带动下，围绕太阳轮的中心轴线旋转，当出现这种情况时，就称为行星齿轮机构作用的传动方式。在整个行星齿轮机构中，如行星轮的自转存在，而行星架则固定不动，这种方式类似平行轴式的传动称为定轴传动。齿圈是内齿轮，它和行星轮常啮合，是内齿和外齿轮啮合，两者间旋转方向相同。行星齿轮的个数取决于变速器的设计负荷，通常有三个或四个，个数愈多承担负荷愈大。

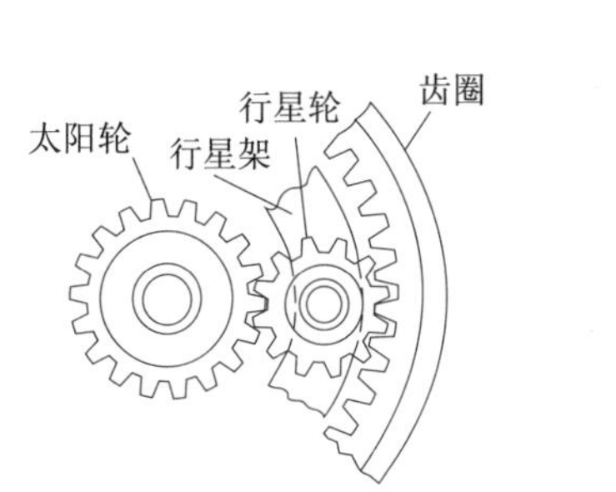

图 4-1-16 行星齿轮机构外形图

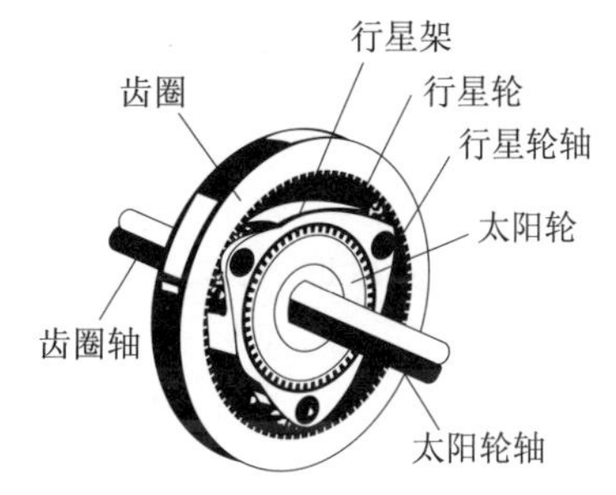

图 4-1-17 行星齿轮机构图

简单的行星齿轮机构通常称为三构件机构，三个构件分别指太阳轮、行星架和齿圈。这三构件都分别可以作为输入件或输出件，如果要确定相互间的运动关系，一般情况下，首先要固定其中的一个构件，然后确定主被动件，并确定主动件的转速和旋转方向，这样被动件的转速、旋转方向也就确定了。

简单行星齿轮机构的三种运动状态：

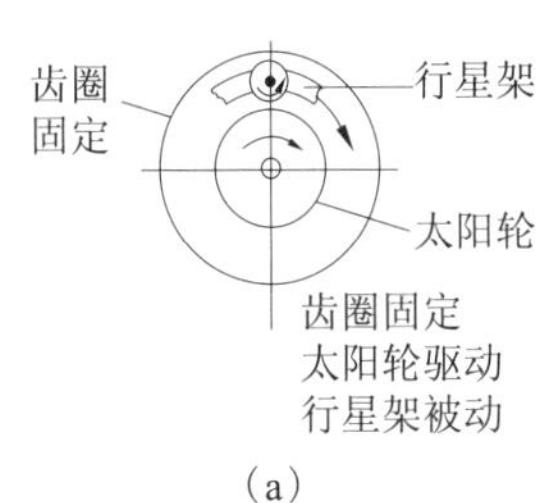

(a)

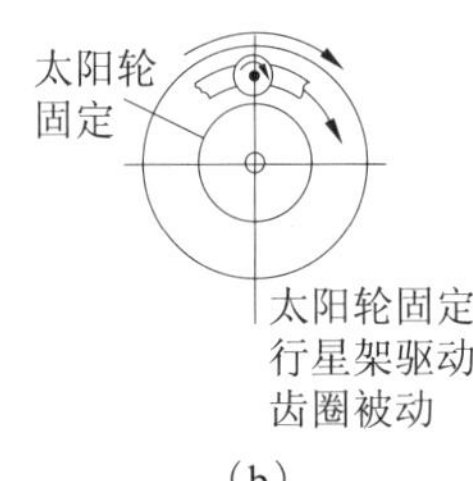

(b)

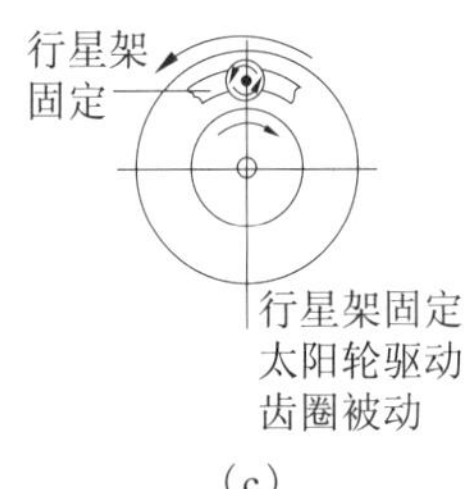

(c)

图 4-1-18 简单行星齿轮机构运动方向

①如图4-1-18（a）所示，齿圈固定，太阳轮为主动件且顺时针转动，而行星架则为被动件。太阳轮顺时针转动，则行星轮应为逆时针转动，但由于齿圈固定，因此行星轮企图实现逆时针转动，只有行星架同时实现顺时针转动方可实现，结果行星轮不仅存在逆时针自转，并且在行星架的带动下，绕太阳轮中心轴线顺时针公转。在这种状态下，就出现了行星齿轮机构作用的传动方式，而且被动件行星架的旋转方向与主动件同方向。在这里，太阳轮是主动件而且是小齿轮，被动行星架没有具体齿数的传动关系，因此定义行星架的当量齿数等于太阳轮和齿圈齿数之和。这样，太阳轮带动行星架转动仍属于小齿轮带动最大的齿轮，是一种减速运动且有最大的传动比。

②如图4-1-18（b）所示，太阳轮固定，行星架为主动件且顺时针转动，齿圈为被动件。当行星架顺时针转动时，势必造成行星轮的顺时针转动，结果行星轮带动齿圈顺时针转动。在这里，主动件行星架的旋转方向和被动件齿圈相同。由于行星架是一个当量齿数最大齿轮，因此被动的齿圈以增速的方式输出，两者间传动比小于1。

③如图4-1-18（c）所示，行星架固定，太阳轮为主动件且顺时针转动，而齿圈则作为被动件。由于行星架被固定，则机构就属于定轴传动，太阳轮顺时针转动，行星轮则逆时针转动，而行星轮又带齿圈同方向转动，结果齿圈的旋转方向和太阳轮相反。在定轴传动中，行星轮起过渡轮的作用，改变被动件齿圈的旋向。

从结构图上可以看到，太阳轮的齿数小于齿圈的齿数，属于小齿轮带动大齿轮的传动关系，因此齿圈是减速状态，即两者间的传动比大于1。注意，由于行星轮是过渡轮，传动比的大小与行星轮的齿数多少无关。

（2）行星齿轮机构的基本特征

通过以上三种传动关系的分析，可以把简单行星齿轮机构的运动特征归纳如下：

①两个外齿轮相互啮合时，其转动方向相反。

②一个外齿轮与一个内齿轮相啮合时，其转动方向相同。

③小齿轮驱动大齿轮时，输出扭矩增大而输出转速降低。

④大齿轮驱动小齿轮时，输出扭矩减小而输出转速提高。

⑤若行星架作为被动件，则它的旋转方向和主动件同向减速增矩。

⑥若行星架作为主动件，则被动件的旋转方向和它同向增速减矩。

⑦在简单行星齿轮机构中，太阳轮齿数最少，行星架的当量齿数最多，而齿圈齿数则介于中间。（注：行星架的当量齿数=太阳轮齿数+齿圈齿数）

⑧若行星齿轮机构中的任意两个元件同速同方向转动，第三元件的转速和方向必然与前两者相同，则机构锁止，成为直接挡。

表4-1-1 列出了简单行星齿轮机构的三元件，经组合后6种不同的运动状况。若假设太阳轮20齿，齿圈40齿，则行星架当量齿数为60齿。

表4-1-1 简单行星齿轮机构六种工作状态

工作状态	太阳轮	行星架	齿圈	速度状态	旋转方向	传动比
1	主动	被动	固定	减速	同向	3：1
2	固定	被动	主动	减速	同向	3：2
3	主动	固定	被动	减速	反向	2：1
4	被动	固定	主动	增速	反向	1：2
5	固定	主动	被动	增速	同向	2：3
6	被动	主动	固定	增速	同向	1：3

2. 变速执行元件

通过前面行星齿轮机构的工作原理介绍，可以知道行星齿轮机构若要实现传动比的变化或者输出轴旋转方向的变化，通常采用的措施是改变主、被动件的关系，另一个措施改变固定的元件，通过不同的组合方式可获得不同的传动比和旋转方向，表4-1-1清楚地反映了这种关系。使传动比和旋转方向产生变化的元件称为变速执行元件，分别是多片离合器、制动箍带和伺服油缸、单向离合器。其中前两种须液压控制，而单向离合器是机械结构，固定旋转件仅取决于旋转方向。

（1）多片离合器

多片离合器的功能之一是进行动力切换，变速器的输入动力来自变矩器涡轮轴，为了实现挡位状态的变化，必须要把输入动力接通到行星齿轮机构的某一主动的构件上，比如把动力接通到太阳轮，但在另一挡位又必须把同一输入动力接通至行星架，架通输入动力和机构中某一构件的桥梁是多片离合器。通过多片离合器，既可以把传动路线导通，也可断开。

多片离合器的功能之二是固定行星齿轮机构的某一构件。在这种情况下，又把它称为制动器。在有些自动变速器中，其行星齿轮机构的变速执行元件中没有制动带，取而代之的是多片离合器。把多片离合器的一端和机构中的某一构件连接，而另外一端则和变速器壳体连接，当多片离合器接合，就把行星齿轮机构的运动件固定了，因此它扮演了制动器的角色。

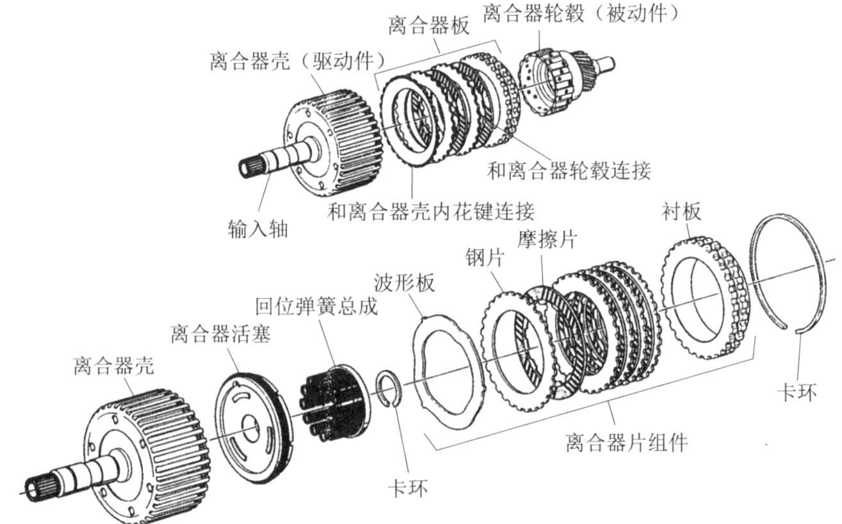

图 4-1-19 多片离合器组件

图4-1-19所示为多片离合器组件，由带有摩擦材料的盘片和钢制盘片组成，摩擦片和钢片交替地安装在离合器鼓内。摩擦片的工作面上有粗糙的摩擦材料，而钢片表面则光滑。离合器鼓内的活塞在油压的作用下，把摩擦片和钢片压紧在一起，使离合器处于接合状态。当油压被解除时，活塞在回位弹簧作用下回位，使离合器处于分离状态。通常摩擦片的内缘有内花键，而钢片的外缘则有外花键，钢片的外花键和主动的离合器鼓的内花键相配合，摩擦片的内花键则和从动轴的外花键相配合，当离合器接合时，主动件通过多片离合器把动力传递给被动件。当油压作用在活塞上，每一组离合器片的正压力都是相等的，片数愈多、油压愈高，离合器可传递负荷的能力也愈大。

多片离合器还包括一个或多个回位弹簧、回位弹簧座、油封、一个或多个压盘和挡圈。不同型号的自动变速器其多片离合器分离状态时的摩擦片和钢片的间隙标准不尽相同，一般在1.8—2.2mm之间。由于在接合过程中存在片间滑磨，当间隙超过设定的极限间隙后，换挡过程的时间将会延长，严重时将会引起发动机“飞车” 或“掉速” 现象，产生换挡冲击。同时片间滑转会引起钢片表面的高温烧蚀现象，烧蚀后的钢片会引起变形和表面硬度退化，既加速磨损又影响力矩的传递能力。钢片烧蚀一般是由于负载过大，作用在活塞上的油压不足以把钢片和摩擦片压紧（锁止）而引起的。当多片离合器分离时，停止向活塞供给油压，并将油压释放。活塞在回位弹簧的作用下回位，主从动片让出间隙，实现分离。当处于分离状态时，为了解除活塞上的残留油压，在离合器上设置一个离心式单向阀，使部分残留油压迅速泄出，防止片间产生拖滞现象。当活塞作用油压时，单向阀自行关闭，建立压力使多片离合器接合。多片离合器工作原理如图4-1-20所示。

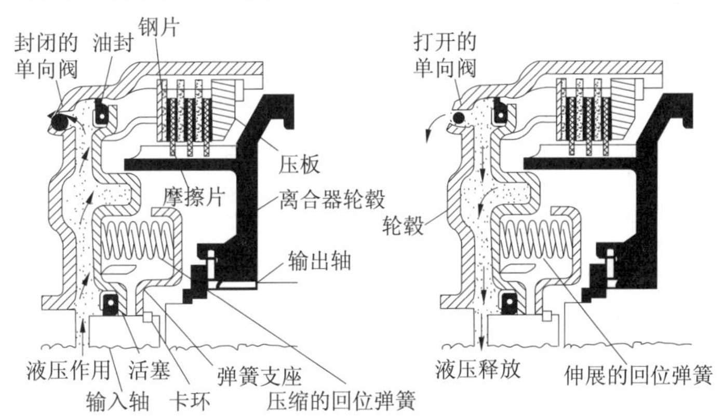

图 4-1-20 多片离合器工作原理

（2）制动箍带和伺服油缸

行星齿轮机构中的三大构件都允许自由旋转，但为了实现某一挡位的变换，须把其中一件加以固定，承担该任务的就是制动箍带和伺服油缸，两者配套使用，有时又称为制动器。工作原理如图4-1-21所示。

制动带是一种围绕在制动鼓外面可收拢的制动组件。制动鼓与行星齿轮机构的某一元件连成整体，通过锁止制动鼓实现行星齿轮机构该构件的固定。制动带是衬有半金属或有机摩擦材料的简单挠性金属带。当伺服油缸给制动带作用力时，制动带箍紧制动鼓，行星齿轮机构某一构件的旋转也随之被固定。伺服油缸是制动带的施力装置，当液压作用在伺服活塞上，使活塞压缩回位弹簧而移动，通过机械的联动装置作用在制动带上。解除制动时，作用在伺服活塞上的液压油通过控制阀改变液体的流动方向，和回油相通，伺服活塞在回位弹簧力的作用下回到初始位置，制动带释放。

（3）单向和超越式离合器

自动变速器中单向离合器是一种固定装置，它的功能和制动带相似，制动带能够在两个方向锁止轮鼓的旋转，而单向离合器只能在一个方向锁止，而在另一方向则能自由转动。单向离合器的内外圈，其中有一件是直接和壳体固定的，而另外一件则和行星齿轮机构的某一构件连接。常用的单向离合器有两种不同的型式：滚柱式和凸块式，如图4-1-22所示 。

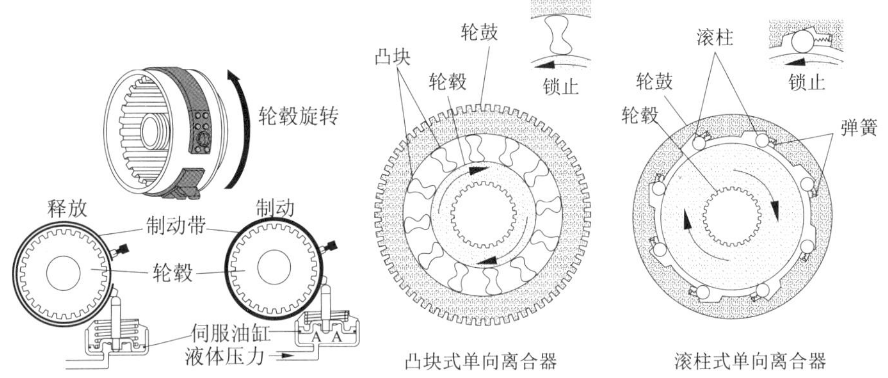

图 4-1-21 制动带和伺服油缸

图 4-1-22 单向离合器

滚柱式单向离合器利用弹簧把滚柱固定在离合器内外座圈之间的适当位置。外座圈的内表面有若干个凸轮状缺口，滚柱在弹簧力作用下，介于内座圈和缺口表面之间。当某一座圈固定，而另一座圈以一定方向转动时，使滚柱揳紧在缺口和滚道的狭窄端，则原旋转座圈依靠摩擦力锁止。当该座圈朝相反方向旋转时，滚柱朝缺口滚道较宽端运动，滚柱和缺口滚道无揳紧趋势，该座圈能自由转动。

凸块式单向离合器由内外座圈和介于座圈间的8字形的金属块组成。当其中一个座圈固定，而另一座圈往某一方向旋转时，其结果使8字形凸块竖起，揳紧内外座圈表面，则旋转座圈锁止。当该座圈以相反方向旋转，使凸块倒下未有揳紧内外座表面的趋势，那么该座圈可以自由转动。

超越式离合器尽管结构型式和单向离合器完全相同，但它们的安装方式有很大区别，超越式离合器的内外圈分别和运动的部件相连，它的“锁止”或“超越” 不仅取决于内外圈的旋转方向，而且取决于内外圈的相对速度。超越式离合器一般的安装位置，是介于输入动力和行星齿轮机构某一构件之间，其功能类似于多片离合器，但多片离合器的接合与释放借助于活塞上的作用油压，而超越式离合器是纯机械控制，如图4-1-23所示为超越式离合器在内外座圈不同速度下离合器的锁止和超越状态。当内座圈转速大于外座圈，则离合器超越，即内外座圈各自按原有转速旋转，相互间无干扰。当内座圈转速小于外座圈，则离合器锁止。

注意：上述判定条件都是由单向离合器结构所决定的。假若8字形凸块倒向另外一方向（即把离合器绕垂直轴旋转180°），上述结果正好都相反。因此在拆装单向离合器时，一定要做好方向的标志。

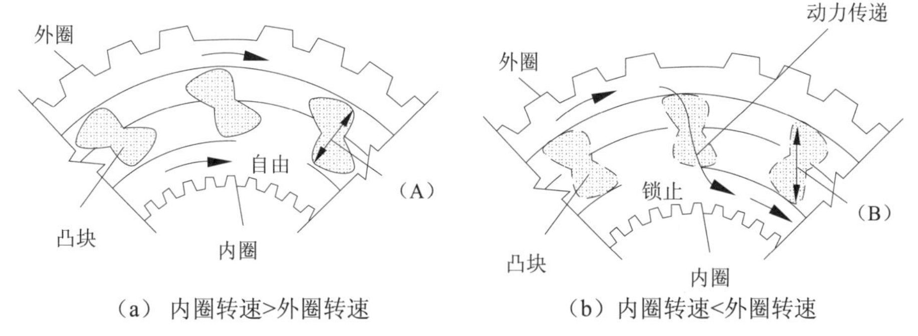

（a） 内圈转速>外圈转速　　（b）内圈转速<外圈转速

图 4-1-23 内外圈转速和单向离合器关系

五、典型复合式行星齿轮机构

目前，自动变速器中的行星齿轮机构是由两排或三排以上的简单行星齿轮机构组成，通常具有三个前进挡或四个前进挡，以及一个倒挡。常用的复合式行星齿轮机构有：拉维奈（Ravigneavx） 行星齿轮机构、辛普森（Simpson） 行星齿轮机构和串联式行星齿轮机构。

1. 拉维奈行星齿轮机构

（1）结构

如图4-1-24所示，拉维奈行星齿轮机构由双排行星齿轮机构组成，大小两个太阳轮、三个长行星轮和三个短行星轮共用同一行星架，仅有一个齿圈和输出轴连接，它的前排是一个简单行星齿轮机构，而后排则是一个双行星轮的齿轮机构。

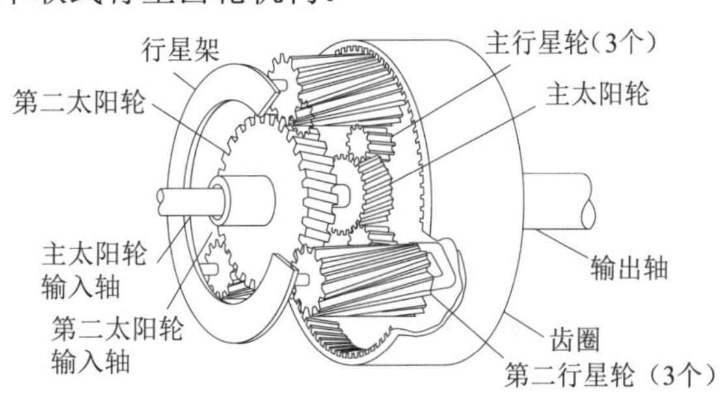

图 4-1-24 拉维奈行星齿轮机构

（2）各执行元件的功能

拉维奈行星齿轮机构和执行元件之间的关系，如图4-1-25所示。该机构的变速执行元件有五件，前多片离合器C_1，后多片离合器C_2，前

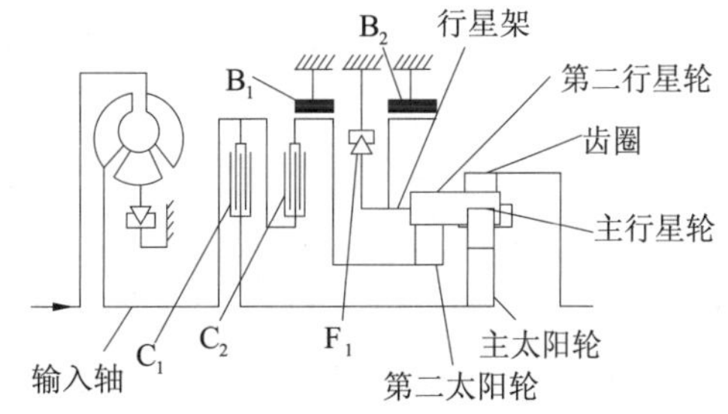

图 4-1-25 拉维奈行星齿轮结构和执行元件关系C_1–前多片离合器 C_2–后多片离合器 B_1–前制动带B_2–后制动带 F_1–单向离合器

制动带B_1，后制动带B_2，单向离合器F_1。当多片离合器、制动带和单向离合器起作用时具有以下结果。

①前多片离合器C_1作用：把来自输入轴（涡轮轴）的输入动力接到后排主太阳轮。

②后多片离合器C_2作用：把来自涡轮轴的输入动力接到前排第二太阳轮。

③前制动带B_1作用：固定第二太阳轮不动，结果第二行星齿轮围绕第二太阳轮外缘转动，行星齿轮机构作用。

④后制动带B_2作用：固定行星架不动，结果行星轮仅作为过渡轮，绕自己轴线转动。

⑤单向离合器F_1作用：固定行星架不动，使单向离合器在逆时针转动时有自行锁止的功能。在逆时针方向时，它具有后制动带作用时的同样功能。

（3）动力流分析

表4-1-2所示为拉维奈行星齿轮机构换挡执行元件工作规律。

表4-1-2 拉维奈行星齿轮机构换挡执行元件工作规律

预选杆位置	挡位	换挡执行元件				
		C_1	C_2	B_1	B_2	F_1
D	1挡	●				●
	2挡	●		●		
	3挡	●	●			
R	倒挡		●		●	
S、L或2.、1	1挡	●			●	
	2挡	●		●		

注：●表示接合、制动或锁止

各挡位的传动路线如下：

①1挡：换挡杆置于“D”位，C_1多片离合器作用，主太阳轮是驱动件，F_1单向离合器作用将行星架固定。机构动力流：主太阳轮传到主行星轮，再传到第二行星轮，然后到齿圈，最后传给输出轴。

两个长短行星轮仅改变输入动力的旋转方向，对机构的速比没有影响。发动机和输出轴同一旋转方向，1挡速比仅取决于齿圈和主太阳轮齿数之比。

当主太阳轮顺时针方向转动时，第二行星轮最终带动齿圈也朝顺时针方向转动，此时，行星架在齿圈反作用力矩的作用下产生逆时针转动的趋势，由于F_1单向离合器逆时针转动锁止，行星架固定。

当汽车处于滑行状态，由驱动轮逆向输入的动力带动齿圈顺时针的高速旋转，通过第二行星轮对行星架产生顺时针转动的作用力矩，与此同时主太阳轮仍有来自发动机的怠速动力带动进行顺时针的低速旋转，但最终使行星架脱离单向离合器的锁止，进行顺时针的自由空转。这就是一挡的汽车滑行。当驱动轮的转速低于某一值时，行星架又重新被F_1单向离合器锁止，汽车滑行状态结束，重新恢复驱动状态。

为了在1挡传动比状态下实现发动机制动作用，可将换挡杆置于“1”位置，此时C_1多片离合器和B_2后制动带同时作用，并将行星架固定，这种情况下的动力流和换挡杆置于“D”位是完全相同的，但汽车在下坡时，驱动轮可以通过行星齿轮机构反向带动发动机实现发动机制动的功能。

②2挡：C_1多片离合器和B_1前制动带同时作用，主太阳轮仍然是驱动件，第二太阳轮被后制动带固定。动力流从主太阳轮传到主行星轮，然后传到第二行星轮，由于第二太阳轮被固定，第二行星轮只能在行星架顺时针转动的基础上实现顺时针自转，带动齿圈旋转，齿圈带动输出轴转动，其转动方向和发动机方向一致。输出轴是减速运动。此时2挡的输出轴转速比1挡转速高，这是因为齿圈的转动是由第二行星轮自转和行星架公转共同带动，2挡传动比的计算比1挡复杂，它涉及前后两排行星机构的齿轮齿数，2挡的传动比仍大于1,输出轴依旧是减速运动。

拉维奈行星齿轮机构处在2挡传动比状态时，驱动轮逆向传入的动力，始终和发动机相连，因此只能实现发动机制动，在“D”位和2位均不存在汽车滑行。

③3挡：C_1多片离合器和C_2多片离合器同时作用，主太阳轮和第二太阳轮同时作为驱动件带动第二行星轮转动，此时第二行星轮不可能产生两种不同方向的旋转，整个机构锁止，相互间合成一整体，因此就出现了直接挡，传动比为1。

④倒挡：C_2多片离合器和B_2后制动带同时作用，第二太阳轮作为驱动件，行星架被后制动带固定。动力流从涡轮输出轴经C_2多片离合器传给第二太阳轮做顺时针转动，并带动第二行星轮逆时针转动，由于行星架固定不动，第二行星轮只能自转并带动齿圈逆时针转动。输出轴的转动方向与发动机相反，提供倒挡。倒挡传动比是齿圈和第二太阳轮齿数之比，传动比大于1，是一种减速运动。

拉维奈行星齿轮机构是一种原型，它仅有三个前进挡，而且只有1挡存在汽车滑行。在拉维奈行星齿轮机构原型（三个前进挡）的基础上，通过再增加一排行星齿轮机构或增加变速执行元件，可实现更多的前进挡（6挡、7挡）。

2. 辛普森行星齿轮机构

（1）辛普森三挡行星齿轮机构

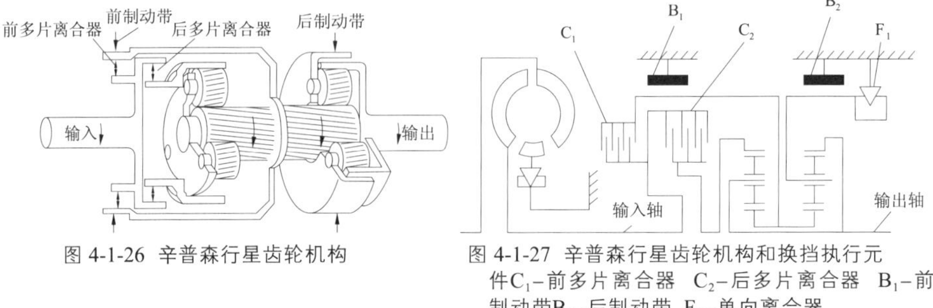

图 4-1-26 辛普森行星齿轮机构

图 4-1-27 辛普森行星齿轮机构和换挡执行元件C_1–前多片离合器 C_2–后多片离合器 B_1–前制动带B_2–后制动带 F_1–单向离合器

辛普森行星齿轮机构由两个完全相同齿轮参数的行星排组成，如图4-1-26所示，整个机构具有相同齿圈，六个相同的行星轮和一个供两个行星排合用的加长太阳轮（故又称为共同太阳轮行星齿轮机构），它的前行星架和后齿圈为同一构件，并且和输出轴连接。它的原型机构可组成三个前进挡和一个倒挡。机构设置了五个变速执行元件，C_1前多片离合器、C_2后多片离合器、B_1前制动带、B_2后制动带、F_1单向离合器，如图4-1-27所示。

辛普森三挡行星齿轮机构换挡执行元件的工作规律如表4-1-3所示。

表4-1-3 辛普森三挡行星齿轮机构换挡执行元件的工作规律

预选杆位置	挡位	换挡执行元件				
		C_1	C_2	B_1	B_2	F_1
D	1挡		●			●
	2挡		●	●		
	3挡	●	●			
R	倒挡	●			●	
S、L或2、1	1挡		●		●	
	2挡		●	●		

注：●表示接合、制动或锁止

①1挡：把换挡杆置于“D”位置，C_2后多片离合器作用把输入动力传给前齿圈，F_1单向离合器作用，使后行星架固定不动。其输入动力经C_2后多片离合器传给前齿圈，使其顺时针旋转。前齿圈又带动前行星轮顺时针转动，由于前行星轮既可带动前行星架顺时针转动（输出轴的转动），又可带动太阳轮逆时针转动，前齿圈的转速通过前行星轮被分解成两条传动路线，由于后排行星架已被F_1单向离合器固定，根据后排行星齿轮机构的传动比确定，

以及后齿圈和前行星架为同一构件（旋转方向和转速相同）这两个条件，就可以确定1挡的传动比。

太阳轮逆时针的旋转带动后行星轮顺时针转动，行星轮再带动后齿圈顺时针转动，由于后齿圈顺时针时，会给后行星架施加一个逆时针的力矩，通过F_1单向离合器将后行星架固定。置于“D”位置的辛普森机构的1挡具有汽车滑行功能，当驱动轮的转速超过了发动机的转速之后，此时来自驱动轮的逆向动力通过后齿圈和前行星架输入机构，使后行星架顺时针旋转，脱离F_1单向离合器锁止，实现了汽车滑行。当驱动轮转速低于发动机，单向离合器重新锁止，变速器恢复驱动状态。

若要在1挡实现发动机制动，则须把换挡杆置于“1”位置，此时后行星架被B_2后制动带固定，驱动轮逆向传入的动力通过变速器把发动机转速提高，从而消耗功率使驱动轮转速迅速下降，实现发动机制动。

②2挡：C_2后多片离合器和B_1前制动带同时作用，涡轮输出轴经C_2后多片离合器和前齿圈连接，同时太阳轮组件被B_2后制动带固定。

动力经变速器的输入轴传给前齿圈，使之做顺时针旋转，由于太阳轮被固定，因此前行星轮在前齿圈带动下，既有自转，又随行星架公转，行星轮和行星架进行顺时针转动，行星架最后带动输出轴顺时针旋转。2挡传动比取决于行星架当量齿数和前齿圈齿数之比，它是一种传动比大于1的减速运动。2挡的传动比仅和前排行星齿轮机构有关。

在辛普森机构的2挡工作状态下（换挡杆置于“D”位），来自驱动轮的逆向传入变速器的动力，可以直接传至发动机，实现发动机制动。

③3挡：C_1前多片离合器和C_2后多片离合器同时作用，C_1前多片离合器的接合把动力传至太阳轮，C_2后多片离合器的接合把动力传至前齿圈。根据上述行星齿轮机构特征：任意两件同速同方向即为直接挡，机构锁成一整体。在3挡状态，前齿圈和太阳轮均有相同旋转方向和速度。3挡传动比为1。

④倒挡：C_1前多片离合器和B_2后制动带同时作用，C_1前多片离合器的接合把动力传给太阳轮，B_2后制动带的作用使后行星架固定。此时动力经输入轴传给太阳轮并使其顺时针转动，因后行星架已被固定，后行星轮逆时针转动，并使后齿圈也逆时针转动，最终后齿圈带动输出轴逆时针旋转。倒挡传动比等于后齿圈齿数和太阳轮齿数之比，是传动比大于1的减速运动。从上述可知，倒挡的传动比仅和后排行星齿轮机构相关。

（2）辛普森四挡行星齿轮机构

辛普森式四挡行星齿轮变速器是在辛普森式三挡变速器的基础上发展起来的，它在辛普森式三挡双排行星齿轮机构的基础上增加了一个超速行星排。

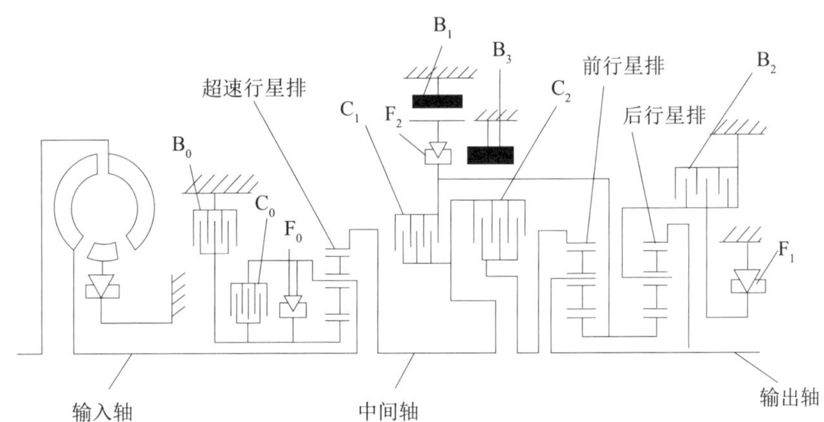

C_0-直接离合器 C_1-倒挡及高挡离合器 C_2-前进离合器 B_0-超速制动器 B_1-2挡制动器 B_2-低挡及倒挡制动器 B_3-2挡强制制动器 F_0-直接超越离合器 F_1-低挡单向离合器 F_2-2挡单向离合器

图 4-1-28 辛普森四挡行星齿轮机构

如图4-1-28所示，超速行星排安装在行星齿轮变速器的前端。其行星架是主动件，与变 速器输入轴连接；齿圈作为被动件，与后面的双排辛普森行星齿轮机构连接。超速行星排的工作由直接多片离合器C_0和超速制动器B_0控制，直接多片离合器C_0用于将超速行星排的太阳轮和行星架连接，超速排的制动器B_0用于固定超速行星排的太阳轮。根据行星齿轮变速器的变速原理，当制动器B_0放松、直接多片离合器C_0接合时，超速行星排处于直接传动状态，其传动比为1。当超速制动器B_0制动、直接离合器C_0放松时，超速行星排处于增速传动状态，其传动比小于1。

表4-1-4 辛普森四挡行星齿轮机构变速执行元件换挡规律

预选杆位置	挡位	换挡执行元件									
		C_1	C_2	B_1	B_2	B_3	F_1	F_2	C_0	B_0	F_0
D	1挡		○				○		○		○
	2挡		○	○				○	○		○
	3挡	○	○	●					○		○
	超速挡	○	○	●						○	
R	倒挡	○			○				○		○
S、L或2、1	1挡		○		○				○		○
	2挡		○	●		○			○		○
	3挡	○	○						○		○

注：○-接合、制动或锁止；●-接合或制动，但不传递动力

当行星齿轮变速器处于1挡、2挡、3挡或倒挡时，超速行星排中的超速制

动器B_0放松，直接多片离合器C_0接合，使超速行星排处于传动比为1的直接传动状态，而后半部分的双排行星齿轮机构各换挡执行元件的工作和原辛普森式三挡行星齿轮变速器在1挡、2挡、3挡及倒挡的工作完全相同。来自变矩器的发动机动力经超速行星排直接传给后半部的双排行星齿轮机构，此时行星齿轮变速器的传动比完全由后半部的双排行星齿轮机构及相应的换挡执行元件来控制。当行星齿轮变速器处于超速挡时，后半部的双排行星齿轮机构保持在3挡的工作状态，其传动比为1；而在超速行星排中，由于超速制动器B_0产生制动，直接多片离合器C_0放松，使超速行星排处于增速传动状态，其传动比小于1（该传动比即为该行星齿轮变速器在超速挡时的传动比）。

在三行星排辛普森式四挡行星齿轮变速器机构中，前排采用了超速排，后两排仍采用辛普森式三挡行星齿轮变速器机构，但换挡执行元件由原来的5件改变成7件，如图4-1-29所示，新增了两个换挡执行元件制动器B_1和单向超越式离合器F_2，解决原辛普森式三挡行星齿轮变速机构存在的两个问题：

①由2挡升3挡时，由于B_1的释放和C_1的作用不同步，会引起运动干涉。

②原机构仅有1挡有汽车滑行功能，改造后2挡也可实现汽车滑行功能。

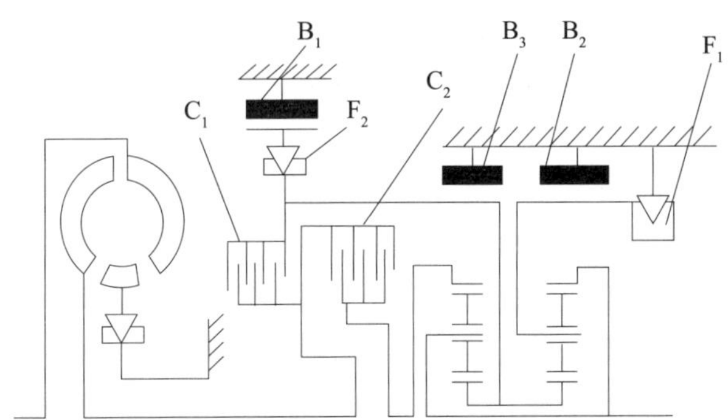

C_1-倒挡及高挡离合器 C_2-前进离合器 B_1-2挡制动器 B_2-低挡及倒挡制动器 B_3-2挡强制制动器 F_1-低挡单向离合器 F_2-2挡单向离合器

图 4-1-29 改进后的辛普森三挡行星齿轮机构

辛普森式四挡行星齿轮机构变速执行元件换挡规律如表4-1-4所示。

3. 串联式行星齿轮机构

串联式行星齿轮机构通过两组行星齿轮机构串联在一起，形成复合式行星齿轮机构。 其特征是：前排行星机构的行星架与后排行星机构的齿圈同一构件；而前排行星机构的齿圈则与后排行星机构的行星架同一构件。上海通用汽车公司的4T65E自动变速器采用的就是串联式行星齿轮机构，它具有四个多片离合器、三个单向离合器和三个制动带，可以实现四个前进挡和1个倒挡。其中1、2、3挡均有汽车滑行功能，如图4-1-30所示。

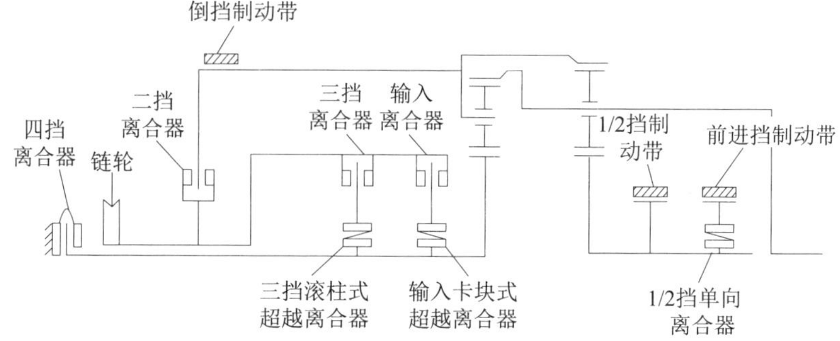

图 4-1-30 4T65E串联式行星齿轮机构

4T65E行星齿轮机构的变速执行元件换挡规律如表4-1-5所示。

表4-1-5 4T65E自动变速器变速执行元件换挡规律

范围	挡位	4挡离合器	倒挡制动带	2挡离合器	3挡离合器	3挡超越离合器	输入离合器	输入超越离合器	前进挡制动带	1/2挡单向离合器	1/2挡制动带
P-N							●	●			
OD	1挡						○	○	○	○	
	2挡			○			●	超越	○	○	
	3挡			○	○	○			○	超越	
	4挡	○		○	●	超越			○	超越	
D	3挡			○	○	○	○	○	○	超越	
	2挡			○			○	超越	○	○	
	1挡						○	○	○	○	
2	2挡			○			●	超越	○	○	○
	1挡						○	○	○	○	○
1	1挡				○	○	○	○	○	○	○
R	倒挡			○			○	○			

注：○-接合、制动或锁止 ●-接合或制动，但不传递动力

换挡杆置于“OD”位置。动力输入轴是链轮，输出轴是后行星架。

①1挡：输入多片离合器、输入超越离合器、前进挡制动带和1/2挡单向离合器作用。

当输入离合器和输入超越离合器作用时，来自链轮输入的动力通过这两个离合器带动前太阳轮顺时针旋转，当前进挡制动带和1/2挡单向离合器作用时，后太阳轮逆时针转动被固定。

前太阳轮带动前行星轮转动，前行星轮转动又同时带动前行星架和前齿

圈顺时针转动，形成两条传动路线，此时后太阳轮被固定，最后两条路线又在后行星架交会，并带动输出轴顺时针转动。

1挡的传动比计算较为复杂，须建立前后行星齿轮行排的联立方程，再根据协调条件，才可以求得1挡的传动比。串联式行星齿轮机构的1挡传动比计算方法和辛普森行星齿轮机构的1挡相同。

②2挡：输入多片离合器、二挡多片离合器、前进挡制动带和1/2挡单向离合器作用。

当输入离合器接合时，来自链轮的输入动力传至输入超越离合器中止。因为此时输入超越离合器处于自由转动状态。

当二挡多片离合器接合时，来自链轮的输入动力可传至后齿圈，由于后太阳轮固定，后齿圈顺时针转动带动后行星架顺时针输出。与此同时，输入动力通过前行星架带动前太阳轮顺时针高速旋转，造成输入超越离合器处于非锁止状态。二挡传动比等于后行星架的当量齿数除以后齿圈齿数，结果大于1，为减速传动。

③3挡（直接挡）：二挡多片离合器、三挡多片离合器、三挡超越离合器和前进挡制动带作用。

当二挡多片离合器接合时，来自链轮的输入动力可传至前行星架（后齿圈）。 当三挡多片离合器和三挡超越离合器同时接合时，可把来自链轮的输入动力传至前太阳轮。

由于前行星架和前太阳轮具有相同旋转速度和方向，机构被锁止，成为直接挡，传动比为1。

由于三挡超越离合器的锁止方向和二挡超越离合器正好相反，在三挡工作时具备锁止条件。

④4挡（超速挡）：二挡多片离合器、三挡多片离合器、四挡多片离合器和前进制动带作用。

当四挡多片离合器接合时，使前太阳轮固定。此时，四挡多片离合器起制动器的作用。

来自链轮的输入动力通过二挡多片离合器传至前行星架带动前齿圈顺时针旋转，由于前太阳轮固定，前齿圈联动后行星架顺时针输出。四挡传动比等于前齿圈齿数除以前行星架的当量齿数，结果小于1，为增速传动。

⑤倒挡：输入多片离合器、输入超越离合器和倒挡制动带作用。

当倒挡制动带作用时，使得前行星架和后齿圈固定。当来自链轮的输入动力通过输入多片离合器和输入超越离合器时，带动前太阳轮顺时针转动，由于前行星架固定，逆时针旋转的前行星轮带动前齿圈逆时针旋转，并联动后行星架逆时针输出。倒挡的传动比等于前齿圈齿数和前太阳轮齿数之比，结果大于1，为减速传动。

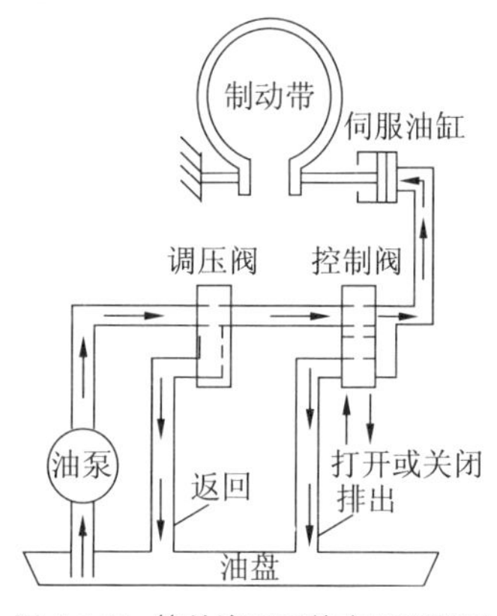

图 4-1-31 简单液压系统布置原理图

六、自动变速器的液压控制系统

1. 液压系统的油压和调压装置

如图4-1-31所示，液压系统由油盘、油泵、调压阀、控制阀（二位三通换挡阀）、油管及换挡执行元件（制动带和伺服油缸）组成。这套系统的基本任务是：在规定的工作油压下，根据汽车的行驶工况，能够对伺服油缸进行加压和回油的控制，即制动带的收紧和释放，从而实现自动变速器挡位的升降。

（1）液压系统的油压

目前电控自动变速器的液压系统存在三种基本油压，即主回路油压、第二调压阀油压和辅助油压。

主回路油压也称工作油压。自动变速器的换挡执行元件（多片离合器、伺服油缸）工作就是依靠主回路油压，通常油压在3MPa以下。为了提高自动变速器的燃油经济性，通常主回路油压能够随发动机的负荷大小而调节。在某些工况下，主回路油压必须升高。例如在发动机大负荷的工况下，实现拖挂或爬坡。为了使制动带箍紧和多片离合器接合更可靠，以及加速升挡，必须要提高主回路油压。

第二调压阀实际上是减压阀。它的输入油压来自主回路，而输出油压则成了低压，通常该油压在0.6MPa以下，主要用于变矩器内泵轮和涡轮之间的液力传动。但注意：变矩器锁止离合器压紧时，采用的是主回路油压，避免锁止离合器滑转。

辅助油压大都用于自动变速器的润滑、冷却和清洗，其压力很低，通常是利用变矩器的回油或是在主回路油路的基础上采用节流装置产生。

（2）调压装置

当油泵把油液输送到液压系统时，油泵的输出油压随着发动机的转速增加而升高，过高的油压可能引起油泵停转或部件损坏。为了防止发生这种现象，在液压系统都设有调压阀，以调节和保持主回路的油压，起到限压和溢流的作用。

调压阀有三种主要的用途：使油液充满液压系统、泄压和建立平衡的工作状态，如图4-1-32所示。当油泵开始转动，系统中的油液阻力很小，无法建立油压。这时调压阀在弹簧力的作用下使泄油口处于关闭状态。由于油压的作用在调压阀中的滑阀上端，而弹簧力作用在滑阀的另一端，使调压阀处于平衡位置。随着液压系统的油压不断上升，作用在滑阀的油压迫使滑阀克服弹簧的预紧力下移，一直到滑阀下移至泄油口开启时，主回路油压和弹簧力平衡。该油压就是主回路设定的最高油压。一旦液压系统的油压小于弹簧力，调压阀中的滑阀上升，关闭泄油口，允许液压系统中的油压再次升高，直到重新打开泄油口保持新的平衡。滑阀通过不断的往复移动，维持系统压力的恒定不变。主回路油压的调压阀称为主调压阀。

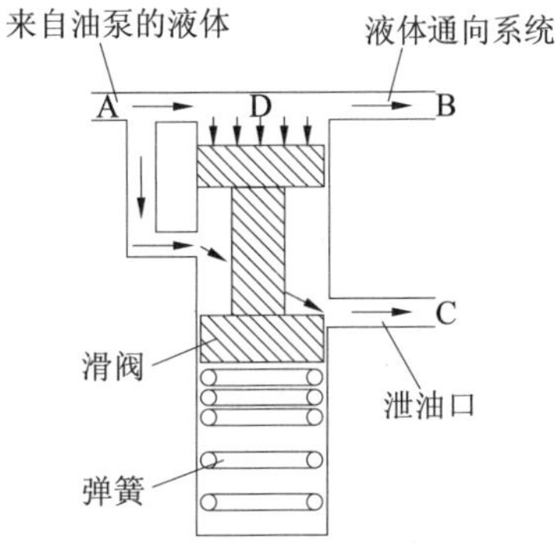

图 4-1-32 简单滑阀式调压阀原理图

第二调压阀的调节原理和它相似，区别在于输入是高压油而输出是低压油。

自动变速器中的主回路油压随着发动机负荷和预选杆挡位变化而变化，但主调压阀设定油压是恒定的，弹簧预紧力不可调节。为了实现主回路油压可调节，在原调压阀的基础上，又附加了一个升压阀，如图4-1-33所示，升压阀上有两个控制口，其中一个控制口油压来自节气门开度阀或真空压力调制器，另外一个控制口则来自手动阀的倒挡或低挡输出口，无论哪个控制口作用油压，都会推动升压阀移动，这样作用在主调压阀的滑阀力除了原弹簧力外还附加升压阀的作用力，这样调压阀就获得新设置的主回路油压。由于升压阀一个控制口的油压是来自随发动机负荷而变化的信号油压，因此调压阀的调节油压也随之变化。

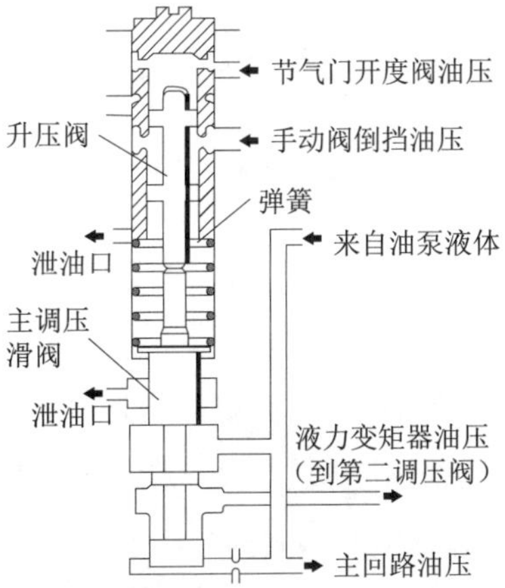

图 4-1-33 附加升压阀的调压阀

早期自动变速器的压力调节，大多采用这种机械的调节方式，取发动机负荷信号主要通过节气门开度阀或真空压力调制器产生的信号油压。近期的自动变速器的压力调节装置，取消了节气门开度阀或真空压力调制器，取而代之的是电子调节装置，即脉冲宽度调制器（占空比调节）。

（3）换向阀

换向阀不同于压力调制阀，它的作用主要是为了改变液控变速执行元件的作用和释放，通过改变控制阀中的滑阀位置，变换液体在控制阀中的流动方向。液压系统绝大多数采用的都是滑阀，又称为线轴式滑阀，因其外形类似缝纫的线轴而得名，如图4-1-34所示。阀的较粗部位称为阀轴，阀轴表面与阀体孔精确配合，几个阀轴通过阀杆连在一起。阀轴之间的空隙称为阀槽。当滑阀装入阀孔内，阀槽在阀座孔间形成了油压通道。

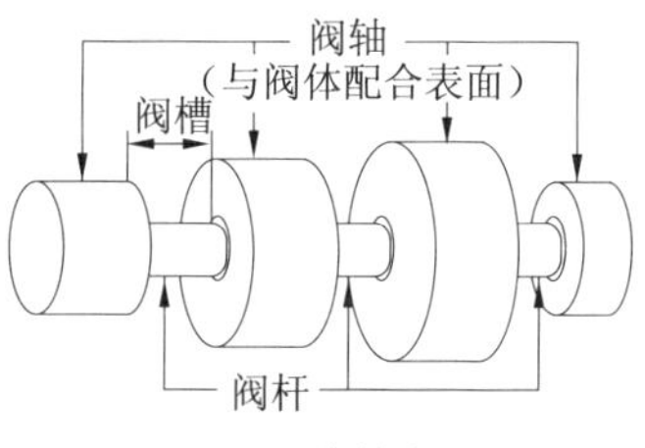

图 4-1-34 线轴式滑阀

通过改变滑阀在阀孔中的位置来改变液体流动路线。滑阀位置的改变可以通过机械或液压作用来控制滑阀的移动位置。有些液压控制的滑阀有不同大小的阀轴，并且装有弹簧，当作用在滑阀上的液体压力引起滑阀朝较大阀轴一侧移动时，它还须克服大阀轴一侧的弹簧预紧力。滑阀另一侧油压必须比没有装弹簧以前更大，才有可能移动滑阀的位置。

控制阀的操纵方式在液压系统中通常有以下几种：

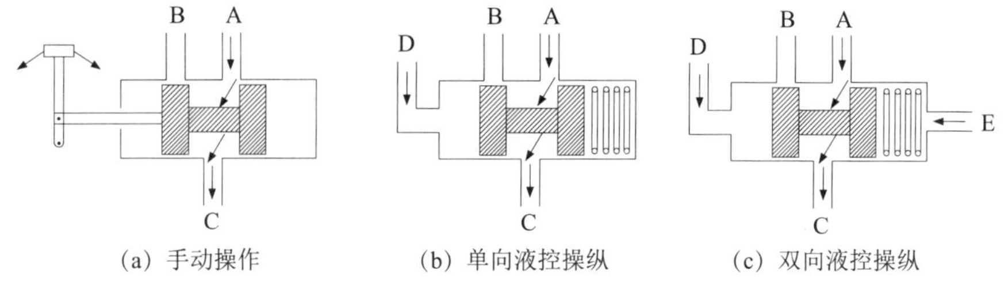

图 4-1-35 控制阀的操纵方式

①手动操纵

如图4-1-35（a）所示，具有一定压力的液体通过通道A被控制阀接受，又经过滑阀中的阀槽进入通道C，这样液体压力就能够作用到多片离合器或制动带上的伺服油缸上。当操纵杆运动时，滑阀移动，通道A关闭，通道B打开，液体压力通过通道B解除，制动带或多片离合器释放。

在自动变速器中，手动阀是通过预选杆联动装置操纵的线轴式滑阀。当预选杆位于前进挡或倒挡时，手动阀把主回路油压输送到相应的执行元件的油路中。由预选杆联动装置决定手动阀中滑阀的位置。当驾驶员选择了预选杆的挡位，滑阀所处位置和它对应，能够使液体通过滑阀中的阀槽经过其出口输送到前进挡油路。如果预选杆被选择倒挡位置时，则滑阀移动到打开倒挡进油口，同时打开输出油压到倒挡油路的出口。

②单向液控操纵

如图4-1-35（b）所示，控制阀的一侧有控制口，另一侧有弹簧预紧力作用在滑阀的端部。当液体压力通过通道D进入滑阀左端时，则滑阀克服弹簧力右移，液体从A流到C。当通道D的控制油压释放，滑阀在回位弹簧作用下左移回位，液体从B流到C，而A口关闭。该阀实际上是一个二位三通阀。通常单向液控的控制阀，其滑阀仅有两个位置，要么停留在左端，要么停留在右端。由于进入控制口的油压仅须推动滑阀移动，因此它的油压都较低，来自主回路油压经过减压阀或者经过节流口产生这种油压。

自动变速器中的单向液控阀，比图示的阀要复杂，阀的位置只有两个，但阀中的通道远不止三个通道。它兼有控制其他油路的功能。

③双向液控操纵

如图4-1-35（c）所示，通过通道D的压力使通道A打开，允许液体经过滑阀流到通道C中。如果液体压力通过通道E作用于滑阀右侧，则滑阀在弹簧力和油压的共同作用下，使滑阀左移，关闭通道A，打开通道B。

在液控自动变速器中，换挡阀就是采用双向液控的方式，换挡阀一侧的控制油压来自节气门开度阀而另一侧来自调速阀，滑阀的位置取决于两侧油压大的一侧。

④电液控操纵

在电控的自动变速器中，换挡阀滑阀的位置变化往往采用电液联合作用的方式，如图4-1-36所示，滑阀位置变化，不仅取决于D控制通道是否有液体进入，还取决于电磁阀线圈通断电的状态。并联在通道D上的电磁阀实际上是一个二位二通电磁阀，如图4-1-37所示，当电磁线圈断电时，依靠弹簧的预紧力推动锥阀把阀门关闭，通道D中的油压建立，在油压的作用下，克服右侧弹簧力使滑阀右移，通道A和C相通，通道B关闭。当电磁阀线圈通电时，通过线圈的磁场力，克服电磁阀中的弹簧力，使锥阀打开，通道D的液体和回油口相通，油压迅速跌落，此时换挡阀中的滑阀在右侧弹簧力的作用下，使滑阀左移，换挡阀中通道B和C相通，通道A关闭。在电控自动变速器中，若要实现挡位的变换，只要电子控制单元（ECU）给换挡阀的电磁线圈发出通断电的指令，即可实现换挡阀中滑阀状态变化，实现挡位变化。

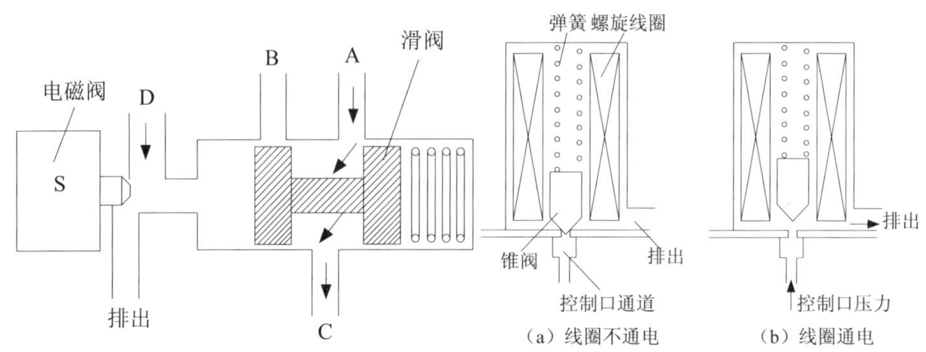

图 4-1-36 用电磁阀操纵控制阀　　图 4-1-37 换挡电磁阀结构

电控自动变速器的换挡电磁阀通常有两个，可能实现四个前进挡的变换。但换挡阀和电磁阀的数量并不对应，通常四个前进挡的自动变速器应该有三个换挡阀，即1-2换挡阀、2-3换挡阀和3-4换挡阀，但换挡电磁阀仅有两个A和B电磁阀，也就是说在三个换挡阀中，其中有两个是采用电液控制方式，而另外一个则采用液控方式。

（4）油泵

自动变速器普遍采用的两种油泵型式为定量油泵和变量泵。定量泵是指油泵的输入轴每转一圈，它的液体排量是恒定的。而变量泵的排量会随着主回路的油压升高，自动地调节油泵排量，使油泵排量随着油压上升而逐渐降低。变量泵的应用对于降低燃油消耗，减少油液温升十分有利。当自动变速器完成了换挡过程之后，为了保证内部液体循环和泄漏补偿所需要的排量，不再需要更多的液体，变量泵能够根据主回路反馈的油压，调节油泵排量。在保持液压系统油压不变的情况下，自动改变排量。

①定量油泵

月牙形油泵属于定量齿轮泵，其中一个是内齿轮而另外一个是外齿轮，两齿轮的接合区域形成了月牙状的空腔，如图4-1-38所示。齿数少的外齿轮带动齿数多的内齿轮转动，内外齿轮部分啮合。当外齿转动时，内外齿轮不断地进入和脱离啮合。当轮齿脱离啮合时，在齿轮间产生低

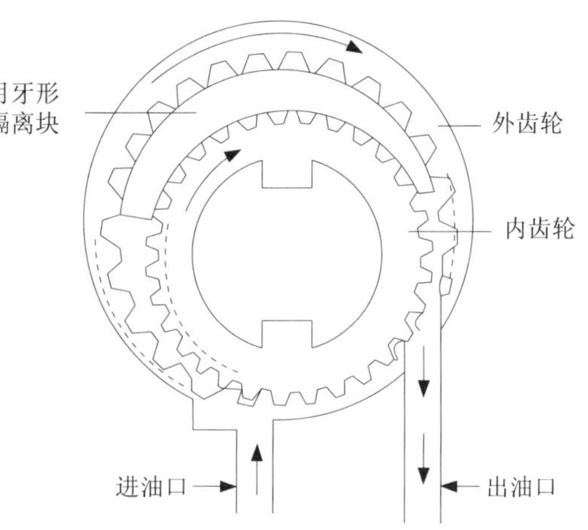

图 4-1-38 月牙形油泵的结构和工作原理

压，从而在月牙形油泵入口处形成真空，油底壳的油液在大气压力的推动下，进入油泵月牙状的容积腔内。当齿轮转动时，在齿轮和月牙形腔内充满了油液，油液在齿轮的带动下，沿着壳体不断地向出口运送。当液体位于出口处时，由于在这个位置上两齿轮刚好进入啮合状态，轮齿之间的间隙逐渐变小，使油液的压力随之逐渐增高，迫使油液从出口处排出，形成不断流向变速器的液压回路。

由于月牙形油泵具有轴向安装尺寸小、连接方便、结构简单等特点，因此在后轮驱动的自动变速器中广泛采用。

②变量泵

许多自动变速器都装用了叶片式的变量油泵，如图4-1-39所示。这种油泵的排量是可变的。当主回路油压较高时，油泵的排量相应减少。为了实现自动调节油泵的排量，把主回路的油压信号作用在背面，借助于滑座背面的液体压力克服紧贴滑座另一侧的弹簧力，从而改变滑座与叶片转子中心的偏心距，实现油泵输出流量的控制。

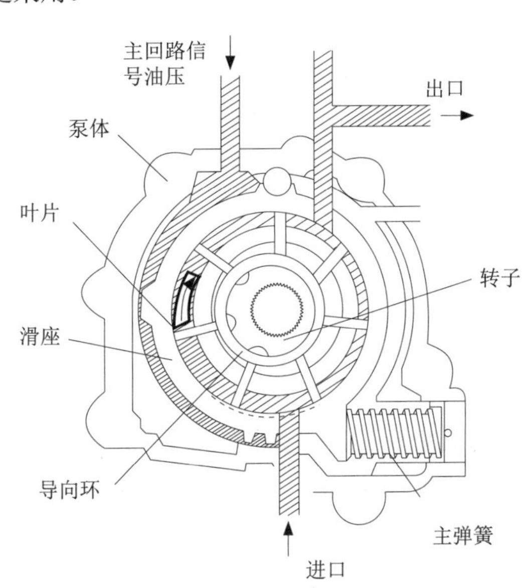

图 4-1-39 叶片变量泵部件

油泵的转子和叶片装在滑座孔内，如图4-1-39所示。滑座可在销轴上回转摆动，其位置决定了油泵的输出。当滑座在弹簧力作用下处于完全伸开位置时（转子中心和滑座中心的偏心量最大），滑座和叶片处于最大的排量输出位置。当转子和叶片在滑座孔内转动时，工作腔的容积逐渐变小，油压逐渐升高。从进油孔吸入叶片间的油液被运送到出油口。当滑座从完全伸开位置朝中心摆动时（偏心量逐渐减小），大量的油液从出口侧流回入口侧。当滑座与转子同心时，油泵不能输出。因为滑座随着传给它的输出油信号而回转摆动，所以它能处于任何可能的位置，包括空转或不输出的位置。叶片变量泵和调压阀如图4-1-40所示，变量泵的输出取决于自动变速器的需要，而不依据发动机的转速，因此它比定量泵节省能量。在油泵转速低，而又需要油液流量大时，变量泵能够大流量输出。反之，当油泵转速高，而需要的流量较小时，变量泵可以相应地减小输出。一旦达到满足变速器的需要，变量泵就仅输出保持调节油压所需要的流量。

③油泵的驱动方式

油泵由发动机曲轴通过变矩器外壳驱动。几乎所有的后轮驱动自动变速器的油泵都是由变矩器上油泵驱动毂带动。在驱动毂上加工有两个槽或平面，以连接油泵的主动件，如图4-1-41所示。当发动机带动变矩器外壳转动时，油泵被驱动毂直接带动。许多前轮驱动的变速驱动桥通过与变矩器中心的花键孔相配合的花键轴或六方轴驱动油泵，这称为内驱动，如图4-1-42所示。上述两种油泵驱动方式，都要求油泵主动件的中心线和变矩器在同一中心线上。

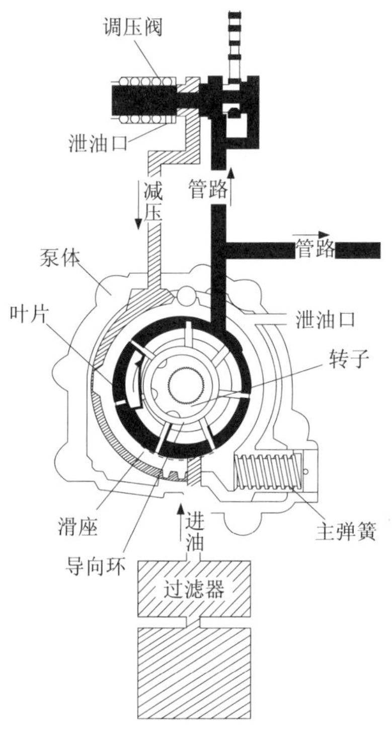

图 4-1-40 叶片变量泵和调压阀

许多老式和少数新式变速器采用一个辅助油泵，安装在变速器壳体的后部，由变速器输出轴驱动。这种设计主要为了满足发动机故障熄火后，汽车被拖动时，防止变速器缺乏油泵强制润滑，引起磨损和高温烧蚀。因此对于没有辅助油泵的变速器，一旦发动机抛锚，汽车若被牵引，要求驱动轮抬离地面。若无法实施，则要求对牵引速度和牵引距离加以控制。

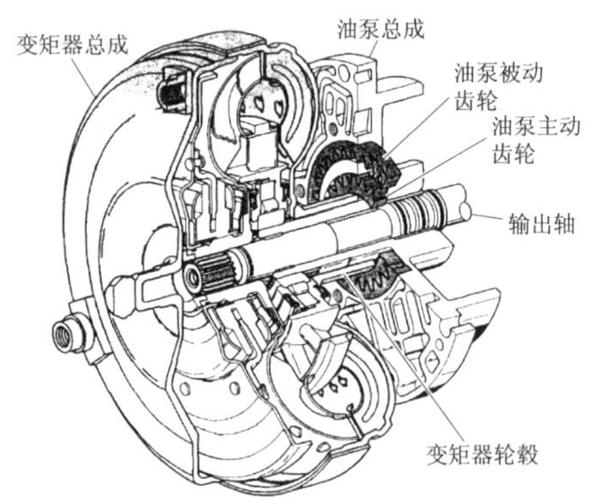

图 4-1-41 后轮驱动的油泵驱动方式

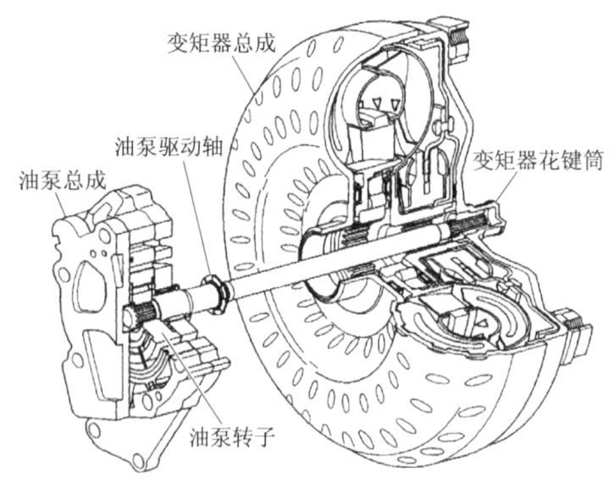

图 4-1-42 前轮驱动的油泵驱动方式

油泵的输出取决于发动机的转速，在某些转速时油泵的排量增大会使液压系统的油压高于变速器所需的油压，此时可通过调压阀限制液压系统的油压。在变量泵的系统中，可通过反馈的信号油压使油泵减少排量。

七、自动变速器的电子控制系统

1. 自动变速器的电子控制信号

电控自动变速器在执行挡位变化之前，须获得以下几个重要信号：

（1）换挡杆的位置信号。如P、R、N、OD、D、2、1的位置。该信号由驾驶员根据行驶工况自由选择。驾驶员操纵换挡杆，实际上是选择手动阀和挡位开关的位置，对于具有七个位置的换挡杆，挡位开关就有七个位置与其对应，并把换挡杆的位置信号传递给ECU。

（2）发动机负荷信号。该信号是变速器执行换挡的重要信号之一，同时也是液压系统调节油压的信号。在电控自动变速器中，发动机负荷信号主要通过节气门位置传感器来获取，并且把这些获取信号以电压大小的方式传送给ECU，经处理后由ECU给电磁阀发出通断电的指令，从而改变控制阀滑阀的位置。在有些自动变速器中液压系统的压力调节也需要发动机负荷信号，但信号来自发动机进气歧管绝对压力传感器，如4T65E自动变速器。

（3）汽车车速信号。该信号是变速器执行换挡的另一个重要信号。在电控自动变速器中，汽车的车速信号取自变速器输出轴的转速，车速传感器获取频率和脉冲信号，并把这些信号传送给ECU，经处理后由ECU给电磁阀发出通断电的指令，从而改变控制阀滑阀的位置。

（4）强制降挡信号。该信号来自节气门位置传感器或油门踏板限位开关，当油门踏板的位置接近到底时，ECU会发出强制降挡的指令，使自动变速器自动地由高挡位下降到下一个低挡位，从而使汽车获得更大输出力矩和加速性能。

（5）变矩器和多片离合器的滑转信号。当变矩器中的锁止离合器或变速执行元件多片离合器打滑，说明汽车负荷较大或变速执行元件功能失效，须通过加大液压系统的油压进一步检验。滑转的信号由发动机转速传感器、变速器输入转速传感器和变速器输出转速传感器共同组成。发动机转速传感器和变速器输入转速传感器的速度差，可反映变矩器的滑转；变速器输入转速传感器和输出转速传感器的速度差，可以反映变速器中执行元件的滑转状态。

（6）行驶过程中的各挡位置信号。为了获取行驶状态的挡位信号，借助于液压系统安置的多路压力传感器（压力开关），通过每个挡位不同的液压执行元件组合状况，判定变速器行驶中的挡位状态。

（7）在电控自动变速器中，除了变速器换挡的主要信号发动机负荷和汽车车速之外，还有其他一些信号通过各种传感器传给ECU，这些附加的信号主要为了改善换挡品质或是为了提供报警的信号，例如油温信号、水温信号等；油温过高会导致自动变速器的专用油ATF变质。水温信号和变矩器锁止离合器的工作有关系。

2. 输入传感器

由于各种汽车控制系统的装备不一样，提供电控自动变速器输入信号的传感器数量和品种有所区别，大致可以分成为两类：参考电压式传感器和电压发生器。

电压发生器比较典型的使用例子是汽车速度传感器（图4-1-43）。车速传感器通常安装在变速器的壳体上，在变速器的输出轴上安装一个齿轮，随输出轴一起旋转。正对齿轮的车速传感器，通常属于磁电式传感器，在一块永久磁铁上缠绕了一组线圈，当齿轮旋转时，切割磁力线使线圈内部感应出交变的低电压，通过交变电压的频率来判定汽车车速。

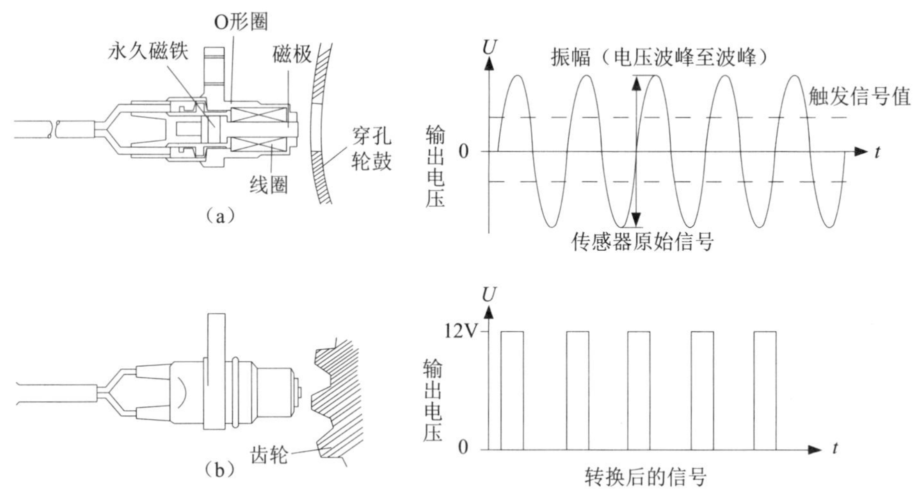

图 4-1-43 自动变速器车速传感器

参考电压式的传感器应用最为广泛，例如电位器、热敏电阻器和压力传感器等。这些传感器与计算机构成输入回路。计算机发送一个参考电压（通常为5V）给这类传感器，并且接收它们的反馈电压，通过查看程序和存储器中的标准值比较，判定传感器所处的工作状态。

通断开关在自动变速器上广泛采用，例如挡位开关。当驾驶员拨动选挡杆时，与其联动的就是挡位开关，它类似于收音机上的波段开关。当预选杆有七个位置，则转轴上的动触点，可分别和静止的七个触点闭合，动、静触点与计算机组成输入回路，把选挡杆所处的位置输入计算机。计算机根据接受到的高、低电位，判定选挡杆的位置。

电位器、热敏电阻和压力传感器的电阻，随其工作条件的变化而改变。节气门位置传感器就是利用电位器的转轴和节气门轴联动，当处于不同开度时，电位器处于不同的电阻值，从而输出信号电压不同的原理。计算机发送给电位器一个标准的5V参考电压，根据接受的反馈电压变化判定节气门开度。电控自动变速器的发动机负荷信号就是来自节气门位置传感器。

热敏电阻器随着工作条件的变化其阻值也发生变化。在电控自动变速器中，油温传感器都是采用负热敏电阻器，它实际上是一个简单的电子温度计，传感器完全浸没在变速器的油液中，其电阻值随温度上升而下降。当反馈的电压发生变化，计算机就能判定变速器的油温高低。计算机根据这一信号帮助控制换挡品质，因为变速器油液的特性会随油温而变化。

压力传感器（图4-1-44）主要反映液压回路的油压大小，当液压增大时，通过膜片使接触器变形，同时使触点闭合。当作用于膜片上的油压不同时，接触器变形状态不同电阻值也不同。压力传感器在电控自动变速器采用，主要是把多片离合器和伺服油缸的工作状态（油压大小、油压建立的时间、实际的挡位状况）输入计算机，从而判断是否须调节主回路油压。

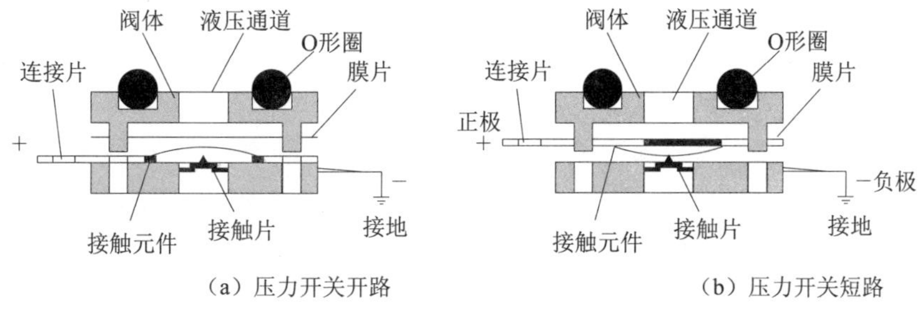

（a）压力开关开路　　（b）压力开关短路

图 4-1-44 压力开关工作原理

3. 输出装置

计算机把处理后的指令发送到电子控制系统的执行元件，典型的执行元件有电磁阀线圈、电动机和继电器等。这些装置可以使变速器某一机构的状态发生变化，例如换挡电磁阀线圈处于通/断电状态时，换挡阀的滑阀位置就会发生变化，从而引起行星齿轮机构的变速执行元件处于接合或释放状态，变速器的挡位也随之发生变换。计算机发送给执行元件的指令，绝大多数都是一种开/关信号，如换挡电磁阀线圈，仅有通/断电两种状态。但有时，计算机发出的指令是根据汽车工作条件需要的可变信号，如电控自动变速器的压力控制电磁阀的线圈，计算机发送给该线圈的电流大小是根据发动机负荷大小变化的，从而调节主回路的油压。另外计算机发出的指令还可以是一种引起输出装置周期变化的可变信号，如控制变矩器锁止离合器工作的占空比电磁阀（PWM），计算机发送给线圈的信号是一种周期变化的脉冲信号，而且该脉冲信号的宽度在不同的时间是可变的，通过调节脉冲宽度实现锁止离合器作用/释放的时间变化，以及改变作用的油压大小。

4. ECU的功能

（1）工作状态的控制

电控自动变速器的ECU通常控制以下工作状态：

①通过控制换挡电磁阀的线圈开/关方式，从而控制变速器挡位的升挡或降挡。

②通过控制压力电磁阀的电流大小，调节主回路油压，使该油压随发动机的负荷变化而变化。

③通过控制变矩器锁止离合器（TCC）的占空比电磁阀线圈的脉冲宽度，调节锁止离合器作用和释放的时间，以及作用时的油压。

④对于各种超越界限的电信号，做出报警和故障存储的控制，甚至转换成另一种控制方式。

电控自动变速器的整个工作过程，就是由微处理机接收来自一些输入传感器的信号，经计算机处理，然后向执行装置发送指令。通常电控自动变速器都设有自我工作监控器，以检查其指令是否到达预期要求的结果。如果结果尚未实现，计算机则进一步修正它的指令，直至达到预期目标为止，这种控制方式称为闭环控制。

（2）失效保护

电控自动变速失效保护是指不管是什么原因引起变速器电子控制系统故障，变速器仍然能够维持基本的工作条件。例如在ECU完全失电的状态下，自动变速器至少还能提供一个前进挡位，让汽车能继续维持行驶。通常在自动变速器电子控制系统失效或部分失效的情况下，ECU的处理器则会发送以下工作指令：

①提供最大的主回路油压。在电控自动变速器中，主回路的设定油压由两部分组成：首先是通过调压阀设置的额定油压，其次是通过压力控制电磁阀根据发动机负荷信号附加的偏置油压。如果计算机处于失电状态，则压力控制电磁阀无法接受计算机的输出信号。在这种情况下，压力控制电磁阀的输入电流为零，而要求压力控制电磁阀有最大的调节油压输出。如果液压系统能够提供最大的主回路油压，则可以防止变速执行元件多片离合器和制动带在大负荷情况下打滑。此时发动机的负荷信号已无法让计算机接受。

②换挡电磁阀都处于断电状态。无论是3挡或4挡的电控变速器都设置了两个换挡电磁阀。如果计算机失电或者电子控制装置出现故障，两个电磁阀只能处于断电状态。现代的电控变速器设计中，总会存在一个前进挡位，在这个挡位工作时，两个电磁阀都处于断电状态，一般把这一挡位设置在2挡或3挡。

③变矩器锁止离合器（TCC）处于关闭状态。一旦电控自动变速器处于失效保护状态时，汽车只能在2挡或3挡起步，如果在这种情况，锁止离合器仍处于作用状态，则可能引起起步颤抖，甚至无法起步。为了保证锁止离合器在该工况下是释放的，则要求变矩器锁止离合器的控制电磁阀处于断电时，锁止离合器释放，而通电时锁止离合器可以作用。

（3）换挡的适应性

在电控自动变速器中，一些零部件由于磨损已超过了它的工作期限，计算机可以提供一种适应特性变化的能力。例如多片离合器，随着行驶里程的增大，多片离合器中的钢片和摩擦片的磨损量增大，会影响换挡时间或引起换挡冲击。在一些具备适应特性变化能力的电控系统，计算机可以通过采集多片离合器的作用时间，来监控变速器的换挡时间。当换挡时间超过设定值后，计算机就可以发送增大主回路油压的指令，通过增大油压，弥补多片离合器的作用时间，使换挡时间又重新恢复到初始设定值。如果油压增大，换挡时间没有减少，则计算机认定该多片离合器必须更换了，同时向计算机发出故障报警信号。为了采集多片离合器作用时间的信号，在与多片离合器作用活塞油路上，设置了压力开关，通过油压上升的时间来判定多片离合器的作用时间。多片离合器仅仅是计算机弥补这种特性变化的一个例子，在电控变速器中类似的控制方式有很多。

（4）故障诊断能力

电控自动变速器中的计算机能够连续地采集汽车工作状态下的全部信息，中央处理器每隔一定时间收集一次输入和输出信号。计算机从中能够判断发动机和变速器是否能够提供期望的性能。如果出现性能已经严重下降，则故障代码（DTC）被计算机存储。当故障代码被存储的同时，汽车仪表板上的警报灯点亮，提醒驾驶员，汽车已出现问题须马上进行诊断和维护。但有些故障代码不会引起报警灯的显示，而是被存储在存储器中，须通过合适的故障诊断仪进行检测。

5. 典型的电控元件

（1）换挡电磁阀

换挡电磁阀的结构如图4-1-45所示，它是一种常开的二位二通电磁阀，即断电时通道打开，通电时通道关闭。当然也可以是一种常闭的二位二通电磁阀，工作状态正好相反。这种换挡电磁阀是电液控操纵的换挡阀，即在换挡滑阀的一侧控制口的油路上，并联一个二位二通电磁阀，当电磁阀关闭时，控制口建立油压，推动滑阀移动，实现挡位变化。当电磁阀打开时，控制口油压和回油相通，则滑阀恢复到初始位置。这种换挡电磁阀采用的是球阀结构，反应迅速，制造简单。当螺旋线圈通电时，电流产生的磁力场，强制中央的柱塞克服弹簧力，向右移动，迫使钢球位于阀座上，使阀门关闭，实现控制口油压和回油隔离。当电磁阀断电时，弹簧力强制中央的柱塞回到左侧的位置，钢球脱离阀座，控制口油压和回油口相通，控制口处于卸压状态。通过二位二通电磁阀的通/断电的变化，就能实现换挡阀位置变化，从而实现挡位的升降。目前大部分的电控变速器的换挡电磁阀都是采用这种结构。

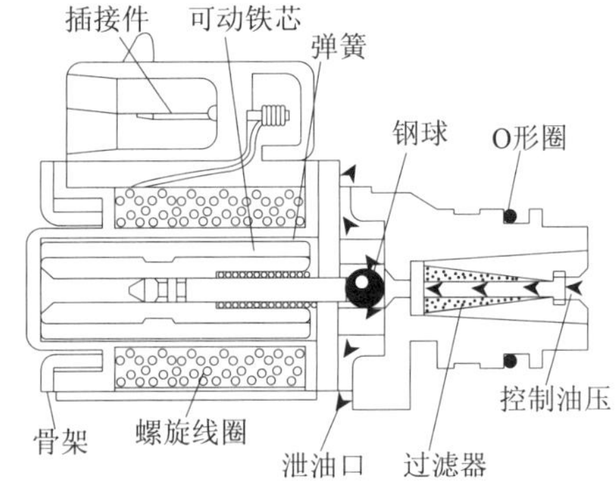

图 4-1-45 换挡电磁阀和线圈

（2）压力控制电磁阀

压力控制电磁阀是一种精确的电子压力调节器（图4-1-46），它是根据流经螺旋线圈的电流大小，来控制变速器的主回路油压。当电流增大时，由线圈产生的磁力场推动柱塞克服弹簧力进一步打开泄油口，减小调节后的输出油压。计算机根据各种输入信号控制压力控制电磁阀调节主回路油压，这些信号包括节气门开度、油液温度、进气歧管绝对压力（MAP）传感器和挡位状态。压力控制电磁阀调节主回路油压，实际是通过改变线圈的电流使得电磁力发生变化，当电流大时，电磁力增大，泄油口打开大，结果被调制的油压低。调制油压和电流成反比。

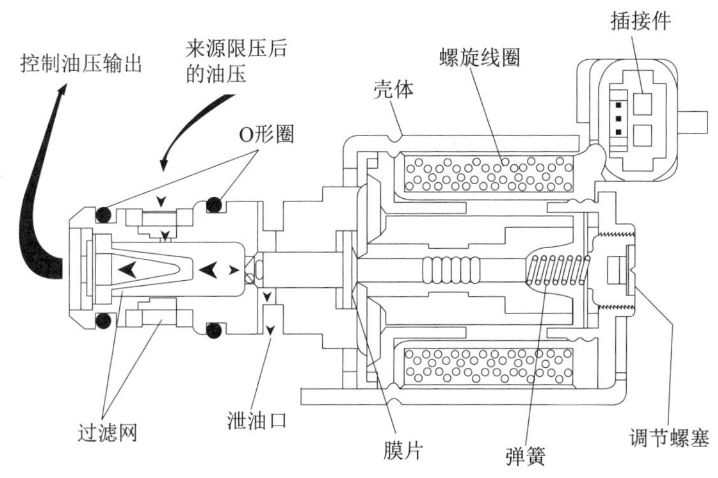

图 4-1-46 压力控制电磁阀

八、自动变速器的认识和拆装

1. 对照自动变速器说明该变速器的行星齿轮机构的类型、驱动方式、挡位数、传感器和控制方式等。

2. 对照实物进行自动变速器机械部分零部件的指认。指认零件包括已解剖的变矩器泵轮、导轮、涡轮和锁止离合器、指认变速执行元件的制动带和伺服油缸、多片离合器和单向离合器。指认行星齿轮机构的太阳轮、行星轮、行星架和齿圈。

3. 对照自动变速器各挡传动路线挂图和实物，说明各挡的传动路线。其中拉维奈行星齿轮机构的2挡、辛普森行星齿轮机构的1挡和串联式行星齿轮机构1挡的传递路线是难点。

4. 采用部分零件组装的办法，可对部分行星齿轮结构各挡传动路线中的零部件的旋转方向进行演示。

5. 失效零件的识别方法。主要包括伺服油缸和活塞的磨损或发卡、制动箍带的磨损、多片离合器的钢片烧焦、翘曲和摩擦片开裂、磨损，多片离合器油缸和活塞的磨损或发卡，以及单向离合器的锁止失效或发卡等。失效零件的识别方法可以通过查阅维修手册，目测、工具测量以及气源推动或保压等方法进行识别。

6. 自动变速器拆装过程的演示。拆装前要求仔细查阅自动变速器的维修说明书和反映装配关系轴测图，重点是拆装顺序，零件之间的相互关系等，以及拆装工具（包括专用工具）的使用方法。同时要强调安全预防措施。

第二节 自动变速器的检查和保养

一、自动变速器的道路试验

道路试验是诊断、分析自动变速器故障的最有效手段之一。此外，自动变速器在修复之后，也应进行道路试验，以检查其工作性能，检验修理质量。自动变速器的道路试验内容主要有：检查换挡车速、换挡质量以及检查换挡执行元件有无打滑等。

在道路试验之前，应先让汽车以中低速行驶5—10min，让发动机和自动变速器都达到正常工作温度。在试验中，如无特殊需要，通常应将超速挡开关置于ON位置（即超速指示灯熄灭），并将模式开关置于普通模式或经济模式的位置。

1. 升挡检查

（1）升挡时挡位检查

将换挡杆拨至前进挡“D”位置，踩下油门踏板，使节气门保持在1/2开度左右，让汽车起步加速，检查自动变速器的升挡情况。自动变速器在升挡时发动机会有瞬时的转速下降，同时车身有轻微的闯动感。正常情况下，汽车起步后随着车速的升高，试车者应能感觉到自动变速器能顺利地由1挡升入2挡，随后再由2挡升入3挡，最后升入超速挡。若自动变速器不能升入高挡（3挡或超速挡），说明控制系统或换挡执行元件有故障。

（2）升挡车速的检查

将操纵手柄拨至前进挡“D”位置，踩下油门踏板，并使节气门保持在某一固定开度，让汽车起步并加速。当察觉到自动变速器升挡时，记下升挡车速。

一般4挡自动变速器在节气门开度保持在1/2时，由1挡升至2挡的升挡车速为25—35km/h，由2挡升至3挡的升挡车速为55—70km/h，由3挡升至4挡（超速挡）的升挡车速为90—120km/h。

由于升挡车速和节气门开度有很大的关系，即节气门开度不同时，升挡车速也不同，而且不同车型的自动变速器各挡位传动比的大小都不相同，其升挡车速也不完全一样，因此，只要升挡车速基本保持在上述范围内，而且汽车行驶中加速良好，无明显的换挡冲击，都可认为其升挡车速基本正常。

若汽车行驶中加速无力，升挡车速明显低于上述范围，说明升挡车速过低（即过早升挡）；若汽车行驶中有明显的换挡冲击，升挡车速明显高于上述范围，说明升挡车速过高（即过迟升挡）。

（3）升挡时发动机转速的检查

在正常情况下，若自动变速器处于经济模式或普通模式，节气门保持在低于1/2开度范围内，则汽车在由起步加速直至升入高速挡的整个行驶过程中，发动机转速都将低于3000r/min。通常发动机在加速至即将要升挡时的转速可达到2500—3000r/min，在刚刚升挡后的短时间内发动机转速将下降至2000r/min，说明升挡时间过早或发动机动力不足；如果在行驶过程中发动机转速始终偏高，升挡前后的转速在2500—3500r/min之间，且换挡冲击明显，说明升挡时间过迟；如果在行驶中发动机转速过高，常高于3000r/min，在加速时达到4000—5000r/min，甚至更高，则说明自动变速器的换挡执行元件打滑，应拆修自动变速器。

2. 换挡质量的检查

换挡质量检查的内容主要是检查有无换挡冲击。正常的自动变速器只能有不太明显的换挡冲击，特别是电子控制自动变速器的换挡冲击应十分微弱。若换挡冲击过大，说明自动变速器的控制系统或换挡执行元件有故障，其原因可能是油路油压高或换挡执行元件打滑，应做进行一步的检查。

3. 锁止离合器工作状况的检查

锁止离合器工作状况可以采用道路试验的方法进行检查。让汽车加速至超速挡，以高于80km/h的车速行驶，并让节气门开度保持在低于1/2的位置，使变矩器进入锁止状态。此时，快速将油门踏板踩下至2/3开度，同时检查发动机转速的变化情况。若发动机转速没有太大的变化，说明锁止离合器处于接合状态；反之，若发动机转速升高很多，则表明锁止离合器没有接合，其原因通常是锁止控制系统有故障。

4. 发动机制动作用的检查

检查自动变速器有无发动机制动作用时，应将换挡杆拨至前进低挡（S、L或2、1）位置，在汽车以2挡或1挡行驶时，突然松开油门踏板，检查是否有发动机制动作用。若松开油门踏板后车速立即随之下降，说明有发动机制动作用；否则说明控制系统或前进强制离合器有故障。

5. 强制降挡功能的检查

检查自动变速器强制降挡功能时，应将操纵手柄拨至前进挡“D”位置，保持节气门开度为1/3左右，在以2挡、3挡或超速挡行驶时突然将油门踏板完全踩到底，检查自动变速器是否被强制降低一个挡位。在强制降挡时，发动机转速会突然上升至4000r/min左右，并随着加速升挡，转速逐渐下降。若踩下油门踏板后没有出现强制降挡，说明强制降挡功能失效。若在强制降挡时发动机转速升高反常达5000—6000r/min，并在升挡时出现换挡冲击，则说明换挡执行元件打滑，应拆修自动变速器。

6. 手动换挡试验与检查

对于电子控制自动变速器而言，为了确定故障存在的部位，区分故障是由机械系统、液压系统引起，还是由电子控制系统引起，可进行手动换挡试验。

手动换挡试验是将电子控制自动变速器所有换挡电磁阀的线束插头全部脱开，此时电脑不能通过换挡电磁阀来控制换挡，自动变速器的换挡取决于换挡杆的位置。

手动换挡试验的步骤如下：

（1）脱开电子控制自动变速器的所有换挡电磁阀线束插头。

（2）起动发动机，将操纵手柄拨至不同位置，然后做道路试验（也可以将驱动轮悬空，进行台架试验）。

（3）观察发动机转速和车速的对应关系，以判断自动变速器所处的挡位。若换挡杆位于不同位置时，自动变速器所处的挡位与表4-2-1中相同。说明电子控制自动变速器的阀板及换挡执行元件基本上工作正常。否则，说明自动变速器的阀板或换挡执行元件有故障。

表4-2-1 不同挡位时发动机转速和车速的关系

挡位	发动机转速（r/min）	车速（km/h）
1挡	2000	18～22
2挡	2000	34～38
3挡	2000	50～55
超速挡	2000	70～75

（4）试验结束后，接上电磁阀线束插头。

（5）清除电脑中的故障代码，防止因脱开电磁阀线束插头而产生的故障代码保存在电脑中，影响自动变速器的故障自诊断工作。

二、自动变速器的油压试验

油压试验是在自动变速器运转时，对控制系统各个油压进行测量。油压过高，会使自动变速器出现严重的换挡冲击，甚至损坏控制系统；油压过低，会造成换挡执行元件打滑，加剧其摩擦片的磨损，甚至使换挡执行元件烧毁。

1. 前进挡主油路油压测试方法

（1）拆下变速器壳体上主油路测压孔或前进挡油路测压孔螺塞，接上油压表。

（2）起动发动机。

（3）将操纵手柄拨至前进挡“D”位置。

（4）读出发动机怠速运转时的油压。该油压即为怠速工况下的前进挡主油路油压。

（5）用左脚踩紧制动踏板，同时用右脚将油门踏板完全踩下，在失速工况下读取油压。该油压即为失速工况下的前进挡主油路油压。

（6）将操纵手柄拨至空挡或停车挡，让发动机怠速运转1min以上。

（7）将操纵手柄拨至各个前进低挡（S、L或2、1）位置，重复（1）—（6）的步骤，读出各个前进低挡在怠速工况和失速工况下的主油路油压。

2. 倒挡主油路油压测试方法

（1）拆下自动变速器壳体上的主油路测压孔或倒挡油路测压孔螺塞，接上油压表。

（2）起动发动机。

（3）将换挡杆拨至倒挡“R”位置。

（4）在发动机怠速运转工况下读取油压。该油压即为怠速工况下的倒挡主油路油压。

（5）用左脚踩紧制动踏板，同时用右脚将油门踏板完全踩下，在发动机失速工况下读取油压。该油压即为失速工况下的倒挡主油路油压。

（6）换挡杆拨至空挡“N”位置，让发动机怠速运转1min以上。

表4-2-2 怠速时的主压力

大众01N自动变速箱	换挡杆位置	
主回路压力（bar）	D（怠速）	R（怠速）
	3.4—3.8	5—6

从表4-2-2看出，大众01N自动变速器在发动机怠速状态下，倒挡的油压高于前进挡油压。

表4-2-3 发动机转速约2000rpm的主压力

大众01N自动变速箱	换挡杆位置	
主回路压力（bar）	D（发动机约2000rpm）	R（发动机约2000rpm）
	12.4—13.2	23.0—24.0

从表4-2-3得到，随着发动机转速的增加，前进挡和倒挡油压都同步增长。

三、自动变速器的时滞试验

在发动机怠速运转时将换挡杆从空挡拨至前进挡或倒挡后，须要有一段短暂时间的迟滞或延时才能使自动变速器完成挡位的接合（此时汽车会产生一个轻微的振动），这一短暂的时间称为自动变速器换挡的迟滞时间。延时试验就是测出自动变速器换挡的迟滞时间，根据迟滞时间的长短来判断主油路油压及换挡执行元件的工作是否正常。

时滞试验步骤：

（1）让汽车行驶，使发动机和自动变速器达到正常工作温度。

（2）将汽车停放在水平地面上，拉紧手制动。

（3）检查发动机怠速。如不正常，应按标准予以调整。

（4）将自动变速器换挡杆从空挡“N”位置拨至前进挡“D”位置，用秒表测量从拨动操纵手柄开始到感觉汽车振动为止所需的时间，该时间称为N-D延时时间。

（5）将换挡杆拨至“N”位置，让发动机怠速运转1min后，再做一次同样的试验。

（6）做三次试验，并取平均值。

（7）按上述方法，将换挡杆由N位置拨至R位置，测量N-R延时时间。

对于大部分自动变速器，N-D延时时间小于1.0—1.2s，N-R延时时间小于1.2—1.5s。若N-D延时时间过长，说明主油路油压过低，前进离合器摩擦片摩损过甚或前进单向超越离合器工作不良；若N-R延时时间过长，说明倒挡主油路油压过低，倒挡离合器或倒挡制动器磨损过甚或工作不良。

四、自动变速器的失速试验

失速试验是检查发动机、变矩器及自动变速器中有关换挡执行元件的工作是否正常的一种方法。

1. 试验前准备工作

（1）汽车行驶至发动机和自动变速器均达到正常工作温度。

（2）检查汽车的脚制动和手制动，确认其性能好。

（3）检查自动变速器液压油高度，应正常。

2. 试验步骤

（1）将汽车停放在宽阔的水平地面上，前后车轮用三角木块塞住。

（2）拉紧手制动，左脚用力踩住制动踏板。

（3）起动发动机。

（4）将换挡杆拨入D位置。

（5）在左脚踩紧制动踏板的同时，用右脚将油门踏板踩到底，在发动机转速不再升高时，迅速读取此时的发动机转速。

（6）读取发动机转速后，立即松开油门踏板。

（7）将换挡杆拨入P或N位置，让发动机怠速运转1min，以防止液压油因温度过高而变质。

（8）将换挡杆拨入其他挡位（R、S、L或2、1），做同样的试验。

3. 注意事项

（1）在一个挡位的试验完成之后，不要立即进行下一个挡位的试验，要等油温下降之后再进行。

（2）试验结束后不要立即熄火，应将操纵手柄拨入空挡或停止挡，让发动机怠速运转几分钟，以便让液压油温度降至正常。

（3）如果在试验中发现驱动轮因制动力不足而转动，应立即松开油门踏板，停止试验。

不同车型的自动变速器都有其失速转速标准。大部分自动变速器的失速转速标准为2300r/min左右。大众01N自动变速器在失速实验中，发动机转速的标准范围如表4-2-4所示。

若失速转速高于标准值，说明主油路油压过低或换挡执行元件打滑；若失速转速低于标准值，则可能是发动机动力不足或液力变矩器有故障。

表4-2-4　大众01N自动变速器失速试验的发动机转速

自动变速箱标记字母	变矩器（标记字母）	失速时发动机转速（rpm）
AFN（大众01N自动变速箱）	LADD	2300—2500

（4）并不是所有的自动变速器的汽车都具备做失速试验的条件，这种试验方法是针对早期的自动变速器。最近开发和投产的比较先进的自动变速器为了防止变矩器内叶片过多的滑转，通过ECU对发动机发出减速的指令，这样自动变速器失速试验就无法操作。

五、自动变速器专用油（ATF）和常规检查

自动变速器由于具有许多优点，被广泛采用，但结构复杂、维修不便。

在日常使用中，若注重日常的保养与检查，则能减少或杜绝故障的发生，延长自动变速器的使用寿命，有效地发挥液力自动变速器的性能，提高汽车发动机的动力性和经济性。

自动变速器的常规保养与检查主要包括：油面检查、油质检查、节气门联动机构、手控连杆机构的检查与调整、空挡起动开关检查与怠速检查等。自动变速器的型号不同，其保养维护方面的技术要求亦不完全相同，但其检查与调整方法大体相同。

1. 自动变速器油（ATF）

自动变速器油须承担三部分作用：（1）行星齿轮机构中的变速执行元件（多片离合器、伺服油缸）和变矩器须用油作为介质做功；（2）自动变速器油作为润滑剂、清洁剂和冷却液，改善机械部分的工作条件；（3）自动变速器油也作为一种信号的介质，传递各种工作状态的变化。

自动变速器油是用在自动变速器中的液体。变速器的基础油可以是矿物油，也可以是半合成油或合成油。

自动变速器油是含有特殊添加剂的混合液，这种混合液能更好地满足流动性和摩擦副间的润滑性能。自动变速器油一般呈红色，主要为了在确定泄漏源时，能够比较清晰地区别自动变速器油和发动机机油。

矿物型的自动变速器专用油为鲜红色，当过热而烧焦时颜色变深，如果掺有水后则变得混浊不清，合成型自动变速器油的红颜色显得更深。

自动变速器油添加了多种化学添加剂，以保证油液的耐久使用性和其他综合性能。添加锌、磷和硫等元素是为了降低摩擦磨损。添加分散剂，是为了使杂质悬浮在油液中，便于滤清器过滤。同时，油液应具有高温抗氧化性、抗腐蚀性、高闪点、高燃点、良好的低温流动性和抗泡沫性。

（1）油质检查

汽车自动变速器油既是液力变矩器的传动油，又是行星齿轮机构的润滑油和液压控制装置的工作压力用油，使用中必须按使用说明书的要求加注符合规定规格的自动变速器油，不能用其他油液补充和代替，否则容易引起故障，还会影响自动变速器的使用性能和寿命，甚至会影响行车安全。目前，日本、美国和欧洲生产的车辆规定使用“DEXRON II”型或者“DEXRON III”型自动变速器油；我国规定兰州炼油厂生产的“兰炼8号”自动传动油作为自动变速器的标准用油。

判断油液品质可从颜色、气味和是否含有杂质等方面入手。变速器油的颜色一般为鲜红色。某些DEXRON II型变速器油在使用初期颜色变暗，则为正常现象。若呈棕色或黑色，说明油液中含有烧蚀的摩擦材料等大量杂质，若油液呈粉红色或白色表明发动机散热器的冷却器出现冷却液泄漏的故障。合格的自动变速器油应有类似新的机油的气味。若有烧焦的气味说明油温太高、油面太低、油冷却器或管路堵塞、执行元件打滑等。若有清漆气味则说明油液氧化或变质。若油液带有泡沫，则可能是由于油泵进油道渗入空气造成的。使用中，一旦出现上述不正常现象，应立即更换自动变速器油。

（2）定期换油

自动变速器油主要存在于油底壳、液力变矩器、执行元件油缸及油道中。在常规保养中只须更换油底壳的油液。若自动变速器有放油螺塞，可旋出螺塞直接放油。若无放油螺塞，则应先拆下油底壳螺栓，注意留下相邻两个角上的螺栓，开始只将它们旋出两圈，以此为支点，使油底壳倾斜，放油，以后逐渐旋出螺栓，排出油液。

每行驶40,000—60,000km （即使不行驶，若放置一年以上），必须将油液全部更换。换油的间隔里程各汽车公司不尽相同。换油时要把变速器放油螺塞和变矩器放油螺塞都打开，放净油之后，将油底壳清洗干净，并更换滤清器滤芯。

（3）油面检查

自动变速器的加油量都有明确规定。通常，当把液力变矩器及换挡执行元件各操纵油缸都充满后，变速器油底壳的油面高度必须低于行星齿轮机构等旋转元件的最低位置，以免在使用中剧烈地搅油产生泡沫；但必须高于阀体与变速器壳体安装的接合面，否则，空气易渗入滤清器、油泵进油道及控制阀，使液压系统工作压力降低，造成执行元件打滑，影响换挡的平顺性。因此在做任何变速器检查或故障诊断前，要首先进行变速器油面高度检查，通常至少6个月或每行驶1500km检查一次。

①检查方法

将车辆停放在水平路面，执行驻车制动，起动发动机并使之怠速运转。将换挡杆依次推入前进、倒车挡位并各自停留片刻，以便使油液充满液力变矩器以及离合器、制动器各油缸，最后将换挡杆置于P位或N位。从自动变速器加油管中抽出油尺，用干净的纸或布将油尺擦拭干净后再放入套管。再次抽出油尺检视：在室温15—20℃时，油面高度应在油尺的下限附近；在变速器正常工作温度80—90℃；油面高度应在油尺的上限附近，如图4-2-1所示。

②注意事项

当自动变速器油温不同时，油面高度不一样，油温上升则油位上升。自动变速器型号不同，油尺上油面高度两刻线之间的距离h也不同。

汽车长时间拖载或高速行驶后，应至少停车30min后再检查油面高度，否

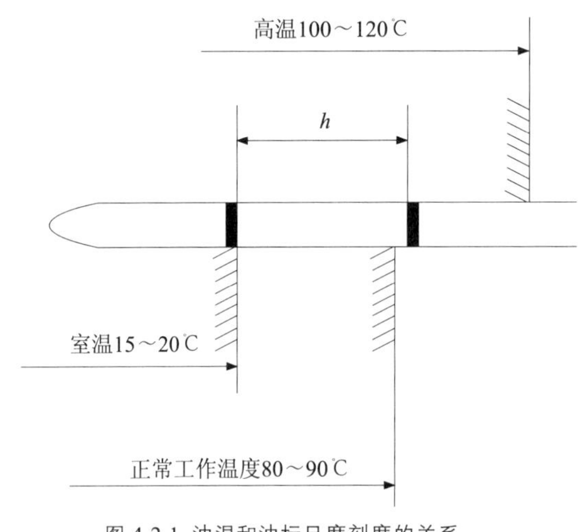

图 4-2-1 油温和油标尺度刻度的关系

则测量的油面高度不准确。

在自动变速器油液出口的油路中装有单向阀或用调压阀兼作单向阀，当停车一段时间后，也不会出现液力变矩器的油流到变速器油底壳，如在室温下检查油面高度时，油面反常的高，有可能存在故障。

检查液位高度必须注意下列事项：

a. 必须在变速器达到工作温度后再检查液位。

b. 在检查液位期间不能将发动机熄火。

c. 如果必须在较低的工作液温度时检查液位（例如在更换工作液期间或大修后），则先将液位调整在冷区与热区之间，然后在热车后再检验。

d. 如果油面高度过低，应加油后再检查，直到符合要求为止。如若不慎，油加得过多，高于规定的油面高度，不可凑合使用。油面过高时，由于行驶中油被剧烈地搅动，将产生大量的泡沫，对使用极为不利。在坡路行驶时，由于变速器油底壳中油的晃动，有时会导致从加油管往外窜油，容易引起发动机罩内起火。

2. 自动变速器几种常规的检查

（1）发动机怠速的检查

发动机怠速调整不当，会带来若干问题。怠速过低时，当选挡手柄从“N”或“P”挡位拨到“R”、“D”、“2”、“L”等挡位时，会因怠速不稳而使车身产生振动，甚至造成发动机熄火；怠速过高，会造成换挡冲击，当汽车换至前进挡或倒挡时，车辆将出现“爬行”， 即当换挡杆置于“D”或“R”挡位时，即使加速踏板未被踩下，也会引起车辆移动。“爬行”的程度根据发动机怠速而异，这种现象在每辆自动变速器车辆上有不同程度的表现。因此，必须检调发动机怠速。在N挡关闭空调的情况下，发动机应有正常的怠速。不同型号发动机的怠速转速不相同，应根据具体情况进行调整。

（2）节气门全开检查

节气门全开检查用于检查发动机输出功率是否在规定值范围内。若完全踩下加速踏板，而节气门不能全开时，会引起在高速或重载荷时，发动机功率输出不足、不能实现最高车速、发动机加速不适当。

（3）检查、调整自动变速器的联动机构

①节气门拉索检查和调整

对于早期的自动变速器（发动机的负荷依靠节气门阀输出油压来显示），节气门联动机构位于节气门与节气门阀之间，传递节气门开度信号，控制节气门阀的输出油压。节气门阀主要检调节气门拉线的长度，它主要影响主调压阀的正常工作。节气门开度阀和液压系统的主回路油压通过液压回路中的主调压阀附加的辅助阀建立联动联系。

本检验用于检查发动机载荷（取决于节气门开度）是否适当地被传递到阀体内的节气门阀。若拉线太长，会导致液压系统压力过低，油压上升延迟。反之，拉线太紧，会使系统压力过高，从而产生换挡冲击。

②检查、调整换挡杆联动机构

换挡杆联动机构位于换挡杆与手动换挡阀之间。其作用是使手动换挡阀活塞的位置与换挡杆的位置一致，否则将引发各种故障。如手动换挡阀活塞移动不到位，不能完全关闭液压回路，造成执行元件打滑、过热和烧蚀，甚至会出现停车时接通倒挡油路的危险情况。

有些自动变速器中换挡杆还和挡位开关联动，因此在调整和手动阀关系的同时，还要注意和挡位开关的关系。

（4）检查、调整变速执行元件制动器间隙

自动变速器中用作执行元件的制动器常用的有摩擦片式与带式制动器。在不制动时，制动器片与制动器盘间、制动带与制动鼓间存在一定间隙。若间隙过小，则转动发卡，使摩擦副严重磨损；间隙过大，在制动时会出现打滑现象。为了使制动器间隙保持在合适的范围内，使制动器有良好的制动效果，必须进行适当的检调。对于带式制动器，其制动间隙调整有两种方式。

①外部调整法

这种方法只须打开制动器伺服装置外盖，露出锁紧螺母即可调整，即将制动鼓支座上的锁紧螺母松开，夹紧伺服缸活塞，不让其转动，然后拧紧调整螺钉，完全消除制动间隙。再将螺钉旋出合适的圈数，最后将锁紧螺母拧紧，上好制动器伺服装置外盖。

②内部调整法

这种方法必须拆下油底壳，通常在更换变速器油时进行制动间隙调整。调整时，先松开锁止螺母，将调整螺钉拧紧，然后退回适当的圈数，再拧紧锁止螺母。

对于摩擦片式制动器，其制动间隙的检调则须将自动变速器总成解体后进行。

六、自动变速器专用油的检查

1. 自动变速器专用油（ATF）回收和加注

（1）安全教育，安全措施的落实，安全实训的巡视。

（2）自动变速器的专用油自动回收和加注设备的操作演示，设备工作原理、注意事项的讲解。

（3）油底，壳的拆卸和污秽的清理方法。

（4）自动变速器专用油（ATF）的功能介绍，油品质量的分析，以及造成油品变质的原因。

（5）加注新的自动变速器专用油（ATF），以及加注量的控制方法。

（6）自动变速器废油的处理，操作场地的清洁处理。

2. 自动变速器专用油（ATF）油面高度的检查

（1）检查前的准备

①车辆停放场地的选择（平整、宽敞）。

②油标尺刻度的解读，不同温度状态下的油面高度的限值说明。

（2）油面高度检查

①车辆停放后，拉上驻车手柄。

②在怠速状态下，通过拨动换挡杆，使自动变速器中的变矩器、多片离合器、伺服油缸中充满油。

③当油温过高时可以让发动机熄火一定时间后，再检查自动变速器油温。达到规定的油温后，重新起动发动机。

④用干净的棉布擦干油标尺，并放入自动变速器的油中，拔出油标尺并检查油面高度。

⑤根据油温，对油面高度进行判定。

（3）油面高度的修正

①当油面高度大于或低于规定值时，放油和注油的方法。

②说明油面高度不符合规定的危害。

（4）自动变速器的油压检查

①该试验在油面高度检查之后进行。

②试验前进行安全教育，并落实安全措施（驻车制动器作用，前后车轮用三角木枕固定）。

③对照自动变速器的油路图进行简要的介绍。

④试验前，由实训指导教师把管路接头、管路和压力表都连接好，确保没有泄露，并且把压力表接至车身内，仪表盘前。

⑤把换挡杆置于“D”位，分别检查发动机怠速和2000r/min时的油压值。重复三次并做好记录。

⑥把换挡杆置于“R”位，分别检查发动机怠速和2000r/min时的油压值。重复三次并做好记录。

⑦说明两种不同挡位、不同转速油压区别的原因。

（5）自动变速器的失速试验

①试验前进行安全教育，并落实安全措施（场地宽敞、驻车制动器作用，前后车轮用三角木枕固定）。

②说明失速试验的目的

a. 检查发动机的功率是否达到正常的工作状态。

b. 检查变矩器是否具备了力矩增大的功能。

c. 检查自动变速器的变速执行元件是否达到正常的工作状态。

③把发动机曲轴转速显示仪表接至车身内的仪表台前（可用故障诊断仪显示）。

④把自动变速器的换挡杆置于“D”位，左脚踩制动踏板，右脚迅速踩油门踏板到底，观察发动机转速值。重复三次，并记录转速值。做完一次，观察油温状况，等油温降下后再重复试验。

⑤试验结果的分析和判断（根据实测转速高于或低于额定值分别判定）。

第五章
万向传动装置与驱动桥

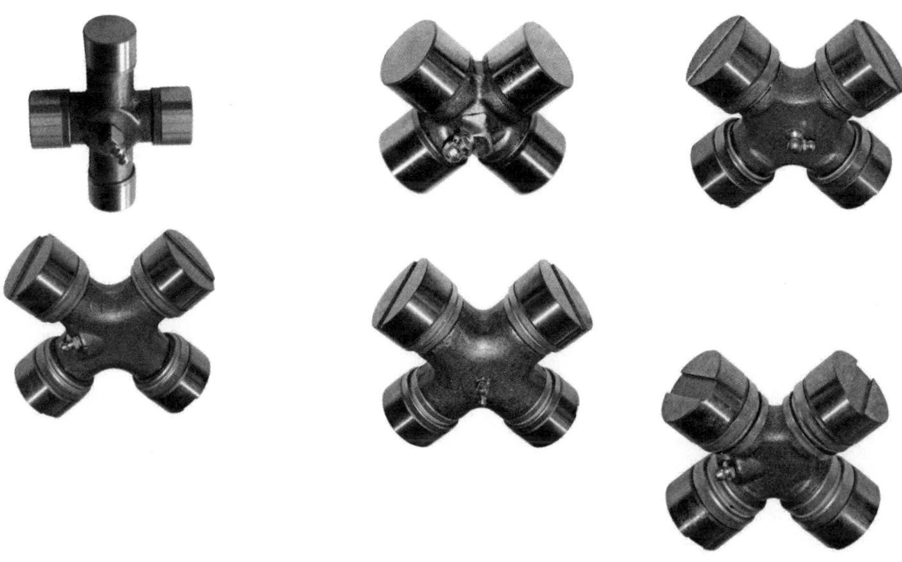

第一节 万向传动装置的结构与调整

一、万向传动装置概述

1. 万向传动装置的功用及组成

在发动机前置后轮驱动的汽车上，变速器常与发动机、离合器连成一体支承在车架上，而驱动桥则通过弹性悬架与车架连接，变速器输出轴轴线与驱动桥输入轴轴线很难布置得重合，并且在行驶过程中，弹性悬架受路面冲击而产生振动，使两轴相对位置经常发生变化。因此变速器的输出轴与驱动桥的输入轴不能刚性连接，必须采用万向传动装置。

万向传动装置在汽车上有很多应用，结构也稍不同，但其功用都是一样的，即在轴线相交且相互位置经常发生变化的两转轴之间传递动力。

图5-1-1所示为在汽车中最常见的应用，位于变速器驱动桥之间的万向传动装置。

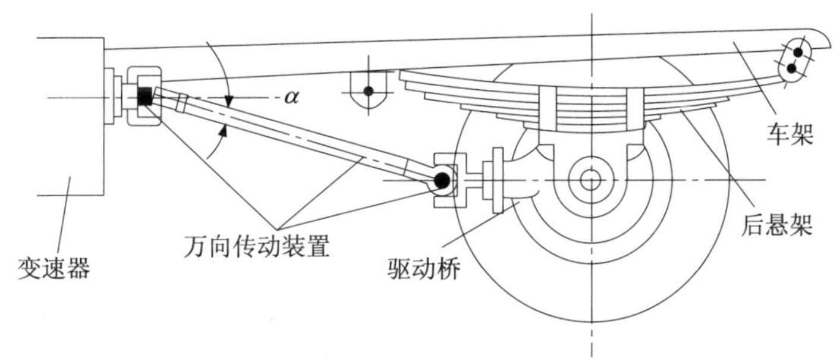

图 5-1-1 变速器与驱动桥之间的万向传动装置

万向传动装置主要包括万向节和传动轴，对于传动距离较远的分段式传动轴，为了提高传动轴的刚度，还设置有中间支承，如图5-1-2所示。

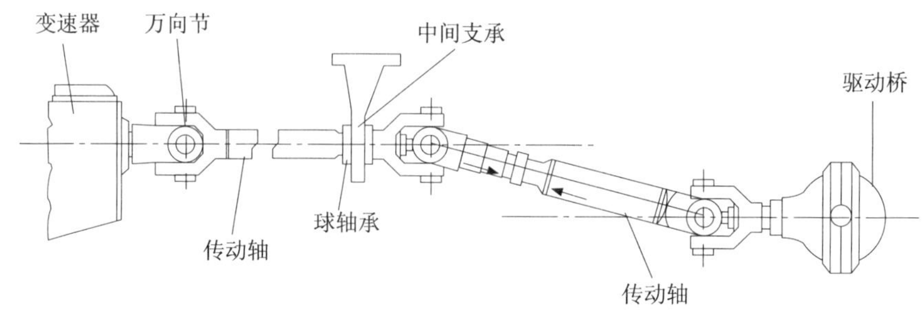

图 5-1-2 万向传动装置的组成

2. 万向传动装置的应用

万向传动装置在汽车上的应用主要有以下几个方面：

（1）用于变速器与驱动桥之间（4×2汽车上用）

对于轴距较大的汽车，由于变速器与后桥距离较远，须将传动轴分成两段，即前传动轴和传动轴，并设置了中间支承，如图5-1-3所示。

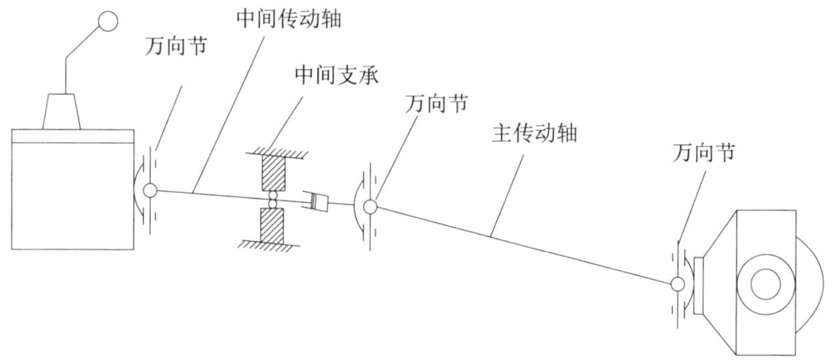

图 5-1-3 变速器与驱动桥之间的万向传动装置

（2）用于越野汽车变速器与分动器，分动器与驱动桥之间

在多轴的越野汽车上，在分动器与各驱动桥之间，为了消除车架变形及制造、装配误差等引起的其轴线同轴度误差对动力传递的影响，须装有万向传动装置。在分动器与驱动桥之间或驱动桥与驱动桥之间的动力传递等都是靠万向传动装置来实现的。有些重型汽车的变速器与发动机是分开固定的，它们之间也装有万向传动装置，如图5-1-4所示。

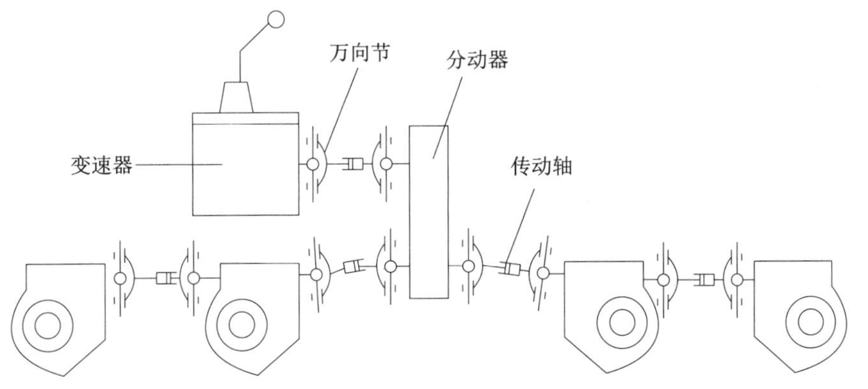

图 5-1-4 越野汽车变速器与驱动桥之间的万向传动装置

（3）用于转向驱动桥的内、外半轴之间

转向轮在偏转时仍要传递动力，这时的半轴不能制成整体而要分成两段，且用万向节连接，以适应汽车行驶时半轴各段的交角不断变化的需要。若采用独立悬架，则在靠近主减速器处也需要万向节。若采用非独立悬架，只须在转向轮附近装一个万向节即可，如图5-1-5所示。

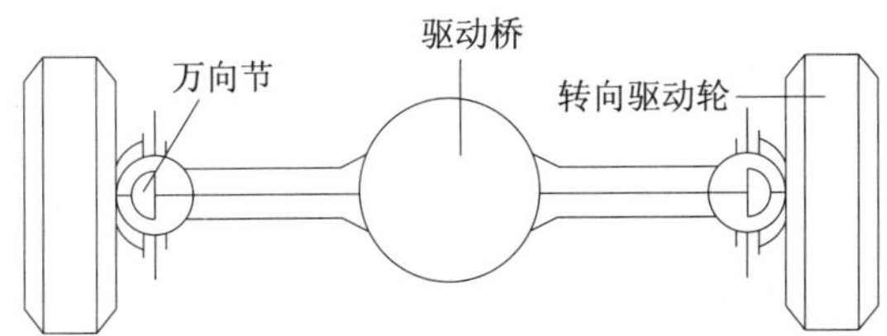

图 5-1-5 非独立悬架转向驱动桥中布置的万向传动装置

（4）用于断开式驱动桥的半轴中

主减速器壳在车架上是固定的，桥壳上下摆动，半轴是分段的，须用万向节，如图5-1-6所示。

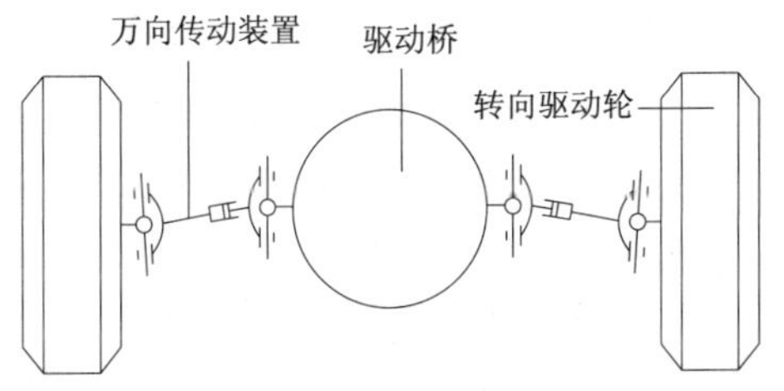

图 5-1-6 独立悬架转向驱动桥中布置的万向传动装置

（5）用于某些汽车的转向操纵机构的转向轴与转向器之间

某些汽车的转向轴上装有万向传动装置，以便转向系的总体布置，如图5-1-7所示。

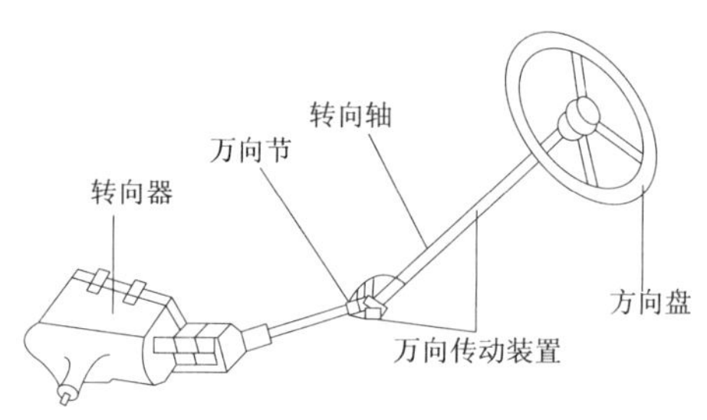

图 5-1-7 转向轴与转向器之间的万向传动装置

二、万向节

万向节是万向传动装置中实现变角度传动的主要部件。按万向节在扭转方向上是否有明显的弹性可分为刚性万向节和柔性万向节。刚性万向节按其速度特性分又可分为普通万向节、准等速万向节和等速万向节。

1. 普通万向节

普通万向节又称十字轴式刚性万向节，是目前汽车传动系中应用最广的一种万向节，它允许相邻两轴在最大交角为15°—20°的情况下工作。十字轴式刚性万向节的基本构造如图5-1-8所示。

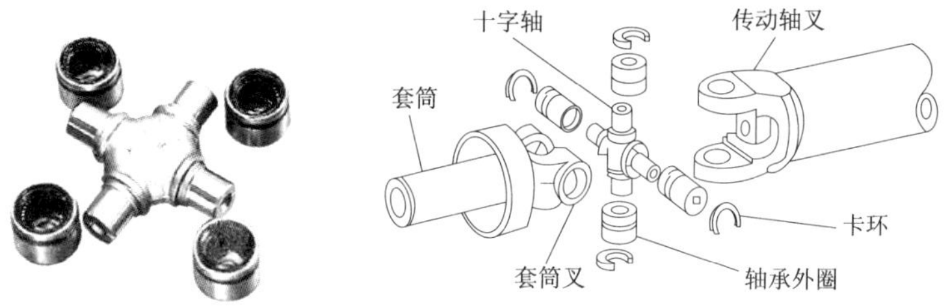

图 5-1-8 十字轴式刚性万向节

两个万向节轴叉分别与主、从动轴相连，其叉形上的孔分别活套在十字轴的两对轴颈上。当主动轴转动时，从动轴既可随之转动，又可绕十字轴中心在任意方向摆动。为了减小摩擦，提高传动效率，在十字轴颈和万向节叉孔之间装有滚针轴承。为了防止轴承在离心力的作用下被甩出，万向节叉上用螺钉固定住轴承盖，并用锁紧垫锁紧以可靠防松。为了润滑轴承，十字轴做成中空的，并开有润滑油道通向轴颈，且与注脂嘴、安全阀相通。在十字轴的轴颈上套着装在金属座圈内的毛毡油封，以防止润滑油流失或灰尘进入轴承，如图5-1-9 所示为十字轴润滑油道及密封装置。

万向节轴承的常见定位方式，除盖板式外，还有内、外弹性卡环固定

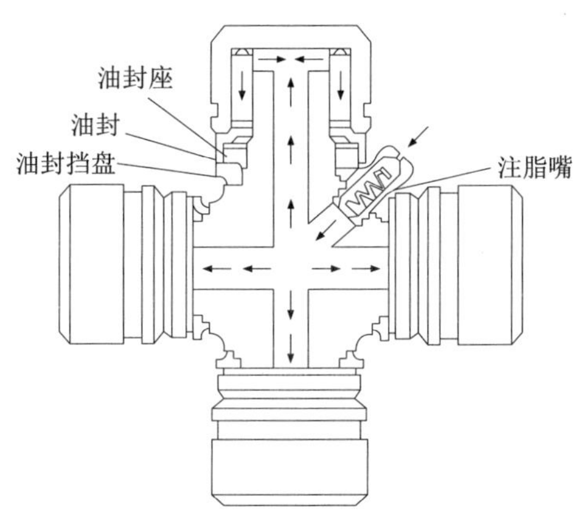

图 5-1-9 十字轴润滑油道及密封装置

式。

由于刚性万向节结构简单，传动效率较高，因此应用较广泛；其不足之处是对于单个万向节在输入轴和输出轴之间有夹角的情况下，其两轴的角速度不相等，这就是单个万向节的不等速性。

单个普通万向节的不等速性会使从动轴及与其相连的传动部件产生扭转振动，产生附加的交变载荷，影响零部件使用寿命。因此，当两轴间有较大夹角时，单个十字轴万向节是不宜采用的，因为它会使驱动车轮转速不均匀。

在汽车上，万向传动装置往往采用双十字轴万向节来实现等速传动（双万向节的等速排列方式有平行排列式和等腰排列式，如图5-1-10），同时还须满足两个条件：

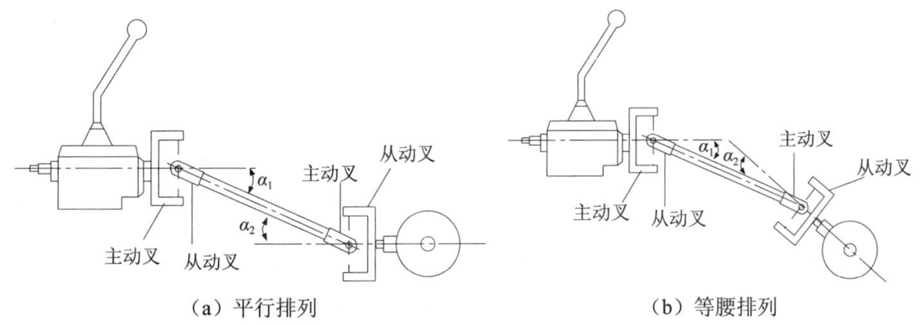

图 5-1-10 双十字轴万向节等速排列方式

①第一万向节两轴间夹角α_1与第二万向节两轴间夹角α_2相等，即$\alpha_1=\alpha_2$。

②传动轴两端的两个万向节叉（即第一万向节从动叉与第二万向节的主动叉）在同一平面内。

2. 准等速万向节和等速万向节

转向驱动桥和独立悬架的驱动桥，因受轴向尺寸限制，而且要求转向轮偏转角大（30°—40°），两个普通万向节传动装置难以适应，故采用各种型式的准等速和等速万向节。

（1）准等速万向节

准等速万向节根据两个普通万向节实现等速传动的原理制成。常见的有双联式和三销轴式万向节。

①双联式万向节

双联式万向节实际上是一套传动轴长度减缩至最小的双万向节传动装置。图5-1-11所示为双联叉相当于两个在同一平面内的万向节叉。要使万向节叉轴的角速度相同，应保证$\alpha_1=\alpha_2$。为此有的双联式万向节装有分度机构，使双联叉的对称线平分所连两轴的夹角。目前汽车转向驱动桥采用的双联式万向节为使结构简化，省去了分度机构，在结构上将内半轴或外半轴用轴承组件定位在壳体上，保证汽车直线行驶时万向节中心点位于主销轴线与半轴线的交点。

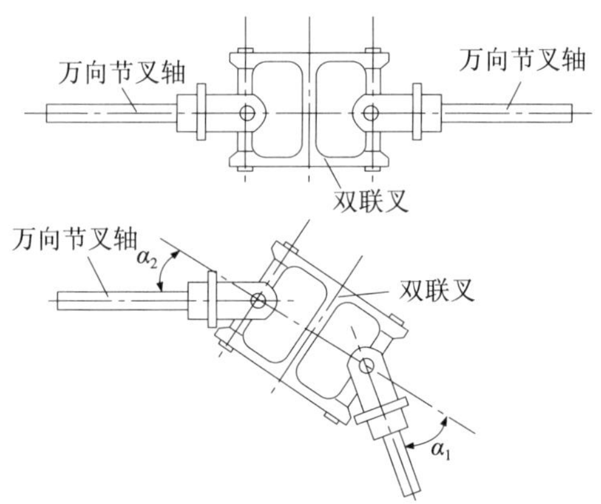

图 5-1-11 双联式万向节原理图

当外半轴（与转向轮相连）相对内半轴在一定角度范围内摆动时，双联叉也被带动相应角度，使两个十字轴中心连线与两万向节叉轴线的交角（参阅图中的α_1、α_2）差值很小，内外半轴的角速度接近相等，其差值在容许范围内，故双联式万向节具有准等速性。轮胎的弹性变形可以吸收微小的不等速，不会导致轮胎滑磨。

双联式万向节允许有较大的轴间夹角，结构简单、制造方便、工作可靠等优点，因此在转向驱动桥中应用广泛。北京BJ213、延安SX2150、斯泰尔等汽车均采用这种结构，如图5-1-12所示。

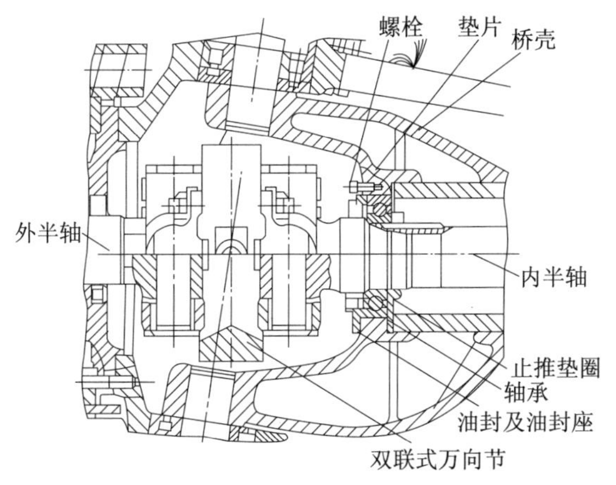

图 5-1-12 双联式万向节在转向驱动桥上的安装

②三销轴式万向节

三销轴式万向节是由双联式万向节演变而来的准等速万向节，由主从动偏心轴叉、两个三销轴以及六个滑动轴承和密封件等组成。每一偏心轴叉的两叉孔通过轴承和一个三销轴大端的两轴颈配合，两个三销轴的小端轴互相插入对方的大端轴承孔内，形成了Q_1-Q_1'、Q_2-Q_2'、$R-R'$三根轴线。传递扭矩时，由主动偏心轴叉经轴Q_1-Q_1'、$R-R'$、Q_2-Q_2'传到从动偏心轴叉。图5-1-13 所示为三销轴式万向节零件图和装配示意图。

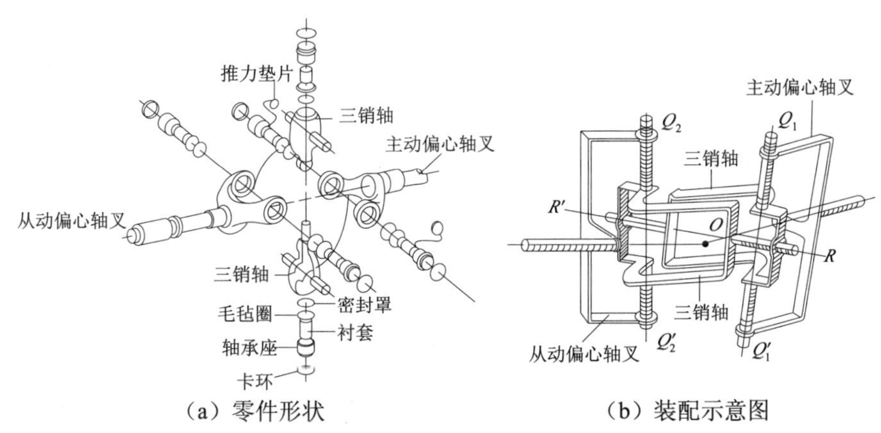

（a）零件形状　　（b）装配示意图

图 5-1-13 三销轴式万向节

与主动偏心轴叉相连的三销轴的两个轴颈端面和轴承座之间装有推力垫片。其余轴颈端面均无推力垫片，且轴颈端面与轴承座之间留有较大的空隙，保证转向时三销轴式万向节无运动干涉现象。

三销轴式万向节的最大特点是允许相邻两轴有较大的交角，最大可达45°。采用此万向节的转向驱动桥可使汽车获得较小的转弯半径，提高汽车的机动性，但缺点是所占空间较大。

（2）等速万向节

等速万向节的基本原理是从结构上保证万向节在工作过程中的传力点永远位于主、从动轴交点的平分面上。

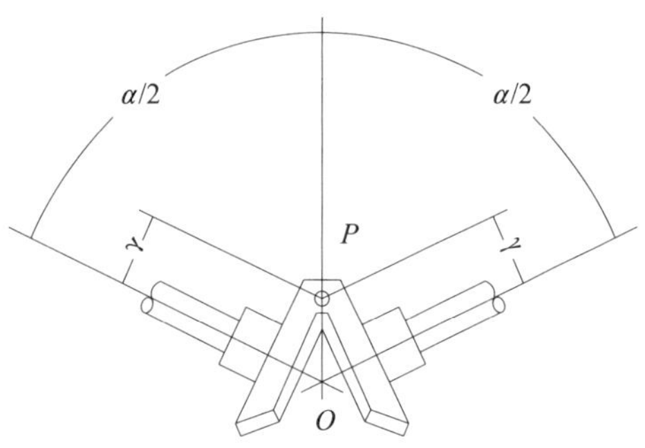

图 5-1-14 等速万向节的基本原理图

这一原理可通过一对大小相同的锥齿轮传动来说明。如图5-1-14所示，两个大小相同锥齿轮的接触点P位于两齿轮轴线交角α的平分面上，由P点到两轴的垂直距离都等于r。P点处两齿轮的圆周速度相等，两齿轮的角速度也相等。可见，若万向节的传力点在其交角变化时，始终位于两轴夹角的平分面上，就能保证等速传动。

目前在汽车上应用较广泛的等速万向节有球笼式和球叉式两种。

①球笼式等速万向节

球笼式万向节的结构如图5-1-15所示，主要由球形壳、钢球保持架、星形套、钢球等组成。星形套与主动轴用花键固接在一起，星形套外表面有六条弧形凹槽滚道，球形壳的内表面有相应的六条凹槽，六个钢球分别装在各条凹槽中，由球笼使其保持在同一平面内。动力由主动轴、钢球、球形壳输出。球笼式万向节工作时六个钢球都参与传力，故承载能力强、磨损小、寿命长，被广泛用于各种型号的转向驱动桥和独立悬架的驱动桥。

②球叉式等速万向节

球叉式万向节如图5-1-16所示，它由主动叉、从动叉、四个传动钢球、中心钢球、定位销、锁止销组成。主动叉与从动叉分别与内、外半轴制成一体。在主、从动叉上，分别有四个曲面凹槽，装配后，则形成两个相交的环形槽，作为钢球滚道。四个传动钢球放在槽中，中心钢球放在两叉中心的凹槽内，以定中心。

球叉式万向节在工作的时候，只有两个钢球传力，磨损快，影响使用寿命，现在应用越来越少。

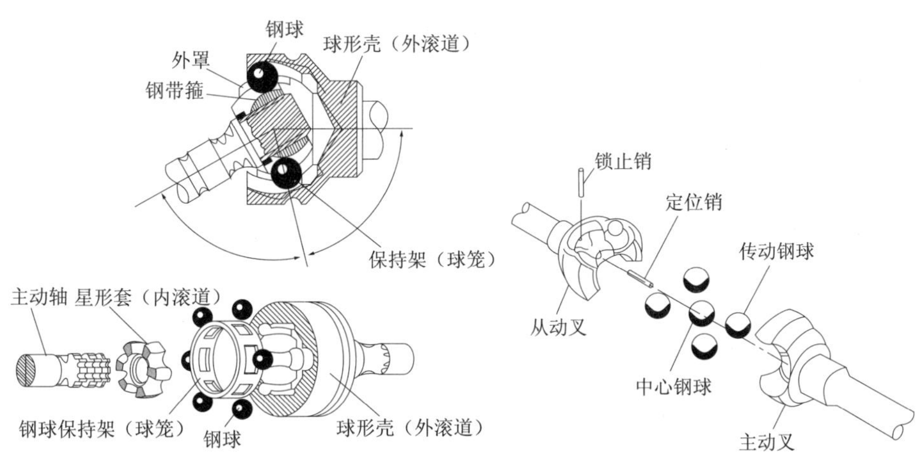

图 5-1-15 球笼式万向节　　图 5-1-16 球叉式万向节

3. 柔（挠）性万向节

柔（挠）性万向节依靠其中弹性件的弹性变形来保证在相交两轴间传动时不发生机械干涉。弹性件采用橡胶盘、橡胶金属套筒、六角形橡胶圈等结构。柔性万向节不但结构简单、不须润滑，而且还具有缓冲和减震作用。但因弹性件的弹性变形有限，故柔性万向节适用于两轴间夹角不大（3°—5°）和微量轴向位移的万向传动装置。如有的汽车发动机与变速器之间、变速器与分动器之间装有柔性万向节，可使装配方便（不须轴线严格对正），并能消除制造安装误差和车架变形对传动的影响。如图5-1-17所示为上海SH3540A型自卸汽车发动机与变速器之间安装的万向传动装置。

三、传动轴与中间支承

1. 传动轴

传动轴是万向传动装置中的主要传力部件。通常用来连接变速器（或分动器）和驱动桥，把变速器的转矩传递到驱动桥上。在转向驱动桥和断开式驱动桥中，则用来连接差速器和驱动轮。

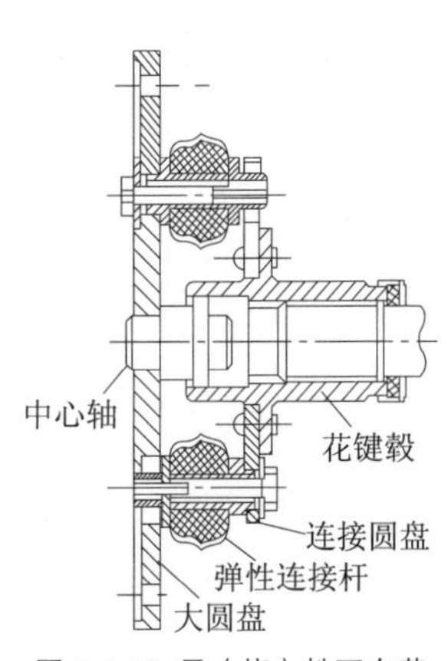

图 5-1-17 柔（挠）性万向节

传动轴通常是一壁厚均匀的管轴，传动轴有实心轴和空心轴之分。为了减轻传动轴的质量，节省材料，提高轴的强度、刚度及临界转速，传动轴多为空心轴，一般用厚度为1.5—3.0mm且厚薄均匀的钢板卷焊而成，超重型货车则直接采用无缝钢管。转向驱动桥、断开式驱动桥或微型汽车的传动轴通常制成实心轴，如图5-1-18所示。

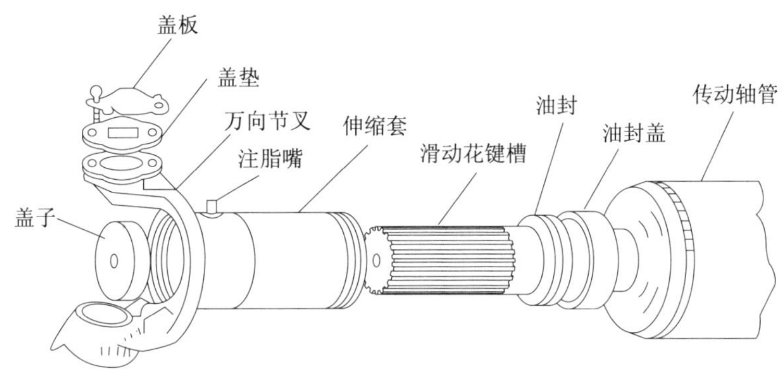

图 5-1-18 传动轴

传动轴过长时，自振频率降低，易在高速时产生共振，故将其分成两段并加中间支承，前段称为中间传动轴，后段称为主传动轴。

普通汽车最简单的传动轴只有一节，其两端用普通万向节分别与变速器和驱动桥连接。装配时传动轴两端的万向节叉在同一平面内就能保证满载时实现等速传动。

双节式传动轴分为两段，即中间传动轴和主传动轴，与三个万向节组成万向传动装置。

2. 中间支承

双节式传动轴的中间支承通常装在车架横梁上，能补偿传动轴轴向和角度方向的安装误差，以及汽车行驶过程中因发动机窜动或车架变形等引起的位移。

中间支承常用弹性元件来满足上述功用，东风EQ1090E型汽车的中间支承如图5-1-19所示，轴承可在轴承座内轴向滑动，轴承座装在蜂窝形橡胶垫内，通过U形支架固定在车架横梁上。

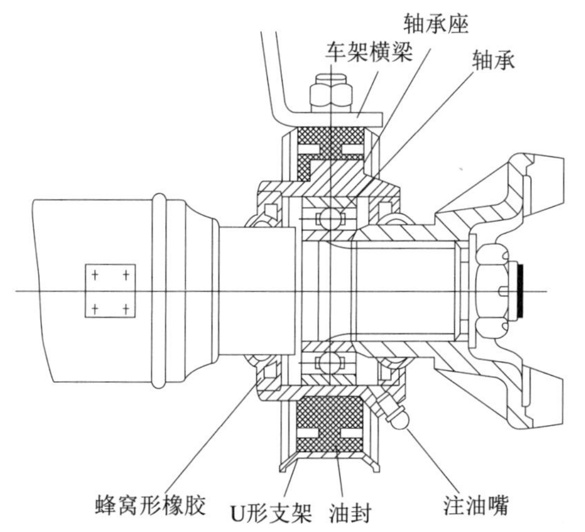

图 5-1-19 东风EQ1090E型汽车传动轴中间支承

有的汽车采用摆动式中间支承，它可绕支承轴摆动，改善了发动机轴向窜动时轴承的受力状况。橡胶衬套还能适应传动轴轴线在横向平面内少量的位置变化，如图5-1-20所示。

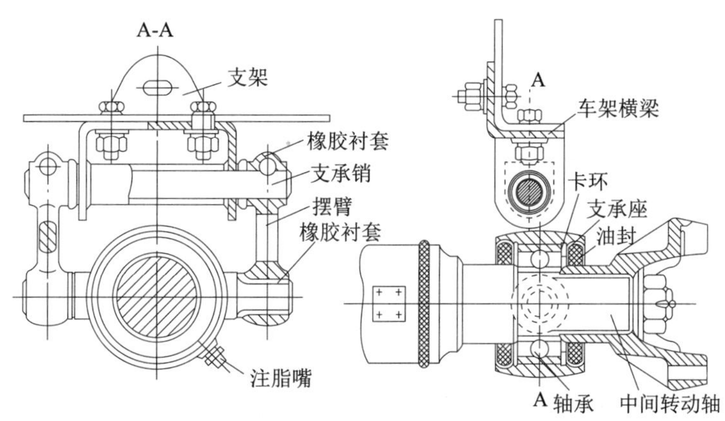

图 5-1-20 摆动式中间支承

四、万向节的拆装与调整

1. 十字万向节的拆装与调整

（1）万向节总成

①万向节分解顺序

螺栓、锁片、滚针轴承支承片、滚针轴承、凸缘叉、十字轴。

②零件检修

a. 十字轴不允许有任何性质的裂纹，否则应更换。

b. 十字轴轴径磨损起槽，深度超过0.04mm时，可采用电镀或堆焊的方法进行修复。

c. 轴承壳如有磨损、起槽、破裂，应更换新件。

d. 轴承内滚针如有严重烧蚀、锈蚀、剥落及折断可更换。但应注意更换滚针时其长度、直径应与原来的保持一致。

e. 凸缘叉如有裂纹应更换。

f. 凸缘叉轴承座孔与轴承的配合间隙超过0.05mm时，可采用堆焊或镶套的方法修复。

g. 凸缘叉平面因磨损造成不平，可采用扩孔或镶丝管的方法修复。

h. 螺纹孔如有损坏，可采用扩孔或镶丝管的方法修复。

i. 所有的万向节支承片和锁片及止动部分应安全可靠，螺栓完好无损，否则应更换。

③万向节总成的组装

按分解的反方向，依次装好零件，并应注意：

a. 十字轴的油嘴应朝向传动轴。

b. 支承片上凸起部分与滚针轴承底部凹槽一定要吻合，确保轴承在座孔内不转动。

④万向节装复后的技术要求

转动自如，无卡滞现象，有一定的阻力为好，其轴向间隙为0.020—0.025mm。

（2）中间支承

①分解顺序

开口销—花螺母—凸缘—轴承后盖及油封—轴承支架—橡胶隔套—轴承—轴承座—轴承隔套—轴承—轴承前盖及油封。

②检修

a. 轴承及座检查滚柱、滚道、表面有无烧蚀、锈蚀、斑点、剥落及裂纹、轴承支架有无断裂及变形。如有应更换（此轴承为组件，更换时应成套）。

b. 轴承盖与轴承支架如有裂纹应堆焊修复。

c. 橡胶隔套及油封如有磨损、破裂、老化、变形，均应更换。

d. 花键轴与凸缘不允许有裂纹，其配合间隙不得大于0.30mm，齿宽磨损不得大于0.20mm。如超此标准可采用局部更换法进行修复。

③按拆时的反方向进行，轴承与轴颈的配合间隙－0.02—＋0.02mm。此间隙如过大，可采用堆焊轴颈的方法进行修复，槽形花螺母的扭力为196—245N·m。

④装复后的技术要求

转动自如，无卡滞现象。推拉应无轴向间隙感为好（此间隙过大时，可采用减轴承隔圈的方法调整）。达到要求后，装上开口销。

（3）伸缩节

检修参照中间支承花键部分。

装复时应注意原装配记号一定要对正，油封要装好安全防尘套的卡子，两开口应错开180°，确保传动轴的动平衡不被破坏。

（4）轴身

传动轴弯曲变形在5mm以内，可进行冷压调直，冷压时注意压头与轴承接触面大些，以防局部变形，弯曲变形超过5mm时，可用热压调直法。

（5）装复后传动轴的整体要求

①万向节十字轴上的油嘴朝向传动轴。

②凸缘叉应在一个平面上。

③传动轴在装车前应进行动平衡测试检查。如不平衡度超过规定，要根据所测出的不平衡值和方位加焊平衡片，予以调整。

2. 球笼式等速万向传动轴的拆装和调整

下面以桑塔纳2000轿车为例介绍球笼式等速万向节的拆装。

（1）万向节的分解

①松开防尘罩卡箍，拆下防尘罩，如图5-1-21所示。

②万向节内、外圈解体。先拆弹簧卡圈，如图5-1-22所示。再用木锤敲打外万向节使之从传动轴上卸下，然后用专用工具压出内万向节，如图5-1-23所示。

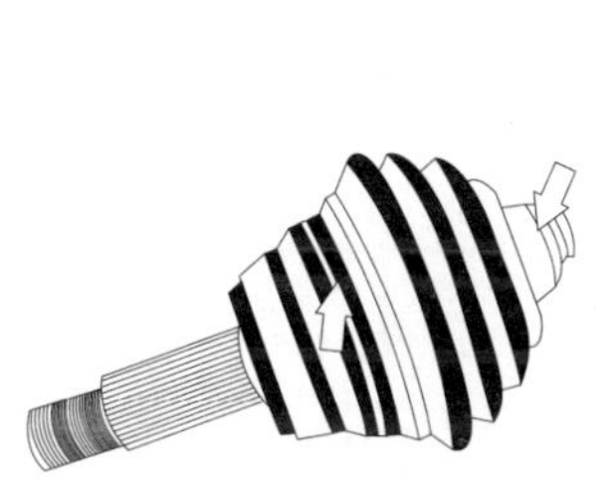

图 5-1-21 拆卸卡箍和防尘罩

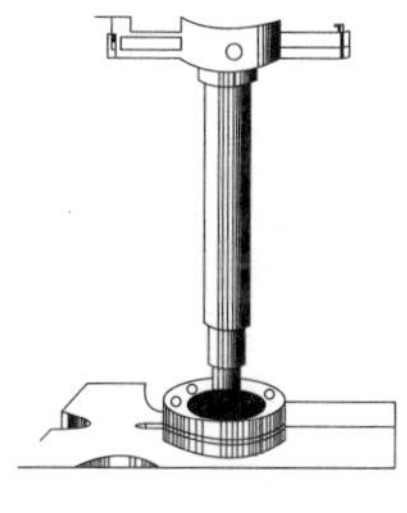

图 5-1-22 拆卸弹簧卡圈

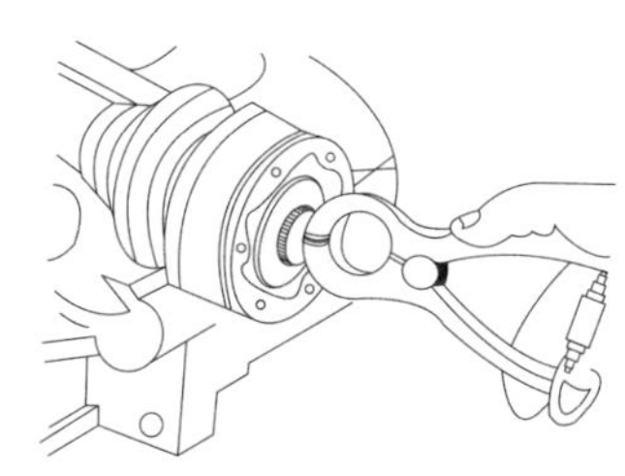

图 5-1-23 用专用工具压出内万向节

③外等速万向节解体。分解前，在钢球球笼和球形壳上标出星形套位置，然后转动星形套与球笼，依次取出钢球，如图5-1-24所示。用力转动球笼使两个方孔与球形壳对上（如图5-1-25箭头所示），将星形套、球笼一起拆下。将

星形套上扇形齿旋入球笼的方孔，然后从球笼中取出星形套，如图5-1-26所示。

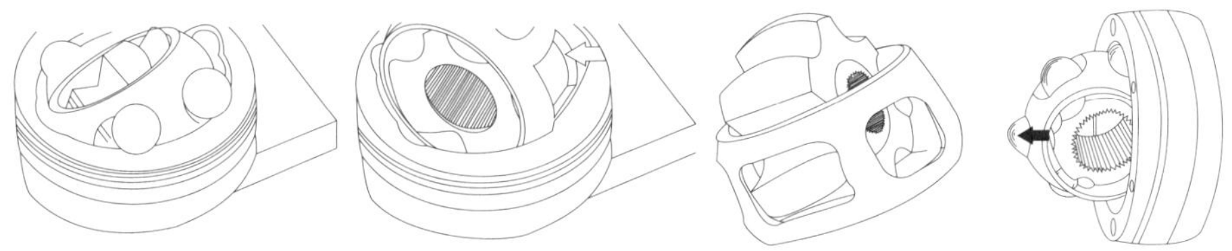

图 5-1-24 取出钢球　图 5-1-25 拆下球笼　图 5-1-26 取出星形套　图 5-1-27 取出钢球

④内等速万向节解体。转动球笼和星形套，按垂直向前的方向压出球笼里的钢球，如图5-1-27箭头所示。从球槽上面取出球笼里的星形套。

注意：因星形套与球形壳体是选配的，拆卸时注意将星形套与壳体成对放置，不允许互换。

（2）万向节的装配

①外等速万向节的装配。用汽油清洗各部件，将G6润滑脂总量的一半（45g）注入到万向节内，将球笼连同星形套一起装入球形壳体。对角交替地压入钢球，必须保持星形套在球笼及球形壳的原先位置。将弹簧挡圈装入星形套，并将剩余的润滑脂压入万向节。

②内等速万向节的装配。对准凹槽，将星形套嵌入球笼，再将钢球压入球笼，并注入G6润滑脂90g。将带钢球的球笼垂直装入球形壳，如图5-1-28所示。装配时，注意球形壳上的宽间隙*a*应对准星形套上的窄间隙*b*，转动球笼以便嵌入到位；转动星形套，星形套就能转出球笼，如图5-1-29所示。安装时应保证球形壳体中的球槽有足够间隙。如图5-1-30箭头所示，用力掀压球笼，使装有钢球的球笼完全转入球形壳。最后检查：如果用手能将星形套在轴向范围内来回灵活推动，则表明装配正确。

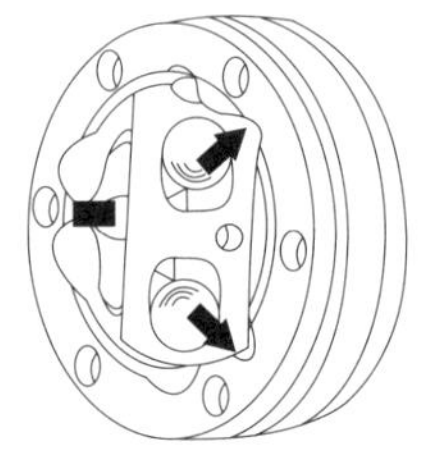

图 5-1-28 将球笼垂直装入球形壳

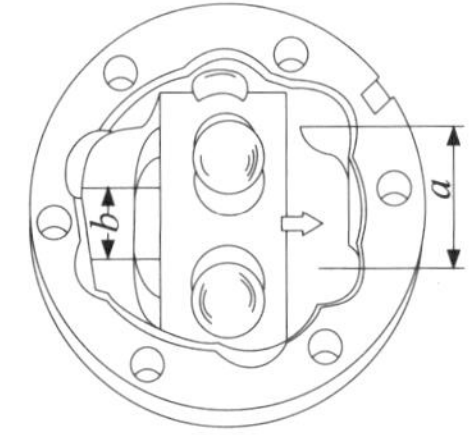

图 5-1-29 将星形套转出球笼

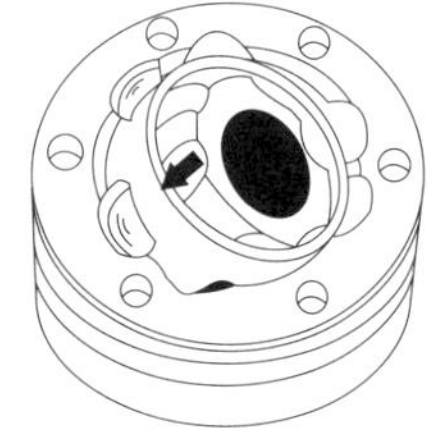

图 5-1-30 使球笼完全转入球形壳

③碟形座圈的安装。将碟形座圈装在传动轴带齿端配合位置上，其安装位置如图5-1-31所示。

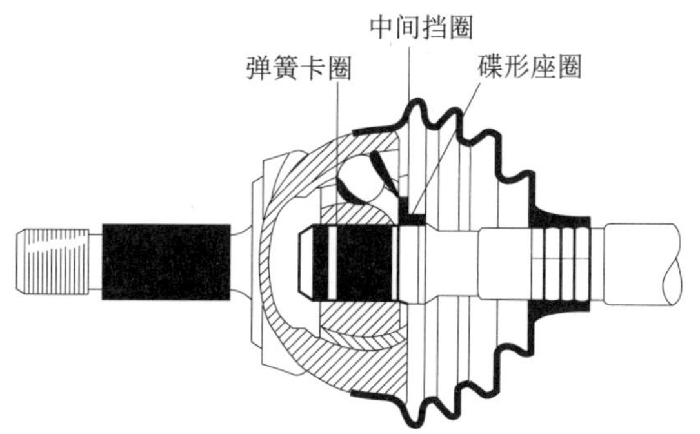

图 5-1-31 碟形座圈和弹簧卡圈的安装位置

④压入内万向节，安装弹簧卡圈，装上外万向节。

⑤安装防尘罩。万向节防尘罩受到挤压后内部将产生真空，所以安装防尘罩小口径后，要稍微充点气，使其压力平衡，不产生皱褶。

（3）检修

主要是检查内、外等速万向节中各部件的磨损情况和装配间隙。一般外等速万向节酌情单件更换。内等角速万向节，如果某部件磨损严重，则应整体更换。

外等速万向节的六颗钢球要求有一定的配合公差，并与星形套一起组成配合件。检查轴、球笼、星形套与钢球有无凹陷与磨损，若万向节间隙过大，须更换万向节。

内等速万向节的检修要检查球形壳、星形套、球笼及钢球有无凹陷与磨损，如磨损严重则应更换。内等速万向节只能整体调换，不可单个更换。防尘罩及卡箍、弹簧挡圈等损坏时，应予以更换。

第二节 驱动桥的结构和调整

一、驱动桥的组成、功用和结构类型

1. 驱动桥的组成

驱动桥一般由主减速器、差速器、半轴、万向节、驱动桥壳（或变速器壳体）等部件组成。

2. 驱动桥的功用

驱动桥的主要作用是将万向传动装置传来的发动机转矩通过主减速器、差速器、半轴等传到驱动车轮，实现降速增扭作用；通过主减速器锥齿轮副改变转矩的传递方向；通过差速器实现两侧车轮差速作用，保证内、外侧车轮以不同的转速转向。

3. 驱动桥的结构类型

按驱动轮与桥壳的连接关系，驱动桥分非断开式与断开式两大类。

（1）非断开式驱动桥

非断开式驱动桥也称整体式驱动桥，其半轴套管与主减速器壳均与轴壳刚性地连成一个整体梁，通过弹性元件与车架相连，因而两侧的半轴随驱动轮相应地摆动。它由驱动桥壳、主减速器、差速器和半轴组成，如图5-2-1所示。

（2）断开式驱动桥

断开式驱动桥采用独立悬架，即主减速器壳固定在车架上，两侧的半轴和驱动轮能在横向平面相对于车架相对运动，这种驱动桥称为断开式驱动桥，如图5-2-2所示。

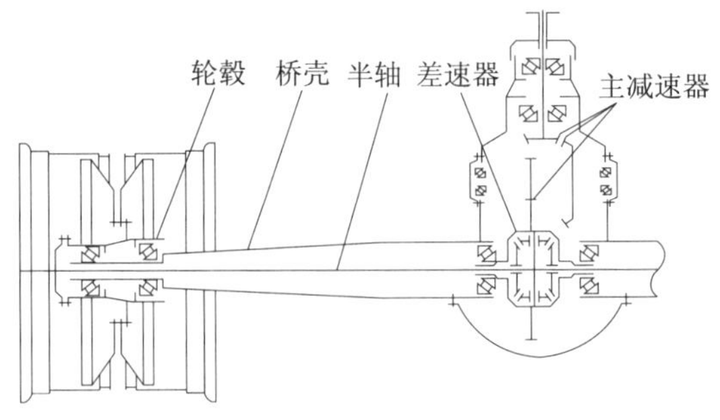

图 5-2-1 非断开式驱动桥示意图

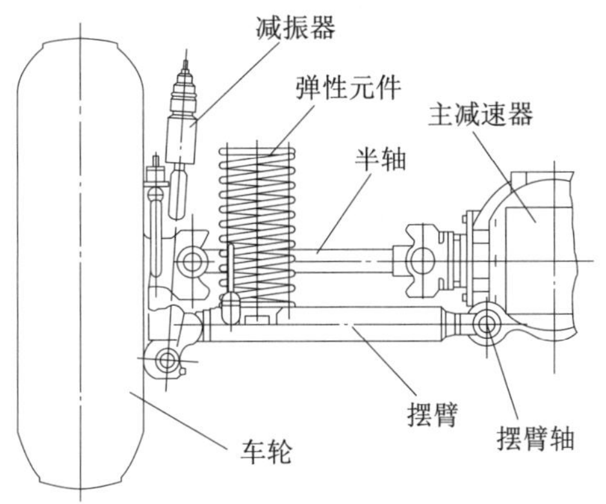

图 5-2-2 断开式驱动桥示意图

二、主减速器

1. 主减速器的作用

主减速器主要将万向传动装置输入的动力经降速增扭后，根据需要改变传动方向，然后传给差速器。

2. 主减速器的分类

主减速的分类如表5-2-1所示。

表5-2-1 主减速器的分类

分类方法	类别	特点及应用
按参加减速传动的齿轮副数目	单级式	小型汽车
	双级式	重型汽车、越野汽车、大型客车
按主减速器主传动比挡数	单速式	传动比是固定的
	双速式	有两个传动比供驾驶员选择
按齿轮副结构形式	圆柱齿轮式	发动机横置前轮驱动的汽车
	圆锥齿轮式	发动机纵置的汽车
	准双曲面齿轮式	

注意：在双级式主减速器中，若第二级减速器齿轮传动设置在两侧驱动轮附近，实际上成为独立部件，则称为轮边减速器。

3. 主减速器的结构与工作原理

（1）单级主减速器

单级主减速器结构简单、质量小、体积小、传动效率高，主要用于轿车及中型以下客、货车。对于发动机纵向布置的汽车，由于须改变动力传递方向，单级主减速器都采用一对圆锥齿轮传动，如桑塔纳2000型、东风EQ1090型等；对于发动机横向布置的汽车，单级主减速器采用一对圆柱齿轮即可，如夏利7130、宝来1.8T等。

①上海桑塔纳2000型轿车单级主减速器

图5-2-3所示为桑塔纳2000型轿车单级主减速器的装配图。由于发动机纵向前置前轮驱动，整个传动系都集中布置在汽车前部，因此其主减速器装于变速器壳体内，没有专门的主减速器壳体。由于省去了变速器到主减速器之间的万向传动装置，所以变速器输出轴即为主减速器主动轴。

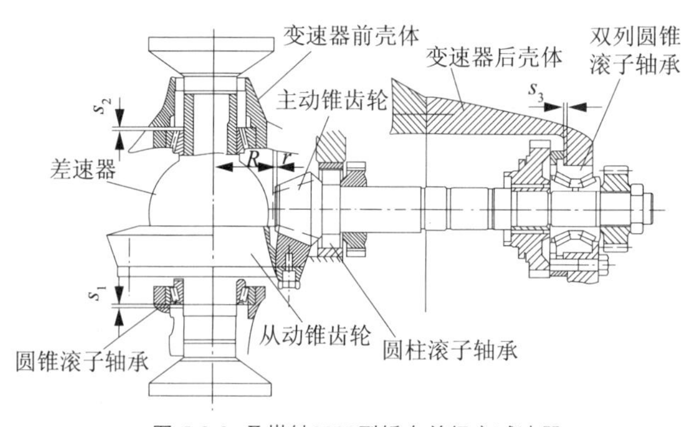

图 5-2-3 桑塔纳2000型轿车单级主减速器

主减速器由一对准双曲面锥齿轮组成，主动锥齿轮的齿数为9，从动锥齿轮的齿数为40，其传动比为4.444。主动锥齿轮与变速器输出轴制成一体，用双列圆锥滚子轴承和圆柱滚子轴承支承在变速器壳体内，属于悬臂式支承。环状的从动锥齿轮靠凸缘定位，并用螺栓与差速器壳连接。差速器壳由一对圆锥滚子轴承支承在变速器壳体上。

②东风EQ1090型汽车单级主减速器

图5-2-4所示为东风EQ1090型汽车单级主减速器。它由主、从动锥齿轮及其支承调整装置、主减速器壳等组成。主、从动锥齿轮采用准双曲面齿轮，主动锥齿轮的齿数为6，从动锥齿轮的齿数为38，其传动比i=6.33。

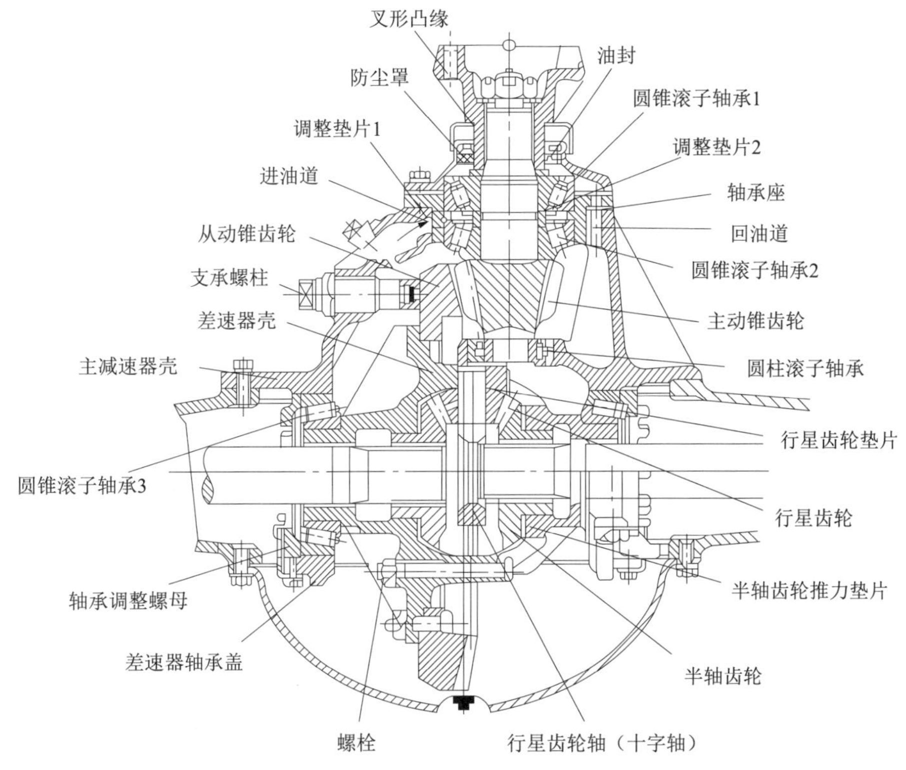

图 5-2-4 东风EQ1090型汽车单级主减速器

为了保证主动锥齿轮有足够的支承刚度，改善啮合条件，主动锥齿轮与主动轴制成一体，其前端支承在两个距离较近的圆锥滚子轴承1和2上，后端支承在圆柱滚子轴承上，形成跨置式支承。圆锥滚子轴承1和2的外座圈支承在轴承座上，内座圈之间有隔套和调整垫片2。轴承座依靠凸缘定位，用螺栓固装在主减速器壳体的前端，两者之间有调整垫片1。从动锥齿轮靠凸缘定位，用螺栓紧固在差速器壳上，而差速器壳则用两个圆锥滚子轴承3支承在主减速器壳体中，并用轴承调整螺母进行轴向定位。在从动锥齿轮啮合处背面的主减速器壳体上，装有支承螺柱，用以限制大负荷下从动锥齿轮过度变形而影响正常啮合。装配时，应在支承螺柱与从动锥齿轮背面之间预留一定间隙（0.3—0.5mm），转动支承螺柱可以调整此间隙。

（2）双级主减速器结构与原理

有些汽车需要较大的主减速器传动比，单级主减速器已不能满足足够的离地间隙，这就须采用由两对齿轮降速的双级主减速器。图5-2-5所示为解放CA1092汽车的双级主减速器。

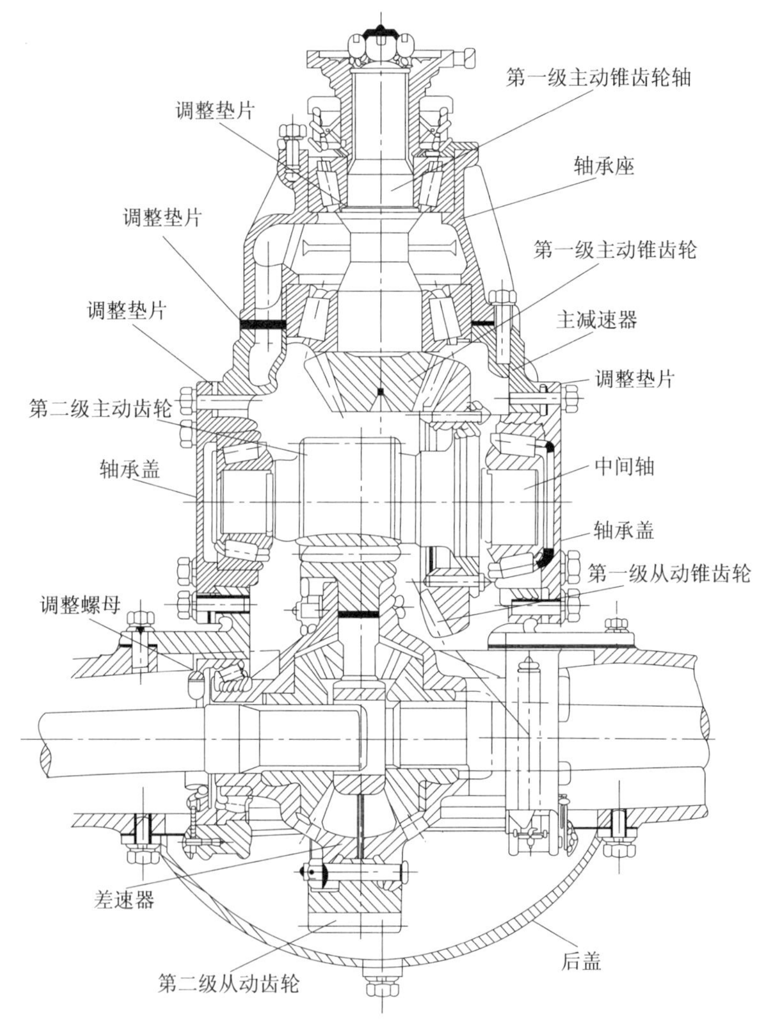

图 5-2-5 解放CA1092型汽车的双级主减速器

第一级传动为第一级主动锥齿轮和第一级从动锥齿轮，这是一对螺旋锥齿轮，其传动比为25/13＝1.923；第二级传动为第二级主动齿轮和第二级从动齿轮，这是一对斜齿圆柱齿轮，其传动比为45/15＝3。

第一级主动锥齿轮和第一级主动齿轮轴制成一体，用两个圆锥滚子轴承（相距较远）支承在轴承座的座孔中，因主动锥齿轮悬伸在两轴承之后，故称为悬臂式支承。第一级从动锥齿轮用铆钉铆接在中间轴的凸缘上。第二级主动齿轮与中间轴制成一体，用两个圆锥滚子轴承支承在两端轴承盖的座孔中，轴承盖用螺栓与主减速器壳固定连接。第二级从动齿轮夹在左右两半差速器壳之间，并用螺栓将它们紧固在一起，其支承形式与东风EQl090型汽车主减速器中差速器壳的支承形式相同。

4. 驱动桥主减速器的检修

以东风EQ1090E型汽车为例。

（1）主减速器的检查

①检查减速器主动齿轮、从动齿轮、行星齿轮及半轴齿轮齿端的接触情况是否有刮伤或严重磨损，必要时应更换不合格的齿轮。主减速器主动、从动齿轮必须成对更换。

②检查从动锥齿轮的偏摆量，载货汽车的最大偏摆量为0.10mm，轿车和轻型汽车的偏摆量为0.07mm。超过限量应成套更换齿轮。

③检查主动、从动轮各支承轴承的使用情况，应完好无损，没有脱皮现象，保持架无变形现象，否则应更换轴承。

④检查减速器主动齿轮和从动齿轮的啮合间隙，载货汽车为0.15—0.40mm，轿车为0.13—0.18mm。如啮合间隙超过规定范围，则应调整侧向轴承的预紧力。

（2）主减速器的安装和调整

①主动圆锥齿轮的安装和调整

将清洁后的主动圆锥齿轮安装在轴承座上，并安装好调整垫片，前轴承盖，油封，凸缘，垫圈，拧上槽型螺母，并以200—290N·m的力矩将螺母拧紧，涂上少量的润滑油将安装好的主动锥齿轮总成夹在钳台上，用弹簧称测量主动轮轴承座的预紧力矩（图5-2-6），应在1.5—3.5N·m之间，相当于作用在凸缘螺栓孔中心的圆周力为25—58N。如不符合要求可通过调节垫片的增减进行调整。调整后的主动轮应旋转轻松，无发卡无阻滞现象。

②从动齿轮的安装和调整

从动齿轮的安装和调整如图5-2-7所示。

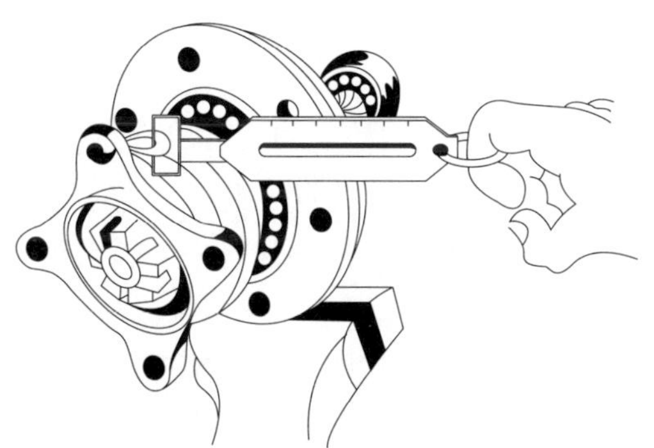

图 5-2-6 测量主动锥齿轮轴承预紧度

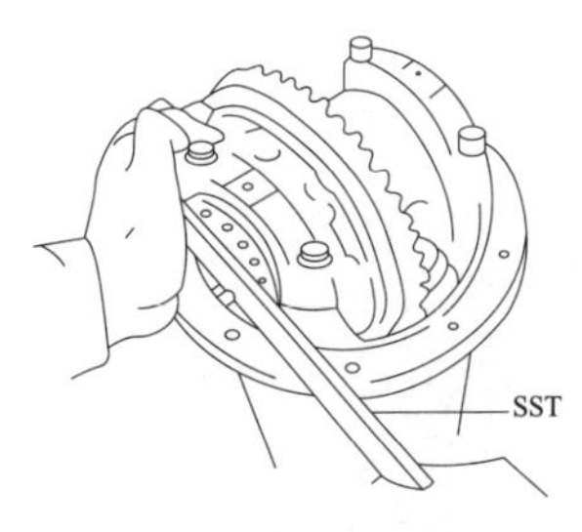

图 5-2-7 从动齿轮的预紧度调整

将清洁后的从动圆锥齿轮安装在减速器壳上，在左右两侧减速器壳盖的轴承外圈涂上一层润滑油，将左右轴承盖的锁紧螺栓拧紧至2—3N·m，然后将百分表架在从动轮的侧面（光滑面）用撬棒在齿轮的一端撬动齿轮向反方向移动，观察表的摆动量，一般为0.08—0.10mm，如不符合要求可采用轴承两端的调节螺母进行调整。两端螺母同时正旋为紧，反旋为松，或用弹簧称测量。读数为11.3—18.6N，测定前应用196—235N·m力矩将轴承盖的螺母拧紧。

③主动、从动圆锥齿轮啮合印痕的检查，调整

主、从动圆锥齿轮啮合印痕的好坏，决定了汽车的安全运行时间。如印痕调整不当，受力不均衡会损坏齿轮，发出噪声，影响汽车的使用寿命，严重时会造成机械事故。

a. 主、从动圆锥齿轮印痕的检查和要求

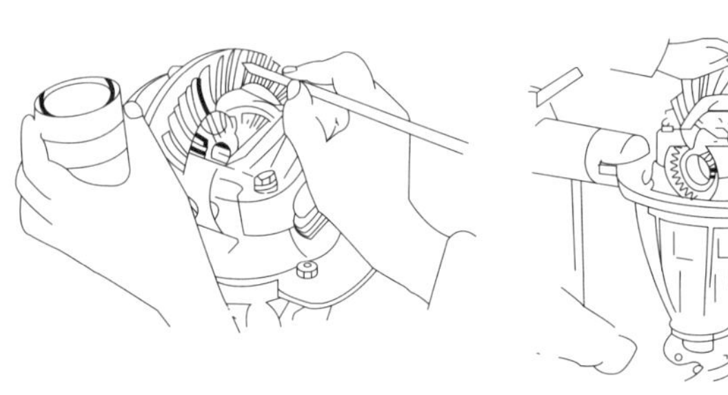

图 5-2-8 啮合印痕的检查

其检查方法，如图5-2-8所示，首先彻底清洁主、从动圆锥齿轮的齿面，在从动锥齿轮圆周上取三个齿，在齿面上涂一层薄红丹，然后用手转动锥齿轮数周，观察从动齿轮上的接触印痕情况，是否属于正常。其正常印痕为，印痕长度应为全齿长的60%以上，距小端为2—4mm，距顶端为0.8—1.6mm，印痕宽为7—9mm（即在锥齿轮的正中心平面）。

b. 调整方法

正确的印痕，符合国家标准的无须调整，当出现以下四种不正常的印痕时，如图5-2-9所示，则必须进行调整，否则严禁使用。

印痕在大端：调整方法为“大进从，小出主”，即将圆锥从动齿轮向主动齿轮端移动（称为左移，反之为右移）。具体操作是：将从动锥齿轮右端的调节螺母正旋为紧（左旋），左端的调节螺母反旋为松。此时，主、从动齿轮的啮合间隙会变小，可采用增加主动轮轴承盖上的垫片将主动轮后移，来恢复啮合间隙。

印痕在小端：调整方法为“小出从，大进主”，即大端调整方法的逆向操作。将圆锥从动齿轮向右移动，操作为左边的调节螺母正旋为紧，右边的调节螺母反旋为松。此时，主、从动轮的啮合间隙会变大，可采用减少主动

齿轮调整垫片将主动轮向前推，来恢复啮合间隙。

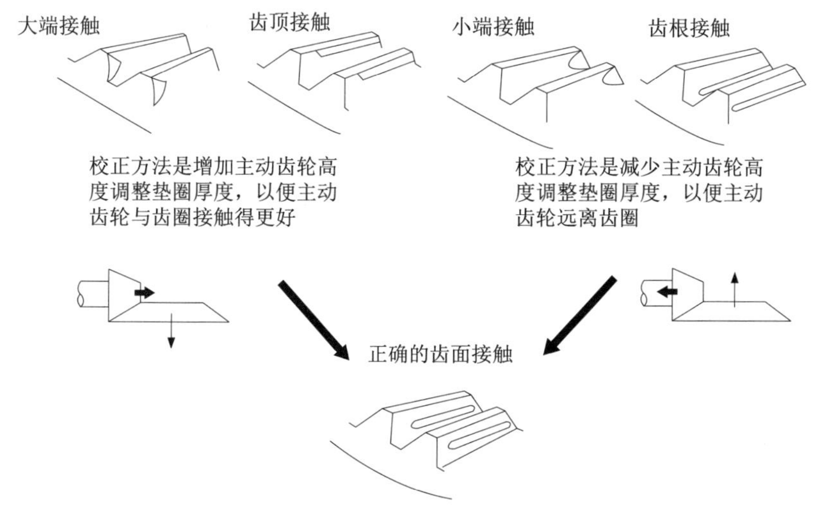

图 5-2-9 啮合印痕的调整

印痕在顶端：调整方法为“顶进主，小出从”。可采用减少主动齿轮调整垫片的方法将主动齿轮向前推进，此时啮合间隙会变小，然后可调整从动齿轮左边的调节螺母正旋为紧，右边的螺母反旋为松，将主动轮向右移动，可恢复主、从动轮的啮合间隙。

印痕在根部：调整方法为“跟出主，大进从”，即印痕在顶端的逆向操作。可采用增加主动锥齿轮轴承盖端的垫片，先将主动轮向后拉出，此时啮合间隙会变大，然后可调整从动轮右端的调节螺母正旋为紧，左端的调节螺母反旋为松，将从动轮向左移动，可恢复啮合间隙。

注：轴承盖端的调节垫片一般为0.10mm、0.20mm、0.50mm、1.00mm四种，选择时可根据具体情况而定。

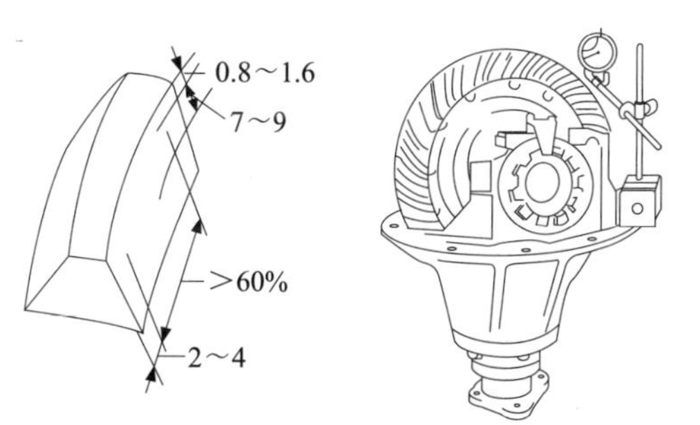

（a）正确的印痕位置　（b）齿轮啮合间隙的调整

图 5-2-10 齿轮啮合间隙的调整

④主、从动圆锥齿轮啮合间隙的检查、调整

主、从动圆锥齿轮啮合间隙的检查、调整如图5-2-10所示。

其检查方法是将磁性表座架在减速器壳的圆周边缘的平面上，将百分表触头垂直地抵住从动齿轮的大端端面。

用手固定住主动锥齿轮，来回摆动从动齿轮，此时读出百分表的读数，即为主、从动轮的啮合间隙，一般此间隙为0.15—0.40mm。若间隙不符合要求，可通过改变从动轮两侧的轴承调节螺母来进行调整（方法同上）。

注意：调整啮合间隙和啮合印痕时，应以啮合印痕为主，在满足印痕的前提下，可将啮合间隙适当地放大。调好后的主减速器应旋转轻松自如，无发卡、阻滞现象，各技术指标都在范围以内，并做冷磨合试验。

三、差速器

1. 差速器的功用

差速器的功用是将主减速器传来的动力传给左、右两半轴，并在必要时允许左、右半轴以不同转速旋转，使左、右驱动车轮相对地面纯滚动而不是滑动。

汽车行驶过程中，车轮相对路面有两种运动状态：滚动和滑动。滑动又有滑转和滑移两种。设车轮中心相对路面的速度为v，车轮旋转角速度为ω，车轮滚动半径为r。如果$v=\omega r$，则车轮对路面的运动为滚动，这是最理想的运动状态；如果$\omega>0$，但$v=0$，则车轮的运动为滑转；如果$v>0$，但$\omega=0$，则车轮的运动为滑移。

当汽车转弯行驶时，内外两侧车轮中心在同一时间内移过的曲线距离显然不同，即外侧车轮移过的距离大于内侧车轮，如图5-2-11所示。若两侧车轮都固定在同一刚性转轴上，两轮角速度相等，则此时外轮必然是边滚动边滑移，内轮必然是边滚动边滑转。

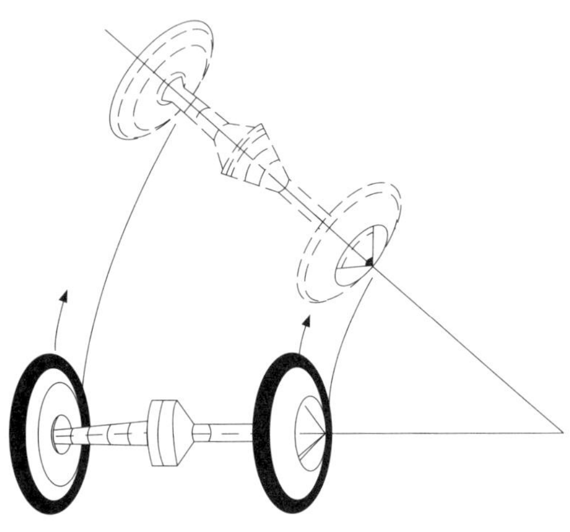

图 5-2-11 汽车转向时驱动车轮的运动示意图

同样，汽车在不平路面上直线行驶时，两侧车轮实际移过的曲线距离也不相等。因此在角速度相同的条件下，在波形较显著的路面上运动的一侧车轮是边滚动边滑移，在较为平坦的路面上运动的另一侧车轮则是边滚动边滑转。即使路面非常平直，但由于轮胎制造尺寸误差、磨损程度不同、承受的载荷不同或充气压力不等，各个轮胎的滚动半径实际上不可能相等，因此，只要各轮角速度相等，车轮对路面的滑动就必然存在。

车轮对路面的滑动不仅会加速轮胎磨损，增加汽车的动力消耗，而且可能导致转向和制动性能的恶化。所以，在正常行驶条件下，应使车轮尽可能不发生滑动，差速器的作用就在于此。

2. 差速器的类型

差速器按其用途分为轮间差速器和轴间差速器。轮间差速器装在驱动桥内，轴间差速器装在各个驱动桥之间。

差速器按其工作特性可分为普通齿轮式差速器和防滑差速器两大类。

3. 普通齿轮式差速器的结构与原理

应用最广泛的普通齿轮式差速器为锥齿轮差速器，如图5-2-12所示为桑塔纳2000型轿车差速器。

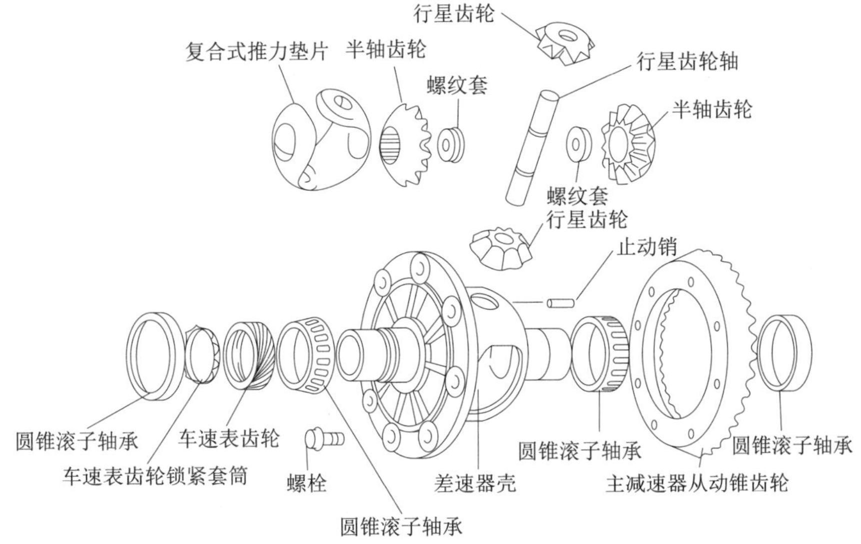

图 5-2-12 桑塔纳2000型轿车差速器

（1）结构

差速器由差速器壳、行星齿轮轴、两个行星齿轮、两个半轴齿轮、复合式推力垫片等组成。行星齿轮轴装入差速器壳体后用止动销定位。行星齿轮和半轴齿轮的背面制成球面，与复合式的推力垫片相配合以减摩、耐磨。螺纹套用于紧固半轴齿轮。差速器通过一对圆锥滚子轴承支承在变速器壳体中。

（2）工作原理

差速器的工作原理如图5-2-13、图5-2-14所示。主减速器传来的动力带动差速器壳（转速为n_0）转动，经过行星齿轮轴、行星齿轮、半轴齿轮、半轴（转速分别为n_1和n_2），最后传给两侧驱动车轮。

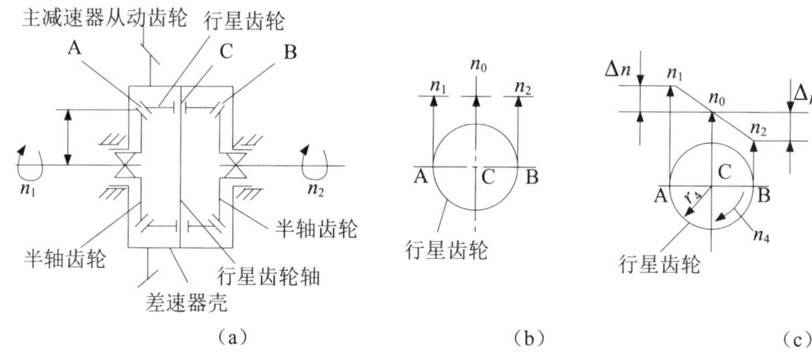

图 5-2-13 差速器运动原理

①汽车直线行驶时

此时两侧驱动车轮所受到的地面阻力相同，并经半轴、半轴齿轮反作用于行星齿轮两啮合点A和B，如图5-2-13（b）所示。这时行星齿轮相当于等臂杠杆，即行星齿轮不自转，只随差速器壳和行星齿轮轴一起公转，两半轴无转速差，即$n_1 = n_2 = n_0$，$n_1 + n_2 = 2n_0$。

同样，由于行星齿轮相当于等臂杠杆，主减速器传动差速器壳体上的转矩M_0等分给两半轴齿轮（半轴），即$M_1 = M_2 = M_0 / 2$。

②汽车转向行驶时

此时两侧驱动车轮所受到的地面阻力不同。如果车辆右转，右侧（内侧）驱动车轮所受的阻力大，左侧（外侧）驱动车轮所受的阻力小。这两个阻力经半轴、半轴齿轮反作用于行星齿轮两啮合点A和B，如图5-2-13（c）所示，使行星齿轮除了随差速器壳公转外还顺时针自转，设自转转速为n_4，则左半轴齿轮的转速增加，右半轴齿轮的转速降低，且左半轴齿轮增加的转速等于右半轴齿轮降低的转速。设半轴齿轮的转速变化为Δn，则$n_1 = n_0 + \Delta n$，$n_2 = n_0 - \Delta n$，即汽车右转时，左侧（外侧）车轮转得快，右侧（内侧）车轮转得慢，实现纯滚动。此时依然有$n_1 + n_2 = 2n_0$。

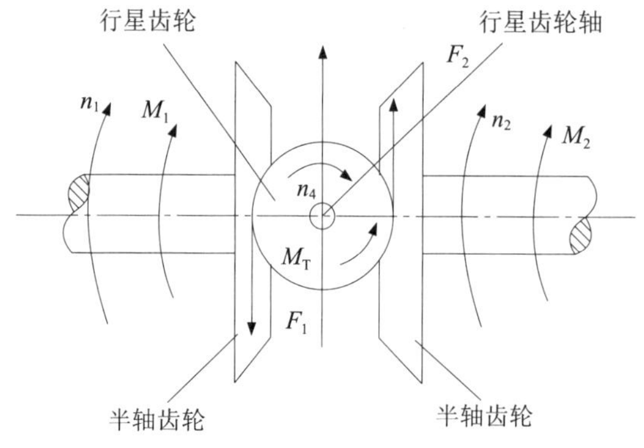

图 5-2-14 差速器转矩分配原理

由于行星齿轮的自转，行星齿轮孔与行星齿轮轴轴径间以及齿轮背部与差速器壳体之间都产生摩擦。如图5-2-14所示，行星齿轮所受的摩擦力矩M_T方向与其自转方向相反，并传到左、右半轴齿轮，使转得快的左半轴的转矩减小，转得慢的右半轴的转矩增加。所以当左、右驱动车轮存在转速差时，$M_1=(M_0-M_T)/2$，$M_2=(M_0+M_T)/2$。但由于有推力垫片的存在，实际中的M_T很小，可以忽略不计，则$M_1=M_2=M_0/2$。

四、半轴

1. 半轴的功用和构造

半轴的功用是将差速器传来的动力传给驱动轮。因其传递的转矩较大，常制成实心轴。

半轴的结构因驱动桥结构形式的不同而异。整体式驱动桥中的半轴为一刚性整轴。而转向驱动桥和断开式驱动桥中的半轴则分段并用万向节连接。半轴内端一般制有外花键与半轴齿轮连接。半轴外端有的直接在轴端锻造出凸缘盘；也有的制成花键与单独制成的凸缘盘滑动配合；还有的制成锥形并通过键和螺母与轮毂固定连接。

注意：因半轴传递的转矩较大，常制成实心轴。如果半轴断裂则汽车无法起步、行驶。

2. 支承形式

半轴与驱动轮的轮毂在桥壳上的支承形式决定了半轴的受力情况。现代汽车常采用全浮式和半浮式两种半轴支承形式。

（1）全浮式半轴支承

全浮式半轴支承广泛应用于各型货车上。如图5-2-15所示为全浮式半轴支承的示意图。半轴外端锻造有半轴凸缘，用螺栓紧固在轮毂上，轮毂用一对圆锥滚子轴承支承在半轴套管上，半轴套管与空心梁压配成一体，组成驱动桥壳。这种支承形式，半轴与桥壳没有直接联系。半轴内端用花键与半轴齿轮套合，并通过差速器壳支承在主减速器壳的座孔中。

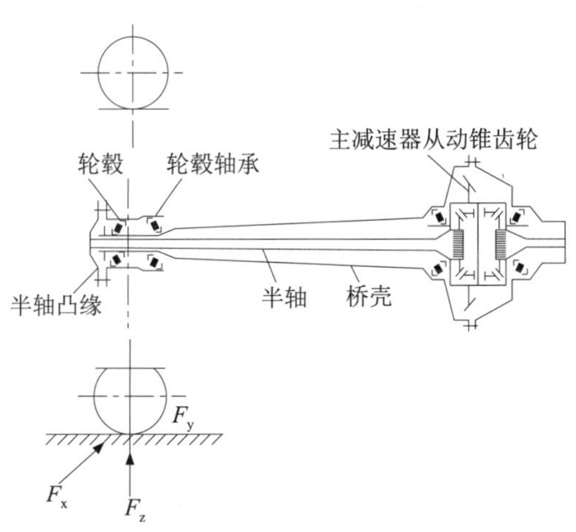

图 5-2-15 全浮式半轴支承示意图

这种半轴支承形式，半轴只在两端承受转矩，不承受其他任何反力和弯矩，所以称为全浮式

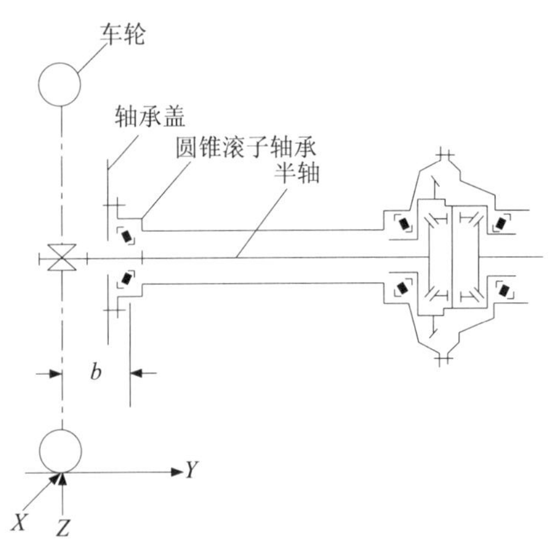

图 5-2-16 半浮式半轴支承示意图

半轴支承。所谓“浮”是对卸除半轴的弯曲载荷而言。

全浮式半轴支承便于拆装，只须拧下半轴凸缘上的轮毂螺栓，即可将半轴抽出，而车轮和桥壳照样能支持住汽车。

（2）半浮式半轴支承

如图5-2-16所示为半浮式半轴支承的示意图。半轴外端制成锥形，锥面上铣有键槽，最外端制有螺纹。轮毂以其相应的锥孔与半轴上锥面配合，并用键连接，用锁紧螺母紧固。半轴用一个圆锥滚子轴承直接支承在桥壳凸缘的座孔内。车轮与桥壳之间无直接联系，而支承于悬伸出的半轴外端。因此，地面作用于车轮的各种反力都须经半轴外端的悬伸部分传给桥壳，使半轴外端不仅要承受转矩，而且还要承受各种反力及其形成的弯矩。半轴内端通过花键与半轴齿轮连接，不承受弯矩，故称这种支承形式为半浮式半轴支承。

半浮式半轴支承结构简单，但半轴受力情况复杂且拆装不便，多用于反力、弯矩较小的各类轿车上。

五、桥壳

1. 桥壳的功用

驱动桥壳用以安装并保护主减速器、差速器和半轴；安装悬架或轮毂，和从动桥一起支承汽车悬架以上各部分质量；承受驱动轮传来的反力和力矩，并在驱动轮与悬架之间传力。

由于桥壳承受较复杂的载荷，因此桥壳应具有足够的强度和刚度，质量小，还要便于主减速器的拆装和调整。

2. 桥壳的类型

驱动桥壳可分为整体式桥壳和分段式桥壳两种类型。

整体式桥壳一般是铸造，具有较大的强度和刚度，且便于主减速器的拆装和调整。缺点是质量大，铸造质量不易保证。因此，适用于中型以上货车。

分段式桥壳一般分为两段，由螺栓将两段连成一体。分段式桥壳最大的缺点是拆装和维修主减速器、差速器十分不便，必须把整个驱动桥从车上拆下来，现已很少应用。

六、驱动桥故障分析

1. 主要失效形式

主减速器的主要失效形式有：（1）主动锥齿轮端头的螺纹损伤；（2）前、后轴承座颈因磨损而受到损伤；（3）花键因长期使用而产生的花键沿宽度的磨损；（4）锥形主动齿和从动齿的齿面自然磨损或斑蚀、剥落；（5）由于驾驶技术的关系使两齿受到严重碰击而断裂等。

差速器的主要失效形式有：（1）行星齿轮的自然磨损；（2）齿轮的损坏；（3）十字轴的磨损等。

2. 驱动桥的常见故障及原因

（1）过热

①现象

汽车行驶一段里程后，用手探试驱动桥壳中部或主减速器壳，有无法忍受的烫手感觉。

②原因

a. 齿轮油变质、油量不足或牌号不符合要求。

b. 轴承调整过紧。

c. 齿轮啮合间隙和行星齿轮与半轴齿轮啮合间隙调整太小。

d. 推力垫片与主减速器从动齿轮背隙过小。

e. 油封过紧或各运动副、轴承润滑不良而产生干（或半干）摩擦。

（2）漏油

①现象

从驱动桥加油口、放油口螺塞处或油封、各接合面处可见到明显漏油痕迹。

②原因

a. 加油口、放油口螺塞松动或损坏。

b. 油封磨损、硬化，油封装反，油封与轴颈不同轴，油封轴颈磨成沟槽。

c. 接合平面变形、加工粗糙，密封衬垫太薄、硬化或损坏，紧固螺钉松动或损坏。

d. 通气孔堵塞。

e. 桥壳有铸造缺陷或裂纹。

f. 齿轮油加注过多，运转中壳体内压增高，使齿轮油渗出。

（3）异响

①现象

a. 行驶时驱动桥有异响，脱挡滑行时异响减弱或消失。

b. 行驶时驱动桥有异响，脱挡滑行时亦有异响。

c. 汽车直线行驶时无异响，当汽车转弯时驱动桥处有异响。

d. 汽车上坡或下坡时后桥有异响，或上、下坡时驱动桥都有异响。

e. 车轮有运转噪声或沉重的异响。

②原因

a. 圆锥和圆柱主从动齿轮、行星齿轮、半轴齿轮啮合间隙过大；半轴齿轮花键槽与半轴的配合松旷；主、从动锥齿轮啮合不良；圆锥和圆柱主从动齿轮啮合间隙不均；齿轮齿面损伤或轮齿折断。

b. 主动锥齿轮轴承松旷；主动圆柱齿轮轴承松旷；差速器圆锥滚子轴承松旷；后桥中某个轴承由于预紧力过大，导致间隙过小；主、从动锥齿轮调整不当，间隙过小。

c. 差速器行星齿轮半轴齿轮不匹配，使其啮合不良；行星齿轮、半轴齿轮磨损或折断；差速器十字轴轴颈磨损；行星齿轮支承垫圈磨薄；行星齿轮与差速器十字轴卡滞或装配不当（如行星齿轮支承垫圈过厚），使行星齿轮转动困难；减速器从动齿轮与差速器壳的紧固铆钉松动。

d. 驱动桥某一部位的齿轮啮合间隙过小，导致汽车上坡时发响；后桥某一部位的齿轮啮合间隙过大，导致汽车下坡时发响；后桥某一部位的齿轮啮合印痕不当或齿轮轴支承轴承松旷，导致汽车上、下坡时都发响。

e. 车轮轮毂轴承损坏，轴承外圈松动；制动鼓内有异物；车轮轮辋破碎；车轮轮辋轮胎螺栓孔磨损过大，使轮辋固定不牢。

七、驱动桥的拆装与调整

1. 上海桑塔纳轿车驱动桥的拆装与调整

上海桑塔纳轿车主减速器、差速器装在变速器的前壳体内，主减速器主动齿轮和变速器输出轴制成一体。

（1）差速器的解体

差速器的解体与变速器的解体同时进行。其基本顺序如下：

①从主减速器盖上拆下车速表被动齿轮及其轴套。

②拧下螺栓，拆下半轴凸缘。

③拆下主减速器盖的固定螺栓，拆下主减速器盖、差速器总成。

④从差速器壳上拆下车速表齿轮锁紧套筒，用双臂拉力器拉下车速表驱动齿轮和差速器圆锥滚子轴承内圈。

⑤从主减速器盖内取出油封，再将圆锥滚子轴承外圈从主减速器盖内拉出。

⑥将变速器壳内圆锥滚子轴承外圈拉出。

⑦拆卸从动锥齿轮。在从动齿轮和差速器罩上做上记号，拆下从动齿轮螺栓，然后用铜棒从差速器外壳敲下从动锥齿轮。

⑧拆下弹性锁销，用铜件敲击行星齿轮轴并拆下。

（2）主减速器和差速器的检修

①主、从动锥齿轮及行星齿轮不应该有裂纹，轮齿工作表面不得有明显的斑点、剥落和缺损。

②主、从动锥齿轮的啮合印痕长度距小端应为全齿长的1/2以上。啮合间隙不能大于0.20mm。

③行星齿轮间隙不大于0.18mm，行星齿轮轴不得有损坏或严重磨损。

④差速器轴承不应有损坏，应运转灵活，轴承与轴配合间隙不应过大。

⑤端面跳动不得大于0.05mm。

（3）差速器的装配

①行星齿轮的安装

a. 将复合式止推垫片涂上薄层润滑油，装入差速器壳内。

b. 在半轴齿轮装上螺纹套后装入差速器壳内，再装入行星齿轮，并用六角螺栓拧紧。

c. 将两个小行星齿轮错开180°，转动半轴，使行星齿轮、止推垫片和差速器罩壳对正。

d. 推入行星齿轮轴，用锁销或弹性挡圈锁紧。

e. 检查行星齿轮和半轴齿轮的啮合间隙（正确值为0.05—0.20mm），或检查半轴齿轮差速器壳之间的间隙（正确的值为0.10—0.20mm）。

②从动锥齿轮的安装

将从动齿轮加热到100℃左右，用定心销导向，迅速安装到差速器壳上，然后用匹配的螺栓以对角的方式逐渐将其旋紧。旋紧力距为70N·m。安装后应检验从动齿轮的翘曲摆差不应超过0.05mm.

③差速器轴承和车速表主动齿轮的安装

将圆锥滚柱轴承内圈加热到100℃左右，放好并压紧，然后再压入车速表主动齿轮，压入深度为1.4mm；只有通过使用厚度为1.4—1.5mm的垫圈式挡圈才能保证上面规定的压入深度；最后旋紧锁紧套筒。

④轴承外圈的压入

用专用工具（和拆卸相同工具）将变速器壳内和主传动器盖上的轴承外圈压入。

⑤差速器总成的安装

将差速器总成和主减速器盖一齐装入变速器壳内并用螺栓紧固。

2. 解放CA1091型汽车驱动桥拆装与调整

（1）驱动桥的拆卸与分解

①半轴的拆卸

a. 拆卸半轴前，用举升机举起汽车或停在平坦的地面上（将前轮用楔木楔住），松开手制动器。

b. 拆卸时，松开并拧下全部半轴紧固螺母及垫圈。

c. 用两个M12长35mm的螺栓（可紧固减速器壳的螺栓）拧进半轴凸缘上的螺孔内，即可将半轴顶出。

②主减速器总成的拆卸

a. 首先将桥壳下部的放油螺塞拧下，放出桥壳内的润滑油。

b. 拆下主动锥齿轮凸缘与传动轴的连接螺栓。

c. 卸下后制动软管与三通接头的连接。

d. 用专用的支承小车将减速器壳固定好，然后拆下主减速器壳与后桥壳之间的连接螺栓，将主减速器总成从后桥壳下取下。

③主减速器总成的分解

a. 主减速器总成解体前，应将差速器左、右轴承盖上做出标记，以免装配时将左、右轴承装错。

b. 把差速器轴承盖螺母锁片松开后，拧下螺母，取下轴承盖后，用双手抓住差速器总成两边的轴承孔，将差速器总成取下后，将轴承盖按原位装复。

c. 拆下主动锥齿轮轴承座与主减速器壳的连接螺栓，取下主动锥齿轮轴承座总成，拆卸时应注意不得将主动锥齿轮轴承座的调整垫片损坏或丢失。

d. 拆下主动锥齿轮。先拆下紧固主动锥齿轮凸缘的开口销和槽形螺母。

然后用专用工具将主动锥齿轮及后轴承内圈总成压出。如果轴承未损坏，其内、外圈可不必拆下，如须更换应配对更换。

e. 拆下主减速器轴承盖紧固螺栓，取下盖及调整垫片，取出从动锥齿轮及主动圆柱齿轮总成，拆卸时应把主减速器左、右轴承盖及调整垫片做上标记，以免装配时装错。

④差速器总成的分解

a. 先检查差速器两端轴承有无损坏，如无损坏则不必拆下轴承；如有损坏，应与内、外轴承座圈一起更换。

b. 拆下紧固差速器壳与从动圆柱齿轮槽形螺母开口销，并拧下螺母，取出螺栓。

c. 将左、右差速器壳与从动圆柱齿轮外缘的相对位置做好标记，然后再用铜锤轻轻敲击从动圆柱齿轮外缘，将差速器拆散。

d. 清洗所有拆散的主减速器、差速器总成的零件，并按次序放好。

e. 检查拆下的轴承、齿轮及其他零件是否有烧蚀、剥落、麻点及磨损超限等缺陷，视情况予以更换或修复。

（2）驱动桥的装配与调整

①主动锥齿轮及轴承座的装配与调整

a. 先将主动锥齿轮前后轴承外圈压入轴承座内，压入时应将轴承外圈的锥面大端向外。

b. 再将后轴承内圈压到主动锥齿轮轴上，压入时应将轴承锥向小端朝向齿轮。

注意：压入轴承和座圈时，应将座圈压到底，确保无间隙。

c. 在轴承外圈的工作表面上涂上一层润滑油，然后把轴承座倒置，将装配好的主动锥齿轮及后轴承装入轴承座。

d. 将装入主动锥齿轮的轴承座倒置，并把主动齿轮顶住，装入调整垫片，再将前轴承总成压到主动锥齿轮轴上。

e. 装入主动锥齿轮凸缘垫圈、密封垫、前轴承盖，然后再装入油封、凸缘、平垫圈，以200—290N•m的力矩拧紧槽形螺母，插入开口销。将槽形螺母锁紧。

注意：拧紧螺母时，应不断转动主动锥齿轮，使轴承的滚子处于内、外座圈表面下确定位置；按规定转矩拧紧螺母时，应以插上开口销为准，不能将螺母反转后插入开口销。

f. 把轴承盖推向凸缘，使其定位止口与轴承座脱离接触，用弹簧秤测量主动锥齿轮轴承的预紧力应达到1.5—3.5N·m；相当于作用在凸缘螺栓中心孔处的圆周力为25—58N。如预紧力不符合要求，可通过调整片来进行调整。

最后，在轴承盖上涂上一层密封胶，用螺栓将轴承盖紧固在轴承座上。

②减速器总成的装配与调整

a. 将从动锥齿轮及主动圆柱齿轮总成装入减速器壳内，在左、右两侧减速器壳盖的轴承外圈工作表面涂上一层润滑油。然后将左、右盖连同调整垫片装在减速器壳上，调整垫片的数量，可先按原来的数量装上，再根据所测预紧力值，调整左、右盖中调整垫片的数量。调整后应保证轴承上有1.5—3.5N·m的预紧力矩。在测量预紧力矩前，应将左、右盖固定螺栓用80—90N·m力矩拧紧。

b. 将主动锥齿轮轴承座总成装到减速器壳上。安装时，应注意使主动锥齿轮轴承座与减速器壳上的油孔畅通。

c. 锥齿轮啮合痕迹与齿轮啮合间隙的检查和调整。检查时在从动锥齿轮上，沿圆周大致等距离分布的三个凸面上均匀地涂上一薄层红丹粉调合油，用手转动主动锥齿轮轴承主动锥齿轮凸缘，带动从动锥齿轮旋转，其齿轮凸面的啮合印痕应符合要求。啮合印迹应位于齿长方向中部偏小端和齿高方向的中部。

锥齿轮的齿侧间隙应为0.15—0.40mm，测量位置应在从动锥齿轮沿圆周大致等距分布的三个齿上，且垂直于齿的大端凸面方向，用百分表检查，当啮合印痕及齿侧间隙不符合上述要求时，应重新调整，直至符合要求。

③差速器总成的装配与调整

a. 用压力机将轴承内圈压入左右差速器壳的轴颈上。

b. 把左差速器壳放在工作台上，在与行星齿轮、半轴齿轮相配合的工作表面涂上机油，将半轴齿轮支承垫圈连同半轴齿轮一起装入，将已装好的行星齿轮及其支承垫圈的十字轴总成装入左差速器壳的十字槽中，并使行星齿轮与半轴齿轮啮合。

c. 在行星齿轮上装上右边的半轴齿轮、支承垫圈，将从动圆柱齿轮、差速器右壳合到左壳上，注意对准壳体上的标记，从右向左装入螺栓，以规定的力矩拧紧螺母。

d. 检查半轴齿轮与支承垫片之间的间隙，此间隙应不大于0.5mm，如不符合要求，更换新的支承垫片。

e. 将调好的差速器总成装入主减速器壳中，装上两端的轴承外圈、轴承盖及调整螺母，通过调整螺母调整轴的预紧度，同时使两圆柱齿轮全长啮合。

（3）后桥的装复

①将密封垫片、已装复好的主减速器及差速器总成装入桥壳，用78—98N・m的力矩将紧固主减速器壳的螺栓拧紧。

②装复后盖及密封垫片，拧紧力矩78—98N・m。

注意：密封垫片两面必须涂密封胶。

八、防滑差速器

汽车上常用的防滑差速器有多种形式，下面仅介绍托森差速器的构造和工作原理。如图5-2-17所示为奥迪A4全轮驱动轿车前、后驱动桥之间采用的新型托森差速器。“托森”表示“转矩－灵敏”，它是一种轴间自锁差速器，装在变速器后端。转矩由变速器输出轴传给托森差速器，再由差速器直接分配给前驱动桥和后驱动桥。

托森差速器由差速器壳、六个蜗轮、六根蜗轮轴、十二个直齿圆柱齿轮及前、后轴蜗杆组成。当前、后驱动桥无转速差时，蜗轮绕自身轴自转。各蜗轮、蜗杆与差速器壳一起等速转动，差速器不起差速作用。当前、后驱动桥须有转速差，例如汽车转弯时，因前轮转弯半径大，差速器起差速作用，此时，蜗轮除公转传递动力外，还要自转。由于直齿圆柱齿轮的相

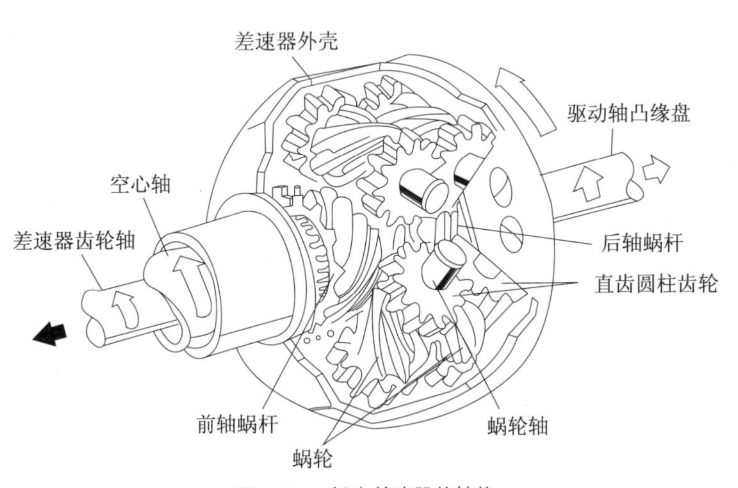

图 5-2-17 托森差速器的结构

互啮合，使前后蜗轮自转方向相反，从而使前轴蜗杆转速增加，后轴蜗杆转速减小，实现了差速。托森差速器起差速作用时，由于蜗杆蜗轮啮合副之间的摩擦作用，转速较低的后驱动桥比转速较高的前驱动桥所分配到的转矩大。若后桥分配到的转矩大到一定程度而出现滑转时，则后桥转速升高一点，转矩又立刻重新分配给前桥一些，所以驱动力的分配可根据转弯的要求自动调节，使汽车转弯时具有良好的驾驶性。当前、后驱动桥中某一桥因附着力小而出现滑转时，差速器将转矩的大部分分配给附着力好的另一驱动桥（最大可达3.5倍），从而提高了汽车通过坏路面的能力。

总结：普通锥齿轮差速器为了减少行星齿轮、半轴齿轮背部的摩擦、磨损，在行星齿轮、半轴齿轮背部的差速器壳体之间采用了推力垫片，使内摩擦力矩M_T很小，可以忽略不计。而防滑差速器是特意增加内摩擦力矩M_T，使转的慢的驱动轮（驱动桥）获得的转矩大，转得快的驱动轮（驱动桥）获得的转矩小，提高了汽车通过坏路面的能力。

第六章
车桥与悬架系统

第一节 车桥结构与检修

一、车架

1. 车架的功用与要求

汽车车架俗称“大梁”。其上装有发动机、变速器、传动轴、前后桥、车身等总成和部件。车架的功用是支承、连接汽车的各总成和部件，并使它们保持正确的相对位置，并承受来自车上和地面的各种静、动载荷。

车架的要求：

（1）车架的结构首先应满足汽车总体布置的要求。

（2）车架应具有足够的强度和适合的刚度，以满足承受各种静、动载荷的要求。

（3）车架结构简单，质量尽可能小，便于机件拆装、维修。

（4）车架的结构形状尽可能有利于降低汽车质心和获得的转向角，以提高汽车行驶的稳定性和机动性。这一点对客车和轿车尤为重要。

2. 车架的类型和构造

汽车车架按其结构形式可分为边梁式、中梁式、综合式和无梁式车架。

（1）边梁式车架

边梁式车架由两根位于两边的纵梁和若干横梁组成，如图6-1-1所示。边梁式车架有利于汽车的改装变形和发展多品种，因而广泛用在载货汽车、改装客车和特种车辆上。

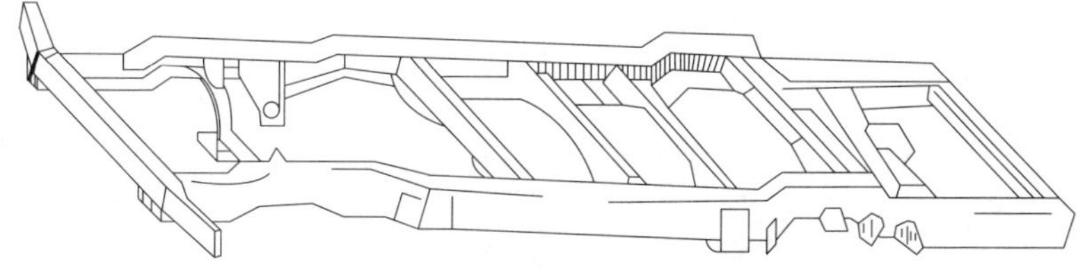

图 6-1-1 边梁式车架

（2）中梁式车架

如图6-1-2所示。这种梁的特点是中部由一根大断面（圆形或矩形）的纵梁和副梁托架等组成。传动轴由中梁内孔通过。纵梁的前端做成叉形支架，用来安装发动机。主减速器壳固定在中梁的尾端，形成断开式驱动桥。这种车架质量轻、重心低、刚度和强度较大、行驶稳定性好，而且车轮运动空间足够大，前轮转向角大，便于采用独立悬架系统，适用于闭式传动轴。但这种车架制造工艺复杂，精度要求高，维护不便。另外，横梁是悬臂梁，弯矩大，易在根部处损坏。

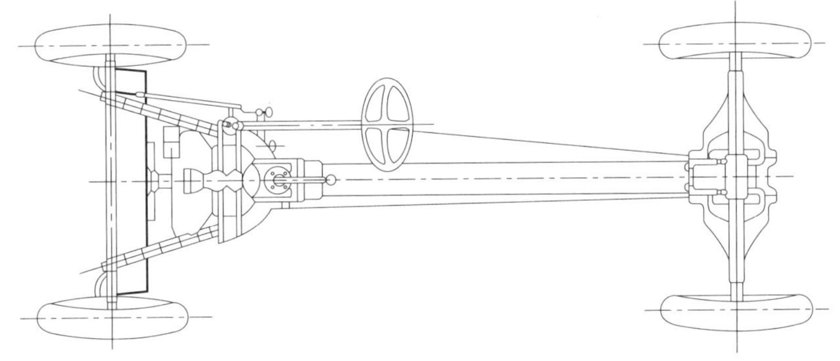

图 6-1-2 中梁式车架

（3）综合式车架

综合式车架是综合边梁式车架和中梁式车架的结构特点形成的，如图6-1-3所示。纵梁前后段类似边梁式结构，用以安装发动机；中部采用中梁式结构，传动轴从中梁管内通过。

由于安装车门槛的位置附近没有边梁的影响，故可使地板的外侧高度有所降低。缺点是中间梁的断面尺寸大，造成底板中部的凸起。另外，不规则的结构增加了车架的制造难度。

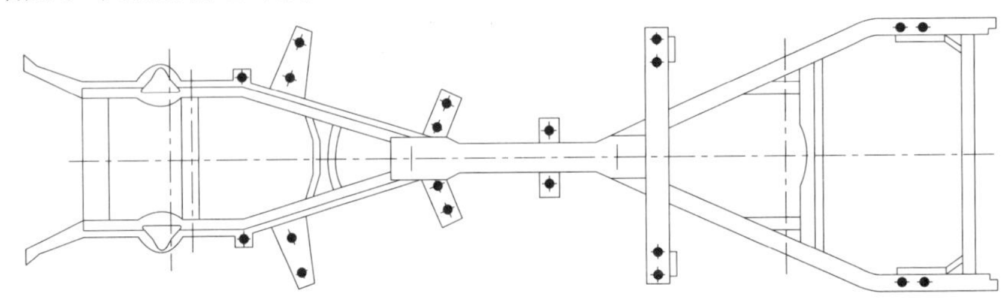

图 6-1-3 综合式车架

（4）无梁式车架（承载式车身）

许多轿车和公共汽车没有单独的车架，而以车身代替车架，主要部件连接在车身成为承载式车身，如图6-1-4所示。这种结构的车身底板用纵梁和横梁进行加固，车身刚度较好，质量较轻，但制造要求高。

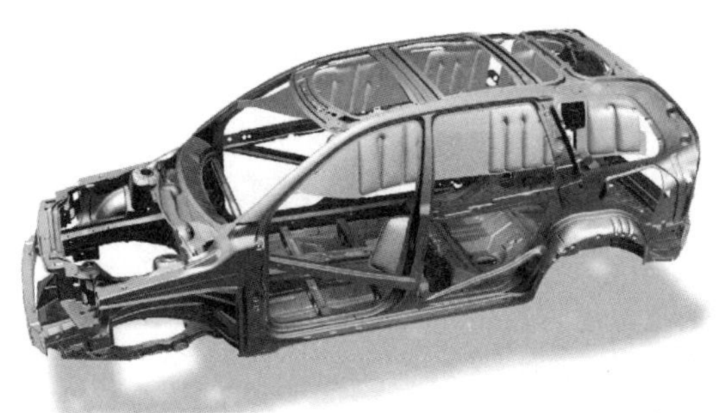

图 6-1-4 无梁式车架

二、车桥

1. 车桥的功用

汽车车桥（又称车轴）通过悬架与车架（或承载式车身）相连接，其两端安装车轮。其作用是传递车架（或承载式车身）与车轮之间的各种作用力及力矩。

2. 车桥的类型

根据不同的分类方法，汽车车桥有相应的分类形式。

（1）根据悬架的结构形式，车桥可以分为整体式和断开式两种。整体式车桥与非独立悬架相配合使用，中部为刚性实心或空心梁，两端通过悬架系统支撑着车身。断开式车桥与独立悬架配合使用，车桥是断开式的且为活动关节式结构，各自通过悬架系统支撑着车身。

整体式桥壳因强度和刚度性能好，便于主减速器的安装、调整和维修，而得到广泛应用。整体式桥壳因制造方法不同，可分为整体铸造式、中段铸造压入钢管式和钢板冲压焊接式等。断开式车桥一般与独立悬挂匹配，轿车中较为常见，货车中仅有军用货车才会使用。

（2）根据驱动方式和使用功能的不同，车桥可以分为转向桥、转向驱动桥、驱动桥和支持桥四种，其中转向桥和支持桥都属于从动桥，所有车桥都具有支持桥的功能。对于后轮驱动的汽车，前桥为转向桥，后桥为驱动桥；对于前驱动汽车的前桥为转向驱动桥，例如越野汽车和大部分轿车的前桥、挂车上的车桥都是支持桥。

三、转向桥

安装转向轮的车桥称为转向桥，其作用是利用转向节使车轮偏转一定的角度以实现汽车的转向，同时还承受和传递车轮和车架之间的垂直载荷、纵向力和侧向力及其形成的力矩。转向桥通常位于汽车的前部，因此也常称为前桥。

各种类型汽车的转向桥结构基本相同，主要由前轴、转向节、主销和轮毂等组成，如图6-1-5所示。

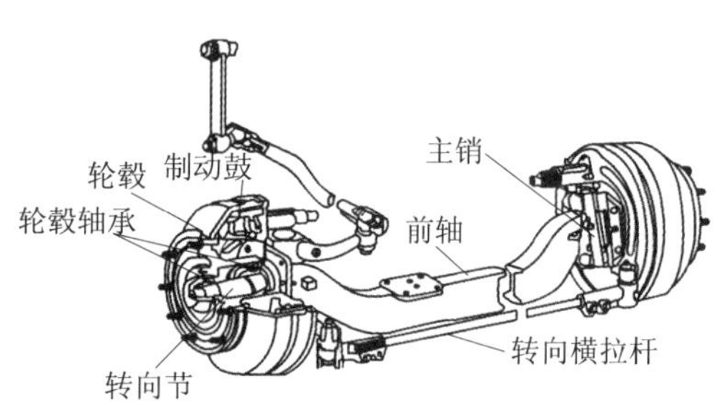

图 6-1-5 汽车整体式转向桥

1. 前轴

前轴是转向桥的主体，其断面形状采用工字形和管形两种，如图6-1-6所示。作为主体零件的前轴，是用中碳钢经模锻和热处理而制成。汽车行驶时，前轴主要承受垂直弯矩，因而前轴采用工字形断面以提高前轴的抗弯强度，同时可以减轻重量。汽车制动时，前轴还要承受扭矩，因此前轴从弹簧处向外逐渐由工字形断面过渡到方形断面，以提高其扭转刚度。

图 6-1-6 前轴

2. 转向节

转向节通过滚锥轴承与轮毂连接，使车轮绕主销偏转而实现汽车转向，其上有通孔，通过主销分别将前轴两端连接起来。转向节内端两耳部通孔内压入青铜衬套，销孔端部用盖封住。为使转向灵活，转向节下耳与前轴之间装有止推轴承，其结构类型如图6-1-7所示。

转向节有左右两个，右转向节上耳与前轴拳部之间装有调整垫片，以调整转向节叉的轴向间隙，靠转向节耳部有一方形突缘，用以固定制动底板；下耳与前轴之间装有轴承，以减少转向阻力，左转向节两耳上端的锥形孔用以安装转向节上臂，下端的锥形孔分别用以安装左右转向节臂。

图 6–1–7 转向节

3. 主销

主销将前轴和转向节铰接在一起，使转向节绕主销摆动，实现车轮转向。主销的中部通常有凹槽，安装时用主销固定螺栓与它上面的凹槽配合，将主销固定在前轴的拳形孔中。主销主要有实心、空心、圆锥形和阶梯形几种形式，如图6-1-8所示。

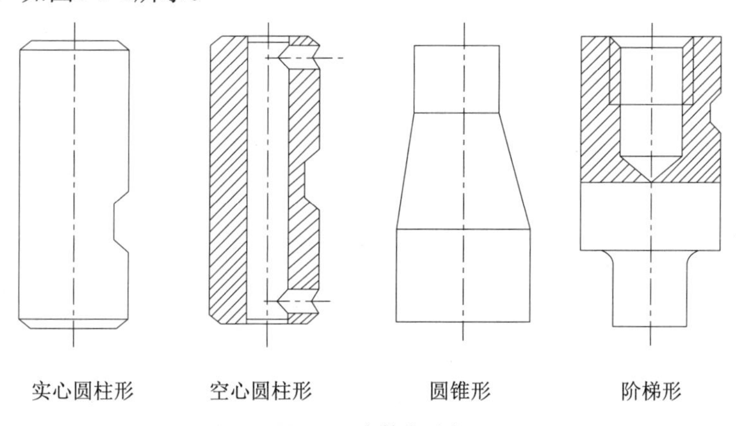

图 6-1-8 主销的形式

4. 轮毂

车轮轮毂通过两个圆锥滚子轴承支撑在转向节外端的轴颈上。轴承的松紧度可用调整螺母加以调整，轮毂的外端用冲压的金属罩盖住，内端装有油封。制动底板与防尘罩一起固定在转向节上。

四、车轮定位参数

车轮定位是要使汽车上的每个车轮在汽车上的安装位置、方向以及同其他车轮之间的相互关系保持正确、适当。通常，车轮定位主要是前轮定位，现在也有许多车辆须进行四轮定位。车轮定位可以保持汽车直线行驶的稳定性，使汽车转向轮转向轻便，并具有自动回正作用，以避免或减少轮胎的磨损。

目前，常见的前轮定位参数有主销后倾、主销内倾、前轮外倾、前轮前束四个参数。

1. 主销后倾角

主销安装在前轴上，在纵向平面内，其上端略向后倾斜，这种现象称为主销后倾。当汽车水平停放时，在纵向垂直平面内，主销轴线与垂线之间的夹角γ，称为主销后倾角。当主销具有后倾角时，主销轴线与路面交点A 将位于车轮与路面接触点的前面。当汽车直线行驶时，若转向轮偶然受到外力作用而稍有偏转（例如向右偏转，如图6-1-9中箭头所示），将使汽车行驶方向向右偏离。这时由于汽车本身离心力的作用，在车轮与路面接触点 B 处，路面对车轮作用着一个侧向反作用力 Y。

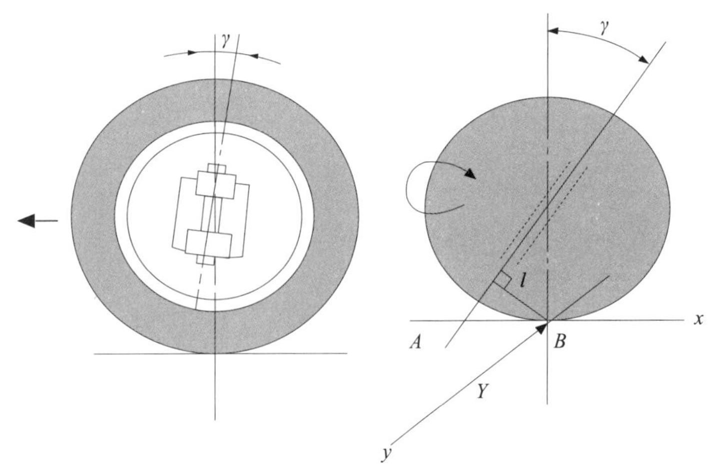

图 6-1-9 主销后倾角示意图

反力 Y 对车轮形成绕主销轴线作用的力矩 $Y \cdot l$，其方向正好与车轮偏转方向相反。在此力矩作用下，将使车轮回到原来中间位置，从而保证汽车能稳定地直线行驶，故此力矩称为稳定力矩（回正力矩）。但此力矩也不宜过大，否则在转向时为了克服此稳定力矩，驾驶员须在转向盘上施加较大的力（即转向盘沉重）。因稳定力矩的大小取决于力臂 l 的数值，而力臂又取决于后倾角γ的大小，因此，为了不使转向盘沉重，主销后倾角γ不宜过大。现在一般采用不超过2°—3°的后倾角。现代高速汽车由于轮胎气压降低、弹性增加而引起稳定力矩增加，因此γ可以减小至或接近于零，甚至为负。

2. 主销内倾角

主销安装到前轴上后，在横向平面内，其上端略向内倾斜，这种现象称为主销内倾。当汽车水平停放时，在汽车的横向垂面内，主销轴线与地面垂线的夹角为主销内倾角，如图6-1-10所示。

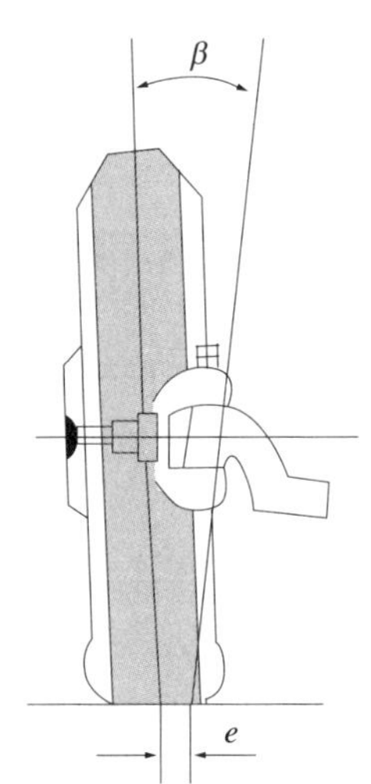

图 6-1-10 主销内倾角示意图

主销内倾角的作用是使车轮自动回正。通常车轮轴线不在水平面，为了方便说明，这里假设直线行驶时车轮轴线在水平面上。对于车轮轴线不在水平面的情况，须把下图的水平面改为锥面。如图6-1-11所示，考虑该水平面上和主销有交点的直线，主销与这些直线的夹角有一个最大值。而汽车直线行驶时，车轮轴线与主销的交角恰为最大值。车轮轴线与主销夹角在转向过程中是不变的，当车轮转过一个角度，车轮轴线就离开水平面往下倾斜，致使车身上抬，势能增加。这样汽车本身的重力就有使转向轮回复到原来中间位置的效果。

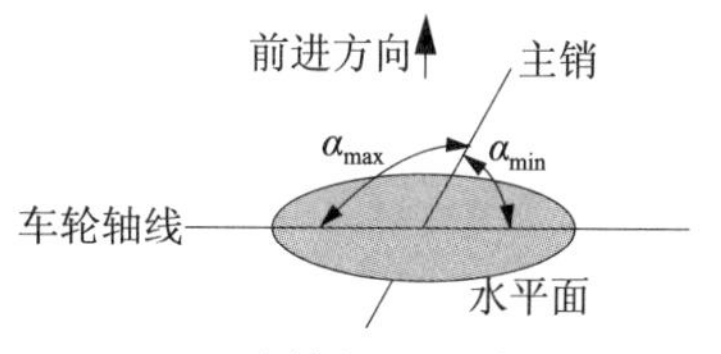

图 6-1-11 主销内倾角工作示意图

主销内倾角的另一个作用是使主销轴线与路面的交点到车轮接地面的中心的距离（内偏置距）e减小，可以减小转向阻力矩及地面冲击力对方向盘的作用。

3. 前轮外倾角

前轮安装在车轮上，其旋转平面上方略向外倾斜，这种现象称为前轮外倾。

如图6-1-12所示，当汽车水平停放时，在汽车的横向垂面内，车轮平面与地面垂线的夹角为前轮外倾角。如果空车时车轮的安装正好垂直于路面，但满载时车桥因承载变形而可能出现车轮内倾，这将加速车轮胎的磨损。另外，路面对车轮的垂直反力沿轮毂的轴向分力将使轮毂压向外端的小轴承，加重了外端小轴承及轮毂紧固螺母的负荷，降低它们的寿命。因此，前轮安装须外倾，但是外倾角也不宜过大，否则也会使轮胎产生偏磨损。

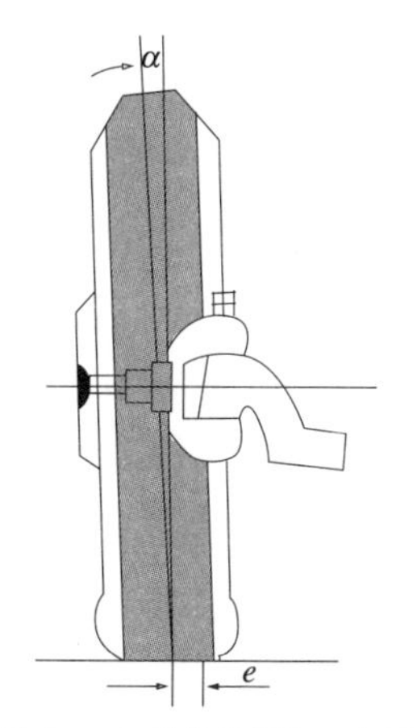

图 6-1-12 前轮外倾角示意图

在现代一些独立悬架的轿车上，前轮采用了负的外倾角，这是为了减小在高速转向时车身的侧倾。

4. 前轮前束

车轮有了外倾角后，在滚动时就类似于滚锥，从而导致两侧车轮向外滚开。由于转向横拉杆和车桥的约束，车轮不致向外滚开，车轮将在地面上出现边滚边向内滑的现象，从而增加了轮胎的磨损。为了避免这种由于圆锥滚动效应带来的不良后果，将两前轮适当向内偏转，即形成前轮前束。

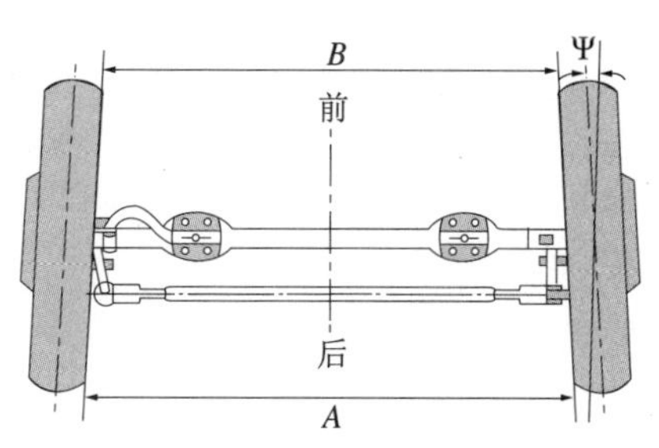

图 6-1-13 前轮前束示意图

如图6-1-13所示，两前轮后边缘的距

离A与前边缘的距离B的差为前轮前束值。

前轮前束的作用是消除汽车行驶过程中因前轮外倾而使两前轮前端向外张开的不利影响。

五、转向驱动桥

在许多轿车和全轮驱动的越野车上，能够实现车轮转向和驱动两种功能的车桥称为转向驱动桥。

1. 组成

转向驱动桥由主减速器、差速器及半轴、转向节壳体、主销和轮毂等组成，北京切诺基越野车转向驱动前桥如图6-1-14所示。

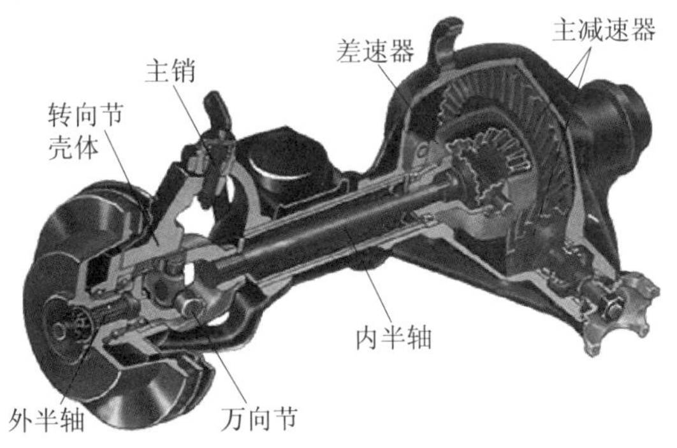

图 6-1-14 北京切诺基越野车转向驱动桥

在转向节外壳的上下两端分别装有上下两段主销的加粗部分，并用止动销止动，在转向节外壳上端装有转向节臂，在转向节外壳下端装有下盖。润滑脂由上、下油嘴注入后，分别进入主销中心油道，再从两个侧孔出来进入主销与衬套之间，实现润滑。

图6-1-15所示为桑塔纳轿车前转向驱动桥总成，与麦弗逊独立悬架相配，它承担着转向与驱动的双重作用。减震器支柱相当于转向节，前悬总成上端通过支柱与车身相连，下端通过下悬架臂与副车架相连。动力依次经过主减速器、差速器、内半轴、内万向节、半轴（传动轴）、外万向节、外半轴、半轴凸缘和轮毂，从而驱动车轮旋转。采用这种结构形式的特点是：前轮内侧空间较大，维修较方便。

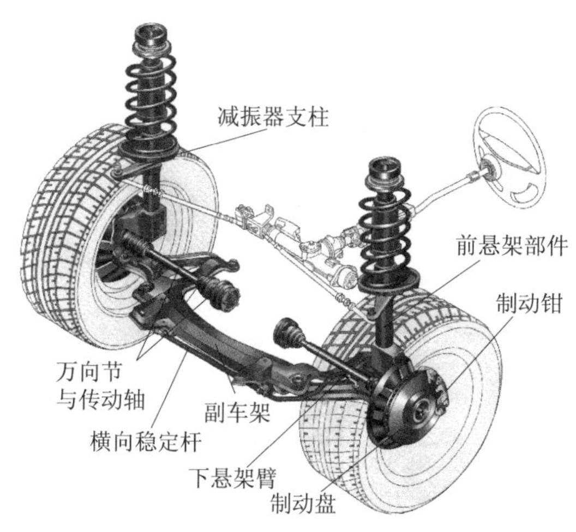

图 6-1-15 上海桑塔纳轿车前桥

转向驱动桥与转向桥的区别：横梁变成了桥壳，转向节变成了转向节壳体，其组成都是空心的，同时增加了驱动轴，在桥壳中间有差速器导致驱动轴被分为两部分。

转向驱动桥与驱动桥和转向桥相比较：转向所需要的半轴被分为内半轴（与差速器相连）和外半轴（与轮毂相连）两部分，两者用等速万向节连接；转向节轴颈做成空心，外半轴从中间穿过；转向节的连接叉是球状转向节壳体，既满足转向需要，又能实现转向节传力；主销分为上下两段，分别固定在万向节的球形支座上。

2. 工作过程

汽车转向时，转向直拉杆拉动转向节臂，带动转向节绕主销摆动，转向轮随着偏转，从而实现汽车转向；汽车驱动时，转矩由主减速器、差速器传给内半轴、万向节、外半轴和半轴凸缘，最后传递到轮毂，驱动车轮旋转。

六、驱动桥

驱动桥由主减速器、差速器、半轴及桥壳组成。当发动机纵置时，它的作用是将万向传动装置传来的动力折过90°角，改变力的传递方向，并由主减速器降低转速，增大转矩后，经差速器分配给左右半轴和驱动轮，整体式驱动桥如图6-1-16所示，断开式后驱动桥如图6-1-17所示。

图 6-1-16 整体式驱动桥

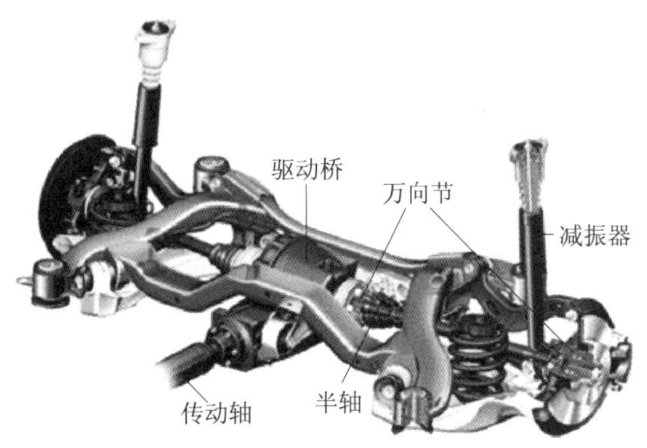

图 6-1-17 奥利A4轿车的断开式后驱动桥

七、支持桥

支持桥属于从动桥，没有动力输出，只起到承载作用。发动机前置前驱动轿车的后桥也属于支持桥，如图6-1-18所示。某些单桥驱动的三轴汽车（6×2汽车）的中桥或后桥为支持桥，如图6-1-19所示。挂车上的车桥都是支持桥。

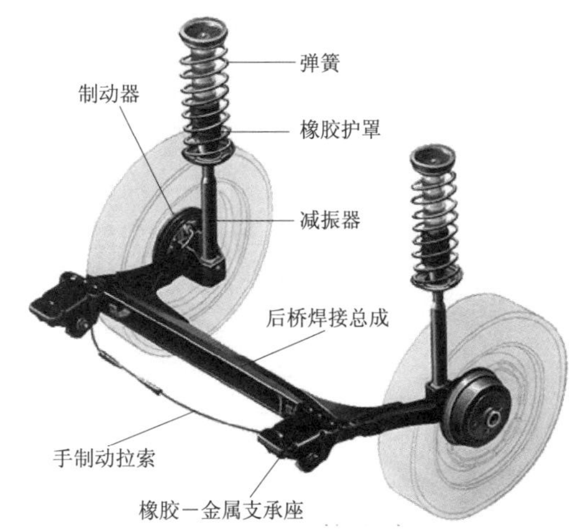

图 6-1-18 桑塔纳桥车后桥与后悬架

图 6-1-19 新帕萨特轿车后桥与多连杆独立后悬架

八、四轮定位检测调整

汽车的转向车轮、转向节和前轴三者之间的安装具有一定的相对位置，这种具有一定相对位置的安装称为转向车轮定位。目前，最常见的是前轮定位。前轮定位包括主销后倾（角）、主销内倾（角）、前轮外倾（角）和前轮前束四个内容。这是对两个转向前轮而言，对两个后轮来说也同样存在与后轴之间安装的相对位置，称后轮定位。后轮定位包括车轮外倾（角）和逐个后轮前束。这样前轮定位和后轮定位总体来说称为四轮定位（图6-1-20）。

图 6-1-20 车轮定位

1. 进行四轮定位检测调整的原因

当车辆使用一段时间后，驾驶员可能会感觉到方向转向沉重、发抖、跑偏、不归正位，或者轮胎出现单边磨损、波状磨损、块状磨损、偏磨等不正常磨损，以及驾驶员驾驶时，车感漂浮、颠簸、摇摆等现象出现，对驾乘的舒适性和行车安全性产生严重影响。此时就应该考虑检查一下车轮定位值，看看是否偏差太多，及时进行修理和调整。

2. 四轮定位检测调整项目

四轮定位检测调整项目如图6-1-21所示。

四轮定位检测分为前轮定位和后轮定位。前轮定位包括主销后倾角、主销内倾角、前轮外倾角和前轮前束值 / 角（前轮前束角 / 前张角）四个内容。后轮定位包括后轮外倾角和后轮前束值 / 角（后轮前束角 / 前张角）等。前轮定位和后轮定位总体来说，也就是常说的四轮定位。

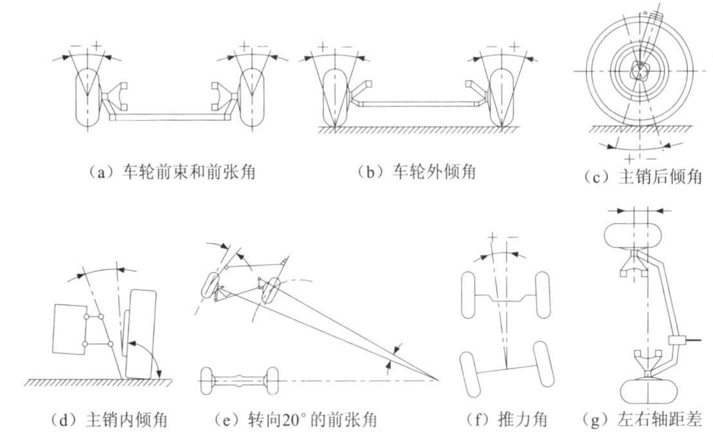

图 6-1-21 四轮定位仪的检测项目

3. 进行四轮定位检测调整的情况

（1）更换新胎或发生碰撞事故维修后。

（2）前后轮胎单侧偏磨。

（3）驾驶时方向盘过重或飘浮发抖。

（4）直行时汽车向左或向右跑偏。

（5）换装新的悬架或与转向有关配件后。

（6）虽无以上状况，但出于维护目的，建议新车在行驶3000km后，每半年检测一次或一万公里检测一次。

4. 定期进行四轮定位检测调整的益处

（1）增强驾驶乘坐舒适感。

（2）减少汽油消耗。

（3）增加轮胎使用寿命。

（4）保证车辆的直行稳定性。

（5）降低底盘悬挂配件的磨损。

（6）增强行驶安全性。

5. 四轮定位仪的种类

目前常见的四轮定位仪有前束尺和光学水准定位仪、拉线定位仪、CCD定位仪、激光定位仪和3D影像定位仪等几种。其中3D、CCD和激光产品是目前市场上的三大主流产品，3D产品是目前市场上最先进的四轮定位，测量方式先进、测量时间仅为传统定位仪的五分之一，已渐渐进入成熟阶段。

四轮定位的主流厂家：

进口3D产品厂家：杰奔、亨特。

国产3D产品厂家：广州万达、广州黑豹、天津澳利、海德三雄、北京广达、青岛金华、珠海领航等豪取高端市场。

CCD产品厂家：包括百斯巴斯、深圳元征、深圳米勒、珠海战神、营口大力等占据中、低端部分市场。

6. 3D四轮定位仪的组成

3D四轮定位仪主要由定位仪主机及必要附件组成。

定位仪主机由机箱（大机箱带摄像镜头）、电脑主机（含显示器、打印机）和四个机头（定位探测头）等三部分组成。

必要的附件由方向盘固定器（方向盘锁定杆）、刹车固定器（制动杆）、转角盘和夹具等四部分组成。

要很好地完成定位调车工作，用户还应自行配备必要的工具，如各种型号的开口扳手、梅花扳手、套筒、接杆、快速扳手、扭力杆、钳子、螺丝刀、气动扳手、拉杆球头拆装器、外倾角校正器以及各种型号的调整垫片和调整螺栓等。

7. 四轮定位的操作步骤

（1）仪器安装

①将转盘按其标记“L”、“R”分别放置在举升器左右支撑板凹槽内。

②将被测车辆停在举升器上，并将前轮停放在转盘上（车轮与转盘对正），拉紧手刹，用垫块固定后轮。

③将四个夹具分别安装在前后车轮上，同时将测试头分别装在夹具上。

④分别调整四个测试头水平位置。

（2）测试

①接通电源，开启计算机。

②进入操作画面“主菜单”，鼠标点击检测图标，进入所需界面。

③输入被测车辆车型、生产日期数据，可得到被测车辆的标准数据，用以与检测数据对照，便于调整。

④使用刹车固定器将制动压板压下，并固定。

⑤拔下转盘和后轮滑板的固定销。

⑥按显示器画面引导进行测试操作，分别将方向盘“转至车轮正直方向”、“右转至10°位置”、“左转至10°位置”、“转至车轮正直方向”，每次须出现“绿柱”并待消失后再进行下一程序。测试完毕，显示器显示出测试数据与标准数据（红色为不合格）。

（3）车辆定位参数调整

①调整时按照先调后轮，再调前轮。

②后轮先调外倾角，后调前束角。

③前轮先调主销后倾角和内倾角，后调车轮外倾角，再调车轮前束角。

④调整时可对照显示屏数据，调整到数字变绿为合格。

（4）打印结果

按打印键即可打印出测试报告，下一辆车的测试应在前辆车完成后，进入“下一辆车”测试操作。

九、汽车四轮定位的检测与调整

1. 举升机安全使用操作规程

（1）使用前应清除举升机附近妨碍作业的器具及杂物，并检查操作手柄是否正常。

（2）操作机构灵敏有效，液压系统不允许有爬行现象。

（3）待检测车辆驶入后，应将举升机举升到所需高度。

（4）举升时人员应离开车辆，举升到需要高度时，必须使保险装置锁定，在确保安全可靠时才可开始车底作业。

（5）支车时举升要稳，降落要慢。

（6）举升器不得频繁起落。

（7）有人作业时严禁升降举升机。

（8）发现操作机构不灵，电机不同步，托架不平或液压部分漏油，应及时报修，不得带病操作。

（9）作业完毕应清除杂物，打扫举升机周围以保持场地整洁。

（10）定期（半年）排除举升机油缸积水，并检查油量，油量不足应及时加注相同牌号的压力油。同时应检查润滑、举升机传动齿轮及缝条。

2. 汽车四轮定位仪的使用方法及注意事项

（1）上车前准备工作

在被测车辆开上举升机之前，须检查四个车轮的胎压是否符合标准胎压，轮胎花纹是否严重磨损。确定举升机两个承载板的宽度与被测车辆的前、后轴距一致，然后将举升机降至最低点，确保转角盘和后滑板的固定销都插好之后，再将被测车辆开上举升机。车辆在举升机上应处于正前方向，不要使车身歪斜。车辆的两前轮要落在两转角盘的中心上，同时转角盘的圆盘要均匀分布在轮胎的两侧。车辆熄火后，拉上手刹，摇下左前侧车窗玻璃，后轮用垫块固定，司机离开车辆。操作员须分别用力压车身的前部和后部，以使车辆的悬挂复位。然后安装四个卡具。

（2）安装卡具

根据所测车辆的车轮尺寸对卡具进行调整。首先调整下方两个尼龙爪位置到合适的尺寸位置，然后调节两个卡臂的伸出长度。先将下方的两个尼龙爪顶在钢圈凸起的外沿，然后再松开上方尼龙爪的旋钮，调整它的位置，使之也顶在钢圈凸起的外沿，然后再拧紧旋钮。下一步是用两手同时推动卡具上的活动杆，使卡臂能够卡在轮纹内，然后挂上安全钩，检查卡具是否安装牢固。

（3）安装定位仪

将四个探测头按照对应车轮的位置安装到卡具上。注意在传感器的定位轴上要涂抹稀的润滑油（不能涂黄油），以防止长时间插拔后造成定位轴磨损，无法准确安装到位，影响测量精度。拔掉转角盘和后滑板上的固定销。

将车辆举升后落到规定的安全锁止位置。定位仪开机，把传感器上放水平后拧紧固定旋钮，水平气泡处在大致中央的位置。

（4）操作定位仪

打开操作界面后，按电脑提示操作。

3. 四轮定位的调整方法

（1）外倾角调整

车型不同，调整方法也不同。主要调整方法有：调整垫片、大梁角的槽孔、凸轮、偏心不同心球头、上控制臂的调整、下控制臂的调整等。

（2）前束调整

调整前轮前束时，应先将后轮前束调整好。前轮前束的调整方法：调整可调式拉杆，在调整前先将左、右两边球头锁止螺栓松开，夹紧转向盘正中位置。再根据电脑提供的资料进行同时调整。如果原来的转向盘在正中位置，同时调整前束转向盘可能不会变动。直至调整到标准数值，然后路试看其是否有变动，如有变动应将其调正为止。正确的前轮前束调整后，转向盘在直行时是正的。不正确的方法是利用试车时摘下斜的转向盘再将它装正。这种方法不能用在有气囊的转向盘的汽车上，将造成转向盘游丝的损坏。

（3）后倾角调整

对于后倾角的调整，应根据车型不同，首先进行分析判断，然后进行调整，其调整方法有下列几种：垫片、不同心凸轮轴、偏心球头、大梁槽孔、平衡杆等。

（4）后倾角和外倾角调整

以上所介绍的都是改变其中一个角度，而另一个角度不会受影响。如果外倾角和后倾角同时须调整，要先调整后倾角再调整外倾角。

（5）后轮前束和外倾角调整

它是由两个带有斜度的尼龙圆垫组合而成的。一个在前后方向呈楔形调整前束，一个在垂直方向呈楔形调整外倾角。由于它们的斜度在圆周方向是逐渐变化的，因此它们可以适应前束角和外倾角的调整。

第二节　悬架系统结构与检修

一、悬架概述

1. 悬架的功用

悬架是汽车的车架与车桥或车轮之间的一切传力连接装置的总称，其作用是传递作用在车轮和车架之间的力和力矩，如支承力、制动力和驱动力等，并且缓冲由不平路面传给车架或车身的冲击载荷、衰减由此引起的振动、保证乘员的舒适性、减小货物和车辆本身的动载荷，以保证汽车能平顺地行驶。

2. 悬架的组成

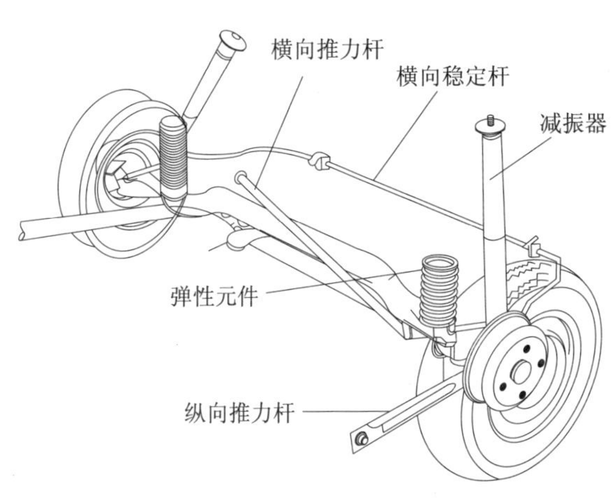

图 6-2-1　悬架的组成

悬架结构形式和性能参数的选择是否合理，直接影响汽车行驶的平顺性和舒适性。悬架一般由弹性元件、减震器、导向装置等组成，如图6-2-1所示。

各组成部分的功用如下：

（1）弹性元件：用来承受并传递垂直载荷、缓和不平路面、紧急制动、加速和转弯引起的冲击或车身位置的变化。

（2）减震器：用来抑制弹簧吸振后反弹时的振荡及来自路面的冲击。

（3）导向装置：用来传递除垂直力以外的各种力及其所形成的力矩，并保证车轮相对于车架（或车身）有一定的运动规律。

3. 悬架的分类

（1）按照控制形式不同，悬架可分为被动式悬架、半主动悬架和主动式悬架。

被动悬架是指悬架刚度、阻尼在行驶中不可调整的悬架。

半主动悬架是指只有悬架阻尼可以自动调节的悬架。

主动悬架是指悬架的刚度、阻尼根据行驶状况不同，可以自动调节的悬架。

（2）按结构不同，悬架可分为非独立悬架和独立悬架，如图6-2-2所示。

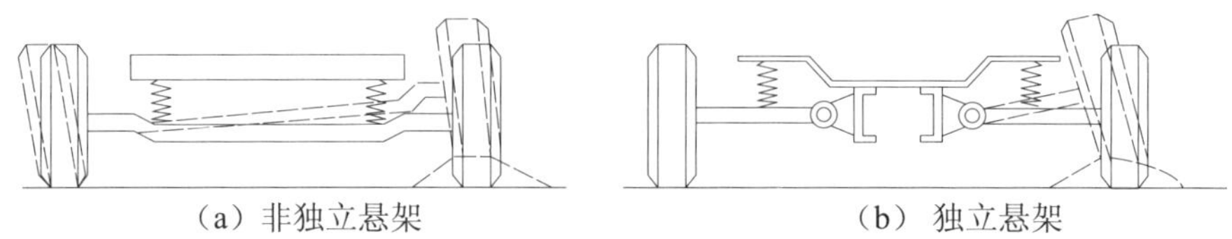

（a）非独立悬架　　（b）独立悬架

图 6-2-2 非独立悬挂和独立悬挂

非独立悬架系统的结构特点是两侧车轮由一根整体式车架相连，车轮连同车桥一起通过弹性悬架系统悬架在车架或车身的下面。非独立悬架系统结构简单、成本低、强度高、保养容易、行车中前轮定位变化小，但其舒适性及操纵稳定性相对较差。

独立悬架系统的特点是每一侧的车轮都是单独通过弹性悬架系统悬架在车架或车身下面，当一侧车轮受到冲击时，几乎不会直接影响另一侧车轮。独立悬架非簧载质量小，地面对车身和车架的冲击小。

二、悬架系统的主要元件

1. 弹性元件

汽车悬架常用的弹性元件有钢板弹簧、螺旋弹簧、扭杆弹簧、气体弹簧和橡胶弹簧。

（1）钢板弹簧

钢板弹簧是汽车悬架中应用较广泛的一种弹性元件，它是由若干片等宽但不等长（厚度可以相等，也可以不相等）的合金弹簧片组合而成的一根近似等强度的弹性梁。

钢板弹簧作为弹性元件时，除了具备缓冲作用外，还有一定的减震作用，纵向布置时它本身兼导向传力作用，可不另设导向装置，多用于厢式车及卡车。

钢板弹簧根据片数的多少可以分为多片簧和少片簧，如图6-2-3所示。片数不大于三片的为少片簧。

钢板弹簧的中部一般由U形螺栓与车桥刚性固定，其两端用钢板弹簧销铰接在车架的支架上。

（a）多片簧　　（b）少片簧

图 6-2-3 钢板弹簧

（2）螺旋弹簧

如图6-2-4所示，螺旋弹簧类型较多，按外形可分为普通圆柱螺旋弹簧和变径螺旋弹簧；按螺旋线方向可分为左旋弹簧和右旋弹簧；按照弹簧刚度是否变化可分为刚度不变的圆柱形螺旋弹簧和刚度可变的圆锥形螺旋弹簧。圆柱形螺旋弹簧结构简单、制造方便，应用最广，其特性线为直线，可作压缩弹簧、拉伸弹簧和扭转弹簧。当载荷大而径向尺寸又有限制时，可将两个直径不同的压缩弹簧套在一起使用，成为组合弹簧。

螺旋弹簧只具备缓冲作用，多用于轿车独立悬架装置，如图6-2-5所示。由于没有减震和传力的功能，还必须设有专门的减震器和导向装置。与钢板弹簧相比，螺旋弹簧不须润滑、防污性强、占用纵向空间小，因而在现代轿车上广泛采用。

图 6-2-4 螺旋弹簧　　图 6-2-5 装有螺旋弹簧的悬架

（3）扭杆弹簧

如图6-2-6所示，扭杆弹簧是承受扭力矩的杆状弹簧，即一端固定而另一端与工作部件连接的杆形弹簧，主要作用是靠扭转弹力来吸收振动能量。扭杆断面常为圆形，少数为矩形或管形，扭杆一端固定在车架上，（另一端上的）摆臂与车轮相连。当车轮跳动时，摆臂便绕着扭杆轴线摆动，使扭杆产生扭转弹性变形，以保证车轮与车架的弹性连接。

与钢板弹簧相比，扭杆弹簧由于结构简单、质量小、不须润滑等优点而得到广泛应用。

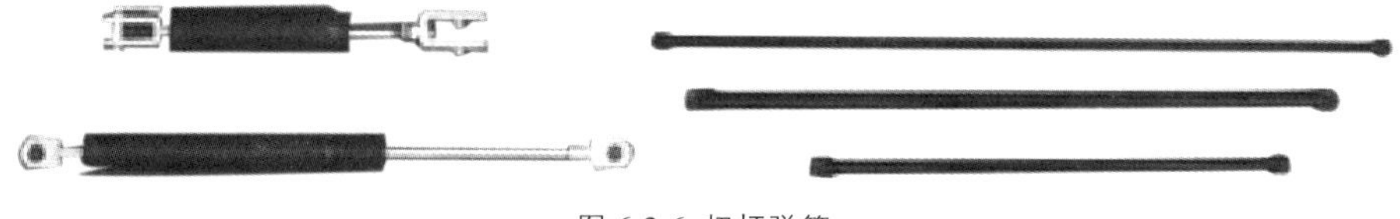

图 6-2-6 扭杆弹簧

（4）气体弹簧

如图6-2-7所示，气体弹簧是一种可以起支撑、缓冲、制动、高度调节及角度调节等功能的配件。它由压力缸、活塞杆、活塞、密封导向套、填充物（惰性气体或者油气混合物），缸内控制元件与缸外控制元件（指可控气体弹簧）和接头等组成。其原理是在密闭的压力缸内充入惰性气体或者油气混合物，使腔体内的压力高于大气压的几倍或者几十倍，利用活塞杆的横截面积小于活塞的横截面积从而产生的压力差来实现活塞杆的运动。

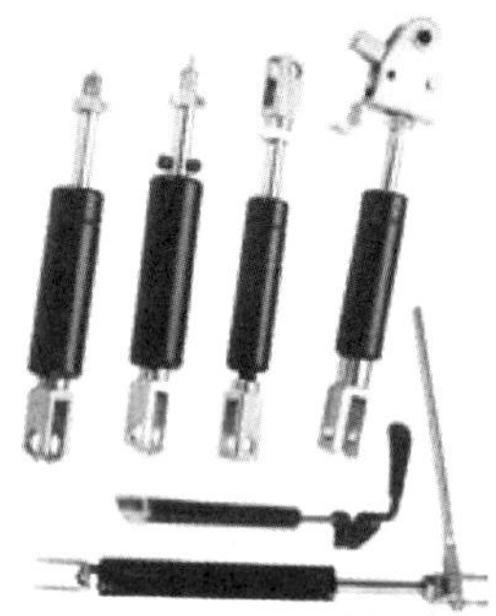

图 6-2-7 气体弹簧

气体弹簧主要有空气弹簧和油气弹簧两种。

空气弹簧以空气作为弹性介质。常用汽车空气弹簧分为膜式、混合式、袖筒式和囊式四种。

油气弹簧以气体作为弹性介质，液体作为传力介质。它不但具有良好的缓冲能力，还具有减震作用，同时还可调节车架的高度，适用于重型车辆和大客车。

（5）橡胶弹簧

如图6-2-8所示，橡胶弹簧是利用橡胶弹性起缓冲、减震作用的弹簧。橡胶弹簧包括橡胶弹簧和复合橡胶弹簧。

图 6-2-8 橡胶弹簧

橡胶弹簧是一种高弹性体，弹性模量小，受载后有较大的弹性变形，借以吸收冲击和振动。它能同时受多向载荷，但耐高温性和耐油性比钢弹簧差。

如图6-2-9所示，复合橡胶弹簧由金属螺旋弹簧及其外边包裹的优质硫化橡胶共同构成。橡胶弹簧集金属弹簧和橡胶弹簧的优点于一体，克服了金属弹簧刚性大、工作噪声高及橡胶弹簧承重量小、形状及机械性能稳定性差等缺点。具有更高的载荷量和大变形量、减震降噪效果更好、工作平稳、共振区间短等优点。

图 6-2-9 复合橡胶弹簧

2. 减震器

为了加速车架与车身振动的衰减，改善汽车的行驶平顺性，大多数汽车的悬架系统都装有减震器。减震器一般和弹性元件并联安装，如图6-2-10所示。

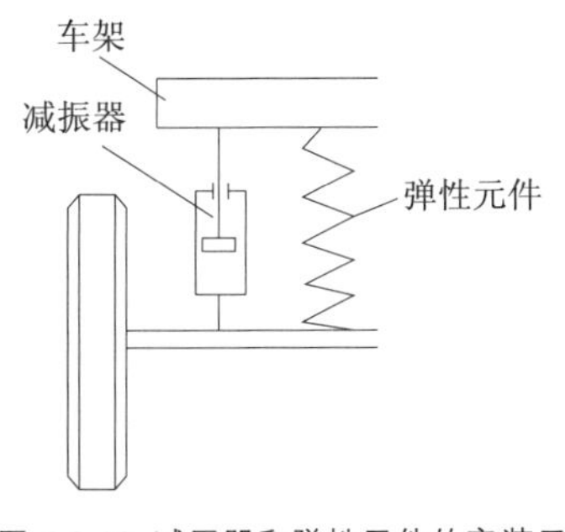

图 6-2-10 减震器和弹性元件的安装示意图

（1）减震器的工作原理

汽车悬架系统中广泛采用液力减震器，其工作原理是利用液体流动的阻力来消耗震动的能量。当车架（或车身）和车桥间震动而出现相对运动时，减震器内的活塞上下移动，减震器腔内的油液便反复地从一个腔经过不同的孔隙流入另一个腔内。此时孔壁与油液间的摩擦和油液分子间的内摩擦对震动形成阻尼力，使汽车振动能量转化为油液热能，再由减震器吸收散发到大气中。在油液通道截面和等因素不变时，阻尼力随车架与车桥（或车轮）之间的相对运动速度增减，并与油液粘度有关。

减震器与弹性元件承担着缓冲击和减震的任务，阻尼力过大，将使悬架弹性变坏，甚至使减震器连接件损坏。为调节弹性元件和减震器这一矛盾，对减震器提出以下要求：

①在压缩行程中（车桥和车架相互靠近），减震器阻尼力较小，以便充分发挥弹性元件的弹性作用，缓和冲击。这时，弹性元件起主要作用。

②在悬架伸张行程中（车桥和车架相互远离），减震器阻尼力增大，迅速减震。

③当车桥（或车轮）与车桥间的相对速度过大时，要求减震器能自动加大液流量，使阻尼力始终保持在一定限度之内，以避免承受过大的冲击载荷。

（2）减震器的类型

按工作方式分，减震器可分为单向减震器和双向减震器。

按结构形式分，减震器可分为单筒减震器和双筒减震器。

按阻尼是否可调，可分为阻尼可调式和阻尼不可调式。

按工作介质分，可分为液压式减震器和充气式减震器。

按是否充气，可分为充气减震器和不充气减震器。

现代汽车悬架系统中采用的减震器的形式有双向作用筒式减震器、充气式减震器和阻尼力可调式减震器。

①双向作用筒式减震器

双向作用筒式减震器一般由几个同心缸筒（防尘罩、储油缸筒、工作缸筒）、活塞、若干个阀门（伸张阀、流通阀、压缩阀、补偿阀）组成，如图6-2-11 所示。

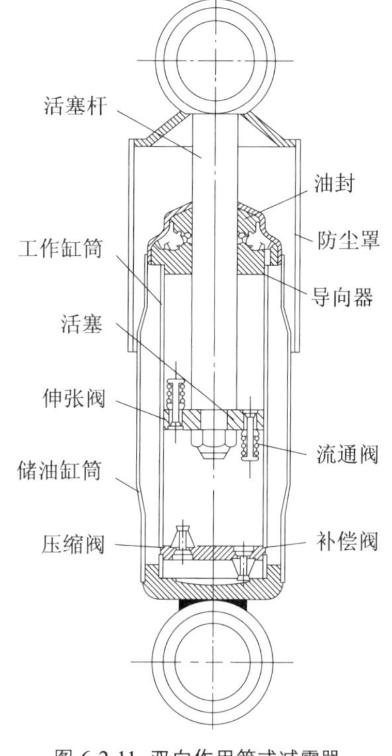

图 6-2-11 双向作用筒式减震器

其工作原理如下：

在压缩行程时，汽车车轮移近车身，减震器受压缩，此时减震器内活塞向下移动。活塞下腔室的容积减少，油压升高，油液流经流通阀流到活塞上面的腔室（上腔）。上腔被活塞杆占去了一部分空间，因而上腔增加的容积小于下腔减小的容积，于是一部分油液就推开压缩阀，流回储油缸。这些阀对油的节流形成悬架受压缩运动的阻尼力。

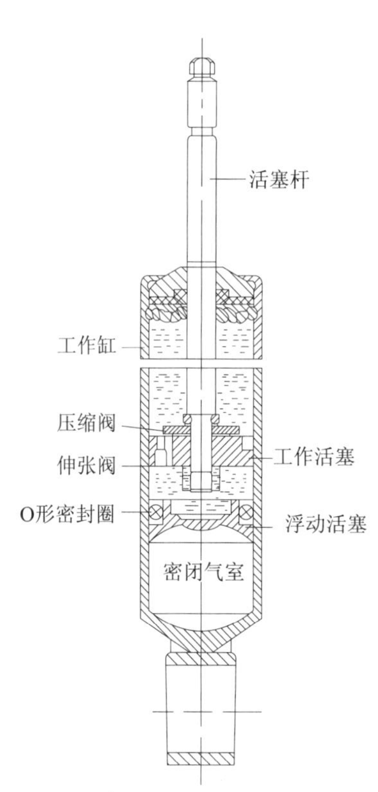

图 6-2-12 充气式减震器

在伸张行程时，车轮相当于远离车身，减震器受拉伸，此时减震器的活塞向上移动。活塞上腔油压升高，流通阀关闭，上腔内的油液推开伸张阀流入下腔。由于活塞杆的存在，自上腔流来的油液不足以充满下腔增加的容积，使下腔产生一真空度，这时储油缸中的油液推开补偿阀流进下腔进行补充。

②充气式减震器

充气式减震器是六十年代以来发展起来的一种新型减震器。其结构特点是在缸筒的下部装有一个浮动活塞，在浮动活塞与缸筒一端形成的一个密闭气室中充有高压氮气，如图6-2-12所示。在浮动活塞上装有大断面的O形密封圈，它把油和气完全分开。工作活塞上装有随其运动速度大小而改变通道截面积的压缩阀和伸张阀。

当车轮上下跳动时，减震器的工作活塞在油液中做往复运动，使工作活塞的上腔和下腔之间产生油压差，压力油便推开压缩阀和伸张阀来回流动。由于阀对压力油产生较大的阻尼力，使振动衰减。

③阻尼力可调式减震器

装有阻尼力可调式减震器的汽车的悬架一般用刚度可变的空气弹簧作为弹性元件。其原理是，空气弹簧若气压升高，则减震器气室内的压力也升高，由于压力的改变而使油液的节流孔径发生改变，从而达到改变阻尼刚度的目的，如图6-2-13所示。

三、非独立悬架

非独立悬架系统具有结构简单、成本低、强度高、保养容易、行车中前轮定位变化小的优点，但由于其舒适性及操纵稳定性都相对较差，在现代轿车中只有成本控制比较严格的车型才会使用，更多地用于货车和大客车上。非独立悬架大多采用钢板弹簧或螺旋弹簧作为弹性元件。

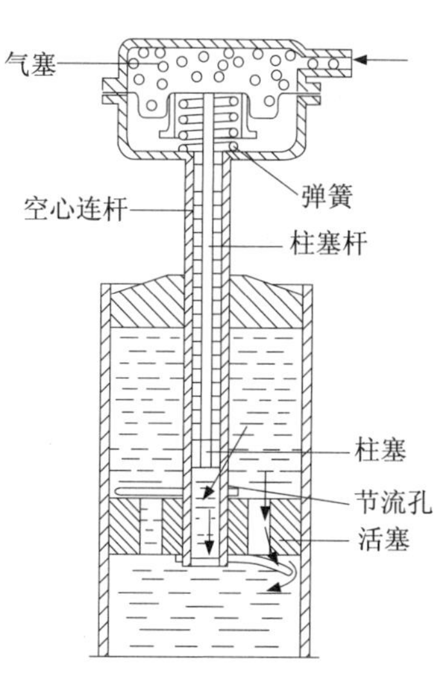

图 6-2-13 阻尼力可调式减震器

1. 钢板弹簧式非独立悬架

钢板弹簧既有缓冲、减震功能，又起传力和导向的作用，使得悬架结构大为简化，因此这种悬架广泛地应用于载货汽车上。它中部用U形螺栓将钢板弹簧固定在车桥上。悬架前端为固定铰链，也叫死吊耳。它由钢板弹簧销钉将钢板弹簧前端卷耳部与钢板弹簧前支架连接在一起，前端卷耳孔中为减少磨损装有衬套。后端卷耳通过钢板弹簧吊销与后端吊耳与吊耳架相连，后端可以自由摆动，形成活动吊耳。当车架受到冲击时，钢板弹簧各片之间产生相对滑动进而产生摩擦，此时钢板弹簧本身起到一定的减震和缓冲作用，如图6-2-14所示。

2. 螺旋弹簧式非独立悬架

螺旋弹簧式非独立悬架是一种复合式悬架，一般用作轿车的后悬架。因为螺旋弹簧作为弹性元件，只能承受垂直载荷，所以其悬架系统要加设导向机构和减震器，如图6-2-15所示。

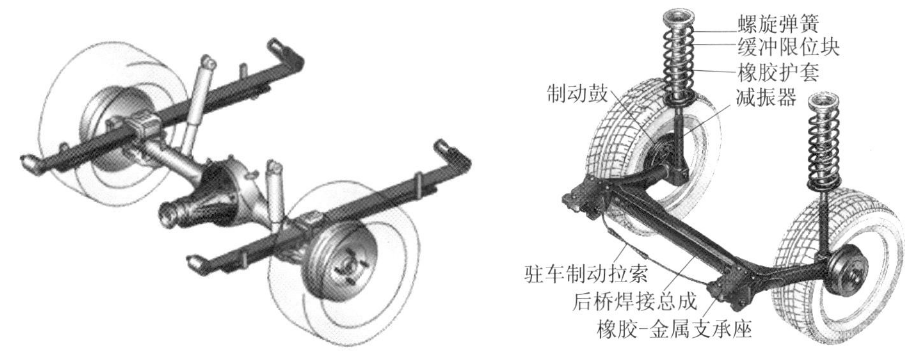

图 6-2-14 钢板弹簧式非独立悬架　　图 6-2-15 桑塔纳轿车的后桥螺旋弹簧非独立悬架

四、独立悬架

独立悬架的结构特点是车桥两侧车轮各自独立地与车架或车身弹性连接，以适应路面的变化，在现代轿车上广泛应用。与非独立悬架相比，它由以下优点：

（1）质量轻，减少了车身受到的冲击，并提高了车轮的地面附着力。

（2）可用刚度小的较软弹簧，改善汽车的舒适性。

（3）可以使发动机位置降低，汽车重心也得以降低，从而提高汽车的行驶稳定性。

（4）左右车轮单独跳动，互不相干，能减小车身的倾斜和振动。

但是，独立悬架系统存在结构复杂、成本高、维修不便的缺点。

现代轿车大都采用独立式悬架系统。按其结构形式的不同，独立悬架系统又可分为横臂式、纵臂式、多连杆式、烛式以及麦弗逊式悬架系统等。

独立悬架常见的有麦弗逊式独立悬架、多连杆独立悬架和双横臂独立悬架等。

1. 麦弗逊式独立悬架

麦弗逊式独立悬架是铰接式滑柱与下横臂组成的悬架形式，由铰接式滑柱、三角形下横臂、减震器和螺旋弹簧组成。减震器可兼做转向主销，转向节可以绕其转动，主销位置和前轮定位角随车轮的上下跳动而变化。这种悬架构造简单、布置紧凑、前轮定位变化小，具有良好的行驶稳定性。目前很多轿车前悬架都采用麦弗逊式悬架，如图6-2-16所示。

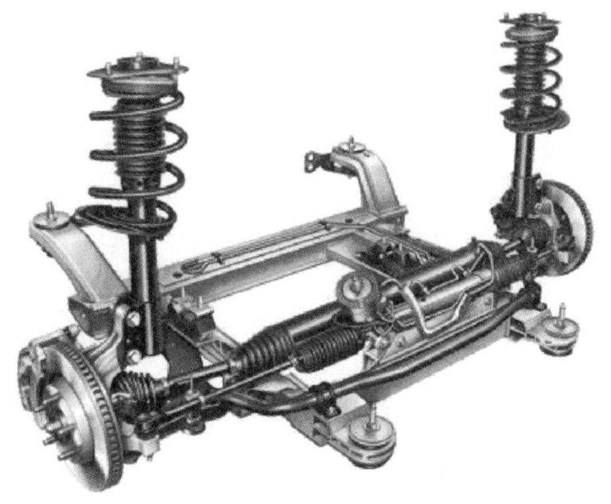

图 6-2-16 麦弗逊式悬架

2. 多连杆式悬架

多连杆式悬架是指由三根或三根以上连杆拉杆构成的悬架结构，以提供多个方向的控制力，使车轮具有更加可靠的行驶轨迹。常见的有三连杆、四连杆、五连杆等。但由于三连杆结构已不能满足人们对于底盘操控性能的更高追求。因此结构更为精确、定位更加准确的四连杆式和五连杆式悬架得到越来越广泛的应用，如图6-2-17所示。

图 6-2-17 多连杆式独立悬架

3. 双横臂式独立悬架

双横臂式悬架的横向刚度比较大，一般采用上下不等长的摇臂设置。双横臂式独立悬架系统按上下横臂是否等长，又分为等长双横臂式和不等长双横臂式两种悬架系统。等长双横臂式悬架系统在车轮上下跳动时，能保持主销倾角不变，但轮距变化大（与单横臂式相类似），造成轮胎磨损严重，现已很少用。对于不等长双横臂式悬架系统，只要适当选择、优化上下横臂的长度，并通过合理的布置，就可以使轮距及前轮定位参数变化均在可接受的限定范围内，保证汽车具有良好的行驶稳定性。目前不等长双横臂式悬架系统已广泛应用在轿车的前后悬架系统上，部分运动型轿车及赛车的后轮也采用这一悬架系统结构，如图6-2-18所示。

图 6-2-18 双横臂式独立悬架

五、双筒式减震器拆装

1. 减震器的拆卸

（1）清洗减震器壳体外表尘垢，将减震器下连接环夹于台钳上。

（2）用力将防尘罩向上拉至顶端。将专用扳手的圆销插入储缸螺母的相应孔内，逆时针方向用力旋下。

（3）双手握住防尘罩，在轻轻前后晃动的同时缓缓上移。当上移约10mm左右时，用一只手将细铁丝做成的钩针或螺丝刀抵住导向座外圈的橡胶密封环下侧面。

（4）将连杆及防尘罩压下少许，使橡胶密封环与导向座间形成一定的间隙，用钩针或螺丝刀从下面取出橡胶密封环。

（5）缓慢提起拉杆，使油液渐渐漏回缸筒。

（6）取下连杆及活塞总成，放置于专用器皿内。

（7）拆卸储油缸螺塞，取下储油缸筒，用一只手扶住工作缸筒，将减震器油液放净，从其中取出工作缸筒。将防尘罩的上吊环夹于台钳上，使活塞向上倒置。

（8）将连杆油封略向下移，但不宜进入防尘罩内。用开口扳手逆时针旋下复原阀压紧螺母，取下活塞及阀片等零件。

（9）取下连杆，反转后逐一取下导向座、弹簧、连杆油封垫圈、连杆油封、油封盖、橡胶密封环、储油缸母等。

（10）用手锤轻轻敲击压缩阀侧面，并不断旋转，直至取下压缩阀总成。

2. 减震器的装配

减震器装配时，所用零件表面不允许有细小的砂土、金属微屑等黏附混入，擦洗零件禁用棉纱，应用棉布。减震器装配顺序为：

（1）装配连杆与导向座及活塞总成。装连杆油封时，先在连杆上装油封防护套，并在连杆油封孔内涂上薄层石墨润滑脂，保护油封刃口。

（2）将压缩阀总成平正地压入缸筒的一端，把带有压缩阀的缸筒放入储油筒中。

（3）在装进储油筒的缸筒内注入减震器工作液。油液应仔细过滤，不得有尘土、金属微屑等。

（4）将已分装好的连杆与导向座及活塞总成装入缸筒中，按下导向座，将导向座密封平整地嵌入连杆导向座内，依次按下其他零件。

（5）将连杆总成拉到最高位置。

（6）用专用扳手旋紧顶盖。

（7）装好后，将减震器往复拉2～3次，注意向上拉减震器应有沉重的阻力，向下压减震器应有比较轻的阻力。

六、空气悬架

空气悬架主要分为被动式空气悬架和主动式空气悬架两种。

1. 被动式空气悬架

空气悬架系统是以空气弹簧为弹性元件，利用气体的可压缩性实现其弹性作用。压缩气体的气压能够随载荷和道路条件变化而进行自动调节，不论满载还是空载，整车高度不会变化，可以大大提高乘坐的舒适性。

空气悬架系统一般由空气弹簧、减震器、导向结构，高度控制阀、空气弹簧辅助装置（如空气压缩机、单向阀、气路、储气筒等）组成，如图6-2-19所示。其工作原理为：车体和转向器之间的空气弹簧通过节流孔与附加空气室沟通。用导管将附加空气室和高度控制阀连接，高度控制阀固定在车体上，并通过杠杆和拉杆与转向架连接，空气经主风缸（储气筒）引至高度控制阀。

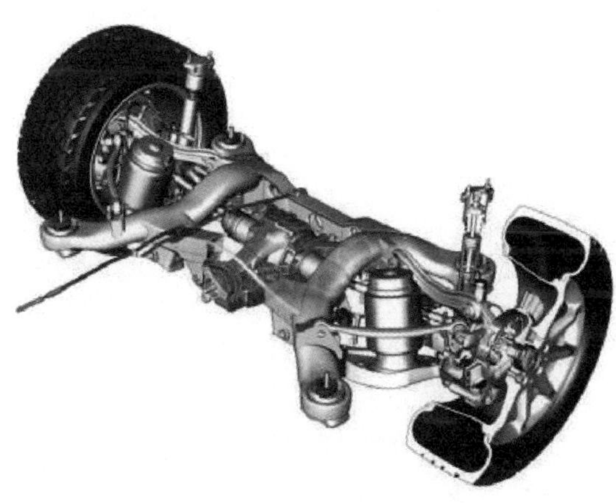

图 6-2-19　空气悬架

汽车在行驶时由于载荷和路面的变化，要求悬架刚度随之变化。当空车时车身被抬高，满载时车身则被压得很低，会出现撞击缓冲块的情况。因而对不同类型汽车提出不同的要求，矿山及大型客车要求其空车与满载时的车身高度变化不大；对轿车要求在好路上降低车身高度，提高车速行驶；在坏路上提高车身，可以增大通过能力。因而要求车身高度随使用要求可以调节。空气弹簧非独立悬架可以满足要求。

虽然国内对空气悬架已经有了很多研究，部分产品已经开始批量生产，但是，从目前国内使用空气悬架的大客车来看，普遍存在如下一些问题：气囊脱落、推力杆螺丝易松动、推力杆断裂、推力杆衬套寿命不长、制动容易跑偏等。国产货车还在使用传统的钢板弹簧或螺旋弹簧悬架。对空气悬架设计、空气悬架的可靠性分析、空气悬架与整车匹配技术以及电子控制系统控制规律的研究是今后空气悬架的主要研究方向。

2. 主动式空气悬架

主动式空气悬架系统主要由空气压缩机、干燥器、空气电磁阀、车身高度传感器、带有减震器的空气弹簧、悬架控制执行器、悬架控制选择开关以及ECU等组成。空气压缩机由直流电机驱动产生压缩空气，压缩空气经干燥器干燥后，由空气管道经空气电磁阀送至空气弹簧的主气室。如图6-2-20所示，当车身须降低时，ECU控制电磁阀使空气弹簧主气室中压缩空气排到大气中去，空气弹簧压缩，车身降低；当车身须升高时，ECU控制空气电磁阀使压缩空气进入空气弹簧的主气室，使空气弹簧伸长，车身升高。

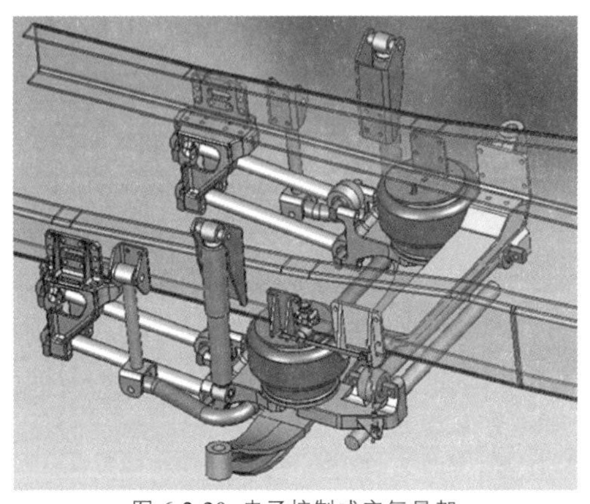

图 6-2-20 电子控制式空气悬架

在空气弹簧的主、辅气室之间有一连通阀，空气弹簧的上部装有悬架控制执行器。ECU根据各传感器输出信号，控制悬架执行器，一方面使空气悬架主、辅气室之间的连通阀发生改变，使主、辅气室之间的气体流量发生变化，因此改变悬架的弹簧刚度；另一方面，执行器驱动减震器的阻尼调节杆，改变减震器的阻尼力。在主动式空气悬架系统中车身高度、弹簧刚度可以同时得到控制，具体数值由ECU根据当时的运行条件和驾驶员选定的控制方式决定。以车身控制高度来说：通过车身高度传感器，将车身高度的变化转变为电信号，并输入电子控制单元（ECU）。ECU接收左右前轮和左后轮三个车身传感器发出的车高信号，经过处理后对执行器发出指令，对车身高度进行调整，之所以只装三个，其原因是三点确定一个平面，如多于三个，则会出现调整干涉现象。

空气悬架工作原理就是用空气压缩机形成压缩空气，并将压缩空气送到弹簧和减震器的空气室中，以此来改变车辆的高度。在前轮和后轮的附近设有车高传感器，按车高传感器的输出信号，电控单元判断出车身高度的变化，再控制压缩机和排气阀，使弹簧压缩或伸长，从而起到减震的效果。空气悬架给予了汽车更多的灵性。当高速行驶时悬架可以变硬来提高车身的稳定性；而长时间在低速不平的路面行驶时，控制单元会使悬架变软来提高车子的舒适性。

空气悬架还将传统的底盘升降技术融入其中。高速行驶时，车身高度自动降低，从而提高贴地性能确保良好的高速行驶稳定性，同时降低风阻和油耗。慢速通过颠簸路面时，底盘自动升高，以提高通过性能。另外，空气悬架系统还能自动保持车身水平高度，无论空载满载，车身高度都能恒定不变，这样在任何载荷情况下，悬架系统的弹簧行程都保持一定，从而使减震特性基本不受影响。因此即便是满载情况下，车身也很容易控制。例如迈巴赫与辉腾在车速超过140km/h后，车身高度自动下降1.5cm，当车速降至70km/h以下时，车身又恢复正常高度，而奥迪A8的这两个速度指标则分别为120km/h和100km/h，在自动减震模式下和运动减震模式下车身高度分别下降2.5cm和2cm。如果遇到破坏非常严重的路面，迈巴赫、辉腾和奥迪A8的底盘都能在正常高度上升高2.5cm。辉腾和迈巴赫空气悬架系统的自适应减震器都采用叫做SKYHOOK的计算方法，这个算法的基本原则是减小车身在各个方向上的加速度，同时尽可能保证车轮拥有最完美的贴地性能，这样就能提供最完美的操控感受和无穷的驾驶乐趣。

在国外，空气悬架系统在重型货车上的使用率超过80%，在高速客车和豪华城市客车上已100%采用，部分轿车也安装了这个系统。

第七章

车轮和轮胎

第一节 车轮和轮胎的结构与拆装

一、车轮

车轮是轮胎和车轴之间的旋转承载件。通常由轮辋和轮辐（轮盘）两个主要部件组成，轮辋和轮辐可以是整体式的，永久连接的或可拆卸的，如图7-1-1所示。轮毂通过圆锥滚柱轴承套装在车轿或转向节轴颈上。轮辋也称钢圈，用以安装轮胎，与轮胎共同承受作用在车轮上的负荷，并散发高速行驶时产生的热量及保证车轮具有合适的断面宽度和横向刚度。轮辐将轮辋与轮毂连接起来。

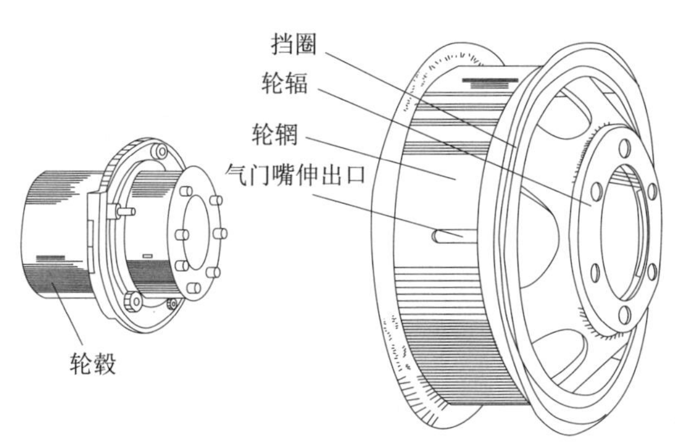

图 7-1-1 车轮的组成

1. 轮辐

按轮辐的结构不同，车轮可分为辐板式车轮和辐条式车轮两种主要形式。此外，还有对开式车轮、可拆卸式轮辋车轮和可调式车轮。目前，普通级轿车和轻、中型载货汽车多采用辐板式车轮，而高级轿车、竞赛汽车及重型载货汽车多采用辐条式车轮。

（1）辐板式车轮

辐板式车轮是轮毂和轮辋永久连接的车轮，主要用于重型汽车。货车辐板式车轮如图7-1-2所示。辐板上的孔可以减轻质量，有利于制动鼓的散热，方便接近气门嘴，同时可作为安装时的把手。

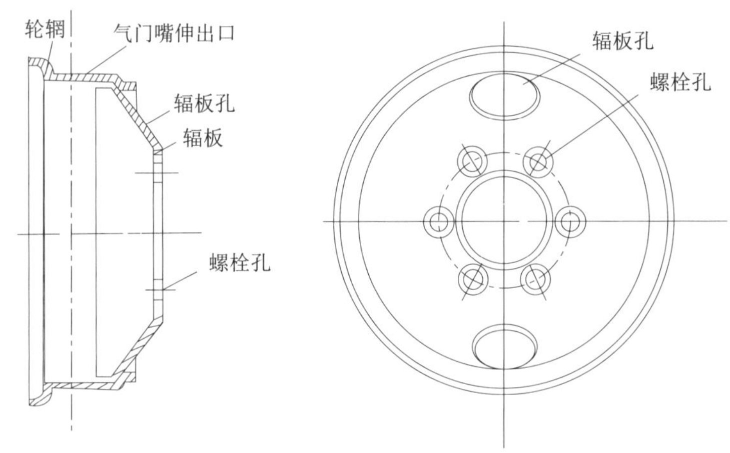

图 7-1-2 货车辐板式车轮

轿车的辐板所用板料较薄，冲压成起伏多变的形状以提高刚性，如图7-1-3所示。在辐板式车轮中，根据所用材料的不同又分为钢板型和合金型。

钢板型车轮制造工艺简单，成本相对低，抗金属疲劳能力强，但重量大、惯性阻力大、散热性较差。

合金车轮重量轻、制造精度高、强度大、惯性阻力小、散热能力强、视觉效果好，但制造工艺复杂，成本高。合金有铝合金和镁合金两种。如图7-1-4所示，目前广泛采用的轿车车轮为铝合金车轮，且多为整体式的，即轮辋和轮辐铸成一体，改善车轮的空气动力学特性。

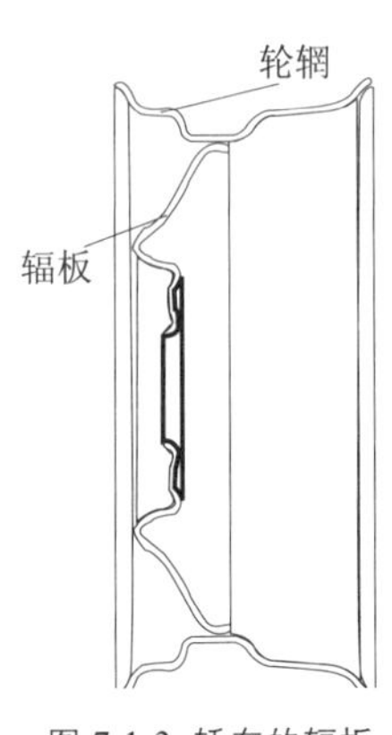

图 7-1-3 轿车的辐板

图 7-1-4 铝合金车轮

（2）辐条式车轮

轮辋由若干个辐条连接到轮毂而构成辐条式车轮。按辐条结构的不同，辐条式车轮又分为钢丝辐条式车轮和铸造辐条式车轮。

钢丝辐条式车轮价格昂贵、维修安装不方便，主要用在赛车和某些高级轿车上，如图7-1-5所示。

铸造辐条式车轮的辐条与轮毂铸成一体，轮辋用螺栓和特殊形状的衬块固定在辐条上。为了使轮毂和辐条很好地对中，在轮毂和辐条上加工出配合锥面。铸造辐条式车轮主要用在重型货车上，如图7-1-6所示。

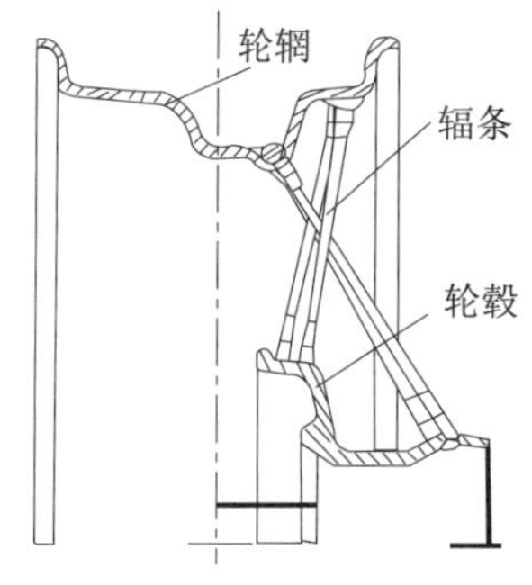

图 7-1-5 钢丝辐条式车轮

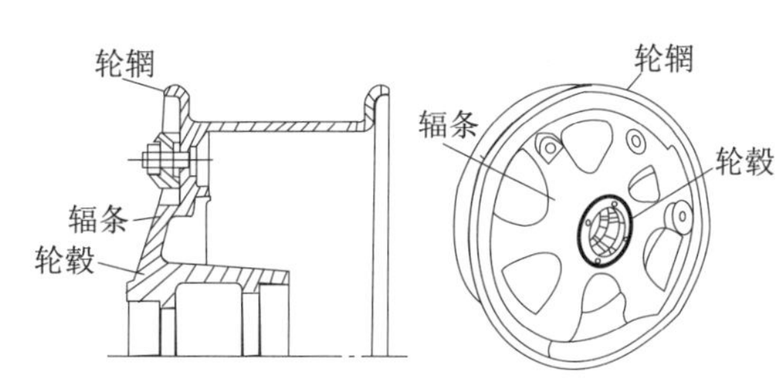

图 7-1-6 铸造辐条式车轮

2. 轮辋

（1）轮辋的结构

轮辋用于安装和固定车轮，主要有轮缘、胎圈座、轮辋槽、气门嘴孔、锁圈槽等。

轮缘是轮辋上给轮胎提供轴向支承的部分。胎圈座是轮辋上给轮胎提供径向支承的部分。轮辋槽是轮辋上设置的具有足够深度和宽度以使轮胎胎圈能越过安装侧的轮辋缘或胎圈座斜面进行安装或拆卸的部分。气门嘴孔是轮辋上供安装轮胎充气用的气门嘴的孔或槽。锁圈槽是轮辋体上安放锁圈或弹性挡圈并经槽顶对其限位的沟槽。

（2）轮辋的类型

按轮辋结构特点的不同，轮辋分为深槽轮辋、平底轮辋和对开式（可拆式）轮辋，如表7-1-1所示。此外，还有半深槽轮辋、深槽宽轮辋、平底宽轮辋、全斜底轮辋等。

表7-1-1 轮辋的常见结构形式

类型	特点
深槽轮辋	深槽轮辋为整体式，结构简单、刚度大、质量较小，对于小尺寸弹性较大的轮胎最适宜，主要用于轿车及轻型越野车上
平底轮辋	平底轮辋底面呈平环状，它的一边有凸缘，另一边用可拆卸的挡圈作凸缘，具有弹性的开口锁圈来防止挡圈脱出。适用于大尺寸较硬的轮胎，一般多用于大中型货车上
对开式轮辋	轮辋由内、外两部分组成，用螺栓将两部分连成一体。内、外两部分中，有一部分（往往是内轮辋）与轮辐固联。这种轮辋在拆装轮胎时，只须拆下螺栓即可。如东风EQ2080型汽车和延安SX2150型越野汽车采用对开式轮辋

3. 国产轮辋规格的表示方法

通常车轮规格就是指轮辋规格、宽度和直径，车轮规格还包括车轮和轮毂的连接尺寸、轮辐偏置距等。

原则上每种轮胎只配用一种标准轮辋，必要时也可用与标准轮辋相接近的容许轮辋。当轮胎装入与其规格不同的轮辋时，就会使轮胎变形，影响轮胎的性能。因此，不同规格的轮胎，应该配用相应规格的标准轮辋。

按照中华人民共和国国家质量监督检验检疫总局和中国国家标准化管理委员会联合制定的GB/T 2933－2009/ISO 3911:2004文件规定，车轮和轮辋的规格代号应使用数字和字母并按下面优先顺序表示。

（1）轮辋名义直径

现型轮辋的名义直径尺寸代号用英制尺寸表示；与新型轮胎一起使用的新型轮辋，其名义直径用毫米表示。

（2）轮辋形式（可选）

符号“×”表示一件式轮辋；符号“—”表示多件式轮辋。

（3）轮辋名义宽度

现型轮辋的名义宽度尺寸代号用英制尺寸表示；与新型轮胎一起使用的新型轮辋，其名义宽度用毫米表示。

（4）轮辋轮廓

用字母表示装胎侧的轮辋轮廓。通常，轮廓标记位于轮辋名义宽度之后。但是，它也可以位于轮辋名义宽度之前或分布于轮辋名义宽度的两侧。

（5）现型轮辋规格代号的示例

①乘用车：13×4.5B，16×6JJ。

②轻型商用车：15×5，5JJ，15—5.50F（SDC）。注："SDC"表示半深槽轮辋。

③中型/重型商用车：20—7.5，22—8.00，22.5×8.25。

④家用机械：28×W12，28×W10H，26×DW16，38×W18LA。注："DW"表示轮辋有二级槽，"L"表示低轮缘，"A"表示一个较大的轮缘半径。

⑤非道路车辆：25—13.00/2.5。注："/2.5"是轮缘高度规格代号。

二、轮胎

1. 轮胎的功用和类型

（1）轮胎的功用

现代汽车都采用充气式轮胎，轮胎安装在轮辋上，直接与路面接触，其功用是：

①支承汽车的质量，承受路面传来的各种载荷。

②和汽车悬架共同缓和汽车在行驶中所受到的冲击，并衰减由此产生的振动，以保证汽车有良好的乘坐舒适性和行驶平顺性。

③保证车轮和路面有良好的附着性，以提高汽车的动力性、制动性和通过性。

（2）轮胎的类型

①按轮胎内空气压力的大小，轮胎可分为高压胎（0.5—0.7MPa）、低压胎（0.2—0.5MPa）和超低压胎（0.2MPa以下）三种。

②按气候条件分类，轮胎可分为冰雪专用轮胎、全天候轮胎、夏季轮胎。

③按轮胎花纹分类，轮胎可分为条形花纹轮胎、横向花纹轮胎、混合花纹轮胎和越野花纹轮胎，如表7-1-2所示。

表7-1-2　按轮胎花纹分类

类型	花纹形状	花纹特性	适用条件	实例
条形花纹	纵向切割的花纹	低滚动阻力 优良的乘坐舒适性 防侧滑，转向稳定性优异 噪声低	铺装路面 高速	
横向花纹	横向切割的花纹	出色的驱动力和制动力 强大的牵引力	普通路面 非铺装路面	
混合花纹	横向和纵向结合的花纹	纵纹提供转向稳定性，有助于防止侧滑 横纹改善了驱动力、制动力和牵引力	普通路面 非铺装路面	
越野花纹	由独立的块组成的花纹	出色的驱动力和制动力 在雪地和泥泞路面上具有良好的转向稳定性	普通路面 非铺装路面	

④按轮胎有无内胎，轮胎可分为有内胎轮胎和无内胎轮胎（俗称真空胎），如表7-1-3所示。

表7-1-3 按轮胎有无内胎分类

类型	结构特点	实例
有内胎	由外胎、内胎和垫带等组成，使用时安装在汽车车轮的轮辋上	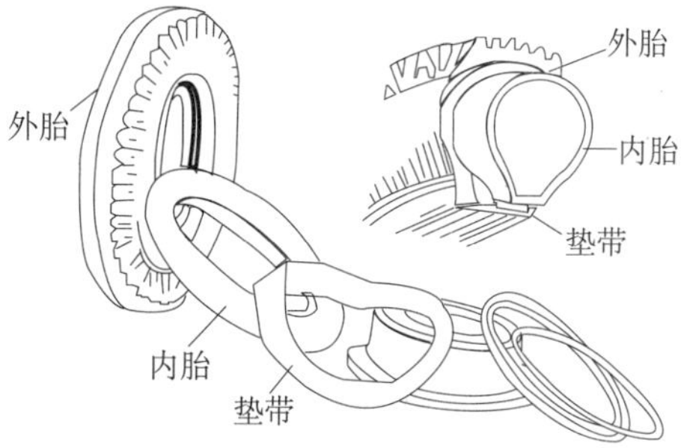
无内胎	无内胎的充气轮胎俗称真空胎，没有内胎及垫带。它的气门嘴用橡胶垫圈和螺母直接固定在轮辋上，空气直接压入外胎中，要求外胎和轮辋之间有很好的密封性	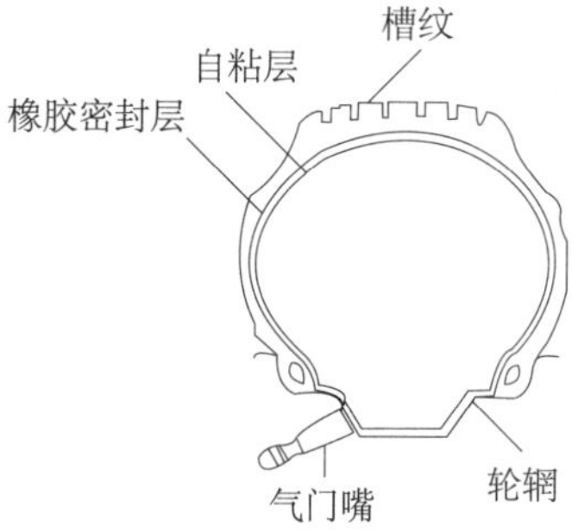

无内胎轮胎的特点是质量小、结构简单；不存在内、外胎之间的摩擦及卡滞等；壁薄且可直接通过轮辋散热，散热性能好，工作温度低；气密封性好，使用过程中胎压稳定；轮胎穿孔时，压力下降缓慢，能安全继续行驶。使用方便，所以在轿车上得到较广泛的应用。

⑤按胎体帘布层结构的不同，轮胎可分为斜交轮胎和子午线轮胎，如表7-1-4所示。

表7-1-4 按胎体帘布层结构不同分类

类型	结构特点	胎体帘线排列形式	实例
斜交轮胎	帘布层与带束层各相邻层帘线交叉排列，各帘布层与胎面中心线成35°—40°的交角	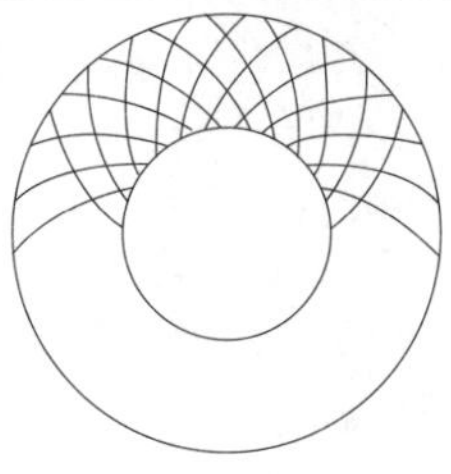	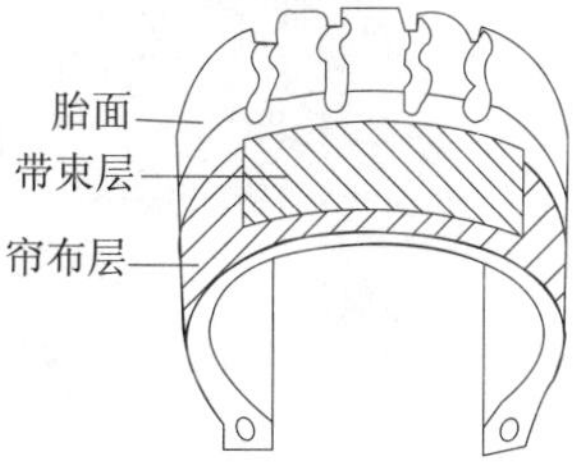

类型	结构特点	胎体帘线排列形式	实例
子午线轮胎	帘布层与胎面中心线呈90°或接近90°角排列，帘线分布如地球的子午线		胎面 带束层 帘布层

与普通斜交轮胎相比，子午线轮胎具有以下的性能特征：

a. 操纵性和稳定性优越。

b. 耐磨损性良好。

c. 发热较少。

d. 滚动阻力较小，能够节省燃料。

e. 滑动较少，牵引力较大。

f. 低速、路况较差时乘坐舒适度降低，但高速行走时较舒适。

g. 低速时打方向盘稍显费力。

h. 胎侧易裂口，胎圈易损坏，且侧向稳定性差，成本高。

子午线轮胎使用的轮辋与普通轮胎相同，在使用中，子午线轮胎与普通轮胎不能并装，也不可同轴混装。充气时，一般载货汽车子午线轮胎的内压应比相应普通轮胎高0.2MPa左右。国内外轿车及一些中型载货车广泛装用子午线轮胎。

2. 轮胎的结构

有内胎的轮胎由外胎、内胎和垫带组成。轮胎的外胎是用耐磨橡胶制成的强度较高又有弹性的外壳，直接与地面接触，保护内胎不受损伤。它由胎面、帘布层、带束层和胎圈等组成，如图7-1-7所示。

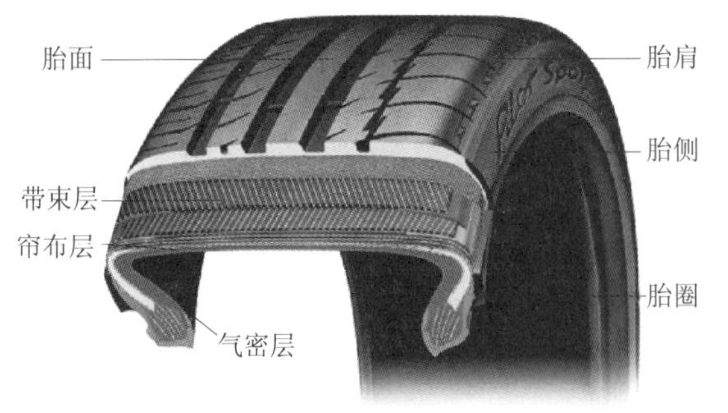

图 7-1-7 轮胎结构

（1）胎面

胎面是外胎的外表面，包括胎冠、胎肩和胎侧三部分。胎冠也称行驶面，与路面直接接触承受冲击和磨损，并保护胎体不受机械损伤。为了增加轮胎与路面之间的附着力，防止纵横向滑移，在胎冠上制有各种形式的花纹。胎肩是较厚的胎冠和较薄的胎侧间的过渡部分，一般也有各种花纹以防滑和散热，当汽车转弯时可以保证轮胎有足够的抓地性，因为此时胎肩也要接触地面，胎侧是贴在帘布层侧壁的薄橡胶层。胎侧不与地面接触，一般不磨损，但承受较大的挠曲变形。

（2）帘布层

帘布层是外胎的骨架，也称胎体。作用是承受负荷（汽车重力、路面冲击力和内部气压），保持轮胎外缘尺寸和形状。帘布层通常由多层胶化的棉线或其他纤维编织物所叠成，并按一定角度交叉排列。为使其负荷均匀分布，帘布层多采用偶数。

（3）带束层

带束层又可称为缓冲层，位于胎面和帘布层之间，质软而弹性大。其作用是加强胎面与帘布层的接合，缓和汽车在行驶时所受到的不平路面的冲击，防止汽车在紧急制动时胎面与帘布层脱离。增强轮胎的固向刚度和侧向刚度，并承受胎面的大部分压力。

（4）胎圈

胎圈是帘布层的根基。它靠胎圈固装在轮辋上。胎圈由钢丝圈、帘布层包边和胎圈包布组成。

3. 轮胎规格的表示方法

（1）轮胎的尺寸标注

轮胎的尺寸标注如图7-1-8所示。

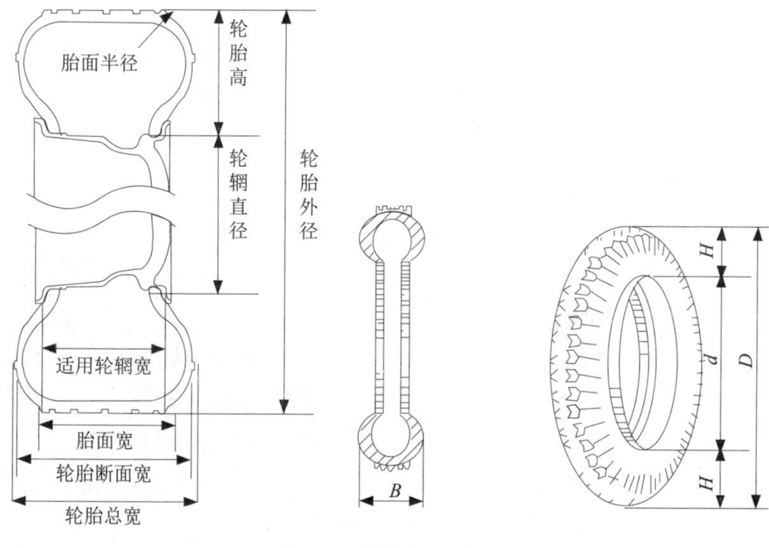

图 7-1-8 轮胎的尺寸标注

①轮胎外径D是在相应的轮辋上安装轮胎并按规定气压充气后，在没有承重时的轮胎直径。

②轮胎总宽是指包括轮胎侧面的文字及花纹的轮胎最大宽度，用mm表示。

③适用轮辋宽是适合轮胎性能的轮辋宽度。标准轮辋：最适合的宽度和形状，用in表示。

④轮辋直径d是指适合轮胎的车轮的轮辋直径，同轮胎内径相同，用in表示。

⑤轮胎断面宽B是从轮胎的总宽中去除轮胎侧面的文字及花纹厚度的宽度，用mm表示。

⑥轮胎高H是用轮胎外径减去轮辋直径后的数字的1/2。

⑦胎面宽是轮胎踏面的宽度，即两面最突出部分的宽度。

⑧胎面半径是指胎面部分的曲率半径。

（2）轮胎规格

①斜交轮胎的规格

普通斜交轮胎的规格用B-d表示。载货汽车斜交轮胎和轿车斜交轮胎的尺寸B和d均使用英寸（in）为单位。示例如下：

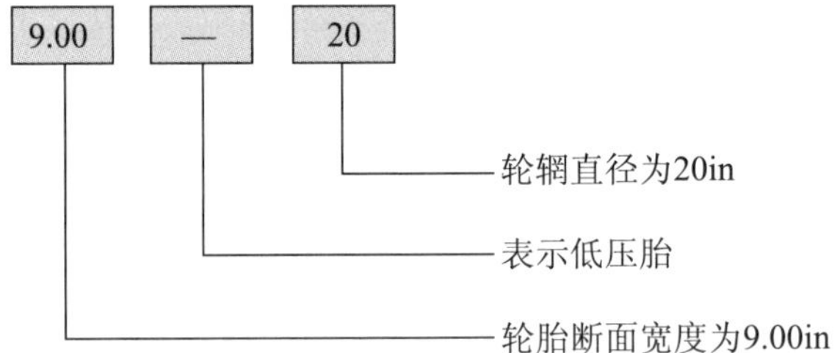

6.70-13-6PR，其中6.70表示轮胎名义断面宽度6.7in；13表示轮辋名义直径13in。轮胎的层级数用“PR”表示，它不代表实际层数，只表示可承受载荷。6PR表示轮胎层级（6层级），表示可承受相当于6层级的棉帘线的负荷。

②子午线轮胎的规格

国产子午线轮胎规格用BRd表示，其中R表示子午线轮胎。国产子午线轮胎断面宽B用公制单位mm，载货汽车轮胎断面宽B有英制单位in和公制单位两种，而轮辋直径d为英制单位in。

随着轮胎的扁平化，仅用断面宽B和轮辋直径d已不能完全表示轮胎的规格。即在断面宽B相同的情况下，断面高H随不同的扁平率变化。轮胎按扁平率——高宽比H/B划分系列，目前国产子午线轮胎规格有80、75、70、65、60五个系列，数字是表示H/B×100%，即断面高H是断面宽B的80%、75%、70%、65%、60%。数字越小，胎越矮，轮胎越扁平。

目前国产轿车轮胎均为子午线无内胎轮胎。以上海桑塔纳2000GSi型轿车轮胎的规格195/60 R 14 85 H为例说明表示方法。195表示轮胎宽度为195mm；货车子午线轮胎的宽度一般用英寸（in）为单位；60表示扁平比为60%；R表示子午线轮胎，即“Radial”的第一个字母；14表示轮胎内径为14英寸（in）；85表示荷重等级，即最大载荷质量；H表示速度等级，表明轮胎能行驶的最高车速为210km/h。

（3）速度等级

轮胎的速度性能和汽车的最高车速相匹配。为此，轮胎须标明其速度等级。国际标准化组织（ISO）制定的速度等级及对应的最高车速，如表7-1-5所示。

表7-1-5 速度等级及对应的最高车速

速度等级	最高速度/km/h	速度等级	最高速度/km/h	速度等级	最高速度/km/h
A1	5	C	60	N	140
A2	10	D	65	P	150
A3	15	E	70	Q	160
A4	20	F	80	R	170
A5	25	G	90	S	180
A6	30	J	100	T	190
A7	35	K	110	U	200
A8	40	L	120	H	210
B	50	M	130	Y	240

根据《轿车轮胎系列》规定，轿车轮胎采用表中L—H10级速度标志符号及对应的最高车速。同时还要求对于不同轮辋直径的轮胎最高行驶车速符合《不同轮辋直径轮胎的最高行驶速度》规定。例如轿车子午线轮胎185/70SR13中的S即表示速度等级为S，允许的最高行驶速度为180km/h。

（4）负荷能力

轮胎的负荷能力是指在一定行驶速度和相应充气压力时的最大载重量。负荷级别与层级的对应关系如表7-1-6所示。

表7-1-6 负荷级别与层级的对应关系

负荷级别	对应层级	负荷级别	对应层级	负荷级别	对应层级
A	2	E	10	J	18
B	4	F	12	L	20
C	6	G	14	M	22
D	8	H	16	N	24

我国国家标准规定以“层级”表示负荷能力，但用引进技术的子午线轮胎、部分国产子午线轮胎还同时标有“负荷指数”或“负荷级别”。

（5）胎侧标记

如图7-1-9所示，标记内容有轮胎尺寸规格标记、制造厂商标、帘布层层数、最大负荷及相应胎压、生产编号、帘布材料代号、行驶方向代号、检查印鉴、平衡点等内容。轿车轮胎还必须标有速度等级代号和胎面磨耗标志位置符号；载重汽车轮胎必须标有层级。

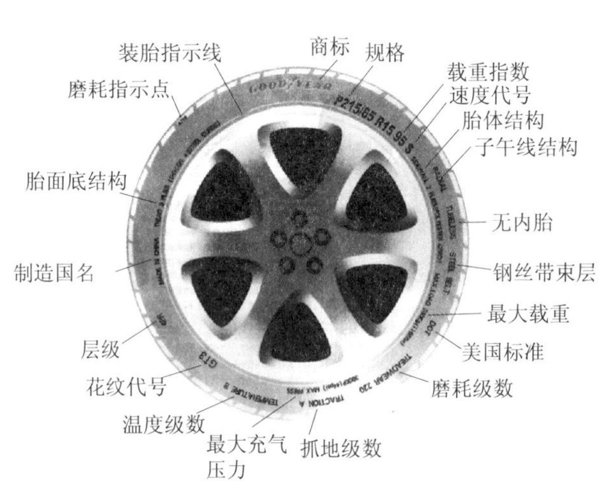

图 7-1-9 轮胎的标记

①轮胎规格、速度等级代号、层级和轮辋等标记。

②生产编号用生产年、月和连续生产顺序组成的一串数字表示。例如：901231522表示1990年12月生产，生产顺序为31522。

③骨架材料是指帘布材料，一般用字母表示。G为钢丝帘布，N为尼龙帘布，R为人造丝帘布，M为棉帘布。

④胎面磨耗标志（或称为防滑标记）是稍微高出轮胎花纹沟槽底部的凸台。当轮胎行驶里程增加到一定值时，轮胎的磨损使花纹沟槽变浅，此时凸台将显露出来，说明轮胎花纹即将磨尽，若不及时更换有可能造成行驶中打滑。为了便于检查轮胎磨损，通常在磨耗标记对应胎肩处标出“△”或“TWI”等符号。

三、轮胎的拆装、检查

目前，轿车采用无内胎的子午线轮胎，最常见的拆装轮胎的专用设备是轮胎拆装机。如图7-1-10所示。

1. 轮胎拆装

拆装轮胎必须使用专用工具，不允许用大锤敲击或其他尖锐的用具拆胎；外胎、内胎、垫带、轮辋必须符合规定要求才能组装，要注意子午线轮胎圈部分完好。安装有花纹的轮胎应注意滚动方向的标记，拆卸子午线轮胎

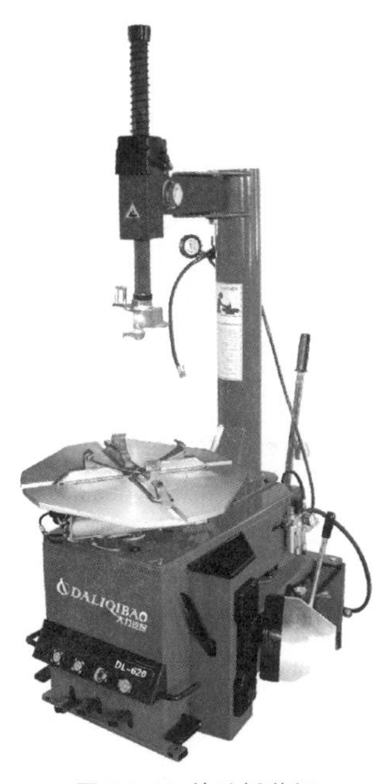

图 7-1-10 轮胎拆装机

应做记号，使装配后的子午线轮胎滚动方向保持一致。拆装无内胎轮胎时，每次均须换上新的“O”形圈，“O”形圈要完好，并经植物油浸泡。无内胎轮胎胎冠有钢带时，应先把轮胎装在轮辋上，并充入150kPa的气压，再小心地把钢带剪断取下。

2. 轮胎的检查

轮胎的检查主要是检查轮胎磨损程度。轮胎磨损程度的检查包括胎面花纹深度的检查和轮胎异常磨损的检查。

（1）胎面花纹深度的检查

轮胎花纹磨损槽深变浅时，将使轮胎与地面的附着力降低。特别是花纹失去排水、拭水功能时，在潮湿路面行驶时可能产生滑行和漂浮现象，致使汽车失控。花纹越浅，水滑的倾向越严重。载重汽车轮胎胎冠的花纹磨剩2—3mm，应停止使用，进行翻新。在日常维护和各级维护时，应检查轮胎花纹深度。

通过深度尺测量花纹深度，用来判断轮胎成色和磨损速度是否正常。若车上装用的新胎花纹深度是7mm，花纹磨损残留极限尺寸若为3mm，即花纹允许磨损约为14mm，说明该胎花纹已磨掉7mm，该胎的成色是1/2。若在该车使用条件下，轮胎行驶里程定额（新胎到翻新）是70000km，每千公里花纹磨损量应为0.2mm。如果每千公里实际磨损量达到 0.4mm，说明只能实现轮胎行驶里程定额的一半，这种现象常称为“吃胎”。经常测量花纹深度，可及时发现“吃胎”现象，以便及时查明原因，予以消除。

桑塔纳2000系列轿车新轮胎底部的花纹中有宽12mm、深1.6mm的磨损指示条，如图7-1-11所示。轮胎上的指示条如已磨去，应立即调换轮胎。在指示条中的任一点测量，如磨损至还剩下1mm，则已达到了规定的最小花纹深度。

图 7-1-11 轮胎磨损指示条

如果在这些点上不再有花纹，应尽快调换轮胎。应注意，勿使轮胎磨损至此程度。车辆每行驶3000km左右，最好交换一次轮胎位置。

（2）轮胎的异常磨损特征和原因

轮胎的主要故障是轮胎花纹的异常磨损。检查轮胎花纹的异常磨损，可以发现故障的早期征兆和原因，以便及时排除影响轮胎寿命的不良因素，防止早期磨损和损坏。轮胎异常磨损的原因、排除方法和预防措施如表7-1-7所示。

表 7-1-7 轮胎异常磨损的原因、排除方法和预防措施

磨损现象	磨损原因	排除方法	预防措施
 中央磨损	轮胎气压过高，使胎面中心部分接地压力过高	检查胎压是否比规定值高	对轮胎充气时，一定要按照厂家提供的规定值进行充气
 两边磨损	轮胎压力过低，使两胎肩接地压力过高	检查胎压是否比规定值低	按车辆额定载荷装载货物，并保证轮胎有合乎规定的气压
 局部磨损	刹车抱死及制动不均轮辋变形及组装件等造成偏心	避免紧急制动与急速起步，并及时进行轮胎换位	检修车辆制动系统时，按操作规程操作。检测制动性能好坏时，应尽可能减少采用紧急制动的方法试车
 羽状磨损	四轮定位不当（倾角及前束等）	根据羽状磨损的具体情况，以本车的出厂值为参考数值，定期进行前轮前束的调整	勤检查，定期对前轮的前束值进行调整，保证转向轮有合适的前束值
 单边磨损	四轮定位不当（倾角及前束等）	做四轮定位，必要时进行轮胎互换	经常检查轮胎，按厂家要求及时对轮胎进行换位。定期进行前束调整，必要时也可做全轮定位

四、轮胎的拆卸和装配

1. 轮胎的拆卸

将轮胎内空气放净，去掉车轮上的平衡块，以免发生危险。把车轮竖起放在地上，靠近支承胶板，压好后踩下踏板，慢慢转动车轮，重复上述动作，直到把胎唇全部撬开。

2. 轮胎分解

先扳动锁紧杆，松开垂直立杆，再将轮胎锁紧在转盘上，锁紧方式有外夹式和里夹式两种。外夹式：将轮胎放于旋转工作台上，踩踏开启踏板，使卡爪锁紧轮胎；里夹式：先将卡爪向外张开，将轮胎放置在转盘上，踩踏锁紧踏板，使小卡爪锁紧轮辋外缘。对胎口较紧的轮胎，建议使用里夹锁紧方式。同时按下垂直立杆，使拆装头靠近轮胎边缘，并用锁紧杆紧紧垂直立杆。调整悬壁定位螺栓，使机头滚轮与钢圈外缘隔离间隙为5—7mm，上下提升3mm左右。最后用撬杠将胎缘撬在拆装头上，点踩踏板，让转盘顺时针旋转，直至胎缘脱落为止。如拆胎受阻，应立即停车，点踩踏板，让转盘逆时针转动，消除障碍。

3. 轮胎装配

清洁轮辋、挡圈和锁圈等部件，将轮辋在转盘上锁定，先在胎唇上涂上润滑膏或肥皂水，再把轮胎套在钢带上，把拆装头固定到工作位置上，将胎缘置于拆装头尾部上面，机头下部，同时压低胎肚。顺时针旋转转盘，让胎缘落入钢圈槽内。重复以上步骤，装上另一胎缘。调整轮胎位置，使轮胎平衡点位置与气门嘴呈180°角安装，松开钳住钢圈的卡爪，给轮胎充气。

第二节 轮胎气压检测和动平衡

一、轮胎气压检测

1. 气压

气压是轮胎的命门，过高和过低都会缩短它的使用寿命。一般轿车的行驶速度都非常快，轮胎的形状处于一种高频交变状态，如果气压不足，则胎体变形增大，胎侧容易出现裂口，同时产生屈挠运动，导致过度生热，促使橡胶老化、帘布层疲劳、帘线折断。气压过低，还会使轮胎接地面积增大，加速胎肩磨损。胎面两边的胎纹会过度磨损，胎体因无法抵御地面的压力而扭曲变形，产生高温而加速轮胎的磨损，最终导致爆胎。如果气压过大也会使轮胎过硬，失去应有的弹性及吸振能力，不但抓地力变差，中央胎纹过度磨损会产生胎纹深度不均的现象，轮胎在高速运转下也有可能因无法承受过度的膨胀压力而发生爆胎。所以轮胎气压过高或过低都有爆胎危险。因此，应当按照厂家要求保持轮胎的标准气压，包括备胎气压。胎压的测量可自行用胎压计测量，但必须在轮胎常温的状态下测量，因为在热胎状态下测量的结果不准确。

2. 保持适当气压的注意事项

（1）充气要注意安全。要随时用气压表检查气压，以免因充气过多，使轮胎爆破。

（2）停止行驶后，须等轮胎散热后再充气，因车辆行驶时胎温会上升，对气压有影响。

（3）检查气门嘴。气门嘴和气门芯如果配合不平整，有凸出凹进的现象及其他缺陷，都不便充气和量气压。

（4）充气要注意清洁。充入的空气不能含有水份和油液，以防内胎橡胶变质损坏。

（5）充气时不应超过标准过多后再行放气，也不可因长期在外不能充气而过多地充气，如超过标准过多会促使帘线过分伸张，引起其强力降低，影响轮胎的寿命。

（6）充气前应将气门嘴上的灰尘擦净，不要松动气门芯，充气完毕后应用肥皂泡水（或口水）涂在气门嘴上，检查是否漏气（如果漏气就会产生小气泡），并将气门嘴帽配齐装紧，防止泥沙进入气门嘴内部。

（7）子午线轮胎充气时，由于结构的原因，其下沉量、接地面积均较大，往往误认为充气不足，而过多地充气；同样也应注意，因其下沉量和接地面积本来就较大，在气压不足时误认为已充足。应用标准气压表加以测定。子午线轮胎的使用气压应高于一般轮胎0.5—1.5kg/cm²。

（8）随车的气压表或胎工间使用的气压表均应定期进行校对，以保证气压检查准确。

（9）在驾驶前定期检查常温下轮胎的气压（在驾驶后轮胎外部的气温会比轮胎内部气温低），必要时按照标准正确调整。驾驶中由于轮胎发热，轮胎内部气压升高，但是绝对不可以放掉增加的部分空气。轮胎温度降至常温后，气压将恢复到原来的水平。

（10）更换新胎后，一定要在隔日后检查确认气压，必要时按照标准正确调整。为防止气门嘴漏气应当安装使用气门嘴盖。

3. 轮胎充气

轮胎充气应按照该汽车使用说明书规定的标准气压执行，并在冷态时用气压表测量，若在热态时测量应略高于标准气压，取适当的修正值。气压表应定期校正，以保证读数准确。轮胎装好后，先充入少量空气，待内胎充气伸展后再继续充至规定要求气压。充气前应检查气门芯与气门嘴是否配合平整，并擦净灰尘。从转盘上松开轮胎卡爪，将充气管接头与轮胎气门相连。在给轮胎充气时应慢慢地压充气枪数次，确定压力计量器显示的压强不超过轮胎生产厂家所注明的范围。充气结束时，应迅速用气门扳手拧紧气门芯，并检查是否漏气。充入的空气不得含有水份和油雾。充气开始时用手锤轻击锁圈，使其平稳嵌入轮辋圈槽内，以防锁圈跳出。注意：在给轮胎充气过程中，手和身体要尽量远离轮胎，以免轮胎爆炸造成伤害。

（1）胎圈座压

胎圈座压是指组装轮胎时，轮胎两侧胎圈均匀严密地嵌入轮辋胎缘座时所需的压力，如表7-2-1所示。

表7-2-1 胎圈座压

分类	胎圈座压
轿车用/轻型货车用/小型货车用/货车及公共汽车用	300kPa

（续表）

农业机械用	使用气压在250kPa以上	250kPa
	使用气压在250kPa以内	使用气压
建设车辆用 农业车辆用	旋转式	50kPa
	上述以外	300kPa

（2）空气压缩机调整阀的最高调整气压

空气压缩机调整阀的最高调整气压以汽车制造商指定的气压来区分，如表7-2-2所示。

表7-2-2 调整阀的最高调整气压

轮胎使用气压分类	调整阀的最高调整气压
≤400kPa	500kPa
400—600kPa	700kPa
600—1000kPa	1000kPa

4. 轮胎气压的检测

轮胎的气压是决定轮胎使用寿命和工作好坏的重要因素。轮胎的气压受到充气时气压、使用条件、气体缓慢泄漏等影响。保持轮胎气压的关键是定期检查气压。

检查轮胎气压应在冷态下进行，冬季轮胎压力应增加20kPa。使用中应遵守轮胎充气标准，防止轮胎早期损坏。轮胎气压过高，轮胎在行驶时会发生跳动，前轮摆头，使方向盘抖动，不能高速行车。同时，轮胎内部压力过高，接地面积减小，使轮胎的胎冠部位向外凸起，造成胎冠磨损加剧。此外，由于轮胎的橡胶、帘布等材料过度拉伸，气压高使轮胎刚性增加，一旦遇到冲击，造成轮胎爆破，如图7-2-1（c）所示。但是，轮胎气压略高，有利于降低行驶阻力。轮胎气压过低时，造成胎侧弯曲变形加大，胎冠部向内凸起，胎面接地面积增大，滑移量增加，使胎肩部位磨损加剧，如图7-2-1（b）所示。由于轮胎变形大，轮胎帘布层中的帘线应力增加，使得轮胎温度升高，加速橡胶老化和帘布与橡胶脱层，帘布松散，甚至帘线折断。此外，轮胎气压过低，会使滚动阻力增大，燃料消耗增加。所以，应按轮胎气压的要求，及时检查气压、及时补气。对于常用车辆，应在出车前、行驶中和收车后检查轮胎气压。对于收车后的检查，应在轮胎降至常温后进行。对于停驶车辆，应每周检查一次。为减少自行漏气，必须配齐气门帽，保护好气门嘴和气门芯。桑塔纳2000型轿车车轮和轮胎的主要技术参数如表7-2-3所示。

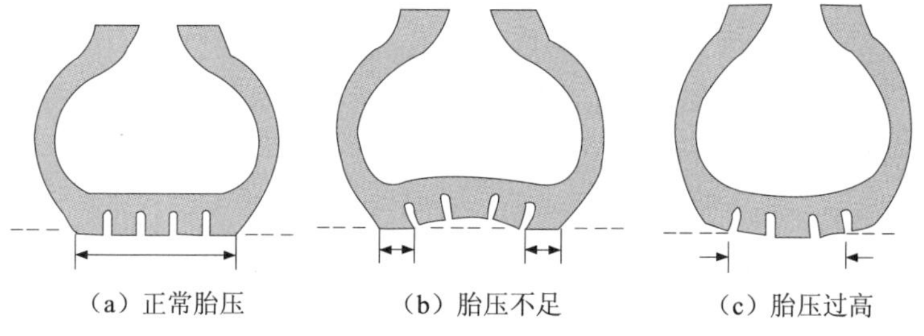

图 7-2-1 轮胎气压与轮胎接地面积的关系

表7-2-3 桑塔纳2000型轿车车轮和轮胎的主要技术参数

<table>
<tr><th colspan="3">项目</th><th>技术参数</th></tr>
<tr><td colspan="3">轮胎型号</td><td>195/60 R14 86H</td></tr>
<tr><td colspan="3">轮辋型号</td><td>6JX14ET38</td></tr>
<tr><td rowspan="4">充气压力/kPa</td><td rowspan="2">半载</td><td rowspan="2">前轮后轮</td><td>180</td></tr>
<tr><td>180</td></tr>
<tr><td rowspan="2">满载</td><td rowspan="2">前轮后轮</td><td>190</td></tr>
<tr><td>240</td></tr>
<tr><td colspan="3">车轮动态不平衡量/g</td><td>在轮辋边缘上小于80</td></tr>
<tr><td colspan="3">轮胎允许不平衡量/g</td><td>0.7%轮胎质量</td></tr>
</table>

二、合理选配轮胎、定期进行换位

在同一汽车上最好使用类型、花纹与新旧程度一致的轮胎。当使用类型、花纹的新旧程度不同的轮胎时应按以下原则正确选配：轮胎必须装配在规定轮辋上；同一车轴应装配相同规格、花纹和层级的轮胎；普通斜交胎与子午线轮胎不宜装在同一车轴上；轮胎的花纹应根据道路条件选择；装配有方向花纹轮胎时，花纹“人”字尖端的指向应与车轮旋转方向一致；换装新轮胎时，应尽量做到整车或同轴同时更换；翻新轮胎，修补后的外胎不能装在转向轮上。

轮胎的安装不同，其工作条件和承受的负荷各不相同，一般后轮轮胎的负荷大于前轮，由于车辆经常靠右行驶，右侧轮胎的负荷大于左侧。汽车行驶一定里程后，各不同部位的轮胎在疲劳和磨损程度上就会出现差别，因此，应按保养规定及时进行轮胎换位。轮胎换位的目的是平衡轮胎磨损，延长使用寿命，一般可延长20%左右的使用寿命。轮胎换位应结合车辆的二级维护作业定期完成。

常用的轮胎换位方法有交叉换位法，如图7-2-2所示。装用普通斜交轮胎的六轮二桥汽车常用交叉换位法，并在换位的同时翻面。

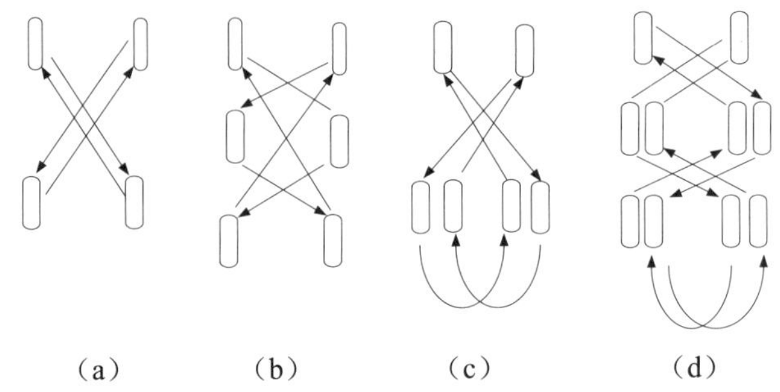

图 7-2-2 斜交轮胎四种换位方式

四轮式二桥汽车采用斜交轮胎也可用交叉换位法，如图7-2-3（a）所示。子午线轮胎宜用单边换位法，如图7-2-3（b）所示。

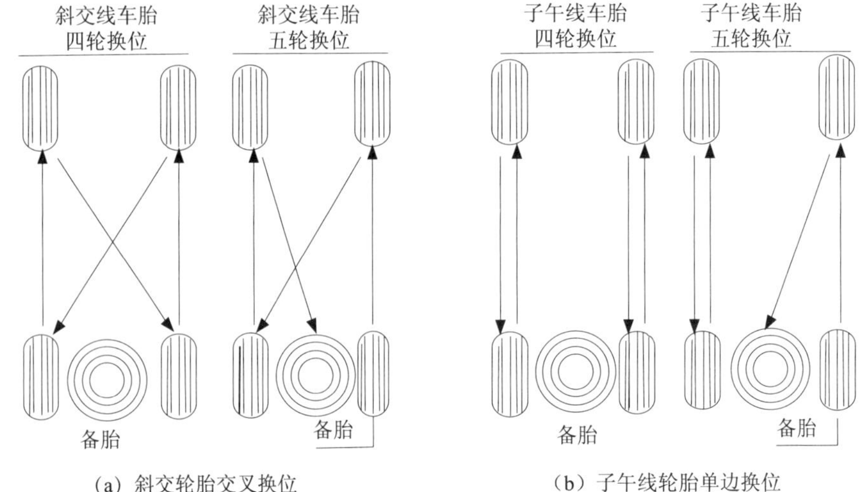

图 7-2-3 轮胎换位法

轮胎换位应注意的问题：

（1）无论采用哪种方法，只能一用到底，不应改变。

（2）换位后，应按轮胎新的位置，重新调整至规定气压。

（3）做好标记或记录，以利于下次换位。

（4）翻新胎、有损伤或磨损严重的轮胎不可装作转向胎。

（5）汽车前后车轮的轮胎帘线层数不同、承载负荷不同时不能随便换位。

（6）有方向性花纹的轮胎，换位前后旋转方向应一致。

（7）若轮胎有异常磨耗，可在排除后提前换位。

三、车轮动平衡的检测

1. 车轮不平衡的危害

车轮与轮胎是高速旋转组件。如果车轮不平衡，在高速行驶时会引起车轮上下跳动和横向摇摆，不仅影响汽车的乘坐舒适性，而且使驾驶员难以控制行驶方向，汽车的制动性能变差，影响行车安全。同时，会使汽车的有关零件受到损坏，加大轮胎的磨损和行驶噪声等，造成使用寿命下降。

2. 车轮不平衡的原因

（1）质量分布不均匀，如轮胎产品质量欠佳、翻新胎、补胎、胎面磨损不均匀及在外胎与内胎之间垫带等。

（2）轮辋、制动鼓变形。

（3）轮毂与轮辋加工质量不佳，如中心不准、轮胎螺栓孔分布不均、螺栓质量不佳等。

3. 车轮动平衡的试验

由于车轮不平衡对汽车危害很大，因此，必须对车轮的不平衡进行试验，并进行调平衡工作。车轮的不平衡包括静不平衡和动不平衡，由于动平衡的车轮一定处于静平衡状态，因此，只要检测了动平衡，就没必要检测静平衡。

车轮的动平衡试验有离车式和就车式两种方法。

（1）离车式车轮动平衡机

利用离车式车轮动平衡机对车轮进行动平衡检测时，须将车轮从车上拆下。如图7-2-4所示为常见的车轮动平衡机。该动平衡机主要由驱动装置、转轴与支承装置、显示与控制装置、制动装置及防护罩组成。

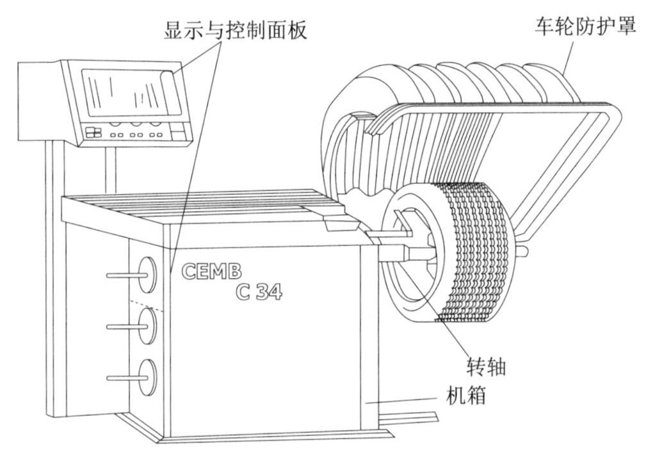

图 7-2-4 离车式车轮动平衡机

（2）就车式车轮动平衡机

就车式车轮动平衡机可以在汽车不拆卸车轮的前提下，对汽车进行车轮平衡检测，其结构与测量原理如图7-2-5所示。

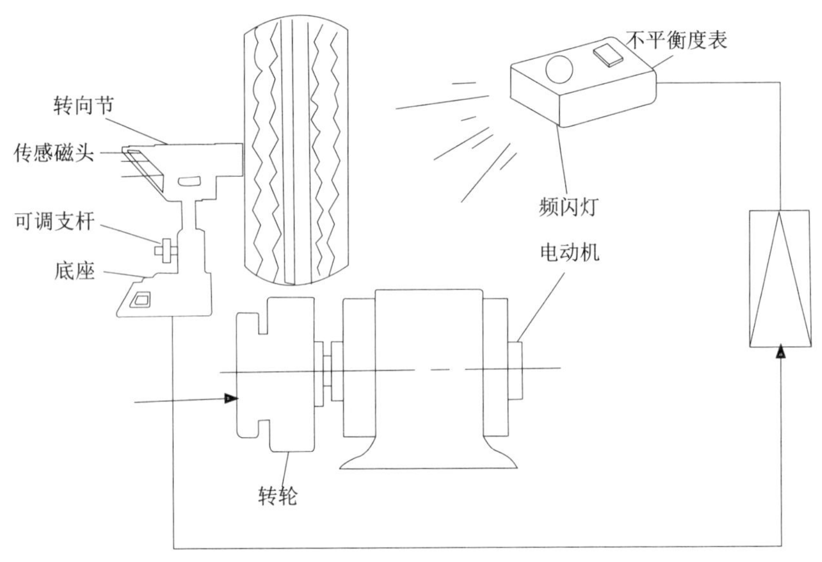

图 7-2-5 就车式车轮动平衡机

对车轮进行动平衡检测时，方法如下：

首先应对车轮进行清洁，并去掉旧平衡块，将轮胎充气到规定气压，轮毂轴承松紧度合适，支起前桥，使两侧车轮离地间隙相等，然后用粉笔在轮胎任意位置做出标记。

将传感器头吸附在制动底板边缘，并使车轮在规定转速下旋转。

观察轮胎标记位置，在指示装置上读取不平衡量，停转车轮，加装平衡块，再进一步复查，直至合格，测试结束。

测从动轮时，利用动平衡机转轮驱动车轮转动；测驱动车轮时，则直接用汽车发动机、传动系来驱动车轮转动。

四、离车式车轮动平衡的检测和调整

离车式车轮动平衡度检测的步骤如下：

1. 清除被测车轮上的泥土、石子和旧平衡块。

2. 检查轮胎气压，视必要充至规定值。

3. 根据轮辋中心孔的大小选择锥体，仔细地装上车轮，用大螺距螺母上紧。

4. 打开车轮平衡机电源开关，检查指示与控制装置的面板是否指示正确。

5. 用卡尺测量轮辋宽度b、轮辋直径d（也可由胎侧读出），用平衡机上的标尺测量轮辋边缘至机箱距离a，再用键入或选择器旋钮对准测量值的方法，将a、b、d值键入指示与控制装置中去。

6. 放下车轮防护罩，按下起动键，车轮旋转，平衡测试开始，自动采集数据。

7. 车轮自动停转或听到“嘀”声后按下停止键并操纵制动装置使车轮停转后，从指示装置读取车轮内、外不平衡量和不平衡位置。

8. 抬起车轮防护罩，用手慢慢转动车轮。当指示装置发出指示（音响、指示灯亮、制动、显示点阵或显示检测数据等）时停止转动。在轮辋的内侧或外侧的上部（时钟12点位置）加装指示装置显示的该侧平衡块质量。内、外侧分别进行，平衡块装卡要牢固。

9. 安装平衡块后有可能产生新的不平衡，应重新进行平衡试验，直至不平衡量＜5g（0.3oz），指示装置显示“00”或“OK”时算完成。当不平衡量相差10g左右时，如能沿轮辋边缘前后移动平衡块至一定角度，将可获得满意的效果。

10. 测试结束，关闭电源开关。

五、轮胎气压监测系统（TPMS）

据有关数据显示，在中国高速公路上发生的由轮胎产生的交通事故中，有70%是由爆胎引起的。而在美国这一比例更高达80%。从某种意义上来说，爆胎已经成为当今高速公路上的“头号杀手”。轮胎压力监测系统（TPMS）的作用是在汽车行驶过程中对轮胎气压进行实时自动监测，精确测量四个轮胎的压力和温度，并对轮胎漏气和低气压及时准确地做出报警，防止爆胎的发生，以确保行车安全。目前，奥迪、宝马、奔驰、法拉利、保时捷和大众等部分车型安装了轮胎气压监控系统。

采用胎压监测系统的优点：

（1）当瞬间压力损失时可提前警告；（2）避免高速/低压条件下爆胎；（3）提醒驾驶者须检查轮胎压力；（4）压力可由电子的胎压传感器检查；（5）减少轮胎磨损（在使用寿命中可减少磨损25%）；（6）降低油耗。

1. 轮胎压力监测系统类型

(1) 间接式（Wheel-Speed Based TPMS，简称WSB）

这种系统是通过汽车ABS系统的轮速传感器来比较轮胎之间的转速差别，以达到监测胎压的目的。ABS通过轮速传感器来确定车轮是否抱死，从而决定是否启动防抱死系统。当轮胎压力降低时，车辆的重量会使轮胎直径变小，这就会导致车速发生变化，这种变化即可用于触发警报系统来向驾驶员发出警告。

(2) 直接式（Pressure-Sensor Based TPMS，简称PSB）

这种系统是利用安装在每一个轮胎里的压力传感器来直接测量轮胎的气压，利用无线发射器将压力信息从轮胎内部发送到中央接收器模块上的系统，然后对各轮胎气压数据进行显示。当轮胎气压太低或漏气时，系统会自动报警，如图7-2-6所示。

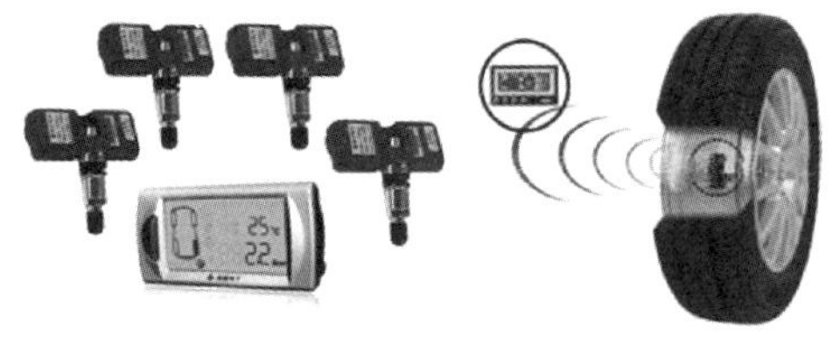

图 7-2-6 直接式胎压监测系统

直接系统可以提供更高级的功能，随时测定每个轮胎内部的实际瞬压，很容易确定故障轮胎。间接系统造价相对较低，已经装备了四轮ABS（每个轮胎装备一个轮速传感器）的汽车只须对软件进行升级。但是，间接系统没有直接系统准确率高，它不能确定故障轮胎，而且系统校准极其复杂，在某些情况下该系统会无法正常工作，例如同一车轴的两个轮胎气压都低时。

(3) 复合式TPMS

复合式系统兼有上述两个系统的优点，它在两个互相成对角的轮胎内装备直接传感器，并装备一个四轮间接系统。与全部使用直接系统相比，这种复合式系统可以降低成本，克服间接系统不能检测出多个轮胎同时出现气压过低的缺点。但是，它仍然不能像直接系统那样提供所有四个轮胎内实际压力的实时数据。

2. 奥迪Audi A6’05轮胎压力监测系统

(1) 结构

轮胎压力监控系统采用模块结构，轮胎压力监测系统控制单元J502连接在CAN舒适总线上。每个车轮罩内都安装了一个轮胎压力监测发射器（G431、G432、G433、G434）。后部轮胎压力监测系统天线R96位于车顶上的车内灯和滑动车顶模块之间，如图7-2-7所示。

图 7-2-7 奥迪Audi A6’05轮胎压力监测系统

发射器和天线通过LIN总线与控制单元相连，每个车轮还有一个轮胎压力传感器G222—G226。传感器和天线分成两种型号(433和315 MHz)。

(2) 原理

当打开驾驶员车门或15号接线柱接通时，系统就开始初始化过程，然后控制单元给轮胎压力监控发射器G431—G434和天线R96各分配一个LIN地址（分配时在时间上是错开的）。初始化完成后，这几个发射器一个接一个从控制单元接收到一条信息，随后这些已经分配有地址的发射器发射出无线电信号（频率为125 kHz，只发射一次）。

由于这种无线电信号的作用半径很小，所以它们只会分别被相应的轮胎压力传感器所接收，传感器被这个无线电信号激活，然后就会发送出测量到的当前压力和温度值，这些测量值由天线接收后再经LIN总线传送到控制单元。

汽车停驶时，不再进行任何通信联系。轮胎压力传感器上装有离心力传感器，该传感器可以识别出车轮是否在转动。只要15号接线柱接通就可立即显示出警报信息。

车辆起步时，传感器在约两分钟后开始与车轮位置进行匹配。当车速超过约20km/h，每个传感器会自动发射当前的测量值，而不须等待来自各自发射器的信号。发射出的无线电信号中包含有传感器的ID，这样控制单元就可识别出是哪个传感器发出的信息及其位置。

正常情况下，发射器每隔约30秒就发射一次信号。如果传感器发现压力变化较快（>0.2 bar/min），那么传感器会自动切换到快速发送模式，这时每隔一秒钟就发送一次当前测量值。

(3) 显示

在奥迪多媒体交互系统MMI（Multi-Media Interface）上进行操作，当车上装用的轮胎/车轮内的空气压力有变化时，就须显示出各个轮胎的规定压力。如果车上的车轮交换了位置或更换了车轮，那么就得重新适配各自的压力规定值（与位置有关）。

MMI上有一个新菜单项就是用来完成这个内容的，压力和温度值只显示在MMI上，司机无法再关闭轮胎压力监控系统。

图 7-2-8 两种不同的警报显示方式

压力损失较大（当按照油箱盖上的压力规定值调整冷充气压力时，压力低于规定压力超过0.5bar）时，出现的是“强报警”（红色显示）；压力损失较小（低于规定值超过0.3bar）时，出现的是“弱警报”（黄色显示），如图7-2-8所示。

如果与规定值的偏差不低于0.3bar，那么控制单元就会“观察”一会这个偏差，但不立即发出警报。

如果这个不低于0.3bar的偏差持续的时间超过17分钟，那么控制单元就会发出“弱警报”，如图7-2-9所示。

如果控制单元识别出两次连续压力测量值都与规定值相差至少0.5bar，那么就会发出“强报警”，如图7-2-10所示。除了显示屏上有光学显示以外，还有一个声音报警信号（锣声）。

图 7-2-9 弱警报显示方式

图 7-2-10 强警报显示方式

第八章
汽车转向系统

第一节 机械转向系统的结构与拆装

一、机械转向系统的基本组成及工作原理

机械转向系统是指以驾驶员的体力（手力）作为转向能源的转向系统，其中所有传力件都是机械的。机械转向系统由转向操纵机构、转向器和转向传动机构组成（图8-1-1）。

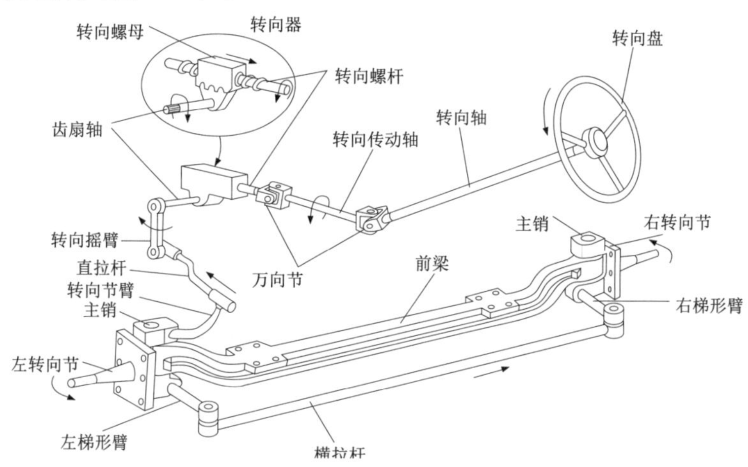

图 8-1-1 机械转向系统的组成

1. 机械转向系统的基本组成

（1）转向操纵机构

转向操纵机构主要由转向盘、转向轴、转向管柱等组成，用于操纵转向器和转向传动机构，使转向轮偏转。

（2）转向器

转向器是将转向盘的转动变为转向摇臂的摆动或齿条轴的直线往复运动，并对转向操纵力进行放大的机构。转向器一般固定在汽车车架或车身上，转向操纵力通过转向器后一般还会改变传动方向。

（3）转向传动机构

转向传动机构是将转向器输出的力和运动传给车轮（转向节），并使左右车轮按一定关系进行偏转的机构。

2. 机械转向系统的工作原理

图8-1-2所示为一种机械式转向系统。须转向时，驾驶员对转向盘施加一个转向力矩。该力矩通过转向轴输入转向器。从转向盘到转向传动轴的这一系列部件和零件即属于转向操纵机构。经转向器放大后的力和减速后的运动传到转向横拉杆，再传给固定于转向节上的转向节臂，使转向节和它所支承的转向轮偏转，从而改变了汽车的行驶方向。这里，转向横拉杆和转向节臂属于转向传动机构。

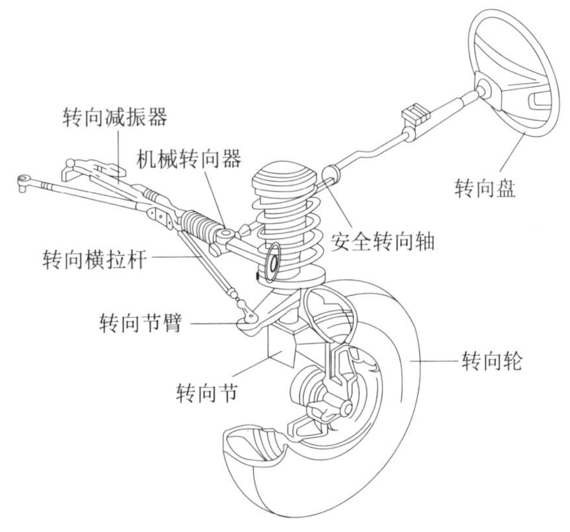

图 8-1-2 机械转向系统的工作原理

3. 对转向系统的使用要求

（1）要求工作可靠，操纵轻便。

（2）转向机构还应能减小地面传到转向盘上的冲击，并保持适当的“路感”。

（3）当汽车发生碰撞时，转向装置应能减轻或避免对驾驶员的伤害。

二、转向操纵机构

转向操纵机构的作用是将驾驶员转动转向盘的操纵力传给转向器。它由转向盘、转向轴、转向管柱等组成。转向管柱由许多个零部件组成。转向盘和转向管柱的具体形式根据汽车生产年代和生产厂家不同而不同。

桑塔纳轿车的转向操纵机构如图8-1-3所示。转向柱中部用橡胶垫和半圆形支架固定在驾驶室前围板上，下端插入铸铁支座的孔中，支座固定在转向操纵机构支架上。

为了方便不同体形驾驶员的操纵及保护驾驶员的安全，现代新型汽车转向操纵机构还带有各种调整机构及安全装置，如转向盘柱都增设有能量吸收机构、斜度调整机构、伸缩转向机构、转向锁止机构等。

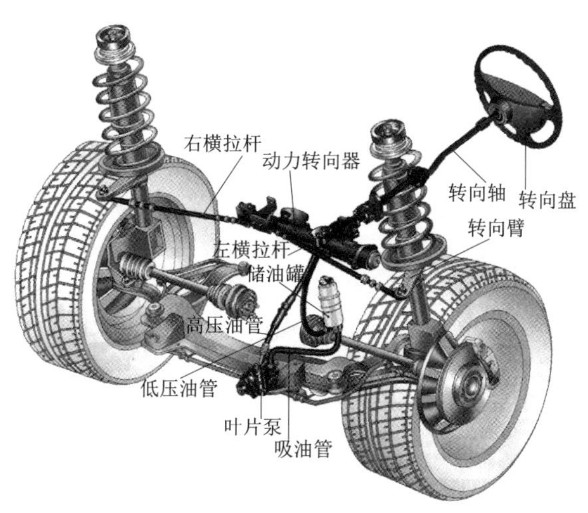

图 8-1-3 桑塔纳轿车的转向操纵机构

1. 转向盘

为了驾驶员有良好的视野，转向盘上部的空间一般较大。转向盘主要由轮毂、轮辐和轮圈组成，如图8-1-4所示。转向盘与转向轴一般通过花键或带锥度的细花键连接，端部通过螺母轴向压紧固定。转向盘上部都装有喇叭按钮，有些轿车的转向盘上还装有车速控制开关盒以及撞车时保护驾驶员的气囊装置。

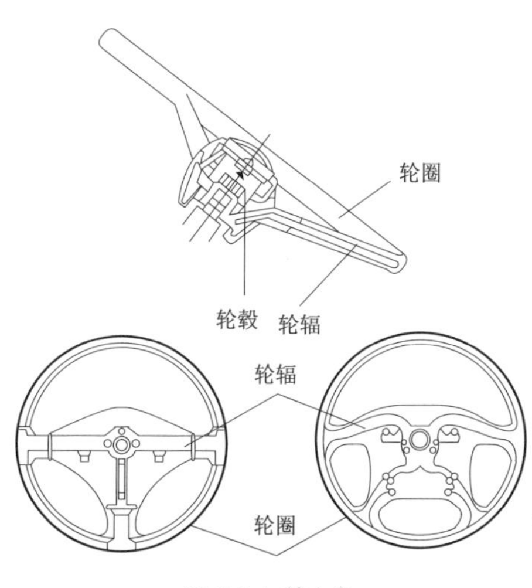

图 8-1-4 转向盘

2. 转向盘自由行程

（1）转向盘自由行程定义

转向盘在空转阶段的角行程称为转向盘的自由行程，这主要是由转向系统各传动件之间的装配间隙和弹性变形所引起的。转向盘的自由行程对于缓解路面冲击和避免驾驶员过度紧张有利，但不宜过大，以免影响转向的灵敏性。一般转向盘从汽车直行的中间位置向任意方向的自由行程最好不超过10°—15°。如桑塔纳2000为7.7°或10—15mm。当零件磨损严重到转向盘自由行程超过35°—30°时，必须进行调整。

（2）转向盘自由行程检查

对转向盘自由行程检查应使汽车前轮处于直线行驶状态，用指尖向左侧、右侧轻轻推动转向盘，在转向盘外圆周上测量手感变重时（即轮胎开始转动）的自由行程。如该值在规定值之内，说明状况正常。否则须调整，不同的转向器，调整的方法不同。

3. 转向轴（包括转向轴和转向管柱）

转向轴是将驾驶员作用于转向盘的转向操纵力矩传给转向器的传力轴，它的上部与转向盘固定连接，下部装有转向器，如图8-1-5所示。转向管柱安装在车身上，支承着方向盘，转向轴从转向管柱中穿过，支承在管柱内的轴承和衬套上。

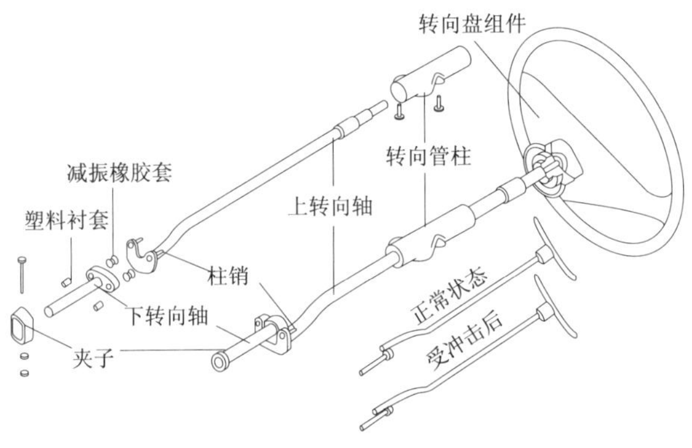

图 8-1-5 转向操纵机构

三、转向器

转向器的功能是将转向盘的转动变为齿条轴的直线运动或转向摇臂的摆动，降低运动速度，增大转向力矩并改变转向力矩的传动方向。转向器输出端的运动形式有两种，一种是线位移（如齿轮齿条式转向器），另一种是角位移（如循环球式、蜗杆曲柄指销式转向器）。

转向器是转向系统中的减速传动装置，其结构形式很多，但目前已臻成熟并广泛采用的有齿轮齿条式、循环球式和蜗杆曲柄指销式等几种。在轿车上应用最多的是前两种转向器。

1. 齿轮齿条式转向器

齿轮齿条式转向器分为两端输出式和中间（或单端）输出式两种。

两端输出的齿轮齿条式转向器如图8-1-6（a）所示，作为传动副主动件的转向齿轮轴通过轴承安装在转向器壳体中，其上端通过花键与万向节和转向轴连接。与转向齿轮啮合的转向齿条水平布置，两端通过球头座与转向横拉杆相连。压紧弹簧通过压块将齿条压靠在齿轮上，保证无间隙啮合。弹簧的预紧力可用调整螺塞调整。当转动转向盘时，转向器齿轮转动，使与之啮合的齿条沿轴向移动，从而使左右横拉杆带动转向节左右转动，使转向车轮偏转，从而实现汽车转向。

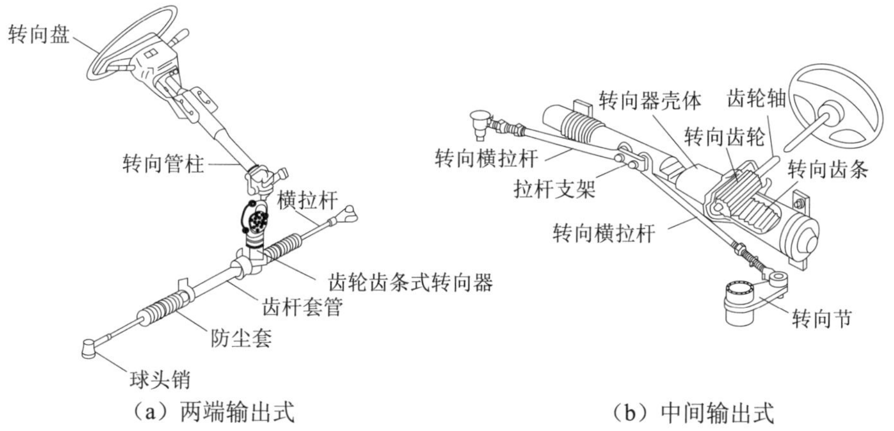

图 8-1-6 齿轮齿条式转向器

中间输出的齿轮齿条式转向器如图8-1-6（b）所示，其结构及工作原理与两端输出的齿轮齿条式转向器基本相同，不同之处在于它在转向齿条的中部用螺栓与左右转向横拉杆相连。在单端输出的齿轮齿条式转向器上，齿条的一端通过内外托架与转向横拉杆相连。

采用齿轮齿条式转向器可以使转向传动机构简化（不需要转向摇臂和转向直拉杆等），齿轮齿条无间隙啮合无须调整，而且逆传动效率很高。故多用于前轮为独立悬架的轻型及微型轿车和货车上。例如，奥迪、桑塔纳等很多轿车，天津TJ1010型微型货车以及南京依维柯轻型货车等都采用了齿轮齿条式转向器。

2. 循环球式转向器

循环球式转向器是目前国内外应用最广泛的结构形式之一，如图8-1-7所示。一般有两级传动副，第一级是螺杆螺母传动副，第二级是齿条齿扇传动副。

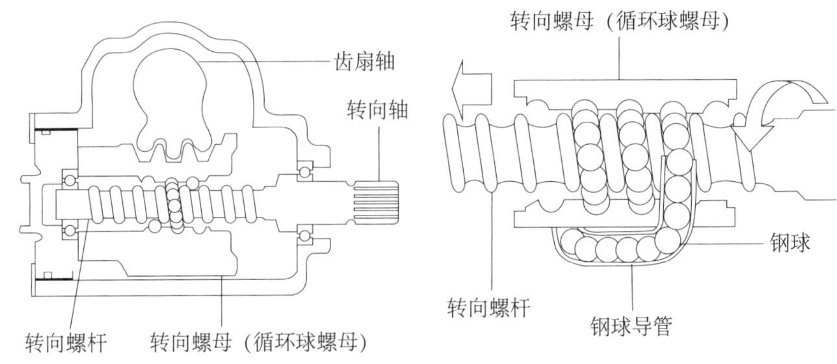

图 8-1-7 循环球式转向器

为了减少转向螺杆与转向螺母之间的摩擦，两者的螺纹并不直接接触，其间装有多个钢球，以实现滚动摩擦。转向螺杆和螺母上都加工出断面轮廓为两段或三段不同心圆弧组成的近似半圆的螺旋槽。二者的螺旋槽能配合形成近似圆形断面的螺旋管状通道。螺母侧面有两对通孔，可将钢球从此孔塞入螺旋形通道内。转向螺母外有两根钢球导管，每根导管的两端分别插入螺母侧面的一对通孔中。导管内也装满了钢球，这样，两根导管和螺母内的螺旋管状通道组合成两条各自独立的封闭的钢球流道。

转向螺杆转动时，通过钢球将力传给转向螺母，螺母即沿轴向移动。同时，在螺杆及螺母与钢球间的摩擦力偶作用下，所有钢球便在螺旋管状通道内滚动，形成球流。在转向器工作时，两列钢球只是在各自的封闭流道内循环，不会脱出。工作时，随着转向轴转动，螺杆转动。螺杆的外表面开有螺旋形槽。螺母安装在螺杆上，螺母的内表面开有与螺杆相对应的螺旋形槽。小钢球在螺杆螺母形成的螺旋形孔道和钢球导管内循环。钢球在孔道中滚动，从孔道的一端出来，经钢球导管再进入孔道的另一端。这套装置保证螺杆和螺母之间的摩擦阻力很小。

螺母外表面的一侧带有齿，它与齿扇轴上的齿相啮合。齿扇轴也叫转向摇臂轴。螺杆左右转动，螺母跟着前后移动。随着螺母前后移动，带动齿扇轴摆动。齿扇轴直接与转向摇臂连接，后者控制着转向传动机构的运动。

循环球式转向器的效率高，工作平稳，坚固耐用，长期使用亦不致发生松动和迅速磨损。所以，除非常必要外，一般不必拆卸，特别是钢球等零件不得轻易拆动。

四、转向传动机构

转向传动机构的功用是将转向器输出的力和运动传到转向桥两侧的转向节，使两侧转向轮偏转，且使两转向轮偏转角按一定关系变化，以保证汽车转向时车轮与地面的相对滑动尽可能小。

1. 转向传动机构的分类

（1）与非独立悬架配用的转向传动机构

与非独立悬架配用的转向传动机构主要包括转向摇臂、转向直拉杆、转向节臂和转向梯形。在前桥仅为转向桥的情况下，由转向横拉杆和左、右梯形臂组成的转向梯形一般布置在前桥之后，如图8-1-8（a）所示。当转向轮处于与汽车直线行驶相应的中立位置时，梯形臂与横拉杆在与道路平行的平面（水平面）内的交角>90°。在发动机位置较低或转向桥兼充驱动桥的情况下，为避免运动干涉，往往将转向梯形布置在前桥之前，此时上述交角<90°，如图8-1-8（b）所示。若转向摇臂不是在汽车纵向平面内前后摆动，而是在与道路平行的平面左右摇动，则可将转向直拉杆横置，并借球头销直接带动转向横拉杆，从而推使两侧梯形臂转动，如图8-1-8（c）所示。

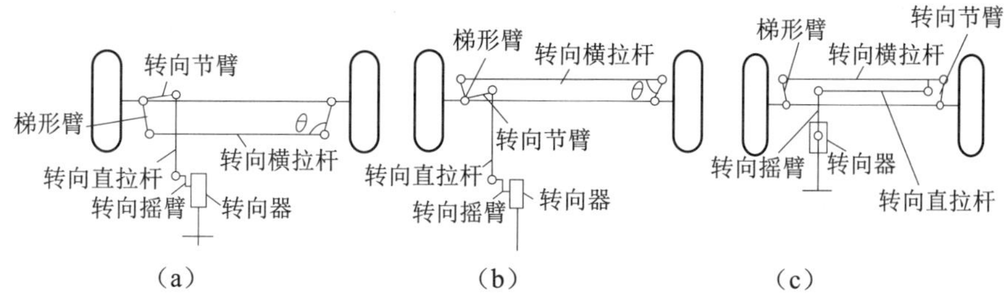

图 8-1-8 与非独立悬架配用的转向传动机构示意图

（2）与独立悬架配用的转向传动机构

当转向轮独立悬挂时，每个转向轮都须相对于车架做独立运动，因而转向桥必须是断开式的。与此相应，转向传动机构中的转向梯形也必须是断开式的。如图8-1-9所示为几种与独立悬架配用的转向传动机构示意图。其中图8-1-9（a）、（b）所示机构与循环球式转向器配用，图8-1-9（c）、（d）所示机构与齿轮条式转向器配用。

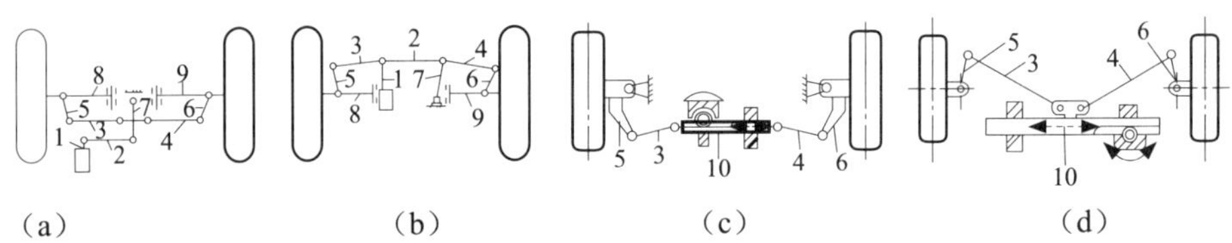

1-转向摇臂 2-转向直拉杆 3-左转向横拉杆 4-右转向横拉杆 5-左梯形臂
6-右梯形臂 7-摇杆 8-悬架左摇臂 9-悬架右摇臂 10-齿轮齿条转向器

图 8-1-9 与独立悬架配用的转向传动机构示意图

2. 转向传动机构的组成

（1）转向直拉杆

转向直拉杆的作用是将转向摇臂传来的力和运动传给转向梯形臂（或转向节臂）。它所受的力既有拉力，也有压力，因此直拉杆都是采用优质特种钢材制造的，以保证工作可靠。直拉杆体是一段两端扩大的钢管，如图8-1-10所示。其前端是球头销，后端是球头销座，分别与转向节臂（或梯形臂）、转向摇臂球形铰链，在转向轮偏转或因悬架弹性变形而相对于车架跳动时，转向直拉杆与转向摇臂及转向节臂的相对运动都是空间运动，以保证三者在相对的空间运动中不发生干涉。前、后球形铰链结构中都有压缩弹簧，以补偿机械磨损而产生的间隙，并具有缓和经车轮和转向节传来的路面冲击。

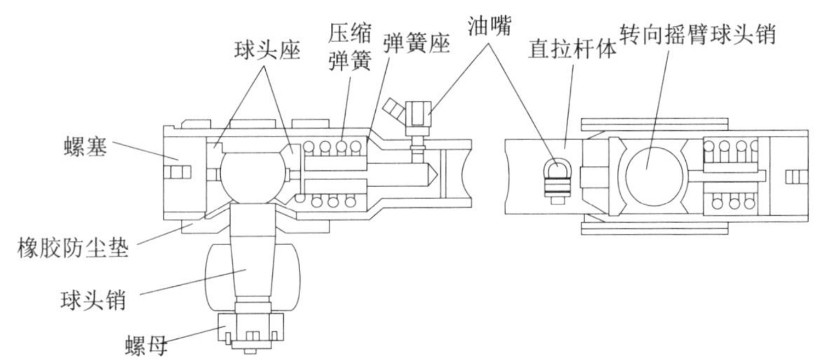

图 8-1-10 转向直拉杆

（2）转向摇臂

图8-1-11所示为常见转向摇臂的结构形式。循环球式转向器和蜗杆曲柄指销式转向器通过转向摇臂与转向直拉杆相连。转向摇臂的大端用锥形三角细花键与转向器中摇臂轴的外端连接，小端通过球头销与转向直拉杆作空间铰链连接。

（3）转向横拉杆

转向横拉杆是联系左、右梯形臂并使其协调工作的连接杆，如图8-1-12所示。转向横拉杆由横拉杆体和两端的横拉杆接头组成。

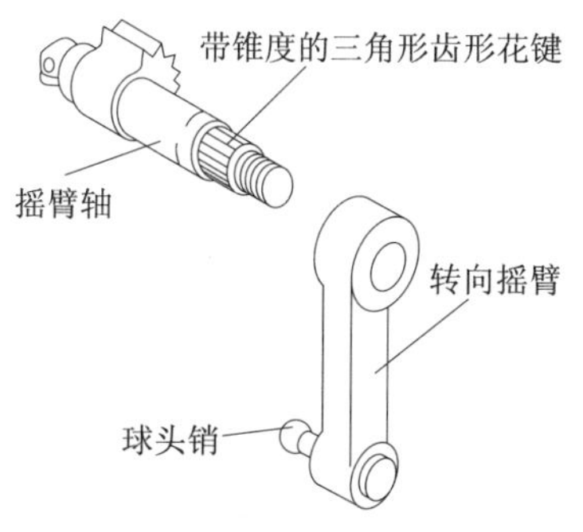

图 8-1-11 转向摇臂

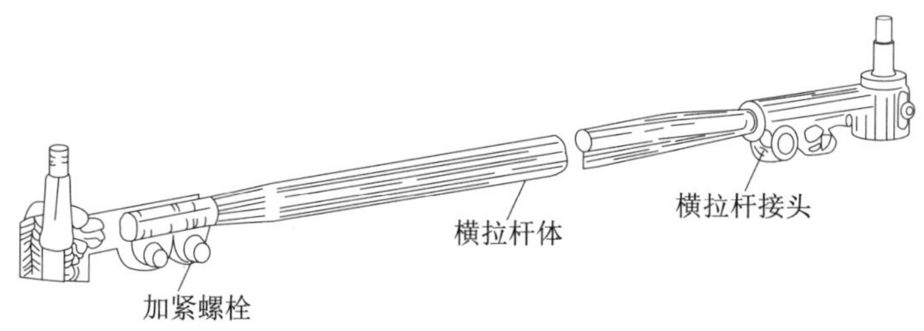

图 8-1-12 转向横拉杆

横拉杆体用钢管制成，其两端切有螺纹，一端为右旋，一端为左旋。与横拉杆接头旋装连接。两端接头为球头座——球头销结构，其上有压紧弹簧和调节螺塞，如图8-1-13所示。

如图8-1-14所示，球头座分上、下两部分，装配时凹凸部互相嵌合，两端接头和横拉杆体用螺纹连接。接头螺纹部分有切口，具有弹性。接头旋装到横拉杆体后，用夹紧螺栓夹紧。放松夹紧螺栓，转动横拉杆体，即可改变转向横拉杆的总长度，从而可调整转向轮前束。

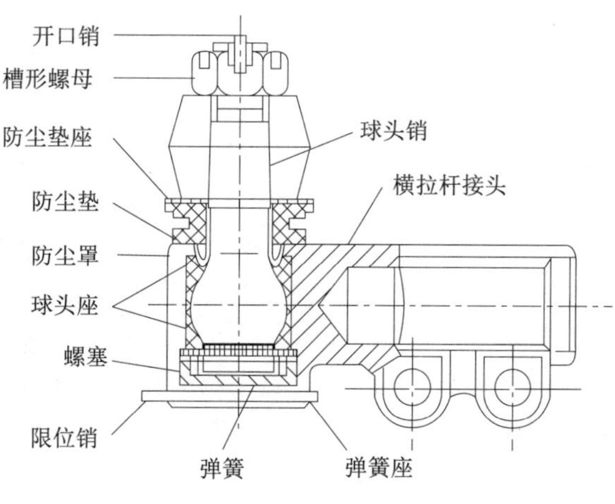

图 8-1-13 接头

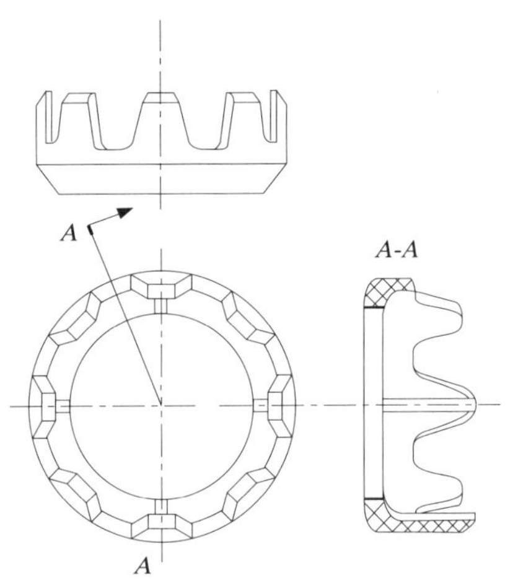

图 8-1-14 球头座

（4）转向减震器

随着车速的提高，现代汽车的转向轮有时会产生摆振（转向轮绕主销轴线往复摆动，甚至引起整车车身的振动），这不仅影响汽车的稳定性，而且还影响汽车的舒适性，加剧前轮轮胎的磨损。在转向传动机构中设置转向减震器（图8-1-15），是克服转向轮摆振的有效措施。转向减震器的一端与车身（或前桥）铰接，另一端与转向直拉杆（或转向器）铰接。

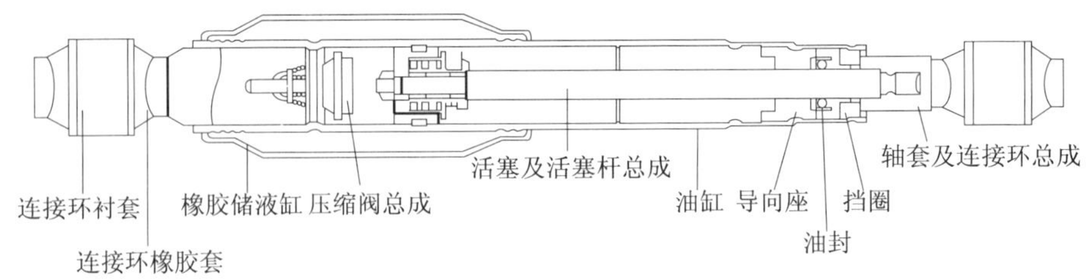

图 8-1-15 转向减震器

五、转向齿轮与转向齿条啮合间隙的调整机构

转向齿轮与转向齿条啮合间隙的调整机构因结构差异，调整方法也有所不同。常见的方法有两种：一种是改变齿条导块与盖之间的垫片厚度来调整转向齿条与转向齿轮的啮合间隙，如图8-1-16（a）所示。另一种是用调整螺塞改变转向齿条导块与弹簧座之间的间隙来调整转向齿条与转向齿轮的啮合间隙，如图8-1-16（b）所示。对于第一种结构形式，其预紧力的调整步骤是：先不装弹簧以及盖之间的垫片，进行力值的调整，使转向齿轮轴上的转

动力矩为1—2N·m；然后用厚薄规测量x值，在x值上加0.05—0.13mm，此值就是应加垫片的厚度，也就是转向齿条和转向齿轮合格的啮合间隙所要求的垫片厚度。对于第二种结构形式，其预紧力的调整步骤是：先旋转盖上的调整螺塞，使弹簧座与导块接触，再将调整螺塞旋出30°—60°之后，检查转向齿轮的转动力矩，如此重复操作，直至转向齿轮的转动力距符合原厂规定，最后紧固锁紧螺母。

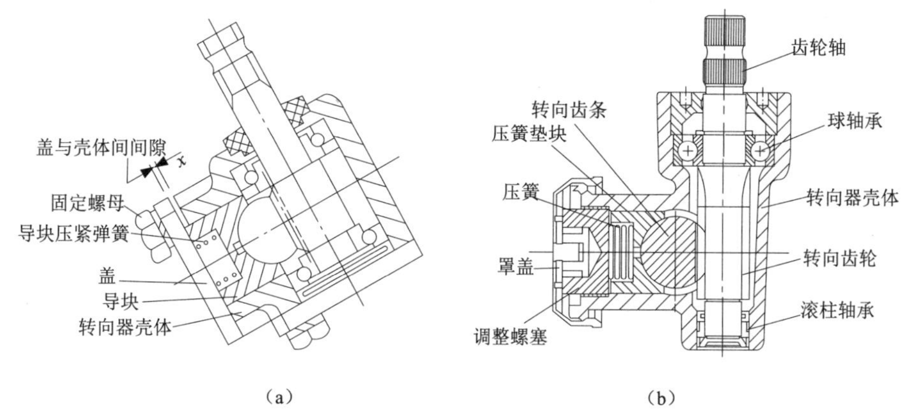

(a) (b)

图 8-1-16 预紧力调整机构

五、机械转向器的拆装与调整

1. 齿轮齿条转向器的拆装与调整

（1）齿轮齿条转向器的拆卸

①在横拉杆与锁紧螺母相邻的螺纹处做标记，以确定两者的相对位置。松开锁紧螺母并将横拉杆拆下。

②拆下内、外防尘套夹箍并将防尘套从内、外拉杆上取下。将齿条用台虎钳夹住，并将钩住横拉杆端部的锁片拉直。将齿条用扳手夹住，将内横拉杆从齿条上卸下。有些横拉杆的内接头处采用锁紧螺母代替锁片，并使用滚针将横拉杆接头与齿条固定。连接的方式不同，拆卸的步骤也不尽相同。

③转动齿轮轴直至齿条端与转向器壳体的距离达到规定值，做标记标出齿轮轴与壳体的相对位置。

④松开调整螺塞锁紧螺母，并拆下调整螺塞及弹簧。

⑤将转向齿轮轴从调整螺塞开口处卸下。

⑥清洁齿轮轴油封周围的表面，用针在齿轮轴油封的密封面的两个圆形之间刺一个小孔，从壳体中撬出油封。

⑦用锁环钳将齿轮轴锁环拆下。

⑧用台虎钳夹住齿轮轴端部，用软锤轻敲转向器壳体，拆下齿轮轴及轴承。

⑨将齿条从壳体上拆下。

（2）齿轮齿条转向器的安装与调整

①安装转向齿轮。

a. 将上轴承和下轴承压在转向齿轮轴颈上，轴承内座圈与齿端之间应装好隔圈。

b. 把油封压入调整螺塞。

c. 将转向齿轮及轴承一起压入壳体。

d. 装上调整螺塞及油封，并调整转向齿轮轴承预紧度，手感应无轴向窜动，转动自如，转向齿轮的传动力矩要符合原厂规定，一般为0.5N·m。按原厂规定扭矩紧固锁紧螺母，并装好防尘罩。

②装入转向齿条。

③安装齿条衬套，转向齿条与衬套的配合间隙不大于0.15mm。

④装入齿条导块，隔环、导块压紧弹簧、弹簧帽及锁紧螺母。

⑤调整转向齿条与转向齿轮的啮合间隙，也称转向齿条的预紧力。

⑥安装垫圈和转向齿条端头时，应特别注意齿条端头和齿条的连接必须紧固，锁止可靠。

⑦安装横拉杆和横拉杆端头，并按原厂规定检查调整左、右横拉杆的长度，以保证转向车轮前束正确。另外，横拉杆端头球销的夹角应符合原厂规定。调整合格后，必须按原厂规定的扭矩紧固并锁止横拉杆夹子。

2. 循环球式转向器的拆装与调整

（1）循环球式转向器的拆卸

①转动螺杆至中央位置，做标记标出螺杆与壳体的相对位置。

②拆下扇形齿轮齿隙，调整螺钉的锁紧螺母，以及端盖螺钉。顺时针旋转调整螺钉，拆下端盖与衬垫。

③从摇臂轴端部拆下调整螺钉及调整垫片，并从壳体上拆下摇臂轴。将全部转向器零件放在工作台上。

④松开螺杆调整器的锁紧螺母，拆下轴承及轴承挡圈。

⑤拆下螺杆转向螺母总成，拆下球导管螺钉和球导管。将转向螺母倒过来，从一侧向另一侧转动螺杆以卸下所有的钢球。从螺杆上卸下转向螺母。

⑥从转向器壳体上拆下摇臂轴油封。

⑦用顶拔器拆下轴承。

（2）循环球式转向器的安装与调整

①安装转向螺杆组件。转向螺杆螺母组件在维修时一般不拆散，若拆散重新组装时，先平稳地逐个装入钢球。装钢球的过程中，转向螺杆和螺母不要相对运动，必要时，只能稍许转动转向螺母或用塑料棒将钢球轻轻冲进滚道内；然后给装满钢球的导管口涂压润滑脂防止钢球脱出，用导管卡将导管固定在转向螺母上。所装钢球的直径和数量必须符合原厂规定。

②装入钢球后，检查螺杆与转向螺母的轴向间隙：使螺杆保持不动，且使转向螺母不转动，轴向推拉螺母，用百分表检查其间隙。轴向间隙不超过0.08mm为合格。

③将轴承内圈压在转向螺杆的轴颈上。

④组装摇臂轴。检查用于转向螺母与扇形齿轮啮合间隙的调整螺钉的轴向间隙，此间隙不大于0.12mm，在调整螺钉与摇臂上的承孔端面间加止推片调整。摇臂轴承预润滑后，将摇臂装入壳体内，并按顺序装入止推片、调整螺钉、垫圈、孔用弹性挡圈。

⑤安装转向器下盖、上盖。

a. 把轴承装入下盖承孔中。

b. 安装调整垫片和下盖，从壳体孔中放入转向螺杆组件，安装下盖。装下盖前在接合面上涂密封胶。

c. 把轴承外圈和转向螺杆油封压入上盖，并装入上盖调整垫片和上盖。

d. 通过增减下盖调整垫片或用下盖上的调整螺塞调整转向螺杆的轴承预紧度，然后检查转向盘的转向力矩，一般为0.6—0.8N·m。

⑥安装转向器侧盖。

a. 给油封涂密封胶后，油封唇口向内，均匀地压入壳体上的承孔内。

b. 将转向螺母移至中间位置（转向器总圈数的1/2），使扇形齿轮的中间齿与转向螺母的中间啮合，装入摇臂轴组件。

c. 侧盖密封垫涂以密封胶，安装、紧固。

⑦调整转向器转向间隙。

a. 使转向器的传动副处于中间位置（直行位置）。

b. 通过调整螺钉，调整转向器传动副的啮合间隙，在直行位置应无间隙啮合。

c. 在中间位置上，转向器转动力矩应为1.5—2.0N·m。转向器传动力矩调整合格后，按规定扭矩锁紧调整螺钉。

⑧安装摇臂时，应注意摇臂与摇臂轴的装配记号，且要特别注意摇臂紧固螺母是否做到紧固、锁止可靠。

⑨按原厂规定加注润滑油。

⑩有条件时，应检查转向器反力矩（转向轴处于空载状态时，使摇臂轴转动的力矩）。转向器的反力矩应符合原厂规定。

转向器调整后，应满足总成的技术要求：

a. 转向盘转动灵活，没有轴向间隙。

b. 转向盘的总圈数符合规定值，向左、向右的转数也符合原车要求。

c. 行车中，应保证左右转向轻便灵活，不能有发卡、忽轻忽重的异常现象。

六、安全式转向柱

安全式转向柱是在转向柱上设置能量吸收装置，当汽车紧急制动或发生撞车事故时，吸收冲击能量，减轻或防止冲击对驾驶员的伤害。

安全式转向柱有可分离式安全转向操纵机构和缓冲吸能式转向操纵机构。

1. 可分离式安全转向操纵机构

上海桑塔纳轿车采用的是可分离式安全转向操纵机构（图8-1-17）。转向轴分为上下两段，上转向轴的下部弯曲，其端面焊有近似于半月形的法兰盘，盘上装有两个驱动销。下转向轴的上端装有带孔的凸缘。驱动销与凸缘孔相配合，将上、下转向轴连为一体，且保持其同轴度。在仪表板下面还装有可折叠的安全装置。当汽车发生碰撞时，转向轴和方向盘受到双向压力，迫使上转向轴相当于下转向轴向下运动，并使两个驱动销迅速从凸缘孔中退出；同时，安全装置也被压缩、折叠，并在此过程中吸收冲击能量，减轻对驾驶员的伤害。

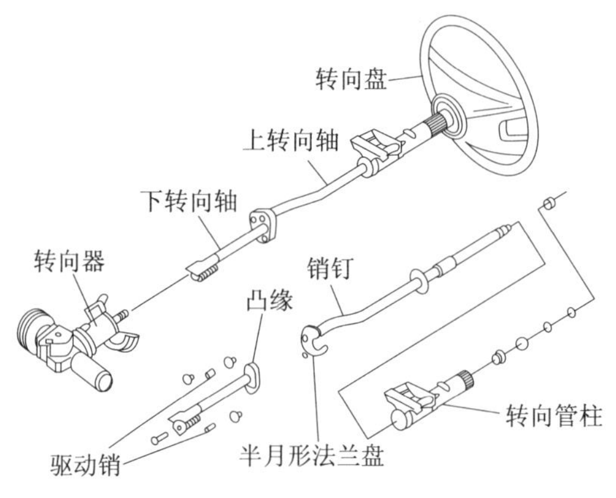

图 8-1-17 可分离转向柱

2. 缓冲吸能式转向操纵机构

此类转向操纵机构的转向管柱分为上下两段，当发生撞车时，上下两段相互分离或相互滑动，从而有效地防止转向盘对驾驶员的伤害，但转向操纵机构本身不包含吸能装置。

（1）网状管柱变形式转向操纵机构

这种转向操纵机构的转向轴分为上下两段，如图8-1-18所示。上转向轴套装在下转向轴的内孔中，两者通过塑料销接合在一起（也有采用细花键接合的），以传递转向力矩。塑料销的传力能力受到严格限制，它既能可靠地传递转向力矩，又能在受到冲击时被剪断，因此起到安全销的作用。

这种转向操纵机构中转向管柱的部分管壁制成网格状，使其在受到压缩时很容易轴向变形，并消耗一定的变形能量。另外，车身上固定管柱的上托架也是通过两个塑料安全销与管柱连接的。当这两个安全销被剪断后，整个管柱就能前后自由移动了。

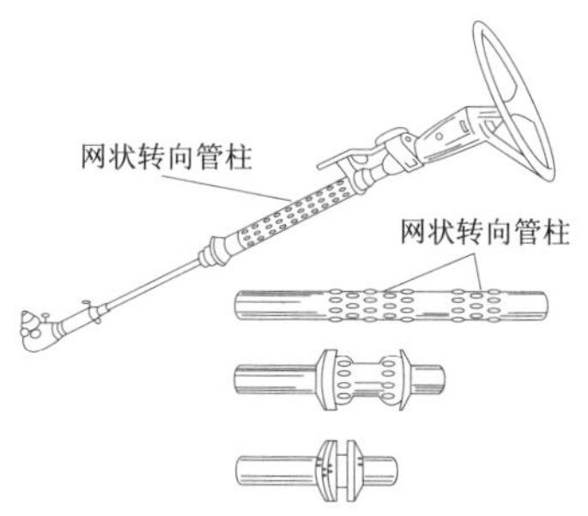

图 8-1-18 网状管柱变形式转向操纵机构

（2）钢球滚压变形式转向操纵机构

钢球滚压变形式结构的转向管柱分为上、下两段，如图8-1-19所示，上转向管柱比下转向管柱稍细，可套在下转向管柱的内孔里，二者之间压入带有塑料隔圈的钢球。隔圈起钢球保持架的作用，钢球与上、下转向管柱压紧并使之结合在一起。在撞车时，上下管柱在轴向相对移动，这时钢球边转动边在上、下转向管柱的壁上压出沟槽，从而消耗了冲击能量。

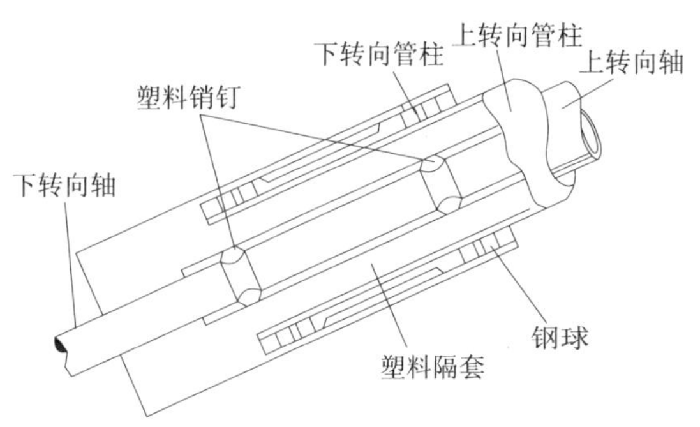

图 8-1-19 钢球滚压变形式转向操纵机构

当汽车发生碰撞时，转向器总成对转向柱施加轴向冲力（第一次冲击），将连接上、下转向轴的塑料销钉切断，下转向轴便套在上转向轴向上滑动。在这一过程中，上轴与上管柱的空间位置没有因冲击而上移，故可使驾驶员不受伤害。如果驾驶员的身体因惯性撞向转向盘（第二次冲击），则连接橡胶垫和管柱托架的塑料销钉被切断，托架脱离橡胶垫，即上轴和上管柱连同转向盘、托架一起，相对于下轴和下管柱向下滑动。因为钢球的直径稍大于上、下管柱之间的间隙，所以滑动中带有对钢球的挤压，冲击能量就在这种边滑动边挤压的过程中被吸收。

（3）波纹管变形吸能式转向操纵机构

波纹管变形吸能式转向操纵机构的转向轴和转向管柱都分成两段，上转向轴和下转向轴之间通过细花键接合并传递转向力矩，同时二者之间可以做轴向伸缩滑动。在下转向轴的外边装有波纹管，它在受到压缩时能轴向收缩变形并消耗冲击能量，如图8-1-20所示。它的下转向管柱的上端套在上转向管柱里面，但二者不直接连接，而是通过管柱压圈和限位块分别对它们进行定位。

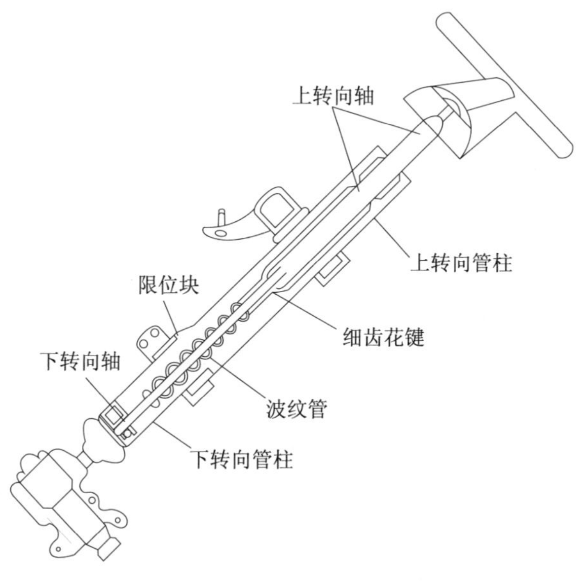

图 8-1-20 波纹管变形吸能式转向操纵机构

当汽车撞车时，下转向管柱向上移动，在第一次冲击力的作用下，限位块首先被剪断并消耗能量，与此同时转向管柱和转向轴都做轴向收缩。当受到第二次冲击时，上转向轴下移，压缩波纹管使之收缩变形并消耗冲击能量。

第二节 动力转向装置的结构与拆装

一、动力转向系统的功用及类型

1. 动力转向系统的功用

为了减轻驾驶员的疲劳强度，改善转向系统的技术性能，提高转向的灵敏性和操纵的轻便性，很多汽车都采用了动力转向装置。采用动力转向的汽车，转向时所需的力矩，只有小部分是驾驶员提供的，而大部分是由发动机（或电动机）提供的，因此驾驶员只须用比采用机械转向系统时小得多的转向力矩就能使转向轮偏转。

2. 动力转向器的类型

用以将发动机（或电机）输出的部分机械能转化为压力能，并在驾驶员控制下，对转向传动装置或转向器中某一传动件施加不同方向的液压或气压作用力，以助驾驶员施力不足的一系列零部件，总称为动力转向器。

按动力介质的不同，动力转向器有气压式、液压式和电动式三种。气压式动力转向装置主要应用于一部分前轴最大轴载质量3—7t，采用气压制动系统的货车和客车。装载质量特大的货车不宜采用气压动力转向器，因为气压系统的工作压力较低（一般不高于0.7MPa），用于重型汽车上时，其部件尺寸将过于庞大，消耗功率多，易产生泄漏。而液压动力转向器的工作压力可高达10MPa以上，故其部件尺寸很小。液压系统工作时无噪声，工作滞后时间短，而且能吸收来自不平路面的冲击。因此，液压动力转向器已在各类各级汽车上获得广泛应用。电动动力用电动机直接提供助力，助力大小由电控单元控制。它能节约燃料，提高主动安全性，且有利于环保，是一项紧扣现代汽车发展主题的高新技术，越来越受到人们的青睐。

根据机械式转向器、转向动力缸和转向控制阀三者在转向装置中的布置和连接关系的不同，液压动力转向装置分为整体式（机械式转向器、转向动力缸和转向控制阀三者设计为一体）、组合式（把机械式转向器和转向控制阀设计在一起，转向动力缸独立）和分离式（机械式转向器独立，把转向控制阀和转向动力缸设计为一体）三种结构形式。这里仅介绍液压整体式动力转向器。

二、动力转向系统的组成及工作原理

1. 动力转向系统的基本组成

动力转向系统是兼用驾驶员体力和发动机（或电机）的动力为转向能源的转向系统，它是在机械转向系统的基础上加设一套转向加力装置而形成的。液压动力转向装置一般由机械转向器、动力转向油缸和转向控制阀三部分组成。

图8-2-1所示为动力转向系统的组成。其中属于转向加力装置的部件有转向油泵、转向油管、转向油罐以及位于整体式转向器内部的转向控制阀及转向动力缸等。当驾驶员转动转向盘时，转向摇臂摆动，通过转向直拉杆、横拉杆、转向节臂，使转向轮偏转，从而改变汽车的行驶方向。

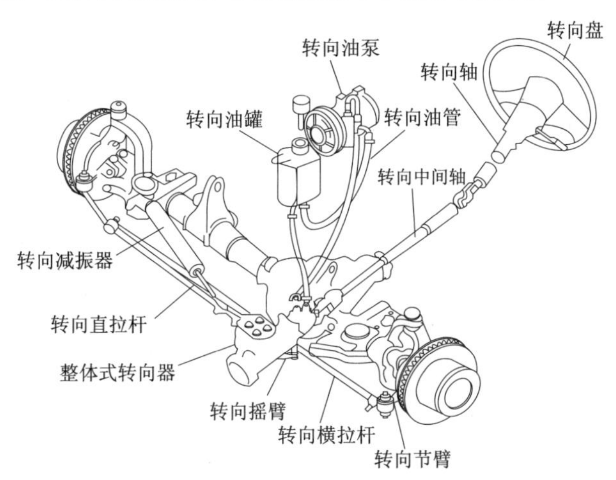

图 8-2-1 动力转向系统组成

与此同时，转向器输入轴还带动转向器内部的转向控制阀转动，使转向动力缸产生液压作用力，帮助驾驶员转向操纵。这样，为了克服地面作用于转向轮上的转向阻力矩，驾驶员须加于转向盘上的转向力矩，比用机械转向系统时所需的转向力矩要小得多。

2. 动力转向器的工作原理

如图8-2-2所示，转向油泵安装在发动机上，由曲轴通过皮带驱动并向外输出液压油。转向油罐有进、出油管接头，通过油管分别与转向油泵和转向控制阀连接。转向控制阀用以改变油路。机械转向器和缸体形成左右两个工作腔，它们分别通过油道和转向控制阀连接。

当汽车直线行驶时，转向控制阀将转向油泵泵出来的工作液与油罐相通，转向油泵处于卸荷状态，动力转向器不起助力作用。当汽车须向右转向时，驾驶员向右转动转向盘，转向控制阀将转向油泵泵出来的工作液与R腔接通，将L腔与油罐接通，在油压的作用下，活塞向下移动，通过传动结构使左、右轮向右偏转，从而实现右转向；向左转向时，情况与上述相反。液压动力转向系统，如图8-2-2所示。

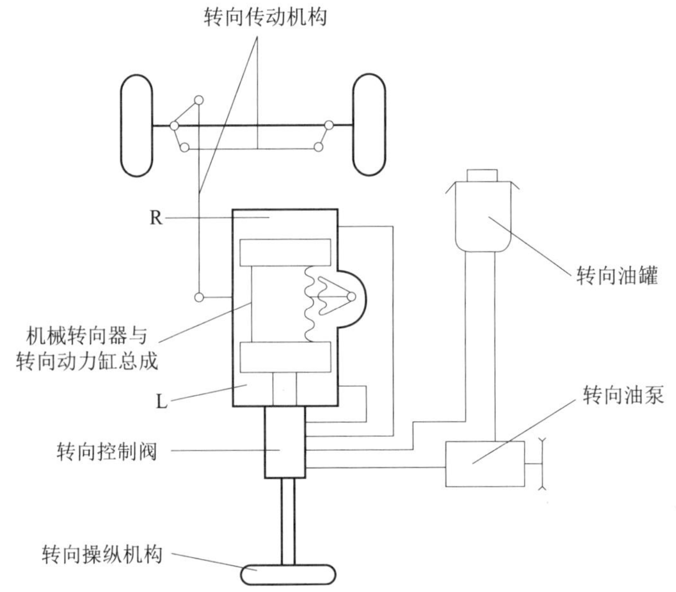

图 8-2-2 液压动力转向系统示意图

三、液压动力转向装置的工作原理

1. 转向控制阀

转向控制阀直接安置在动力转向器总成里。当转动转向盘时，控制阀就打开相应的通道，使压力油进入活塞和循环球螺母总成需要压力油的一侧。通常采用的控制阀有两种类型：滑阀式和转阀式。

（1）滑阀式控制阀

液压长流式滑阀式动力转向装置工作原理，如图8-2-3所示。

汽车直线行驶时，滑阀在复位弹簧的作用下保持在中间位置。转向控制阀内各环槽相通，自油泵输送出来的油液进入阀体环槽A之后，经环槽B和C分别流入动力缸的R腔和L腔，同时又经环槽D和E进入回油管道流回储油罐。

这时，滑阀与阀体各环槽槽肩之间的间隙大小相等，油路畅通，动力缸因左右腔油压相等而不起加力作用。

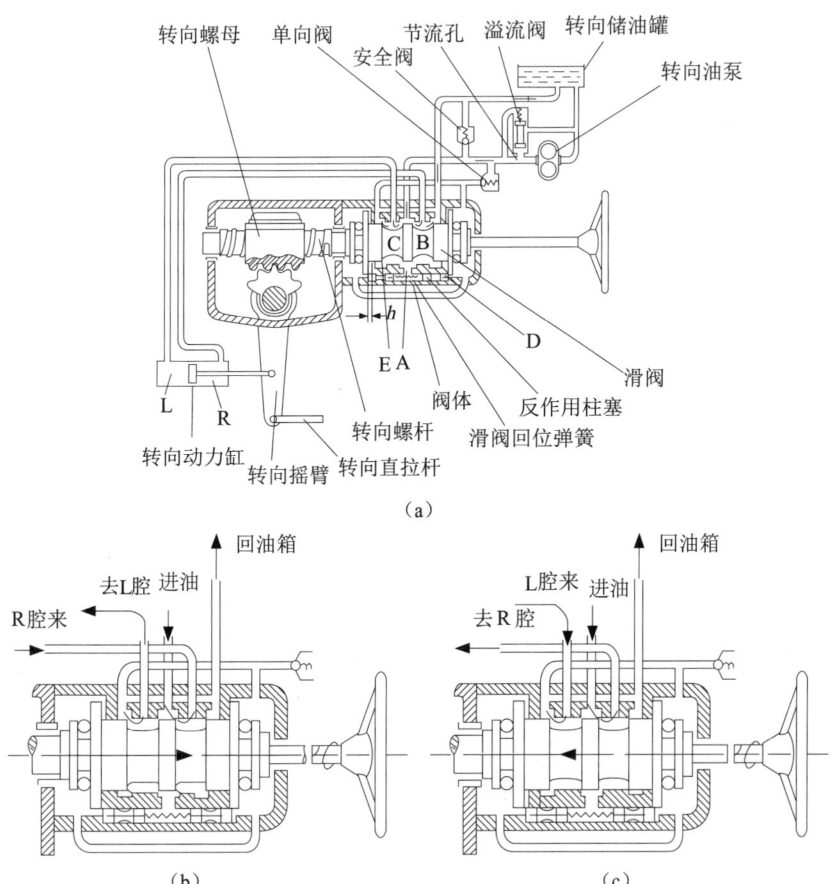

图 8-2-3 滑阀式控制阀示意图

当汽车右转向时，驾驶员通过转向盘使转向螺杆向右转动（顺时针）。开始时，转向螺母暂时不动，具有左旋螺纹的螺杆在螺母的推动下向右轴向移动，带动滑阀压缩弹簧向右移动，消除左端间隙h，此时环槽C与E之间、A与B之间的油路通道被滑阀和阀体相应的槽肩封闭。而环槽A与C之间的油路通道增大，油泵送来的油液自A经C流入动力缸的L腔，称为高压油区。R腔油液经环槽B、D及回油管流回储油罐，动力缸的活塞右移，使转向摇臂逆时针转动，从而起加力作用。

（2）转阀式控制阀

汽车直线行驶时，阀芯与阀套的位置关系如图8-2-4所示。自泵来的液压油流向左右动力缸及回油缸，左右动力缸油压相等，汽车保持直线行驶。驾驶员转动方向盘时，阀芯与阀套的相对位置发生改变，使得大部分或全部来自泵的液压油流入某一动力缸，如图8-2-4所示，促进汽车左转或右转。

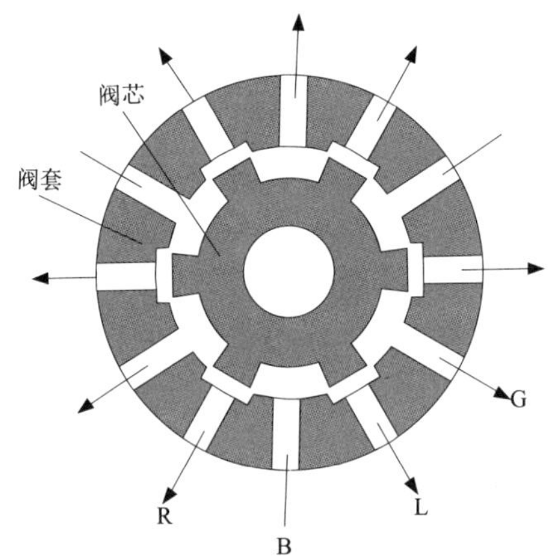

R-接右转向动力腔　L-接左转向动力腔　B-接转向油泵　G-接转向油罐

图 8-2-4 阀芯与阀体的相对位置

当汽车左转向时，转动转向盘，带动阀芯同步转动，使得阀芯与阀套的相对位置发生改变，使得大部分或全部来自泵的液压油流入右侧的动力缸，形成油压如图8-2-5（a）所示，促进汽车左转。当汽车右转向时，转向器控制阀给左侧的动力缸提供液压油，促进汽车右转向，如图8-2-5（b）所示。

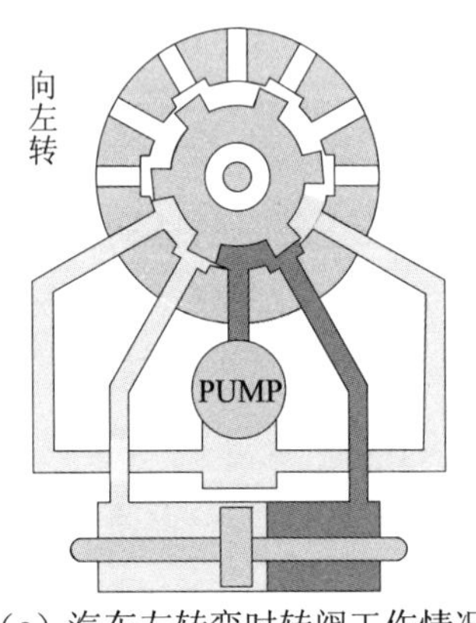

（a）汽车左转弯时转阀工作情况

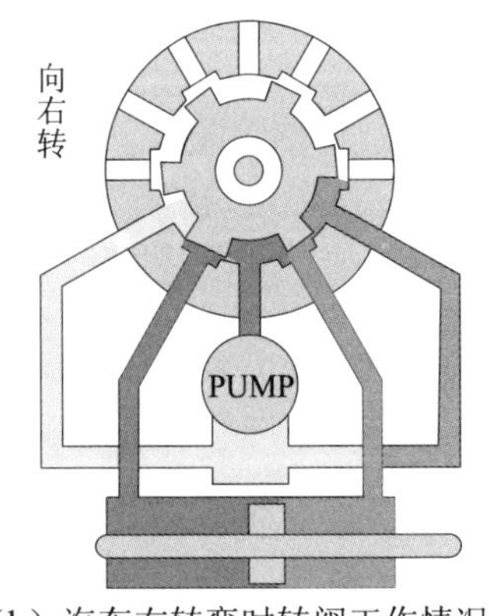

（b）汽车右转弯时转阀工作情况

图 8-2-5 转阀式控制阀工作原理

当转向盘停在某一位置不再继续转动时，阀芯与阀套相对位移减小，左右动力腔油压差减小，但仍有一定的助力作用，此时的助力力矩与车轮的回正力矩相平衡，使车轮维持在某一转向位置上。

2. 转向油泵的工作原理

转向油泵是助力转向系统的动力源。转向油泵经转向控制阀向转向助力缸提供一定压力和流量的工作油液。转向油泵有齿轮式转向油泵、叶片式转向油泵和转子式转向油泵三种类型。目前，转向油泵大多采用双作用式叶片泵。这种油泵有两种结构形式，一种是潜没式转向油泵，另一种为非潜没式转向油泵。潜没式油泵与储液罐是一体的，即油泵潜没在储液罐的油液中；非潜没式转向油泵的储液罐与转向油泵分开安装，用油管与转向油泵相连接。图8-2-6所示为一种潜没式双作用叶片泵结构示意图。

叶片泵的工作原理如图8-2-7所示，当转子顺时针方向旋转时，叶片在离心力及高压油的作用下紧贴在定子的内表面上。其工作容积开始由小变大，从吸油口吸进油液；而后工作容积由大变小，压缩油液经压油口向外供油。由于转子每旋转一周，每个工作腔都各自吸、压油两次，故将这种形式的叶片泵称为双作用式叶片泵。双作用叶片泵有两个吸油区和两个排油区，并且各自的中心角是对称的，所以作用在转子上的油压作用力互相平衡。因此，这种油泵也称为卸荷式叶片泵。

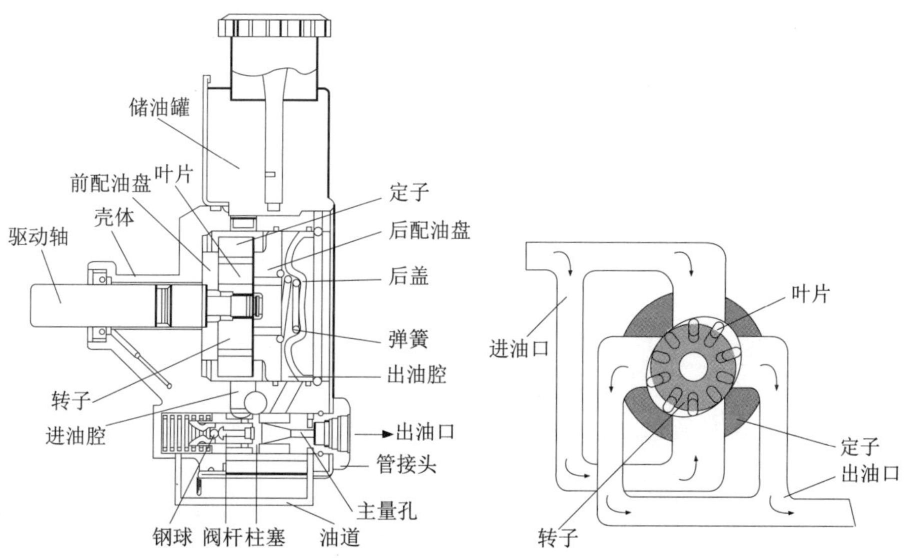

图 8-2-6 潜没式双作用叶片泵结构示意图　　图 8-2-7 潜没式双作用叶片泵结构示意图

四、转向助力装置的检查

1. 液压油的检查、更换与排气

（1）液压油的检查

起动发动机，怠速运转，反复将方向盘打到底，使液压油的温度达到40—80℃。检查油液，若油液起泡或发白，应换油；油面应在油尺的“HOT”和“COLD”或“MIN”和“MAX”两标线之间。若油液不足，在检查各部位无漏油后，应按规定的标号补充液压油。

（2）液压油的更换与排气

①排除旧油。顶起汽车前轮，松开转向器壳下的放油螺塞或回油管，把油放到容器中。起动发动机，怠速运转，一面排液，一面将转向盘反复打到底，直至液压油排净。

②添加液压油。向储油罐内加注规定标号的液压油至规定液面，应用滤网过滤，以免杂质混入油中，且应缓缓加注让空气排出。

③排除系统内的空气。起动发动机怠速运转，反复将转向盘打到底，当储油罐内的油液没有气泡和乳化现象，停止发动机后液面变化不大于4mm时，说明空气已排净。

2. 液压测试

液压测试主要是为了判断油泵、控制阀及动力缸的技术状况。检测时，可在油泵与转向器之间安装一个由压力表和截止阀组成的测试仪器，如图8-2-8所示。

检测步骤如下：

（1）测定液压泵最大输出油压

排除系统内的空气，使发动机怠速运转，关闭截止阀，测量油压应符合规定。若压力低于规定值，表明液压泵内部有泄漏。测量时，每次关闭截止阀的时间应不超过5s，以防损坏液压泵。

（2）测试控制阀及动力缸的有效油压

起动发动机，怠速运转，完全打开截止阀，如图8-2-9所示，将转向盘转向左、右两极限位置时，油压应符合规定（一般与液压泵压力差值不大），若压力过低或转向盘转向左、右两极限位置时压力不相同，说明控制阀或动力缸内部有泄漏。每次在极限位置的时间不要超过5s。如果向左或向右的额定值达不到要求，就要修理转向器或更换总成。

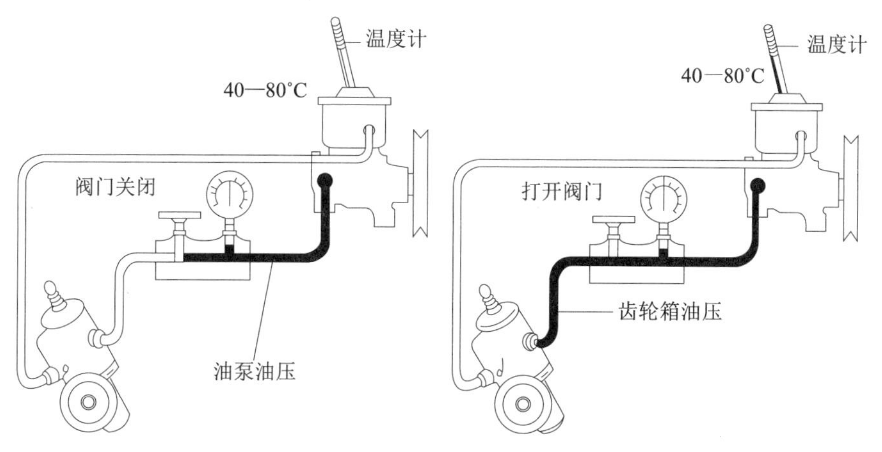

图 8-2-8 压力表的连接及油泵油压检测　　图 8-2-9 系统油压的检测

（3）测量无负荷油压

发动机怠速运转，转向盘处于居中位置，截止阀完全打开时压力表读数应符合规定值（一般为0.3—0.7MPa）。超过规定值，可能是回油管堵塞。

（4）测量有负荷油压

转向盘处于居中位置，将截止阀完全打开，测量发动机在100r/min和300r/min时的压力差，此压力差应在规定范围内。

3. 转向油泵皮带张紧力的检查和调整

方法一是将汽车停在干燥路面上，运转发动机使油液上升到正常温度，左右转动转向盘，此时驱动皮带负荷最大，如果皮带打滑，说明皮带紧度不够或油泵内有机械损伤。

方法二是关闭发动机，用手以约100N的力从皮带的中间位置按下，皮带应有约10mm挠度为合适，否则必须调整。还可以用皮带张紧度测量仪。

4. 动力转向装置的维护要点

（1）定期清洗滤清器及管路，视需要更换滤芯，检查液压系统管路及油泵各接合部位，应密封完好。

（2）元件的拆装必须注意清洁，防止脏物带入，定期检查转向器油泵、分配阀、动力缸的固定连接情况，以免在运行中突然松脱危及安全。

（3）检查油面高度，油量不足时应予添加。所用的油料应符合规定，不得随意代用。添加油液时，应经过滤清，缺油过多应进行排空气作业。

（4）定期检查油液油质，不符合要求应更换。

（5）定期润滑动力缸的球头销及销座，必要时应进行清洗维护并进行润滑。

（6）定期检查油泵皮带张紧力或齿轮转动等部位，检查动力转向系统油液流量和压力是否正常，如不符合技术规范，应予调整。

五、动力转向系统的使用与检查

1. 转向油罐液面高度的检查

（1）将车辆停放在平坦的地面上，使前轮处于直行位置。

（2）起动发动机，并使其达到正常的工作温度。

（3）使发动机怠速运转大约2min，左、右打几次转向盘，使油温达到40—80℃，关闭发动机。

（4）观察油罐的液面，此时液面应处于“Max（上限）”与“Min（下限）”之间，液面低于“Min”时，应加至“Max”。

2. 转向油液的更换

（1）放油

①支起汽车前部，使两前轮离开地面。

②拧下转向储油罐盖，拆下转向油泵回油管，然后将转向油放入容器中。

③发动机怠速运转，在放转向油的同时，左右转动转向盘。

（2）加油与排气

①向转向储油罐内加注符合规定的转向油。

②停止发动机工作，支起汽车前部，并用支架支撑，连续从左到右转动转向盘若干次，将转向系统中多余空气排出。

③检查转向储油罐中油面高度，视需要加至“Max”标记处。

④降下汽车前部，起动发动机怠速运转，连续转动转向盘，注意油面高度的变化，当油面下降时就应不断加注转向油，直到油面停留在“Max”处，并在转动转向盘后，储油罐中不再出现气泡为止。

3. 转向油泵压力的检查

①将量程为15MPa的压力表和节流阀串接到转向油泵和转向阀之间的管路中，如图8-2-8所示。

②起动发动机，如果需要，向储油罐中补充转向油。

③发动机怠速运转，转动转向盘数次。

④急速关闭节流阀（不超过5—10s），并读出压力数，若压力足够，说明转向油泵正常。

⑤如果没有达到额定值，应更换溢流阀、安全阀或更换转向油泵。

4. 转向系统压力的检查

转向系统压力的检查如图8-2-9所示。

①接好压力表和节流阀。

②将节流阀打开，起动发动机并以怠速运转，使转向盘向左、右旋转到极限位置，同时读出压力表上的压力。

③如果向左或向右的额定值达不到要求，就要修理转向器或更换总成。

六、电子控制液压助力转向系统

电子控制液压助力转向系统是在液力转向系统的基础上，增加了一套电子控制装置的动力转向系统，如图8-2-10所示。从广泛意义上讲，电控液压助力转向系统分为两种。一种是为了实现车速感应式转向功能，在机械液压助力转向系统的基础上增加控制液体流量的电磁阀、车速传感器以及转向控制单元等。转向控制单元根据车速信号控制电磁阀，通过控制液体流量实现助力作用随车速变化而变化。另一种助力转向系统是用由电动机驱动的液压泵代替机械液压助力转向系统中的机械液压泵，增加了车速传感器、转向角速度传感器以及转向控制单元等部件。从性能上讲，采用电动液压泵的电控液压助力转向系统相对于机械液压助力转向系统具有更好的性能，但从本质上讲，仍属于传统液压助力转向系统。

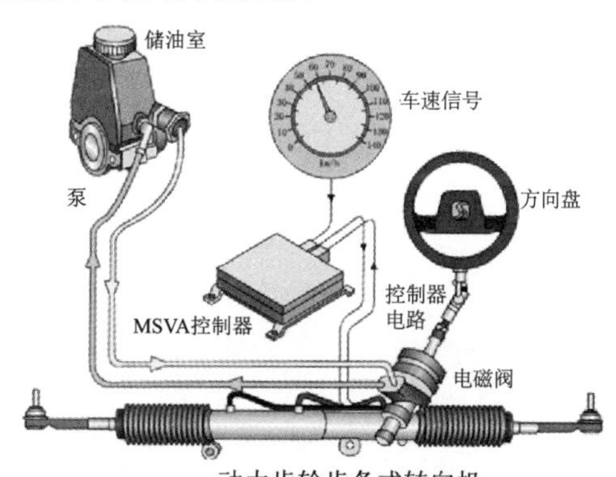

图 8-2-10 电子控制液压动力转向系统示意图

车速感应动力转向系统是依靠车速控制所对应的转向力，通过驾驶员的操作使车辆操纵性获得提高的系统。驾驶员希望车辆在低速行驶区实现敏捷的运行和轻便的操纵力，而在高速行驶区能获得稳定性好的略重的操纵力。其控制方法有机械控制和电子控制两种，目前采用的控制方式如表8-2-1所示，其中常见的控制方式有流量控制式和油压反作用控制式。

表8-2-1 车速感应动力转向系统控制方式

序号	控制方式	控制对象
1	流量控制式	向助力系统供给的流量
2	旁通阀控制式	动力缸的工作压力
3	油压反作用控制式	反作用机构的工作压力
4	阀特性控制式	控制阀的工作压力（控制压力特性）
5	电磁助力方式	扭杆的刚性

1. 流量控制式

它是根据控制阀内产生的压力损失与供给流量平方成比例的关系，使流入转向器的供给流量随车速上升而减小，达到既节省能量又可控制转向力的一种装置。与液力转向系统相比，多一套电子控制装置，包括：信号输入装置（车速传感器、转向角传感器、选择开关等）、执行机构（旁通流量控制阀、电磁阀）和控制单元（控制器）三部分，如图8-2-11所示。

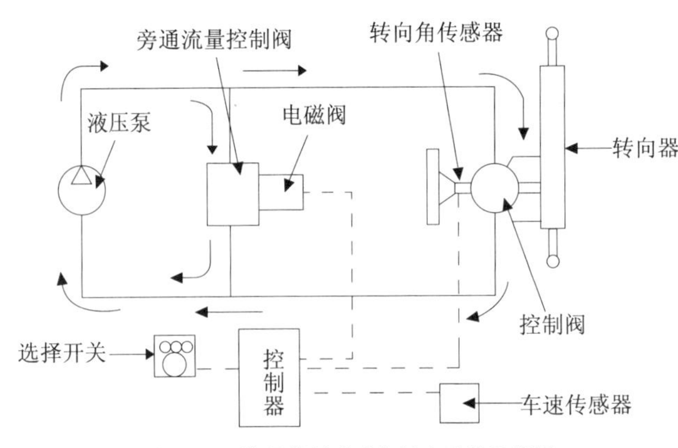

图 8-2-11 流量控制式动力转向系统示意图

其控制原理为：在泵与转向器之间设有旁流通道，由旁通流量控制阀控制其流量的大小，间接控制流向动力转向器的压力油流量，也即控制转向助力的大小。控制器接收传感器输入的车速、转角等信号，通过分析计算，控制分流电磁阀通电电流的大小，进而控制旁通阀的旁通流量，最终控制转向助力的大小。

流量控制式电控液力转向系统结构简单，在液压动力转向系统的基础上进行简单改造即可实现，但操纵力的控制范围受到限制。

2. 油压反作用控制式

它是在动力转向系统控制阀上设置油压反作用机构，由于油压反作用阀随车速上升，使流入反作用室的油压增加，提高了反作用机构的刚性（等价弹性模数），进而直接控制转向力的一种装置。反力控制式电控液力转向系统，如图8-2-12所示，其控制系统包括：油压反力装置、油压反力控制装置和电子控制装置三部分。

油压反力室内有来自分流阀的动力高压油，柱塞在油压作用下对转向控制阀轴施加一个压力，由这个压力产生的摩擦力矩阻碍控制阀轴的转动。油压反力室的油压不同，柱塞对控制阀轴的作用力大小不同，表现为转向所需操纵力不同。

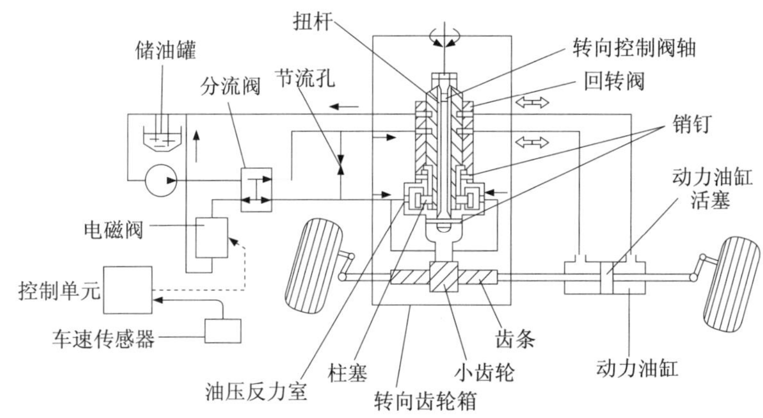

图 8-2-12 油压反作用控制式动力转向系统示意图

七、电动助力转向系统

电动助力转向系统（EPS）是在机械转向系统中，用电池作为能源，电动机为动力，以转向盘的转速和转矩以及车速为输入信号，通过电子控制装置，协助人力转向，并获得最佳转向力特性的伺服系统。

EPS与液压动力转向相比具有系统效率高、能量消耗少、路感好、回正性好，在发动机熄火或低速情况下都可以正常工作，还可以明显地提高汽车的操纵轻便性和稳定性。

电控助力转向系统由机械转向系统、电动机驱动机构和电子控制装置组成。EPS的构成如图8-2-13所示：它由机械转向器、电动机、离合器、控制装置、转矩传感器和车速传感器组成。在操纵转向盘时，扭矩传感器根据输入力的大小产生相应的电压信号，由此EPS系统就可以检测出转向力的大小，同时根据车速传感器产生的脉冲信号又可测出车速，再用于控制电动机的电流，从而形成适当的转向助力。电动转向就是利用电动机作为转向辅助动力源的动力转向系统。电动转向易于实现微机控制，可以通过编程提供不同需求的理想的动力转向特性，电动转向系统轻便、紧凑、可靠。

电子控制装置是以微机为中心的包括车速传感器、转向转矩传感器、转角传感器和驱动电路的电子控制系统。

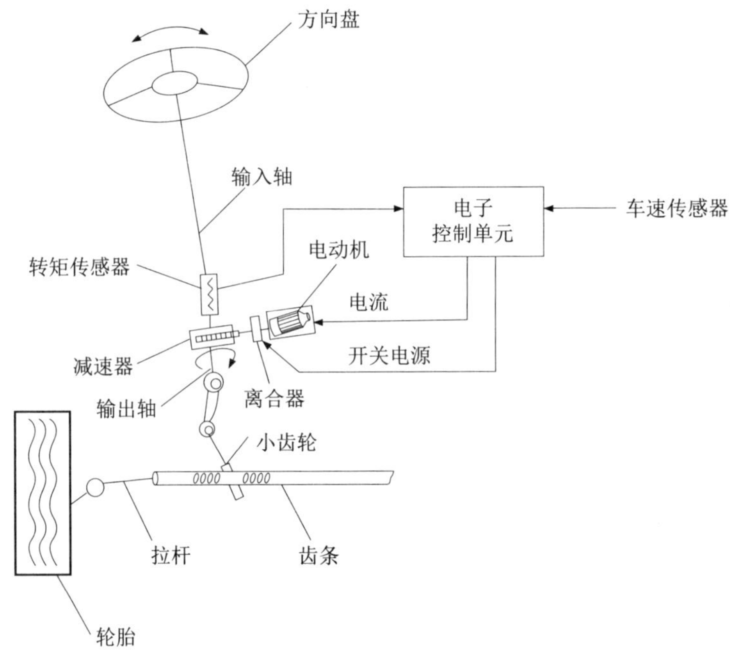

图 8-2-13 EPS的组成

第三节 转向系统常见故障的诊断与排除

一、机械转向系统常见故障诊断与排除

1. 转向沉重

（1）故障现象

汽车在行驶中，驾驶员向左、向右转动转向盘时，感觉沉重费力，无回正感；当汽车低速行驶和掉头时感觉超乎正常的沉重，甚至转不动。

（2）故障原因

①转向器轴承预紧度大、传动副啮合间隙过小。

②横、直拉杆球头销装配过紧或接头缺油。

③转向节主销与衬套配合过紧。

④转向轴或管柱弯曲，互相摩擦或卡住。

⑤转向装置润滑不良。

⑥前束调整不当。

（3）故障诊断

①拆下转向臂，转动转向盘，如感觉沉重则应调整轴承紧度和传动副啮合间隙。如有松紧不匀或有卡住现象，则应检查转向轴、传动副及轴承有无损坏，转向轴与管柱有无摩擦或卡住现象，必要时进行修理或更换。

②转动转向盘时，如感到轻松，则故障在传动机构，应顶起前轴，并用手左、右扳动前轮。如过紧，应检查转向节主销与衬套，推力轴承和直、横拉杆球头销配合是否过紧，润滑是否良好，必要时进行调整和润滑。

③若上述情况均正常良好，则应检查前轴和车架是否变形，前束是否符合标准，必要时调整前束。

2. 转向不稳

（1）故障现象

汽车行驶时方向不稳，产生前轮摆振。

（2）故障原因（间隙大、松旷）

①转向器轴承过松。

②传动副啮合间隙过大。

③横、直拉杆球头销磨损严重。

④转向节主销与衬套磨损严重，配合间隙过大。

⑤转向轴或管柱弯曲，互相摩擦或卡住。

⑥前轮毂轴承松旷。

⑦前轴弯曲。

⑧车架和轮辋变形。

⑨前束过大。

（3）故障诊断

①一人转动转向轴，另一人在车下察看传动机构，如转向盘转了许多而转向臂并不转动，则故障在转向器；如转向臂转动了许多而前轮并不偏转，则故障在传动机构。

②如果故障在转向器，应检查传动副啮合间隙，必要时进行调整。

③如果故障在传动机构，应检查转向臂和直、横拉杆各球头销是否松旷，必要时进行调整。

④经检查，上述情况良好，则应架起前轴并用手推动车轮，检查转向节主销与衬套，前轮毂轴承是否松旷，必要时进行调整或修理。

⑤转向盘经过上述检查、调整后仍不稳定，应检查前轴和车架以及轮辋是否变形，前束是否符合标准规定，必要时进行调整或修理。

3. 单边转向不足

（1）故障现象

汽车转向时出现转向盘或车轮左右转动不等。

（2）故障原因

①转向摇臂在摇臂轴上装配位置不合适。

②有一边前轮转向角限位螺钉过长。

③直拉杆弯曲变形。

④前钢板弹簧U形螺栓松动或中心螺栓折断。

⑤中心不对称的前钢板弹簧前后装反。

（3）故障诊断

①若汽车转向原来良好，由于行驶中的碰撞而造成转弯半径一边大一边小时，应检查直拉杆、前轴、前钢板弹簧有无变形和中心螺栓有无折断现象。

②若在维修后出现单边转向不足，可架起前桥，先检查转向摇臂是否装配正确。可将转向盘转向一边到尽头，再回到另一尽头，记住转向盘转动的总圈数，然后检查转向摇臂的位置，即在总转动圈数之半时前轮是否在居中的位置。倘若位置不对，应拆下转向摇臂另行安装。若摇臂位置始终不能使前轮对中，则应检查直拉杆有无弯曲变形。如转向角不等仅是受到转向限位螺钉不同长度的影响，则应调整限位螺钉。

③对于中心不对称的前钢板弹簧，则应检查是否有装反现象。

4. 转向盘自由转动量过大

（1）故障现象

汽车保持直线行驶位置或静止不动时，转向盘向左、向右转动的游动角度过大。

（2）故障诊断

①更换轴承或调整轴承紧度。

②更换球头。

③调整转向器齿轮啮合间隙或更换损坏的齿轮。

5. 车轮回正不良

（1）故障原因

①转向车轮轮胎气压不足。

②前轮定位失准。

③转向器齿轮调整不良或损坏。

（2）故障诊断

①按标准充气。

②检查调整前轮定位。

③调整转向器或更换损坏的齿轮。

二、动力转向系统常见故障诊断

1. 转向沉重

（1）故障现象

装有液压动力转向系统的汽车，在行驶中突然感到转向沉重。

（2）故障原因

主要原因是系统油压不足。

①储油罐油液高度低于规定要求。

②液压回路中渗入了空气。

③油泵驱动皮带过松、打滑。

④各油管接头处密封不良，有泄漏现象。

⑤油路堵塞或滤油器污物太多。

⑥油泵磨损、内部泄漏严重。

⑦油泵安全阀、溢流阀泄漏、弹簧弹力减弱或调整不当。

⑧动力缸或转向控制阀密封损坏。

（3）诊断与排除

①检查液压泵传动带是否打滑或其他驱动形式的齿轮传动等有无损坏。

②检查转向器、分配阀、液压泵、动力缸、各油管接头等有无泄漏。

③从油箱检查油质及油面高度。若发现油中有泡沫时，可能是油路中有空气。此时，可架起前桥或拆下直拉杆，起动发动机怠速运转，反复将转向盘从一个尽头转动到另一个尽头，使动力缸在全行程往复运动，逐步排除油路中的空气，最后加添油液至规定高度。

④检查液压泵、动力缸、安全阀是否良好。接上与规定油压相适应的压力表和开关。打开开关，转动转向盘到尽头，起动发动机低速运转。这时，若油压表读数达不到该车型规定压力值，且在逐步关闭开关时，油压也不提高，说明液压泵有故障或安全阀未调整好。若油压表读数达到规定值，在逐步关闭开关时压力有所提高，说明液压泵良好，故障在动力缸或分配阀。

2. 异响

（1）故障现象

汽车转向时，转向系统有噪声。

（2）故障原因

①储油罐中液面太低，油泵在工作时容易渗入空气。

②液压系统中渗入空气。

③储油罐滤网堵塞，或液压回路中有过多的沉积物。

④油管接头松动或油管破裂。

⑤油泵严重磨损或损坏。

⑥转向控制阀性能不良。

（3）故障诊断

①检查油箱液位高度，若缺油液，应加注液压油至标准高度。

②检查液压泵传动带是否打滑。必要时调整传动带紧度。

③查看油液中有无泡沫，若有泡沫，应查找漏气处，排除动力转向装置中的空气。

④转向器有损坏或磨损严重，应更换转向器齿轮。

3. 左右转向轻重不同

（1）故障现象

汽车行驶时，向左和向右转向操纵力不相等。

（2）故障原因

①转向控制阀阀芯（或滑阀）偏离中间位置，或虽然在中间位置但与阀体槽肩的缝隙大小不一致。

②控制阀内有污物阻滞，使左右转动阻力不同。

③液压系统中动力缸的某一油腔渗入空气。

④油路漏损。

（3）故障诊断

这种故障多系油液脏污所致，应换新油。如果油液良好，对可调式分配阀，应将调整螺母重新调整，或拆开分配阀检查缝隙台肩是否有毛刺，滑阀位置是否居中等。

4. 直线行驶转向盘发飘或跑偏

（1）故障现象

汽车直线行驶时，难以保持正前方向而总向一边跑偏。

（2）故障原因

①油液脏污、转向控制阀回位弹簧折断或变软，使转向控制阀不能及时回位。

②转向控制阀阀芯（或滑阀）偏离中间位置，或虽在中间位置但与阀体槽肩的缝隙大小不一致。

③流量控制阀卡滞使油泵流量过大或油压管路布置不合理，造成油压系统管路节流损失过大，使动力缸左右腔压力差过大。

（3）故障诊断

①应当检查油液是否脏污，新车或大修后的车辆不认真执行走合维护的换油规定，往往使油液脏污。

②对于使用较旧的车辆，则可能是流量控制阀或分配阀反作用弹簧失效所致，可在不起动发动机的情况下，转动转向盘，凭手感判断滑阀是否开启运动自如，若有怀疑，一般应拆装检查。

5. 转向时转向盘发抖

（1）故障现象

发动机工作时转向，尤其是在原地转向时滑阀共振，转向盘抖动。

（2）故障原因

①储油罐液面低。

②油路中渗入空气。

③转向油泵驱动皮带打滑。

④转向油泵输出压力不足。

⑤转向油泵流量控制阀卡滞。

（3）故障诊断

①检查液压系统是否有泄漏和油面高度是否正常。

②检查转向油泵输出压力。

6. 转向盘自动回正不良

（1）故障现象

汽车完成转向后，转向盘不能回到中间行驶位置（直线行驶位置）。

（2）故障原因

①转向油泵输出油压低。

②液压回路中渗入空气。

③回油软管扭曲阻塞。

④转向控制阀或转向动力缸发卡。

⑤转向控制阀不良。

三、机械转向系统的故障诊断与排除

1. 工作现象：一辆普通桑塔纳轿车，行驶时感觉转向沉重，无回正感，低速时转不动。

分析故障原因并排除：

（1）检查轮胎气压是否正常，如果气压正常，进行下一步，否则补充轮胎气压至正常。

（2）支起转向桥，转动转向盘是否轻便；如果转向轻便，进行下一步；否则检查前轮定位及前轴或车架是否变形。

（3）拆卸转向臂，再转动转向盘，感觉是否轻便；如果转向轻便，进行下一步；否则检查拉杆、转向节主销等润滑情况及技术状况。

（4）检查转向管柱、转向轴和转向器的技术状况。检查结果是转向器缺油润滑不良导致转向沉重。

2. 工作现象：一辆皇冠2.8L轿车，动力转向系统转向助力效果逐渐减弱，转向沉重。

分析故障原因并排除：

（1）检查液压系统是否有泄漏和油面高度是否正常。经查，均正常。

（2）检测动力转向系统转向泵输出油压及转向泵是否工作正常。

将油压表的一端接在油泵的输出端，另一端接在转向助力器的输入端，保持发动机怠速运转，在油压表阀门（位于输出端）全闭的情况下测得的油压为3.5MPa，而标准值应大于7.0MPa，说明有问题。说明转向助力器、安全阀及溢油阀均正常。

（3）拆检液压泵（叶片泵），发现泵内的各叶片表面磨损严重，厚度为1.35mm，而标准值为1.55mm，从而导致油泵泵油压力不足，引起转向助力不良。更换叶片、弹簧和弹簧座后，泵油压力正常，故障排除。

第九章

制动系统

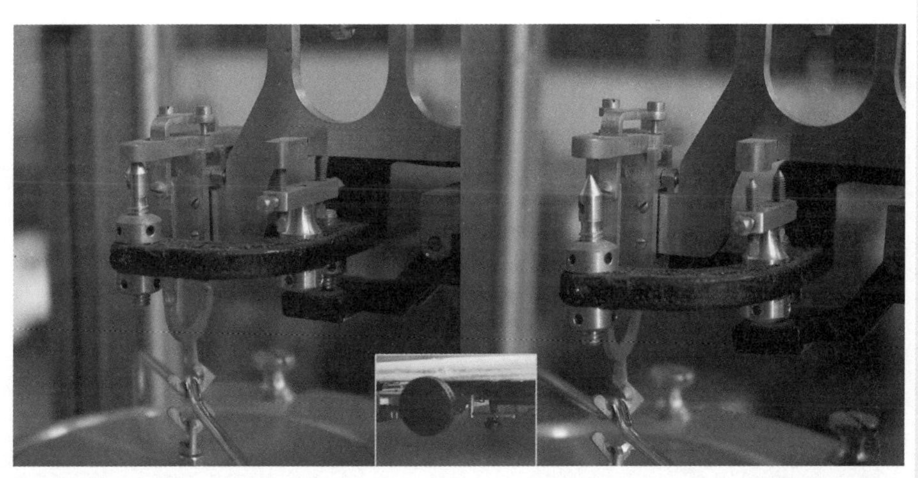

第一节 制动系统的结构与检修

一、汽车制动系统的组成与分类

1. 汽车制动系统的组成

汽车上设置有彼此独立的制动系统，但它们的组成是相似的，一般有以下四个组成部分。

（1）供能装置

供能装置包括供给、调节制动所需能量以及改善传能介质状态的各种部件。如气压制动系统中的空气压缩机、液压制动系统中人的肌体作用力。

（2）控制装置

控制装置包括产生制动动作和控制制动效果的各种部件，如制动踏板等。

（3）传动装置

传动装置将驾驶员或其他动力源的作用力传到制动器，同时控制制动器的工作，从而获得所需的制动力矩。包括将制动能量传输到制动器的各个部件，如制动主缸、制动轮缸等。

（4）制动器

制动器是产生阻碍车辆运动或运动趋势的力的部件，也包括辅助制动系统中的缓速装置。

2. 汽车制动系统的分类

（1）按功能分类

按功能不同，汽车制动系统可以分为：行车制动系、驻车制动系、应急制动系、安全制动系和辅助制动系。

行车制动装置是使行驶的汽车减速甚至停车的一套专门装置。一般以液压为主要操作动力，兼具有真空助力辅助制动使驾驶员易于操作。

驻车制动装置是使已停驶的汽车驻留原地不动的一套装置。一般为机械式以手操作为主，但也有部分轿车采用脚操作。

应急制动是当行车制动装置失效时保证汽车仍能实现减速或停车的装置；安全制动装置在制动气压不足时起制动作用，使车辆无法行驶；辅助制动装置是为了下长坡时减轻行车制动器的磨损而设的，其中发动机排气制动应用最广。

（2）按制动能源分类

按制动能源分类，汽车制动系分为人力制动系、动力制动系和伺服制动系。

人力制动系是以人力作为唯一制动能源的制动系。动力制动系是完全靠发动机的动力转化而成的气压或液压形式的势能进行制动的制动系。伺服制动系是兼用人力和发动机动力进行制动的制动系。

二、车轮制动器

制动器是制动系中用以产生阻止车辆运动或运动趋势的部件。目前，一般汽车所使用的制动器的制动力矩都来源于固定元件和旋转元件工作表面之间的摩擦，即摩擦式制动器。

汽车上使用的车轮制动器分为鼓式和盘式两种。它们的区别在于前者的摩擦副中的旋转元件为制动鼓，其圆柱面为工作表面；后者的摩擦副中的旋转元件为圆盘状制动盘，其端面为工作表面。

图9-1-1所示为常用的鼓式和盘式制动器的制动基本原理图。当摩擦蹄片压紧旋转的制动鼓或盘时，两者接触面之间产生摩擦，通过摩擦将汽车的动能转变为热能，并将热量散发到空气中，最终使车辆减速以至停车。

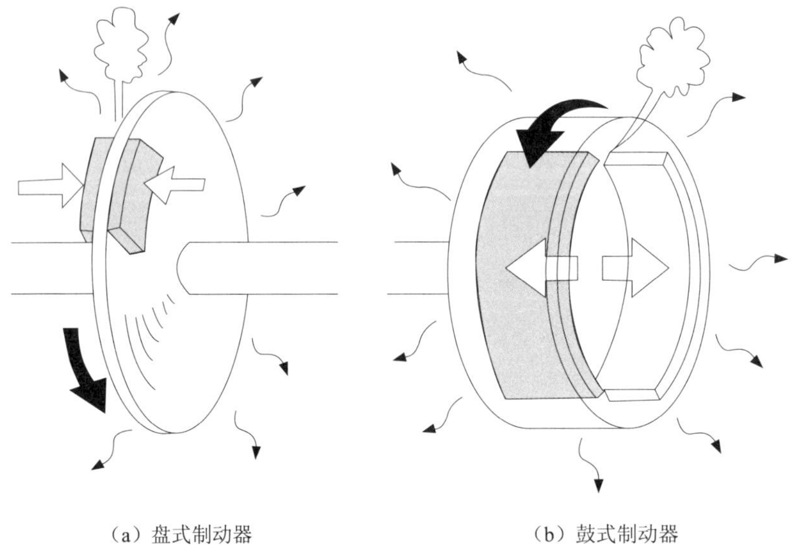

（a）盘式制动器　　（b）鼓式制动器

图 9-1-1 制动器原理示意图

1. 盘式车轮制动器

现代汽车上使用的盘式制动器根据其固定元件的结构形式可分为全盘式制动器和钳盘式制动器。

全盘式制动器固定元件的金属背板和摩擦片都做成圆盘形，因而其制动盘的全部工作面可同时与摩擦片接触。全盘式制动器由于制动钳的横向尺寸较大，主要用于重型汽车。

钳盘式制动器按制动钳固定在支架上的结构形式可分为两种，一种是固定钳盘式制动器，另一种是浮动钳盘式制动器。

（1）固定钳盘式制动器

如图9-1-2所示，旋转元件是制动盘，制动盘和车轮固装在一起旋转，以其端面为摩擦工作表面。固定元件是制动块、导向支承销、轮缸和活塞，均装于制动盘两侧的钳体上，总称为制动钳。制动钳用螺栓与转向节或桥壳上的凸缘固装，并用调整垫片调整钳和盘之间的相对位置。

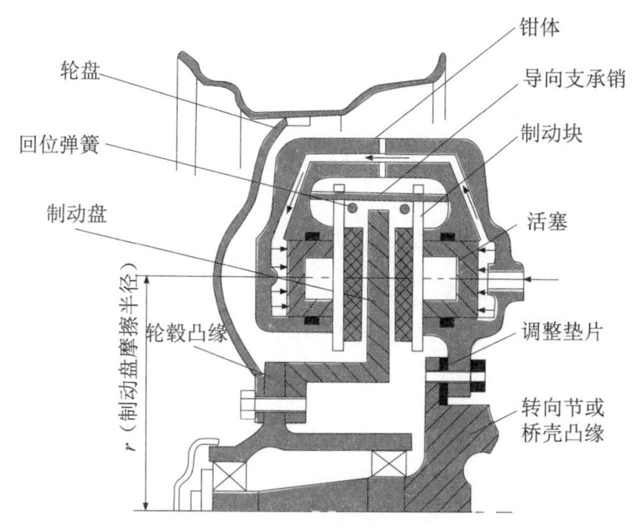

图 9-1-2 固定钳盘式制动器基本结构

制动时，制动油液被压入内、外两轮缸中，其活塞在液压作用下将两制动块压紧在制动盘上，产生摩擦力矩而制动。在活塞移动过程中，矩形橡胶密封圈的刃边在活塞摩擦力的作用下随活塞移动而产生微量的弹性形变，如图9-1-3（a）所示。

放松制动时，活塞和制动块依靠密封圈的弹力和弹簧的弹力回位，如图9-1-3（b）所示。由于矩形密封圈刃边变形量很微小，在不制动时，摩擦片与盘之间的间隙每边只有0.1mm左右，它足以保证制动的解除。

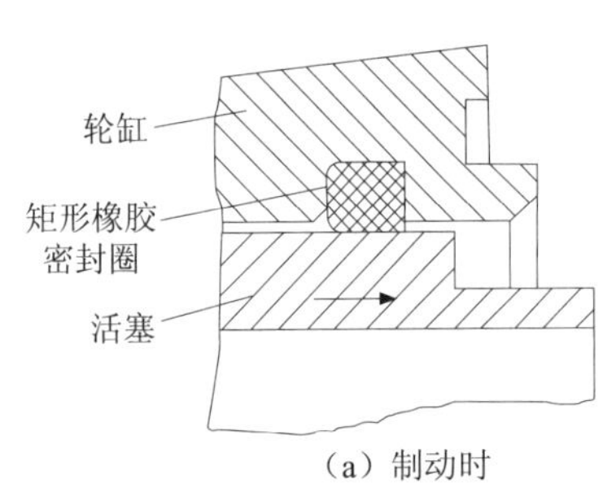

（a）制动时

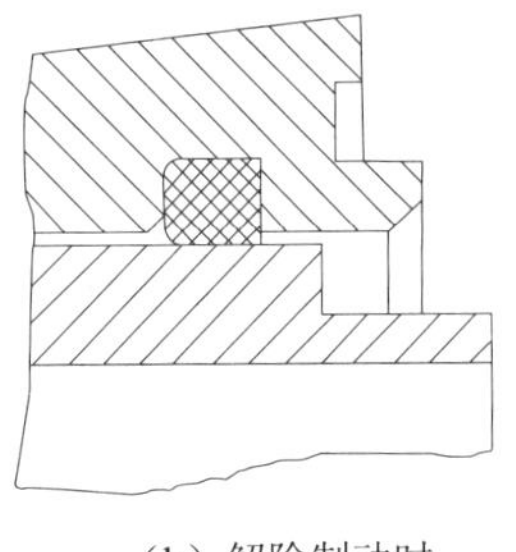
（b）解除制动时

图 9-1-3 矩形密封圈工作情况

制动盘受热膨胀时，厚度只有微小的变化，故不会发生“拖滞”现象。但盘式制动器不能使用受热易膨胀的醇类制动液，要求使用特制的合成型制动液。

若制动块摩擦片与制动盘的间隙因磨损加大，制动时活塞密封圈变形达到极限后，活塞仍可在液压作用下，克服密封圈的摩擦力继续移动，直至摩擦片压紧制动盘为止。但解除制动时，矩形密封圈将活塞推回的距离与摩擦片磨损之前是相同的，即摩擦片与制动盘间隙仍保持标准值。由此可知，矩形密封圈能兼起活塞回位弹簧和自动调整制动间隙的作用。

制动过程中，制动块与制动盘之间存在着相对运动，两者均有不同程度的磨损，制动盘、制动块磨损后，制动器的间隙会增大，制动时活塞的行程增加，制动器开始起作用的时间滞后，制动效果下降。因此，制动器的间隙应经常调整。

（2）浮动钳盘式制动器

浮动钳盘式制动器结构如图9-1-4所示。它与固定钳盘式的不同之处在于，制动钳体可相对于制动盘做轴向滑动，而且制动油缸只装在制动盘的内侧，数目只有固定钳盘式制动器的一半，而外侧的制动块则固装在钳体上。

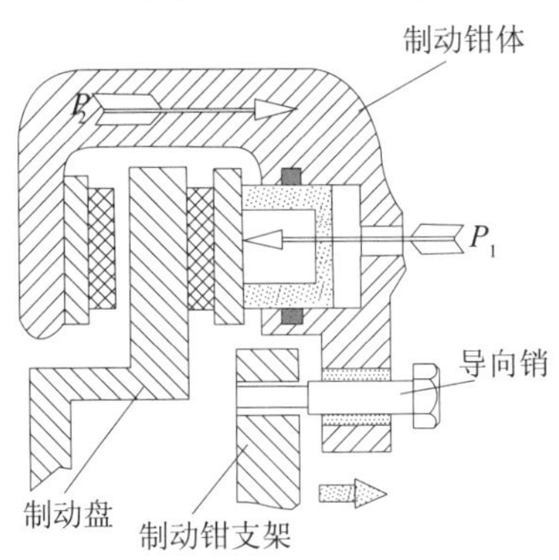

图 9-1-4 浮动钳盘式制动器工作原理

制动时，内侧活塞及摩擦片在液压的作用力P_1作用下推动活塞，使内侧制动块向左移动压靠制动盘。液压的反作用力P_2推动活塞连同制动钳体沿导向销向右移动，直到制动盘左侧的制动块也压向制动盘。此时，两侧的制动块都压在制动盘上使其制动。

浮动钳盘式制动器的优点是外侧无液压元件，单侧油缸结构不须跨越制动盘的油道，故不仅轴向和径向尺寸小，能够布置得更接近车轮轮毂，而且不易产生气阻。同时，浮动钳盘式制动器在充当行车和驻车制动器的情况下，不用加装驻车制动钳，只须在行车制动钳油缸附近加一些用以推动油缸活塞的驻车制动机械传动零件即可。

近年来浮动盘式制动器在轿车及轻型载货汽车上得到广泛应用，如一汽奥迪A6、宝来A4及上海帕萨特B5型轿车的前、后轮均采用了浮动钳盘式制动器。

2. 鼓式车轮制动器

（1）鼓式车轮制动器结构

如图9-1-5所示，鼓式车轮制动器主要由旋转部分、固定部分和张开机构组成。旋转部分制动鼓固定于轮毂上与车轮一起旋转，它的工作面是内圆柱面。固定部分是制动蹄和制动底板，制动底板用螺栓与转向节凸缘或桥壳凸缘固定在一起。在固定不动的制动底板上，有两个支承销，支承着两个弧形制动蹄的下端。制动蹄的外圆面上装有摩擦片，上端用制动蹄回位弹簧拉紧压靠在轮缸活塞上。制动蹄可用凸轮或液压轮缸等张开机构使其张开。液压轮缸也安装在制动底板上。

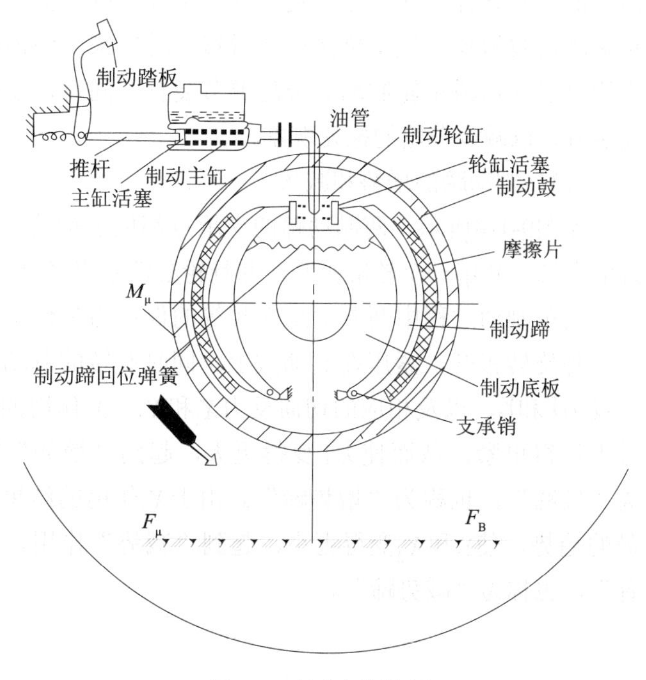

图 9-1-5　鼓式车轮制动器

传动机构主要由制动踏板、推杆、制动主缸、制动轮缸和油管等组成。装在车架上的制动主缸用油管与制动轮缸相连通。制动主缸由驾驶员通过制动踏板来操纵。

（2）工作原理

不制动时，制动鼓的内圆面与制动蹄摩擦片的外圆面之间留有一定的间隙，使制动鼓可以随车轮自由旋转。

制动时，踩下制动踏板，推杆推动主缸活塞，迫使制动油经管路进入轮缸，推动轮缸活塞使制动蹄张开，与制动鼓全面贴合压紧。此时，不旋转的摩擦片对旋转的制动鼓将产生一个摩擦力矩M_{μ}，其方向与车轮旋转方向相反。制动鼓将力矩M_{μ}传到车轮后，由于车轮与路面间的附着作用，车轮对路面作用一个向前的周缘力F_{μ}，路面给车轮作用一个向后的反作用力即制动力F_B。

当松开制动踏板时，制动蹄回位弹簧将制动蹄拉回原位，摩擦力矩M_{μ}和制动力F_B消失，制动作用解除。

制动时，车轮上的制动力F_B不仅取决于制动力矩M_{μ}，还取决于轮胎与路面间的附着条件。如果完全丧失附着条件，就不会产生制动效果，即车轮停止转动而被抱死，汽车仍然向前滑移。近年来，国内外不少汽车在制动系统中增设了前后桥车轮制动力分配调节装置，同时，安装电子控制的制动防抱死装置，以减少车轮的抱死现象。

（3）制动蹄的增势和减势

如图9-1-6所示，两制动蹄的支承点都位于蹄的下端，而张开力作用点在蹄的上端，共用一个轮缸张开，并且轮缸活塞直径是相等的。

汽车制动过程中两制动蹄在相等的促动力P作用下，分别绕各自的支承点向外旋转张开，紧压在制动鼓上。同时旋转的制动鼓对两蹄分别作用着法向反力Y_1和Y_2，以及相应的切向反力X_1和X_2，X_1作用的结果是使制动蹄在制动鼓上压得更紧，从而使力Y_1变得更大，起到“增势”作用，相应的制动蹄称为“领蹄”，也称为“增势蹄”。由于X_2作用的结果则使制动蹄有离开制动鼓的趋势，使Y_2和X_2变得更小，起到“减势”作用，相应的制动蹄称为“从蹄”，也称为“减势蹄”。

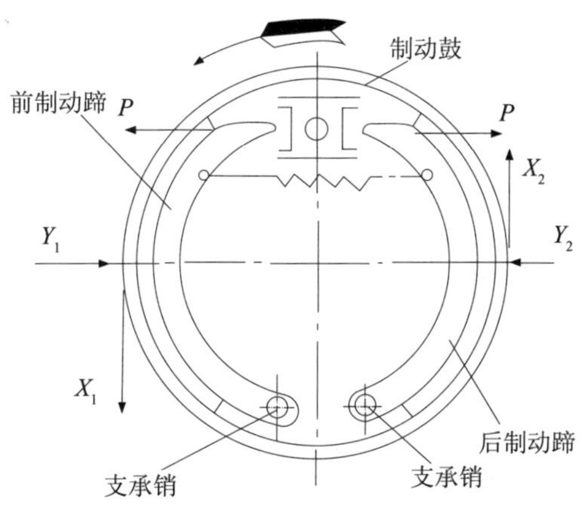

图 9-1-6 简单非平衡式制动器受力分析图

（4）鼓式制动器的类型

鼓式车轮制动器按张开装置的形式，可分为轮缸式车轮制动器和凸轮式车轮制动器，如图9-1-7所示。

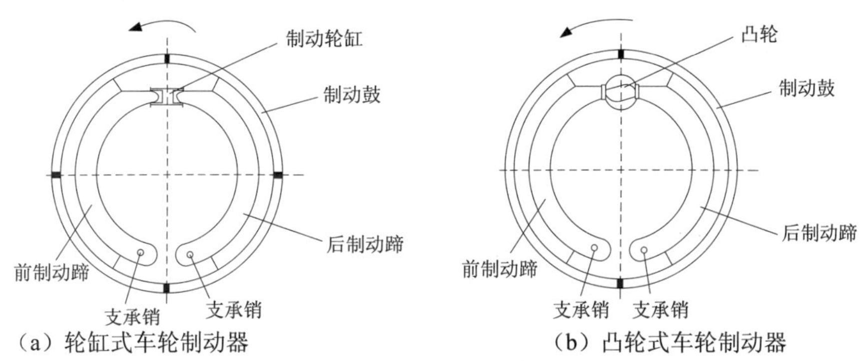

图 9-1-7 鼓式制动器

根据制动时两制动蹄对制动鼓的径向作用力之间的关系，鼓式车轮制动器可分为简单非平衡式、平衡式和自增力式。

①简单非平衡式制动器

制动鼓受来自两制动蹄的法向力不能互相平衡的制动器称为非平衡式制动器。其结构特点是两制动蹄的支承点都位于蹄的下端，促动装置的作用点在蹄的上端，共用一个轮缸。其性能特点是汽车前进或倒车制动时，各有一个领蹄和从蹄。领、从蹄对制动鼓的法向作用力不相等，这个不平衡的法向作用力由车轮的轮毂轴承来承担，如图9-1-6所示。

②平衡式制动器

单向平衡式制动器如图9-1-8所示，其结构特点是两制动蹄各用一个单向活塞制动轮缸，且前后制动蹄与其轮缸、调整凸轮零件在制动底板上的布置是中心对称的，两轮缸用油管连接。其性能特点是前进制动时两蹄均为“领蹄”，有较强的增力；倒车制动时两蹄均为“从蹄”，制动力较小 。

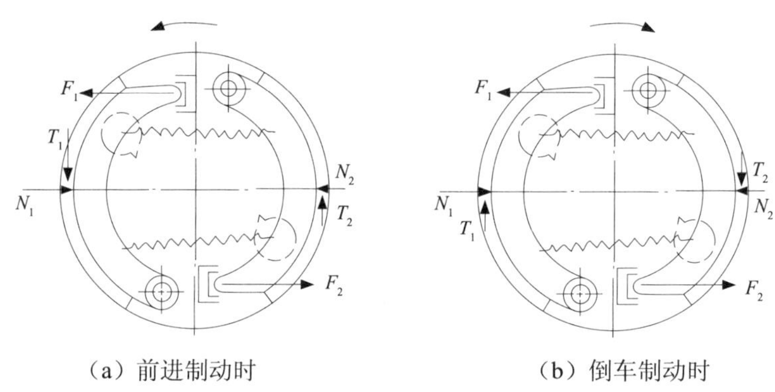

（a）前进制动时　　（b）倒车制动时

图 9-1-8 单向平衡式车轮制动器

双向平衡式制动器如图9-1-9所示，其结构特点是制动蹄、制动轮缸、回位弹簧均成对地对称布置，两制动蹄的两端采用浮式支承，且支点在径向位置浮动，用回位弹簧拉紧。性能特点是汽车在前进或倒车中制动时，两个制动蹄均为“领蹄”，有较强的增力，制动效果好，蹄片磨损均匀。

③自增力式制动器

自动增力原理是将两制动蹄用顶杆浮动铰接代替固定的偏心销，利用前蹄的助势推动后蹄，使总的摩擦力矩得以增大，起到自动增力作用。

a. 单向自增力式制动器

如图9-1-10所示，第一制动蹄和第二制动蹄的下端分别浮支在浮动的顶杆两端。制动器只在上方有一个支承销。不制动时，两蹄上端均靠各自的回位弹簧拉靠在支承销上。

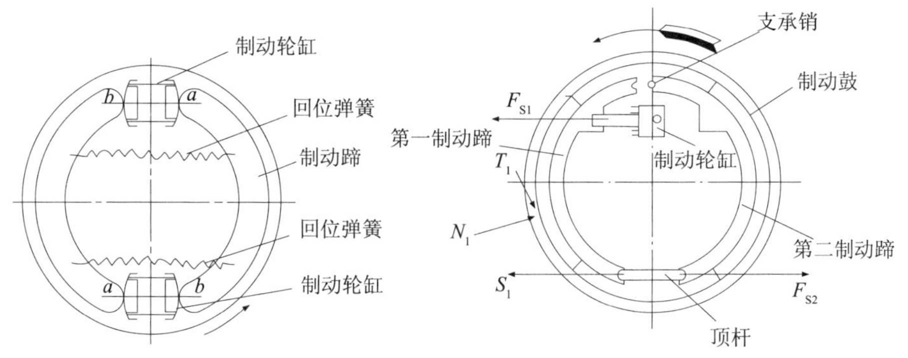

图 9-1-9 双向平衡式车轮制动器

图 9-1-10 单向自增力式制动器示意图

如图9-1-10所示，汽车前进制动时，单活塞式轮缸只将促动力F_{S1}加于第一制动蹄，使其上端离开支承销，整个制动蹄的下端绕顶杆左端支承点旋转，并压靠在制动鼓上。可知，第一制动蹄是领蹄，并且在促动力F_{S1}、法向合力N_1、切向摩擦合力T_1和沿顶杆轴线方向的S_1作用下处于平衡状态。由于顶杆是浮动的，成为第二制动蹄的促动装置，与S_1大小相等、方向相反的促动力F_{S1}施于第二制动蹄的下端，故第二蹄也是“领蹄”，有较高的制动效能。

当倒车制动时，前蹄为减势蹄，压紧在制动鼓上的力矩减小，使后蹄不起作用，两蹄均为“从蹄”，制动效能较小。

b. 双向自增力式制动器

如图9-1-11所示，其特点是制动鼓正向和反向旋转时均能借蹄鼓摩擦起自增力作用。结构与单向自增力式制动器不同，主要采用双活塞式轮缸，可向两蹄同时施加相等的促动张力。制动鼓正向旋转时，前制动蹄为第一蹄，后制动蹄为第二蹄。制动鼓反向旋转时，则情况相反，但制动效果一样，故称为双向自增力式车轮制动器，即汽车在前进和倒车时两制动蹄均为“领蹄”，均起到较强的自动增力作用，制动效果好，蹄片磨损均匀。

考虑到前进制动比倒车制动机会多、负荷大，为使蹄片磨损均匀，一般将后蹄摩擦片做得较长。

就制动效能而言，在基本结构参数和轮缸工作压力相同的条件下，自增力式制动器由于对摩擦增势作用利用得最充分而居首位，其余的依次为双向平衡式、单向平衡式、非平衡式。就制动效能的稳定性而言，自增力式车轮制动器对摩擦系数的依赖性最大，其制动效能的稳定性最差，非平衡式车轮制动器制动效能的稳定性居中，平衡式车轮制动器的制动效能稳定性最好。

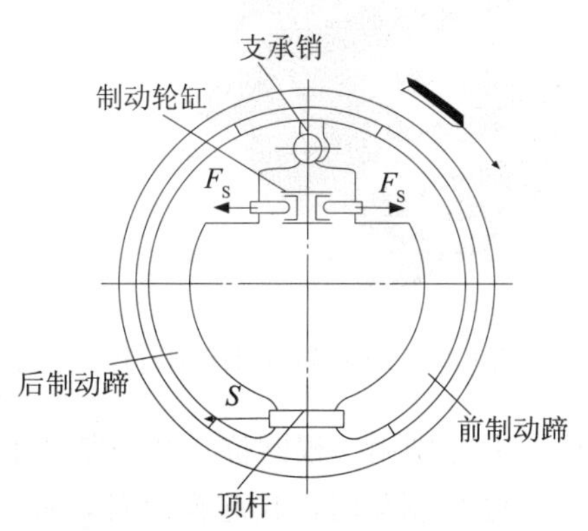

图 9-1-11 双向自增力式制动器示意图

三、驻车制动器

驻车制动器又称手制动器，其功用是使车辆停放可靠，便于汽车在坡道上顺利起步，可在车轮制动器失效后临时使用，配合行车制动器进行紧急制动。

按驻车制动器在汽车上安装位置的不同，驻车制动器可分为中央制动式和车轮制动式两种。多数驻车制动器安装在变速器或分动器之后，也有少数汽车装在后驱动桥输入轴前端，其制动力矩作用在传动轴上，称为中央制动器。轿车驻车制动与行车制动共用一套制动器总成，只是传动结构是独立的，称为车轮驻车制动器。这种结构简单、紧凑。

驻车制动器按其结构形式可分为鼓式、盘式、带式和弹簧作用式。图9-1-12所示为首次在奥迪A605车上采用的机电式驻车制动器EPB新技术。

1. 桑塔纳2000型轿车驻车制动器

驻车制动器与行车制动器复合共用，驻车制动装置主要由驻车制动杆、驻车制动器操作拉杆、制动拉索及后轮制动器中的驻车制动拉杆等组成，如图9-1-13所示。它作用于后轮，主要是在坡路或平路上停车时使用或在紧迫情况下紧急制动。

图 9-1-12 机电式驻车制动器EPB

拉柄式驻车制动器

图 9-1-13 上海桑塔纳2000型轿车的驻车制动器

如图9-1-14所示，驻车制动杠杆上端平头销与后制动蹄相连，其中，上部卡入驻车制动推杆右端的切槽中，作为支点。下端与手制动拉索相连。前、后制动蹄的腹板卡在驻车制动推杆的两端槽中，并分别用一根回位弹簧与制动推杆相连。

驻车制动时，拉起操纵杆，操纵杆力通过操纵机构使手制动拉索收紧，拉索则拉动驻车制动杠杆的下端，使之绕上端支点顺时针转动，制动杠杆转动过程中，其中间支点推动驻车制动推杆左移，使前制动蹄压向制动鼓。前制动蹄压向制动鼓后，制动推杆停止运动，则驻车制动杠杆的中间支点变成其继续移动的新支点，于是驻车制动杠杆的上端右移，使后制动蹄压靠在制动鼓上，产生制动作用。此时，驻车制动操纵杆上的棘爪嵌入齿扇的棘齿内，起锁止作用。

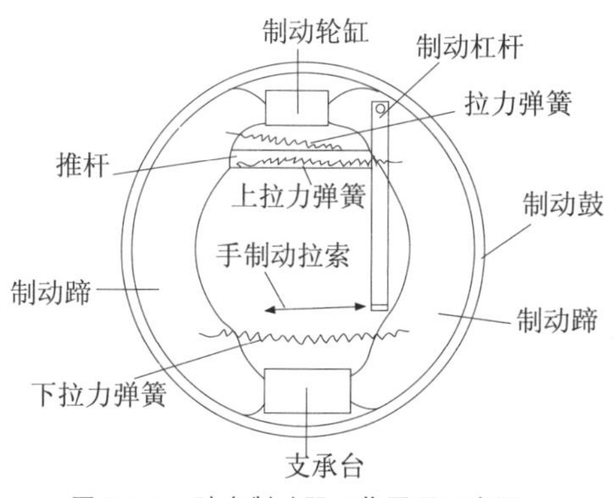

图 9-1-14 驻车制动器工作原理示意图

解除驻车制动时，按下驻车制动操纵杆上的按钮，使棘爪脱离棘齿，将操纵杆回到释放制动位置，松开手制动拉索，则制动蹄在回位弹簧的作用下回位。

2. 东风EQ1090E型汽车驻车制动器

图9-1-15所示为东风EQ1090E型汽车驻车制动器的结构，其制动器为中央制动、鼓式简单非平衡式驻车制动器。

制动鼓通过螺栓与变速器输出轴的凸缘盘紧固在一起，制动底板固定在变速器输出轴轴承盖上，两制动蹄通过偏心支承销支承在制动底板上，其上端装有滚轮，在回位弹簧的作用下滚轮紧靠在凸轮的两侧，凸轮轴支承在制动底板的上部，轴外端与摆臂连接，摆臂的另一端与穿过压紧弹簧的拉杆相连，拉杆再通过摇臂、传动杆与驻车制动杆相连。驻车制动杆上连有棘爪，驻车制动器工作时，棘爪嵌入齿扇上的棘齿内，起锁止作用。解除制动时，须按下驻车制动杆上的按钮使棘爪脱离棘齿，才能搬动驻车制动杆。

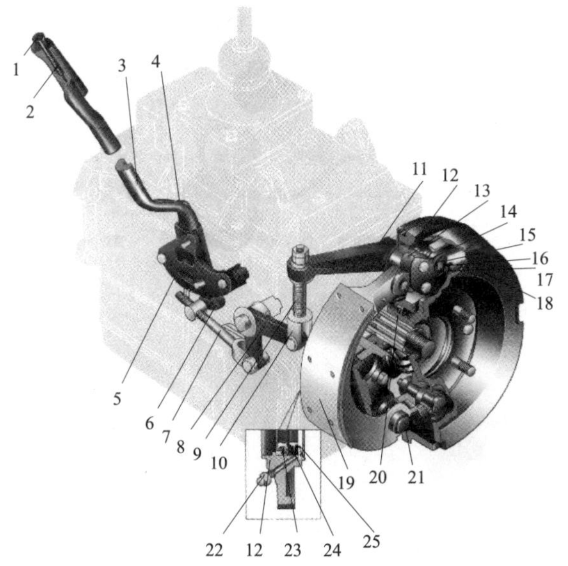

1-按钮及锁 2-回位弹簧 3-驻车制动操纵杆 4-棘爪拉杆 5-扇形齿板 6-棘爪 7-拉杆总成及锁轴 8-摇臂及销轴 9-压紧弹簧、垫圈 10-拉杆、球面垫圈、及锁紧螺母 11-驻车制动凸轮摆臂 12-底板支座 13-凸轮轴 14-限位片 15-滚轮轴 16-滚轮 17-回位弹簧 18-驻车制动鼓 19-驻车制动蹄带摩擦片总成 20-突缘及甩油圈 21-制动蹄轴及挡圈 22-泄油塞头 23-油封 24-甩油环 25-挡油盘

图 9-1-15 东风EQ1090E型汽车驻车制动器

驻车制动时，将驻车制动杆上端向后拉动，则制动杆的下端向前摆动，

传动杆带动摇臂顺时针转动，拉杆则带动摆臂顺时针转动，凸轮轴亦顺时针转动，凸轮轴使两制动蹄以支承销为支点向外张开，压靠到制动鼓上，产生制动作用。当制动杆拉到制动位置时，棘爪嵌入齿扇上的棘齿内，起锁止作用。

解除制动时，按下驻车制动杆上的按钮，使棘爪脱离棘齿，向前推动制动杆，则传动杆、拉杆、凸轮轴按逆时针方向转动，制动蹄在回位弹簧作用下回位，制动蹄与制动鼓间恢复制动间隙，制动解除。

四、制动传动装置

制动传动装置的功用是将驾驶员或其他动力源的作用传到制动器，同时控制制动器的工作，从而获得所需要的制动力矩。

制动传动装置按传力介质的不同可分为液压式、气压式和气-液综合式。液压式制动系统的传力介质是制动液，常用于轿车和轻型车上。按照制动能源的不同，液压式制动系统分为人力液压制动系统和伺服液压制动系统。而伺服液压制动系统常用的有真空助力式和液压助力式两种。气压式制动系统的制动能源是压缩空气机产生的压缩空气，驾驶员只须按不同的制动强度要求，控制制动踏板的行程，便可通过控制制动气压的大小来获得所需要的制动力。

按制动管路的套数可分为单管路和双管路制动传动装置。按照交通法规的要求，现代汽车的行车制动系须采用双管路制动传动装置，若其中一套管路损坏时，另一套仍然起制动作用，从而提高了制动的可靠性和安全性。

1. 液压式制动传动系统

（1）液压式制动传动装置的基本组成及工作原理

如图9-1-16所示，液压式制动传动装置由制动踏板、主缸推杆、制动主缸、储液罐、制动轮缸、油管、制动灯开关、指示灯、比例阀等组成。

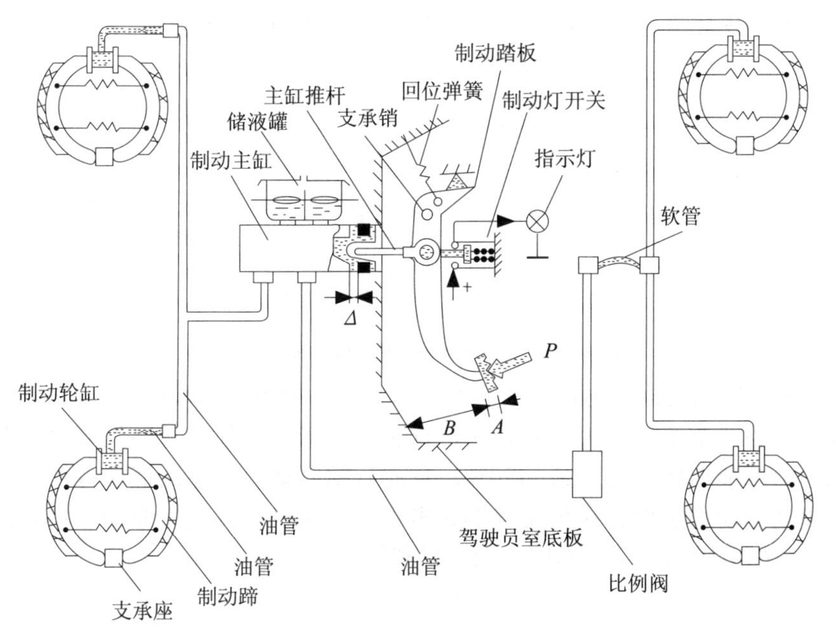

Δ-自由间隙 *A*-自由行程 *B*-有效行程

图 9-1-16 液压式制动传动装置的组成

制动主缸和轮缸的相对位置经常变化，故连接油管除用钢管外，部分有相对运动的区段，还用高强度橡胶管连接。

制动踏板与推杆铰接，推杆与主缸活塞间应有一定的间隙 1—2mm，以保证主缸活塞彻底回位。为了保持和调整这一间隙，推杆长度可用螺纹调节或将其连接销制成偏心销。间隙反应到制动踏板上为有一小段自由行程。

轮缸活塞直径大于主缸活塞直径，并与前、后车桥上的实际载荷分配成比例。这样，作用在前后桥制动蹄上的促动力，应是踏板力和制动踏板的杠杆比与活塞直径比的乘积。

（2）双管路液压式制动传动装置的布置形式

①两桥制动器前后独立型（H型）。由双腔制动主缸通过两套独立的管路分别控制前桥和后桥的车轮制动器，如图9-1-16 所示，这种布置形式最为简单，可与单轮缸鼓式制动器配合使用。这种形式适用于前后桥载荷分布较均匀，制动时轴荷转移量少，发动机前置后轮驱动的汽车，如南京依维柯等。缺点是某一管路失效时，前后轴制动力分配的比值被破坏，使制动效能低于50%。

②一个制动器两个轮缸彼此独立型（HH型）。如图9-1-17所示，每套制动管路只对每个前后轮制动器的半数轮缸起作用。任一套管路失效后，前后制动力的比值与正常情况相同，剩余总制动力可达正常值的50%。这种布置

形式适用于具有两个轮缸的制动器，如红旗CA7560型轿车。

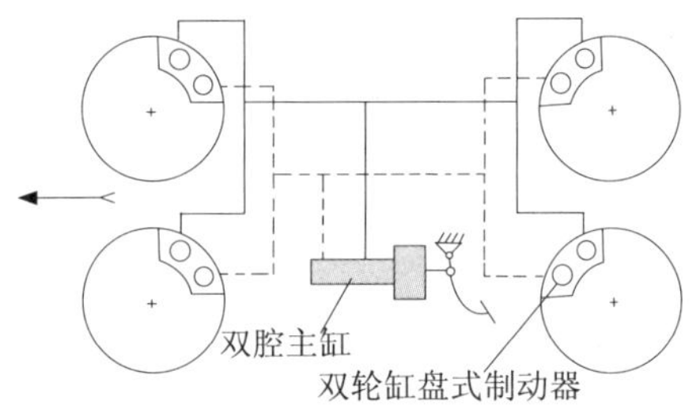

图 9-1-17 一个制动器两个轮缸彼此独立的方案

③前后轮制动器对角彼此独立型（X型）。如图9-1-18所示，前后轴对角线方向上的两个车轮共用一套管路，这种布置形式在任一管路失效时，剩余总制动力都能保持在正常值的50%，且前后轴制动力分配比值保持不变，有利于提高制动稳定性。这种布置形式多用于发动机前置前轮驱动且单轮缸的轿车上，如桑塔纳、广州本田、天津夏利等。

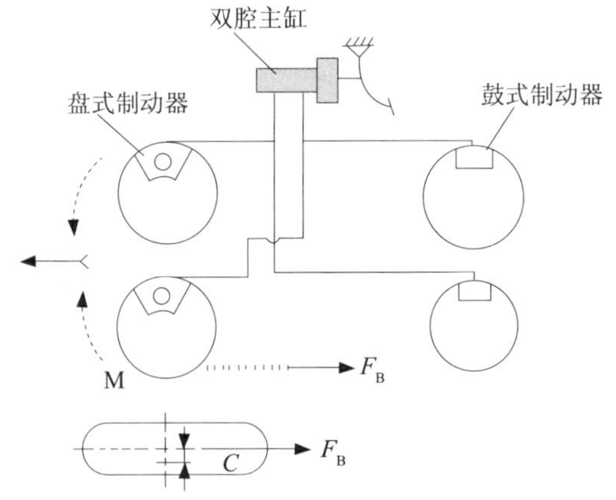

图 9-1-18 交叉式双管路液压式制动传动装置

（3）液压式制动传动装置的主要部件

①制动主缸

制动主缸又称制动总泵，处于制动踏板与管路之间，其功用是将制动踏板输入的机械力转换成液压力。为了提高汽车行驶安全性，现代汽车的行车制动系统都采用串联双腔主缸组成的双回路液压制动系统。

如图9-1-19所示，串联双腔主缸主要由储液罐、制动主缸外壳、前活塞、后活塞及前后活塞弹簧、推杆、皮碗等组成。主缸内装有两个活塞，将主缸分成左右两个工作腔。第一工作腔与右前盘式、左后轮鼓式制动器轮缸回路相通。第二工作腔与左前盘式、右后轮鼓式制动器轮缸回路相通。每套管路和工作腔又分别通过补偿孔和回油孔与储油罐相通。第二活塞由右弹簧保持在正确的初始位置，使补偿孔和进油孔与缸内相通。第一活塞在左弹簧作用下，压靠在隔套上，使其处于补偿孔和回油孔之间的位置。密封圈可以防止主缸漏油，每个活塞装有密封圈，以便两腔建立油压并保证密封。

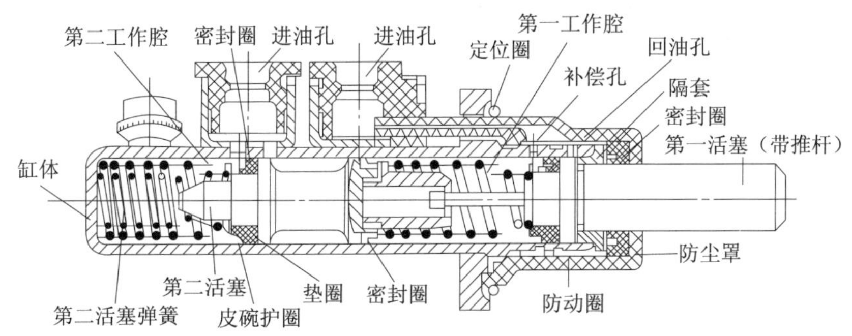

图 9-1-19 串联双腔制动主缸

制动时推杆推动第一活塞向左移动，密封圈遮住补偿孔后，第一工作腔的油压开始升高。油液通过腔内出油孔进入右前左后制动管路，又对第二活塞产生推力。在这推力及第一活塞左端弹簧力的共同作用下，第二活塞也向左移动，第二工作腔也产生了压力，推开腔内出油阀，油液进入左前右后制动管路，两管路对汽车施行制动作用。

解除制动时，活塞在弹簧的作用下回位，液压油自轮缸和管路中流到制动主缸。若活塞回位迅速，工作腔内容积迅速扩大，使油压迅速降低。由于管路阻力，管路中的油液不能及时流回工作腔以充分流回活塞工作腔，使工作腔形成一定的真空度。储液罐内的油液经进油孔和活塞上的小孔推开密封圈的边缘流入工作腔。当活塞完全回位时，补偿孔打开，工作腔内多余的油液由补偿孔和回油孔流回储液罐。若液压系统损坏或由温度变化引起主缸工作腔、管路和轮缸中的油液膨胀或收缩漏油，都可通过补偿孔进行调节。

②制动轮缸

制动轮缸的功用是将制动主缸传来的液压力转变为使蹄张开或压紧的机械促动力。制动轮缸为内壁精度高而光洁的直筒。因制动器形式的不同，轮缸的数目和形式各异。常见的为双活塞式、单活塞式和阶梯式等。

图9-1-20 所示为双活塞式制动轮缸。缸体由铸铁制成，用螺钉固装在制动底板上，位于两制动蹄之间。缸体内装两个铝合金活塞，两个刃口相对的密封皮碗上弹簧压靠在活塞上同步运动。活塞外端压有顶块，与蹄的上端抵紧，缸体两端装有护罩，防止尘土及泥水侵入，造成活塞及轮缸生锈卡死。缸体上方装有放气螺塞，以便放出液压系统中的空气。

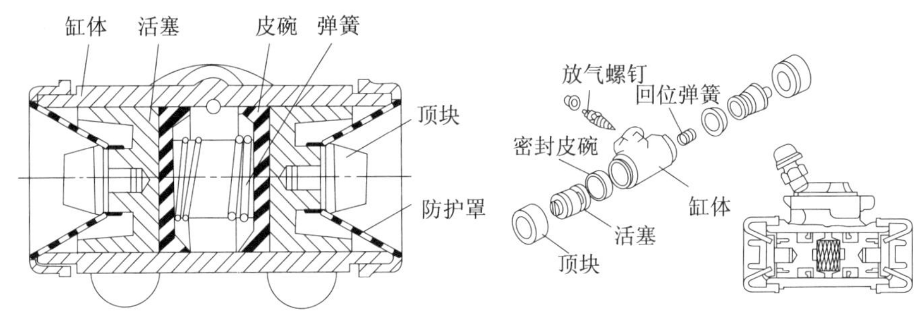

图 9-1-20 双活塞式制动轮缸

图9-1-21所示为单活塞式制动轮缸，用于单向助势平衡式制动器或单向自动增力式制动器中。每一制动器中装有两个单活塞轮缸，各控制一个制动蹄。活塞上有环槽，安装刃口朝里的密封橡胶皮圈。

图9-1-22所示为阶梯式轮缸，用于简单非平衡式制动器中，目的是为了前后蹄摩擦片均匀磨损，它的大端推动后制动蹄，小端推动前制动蹄。

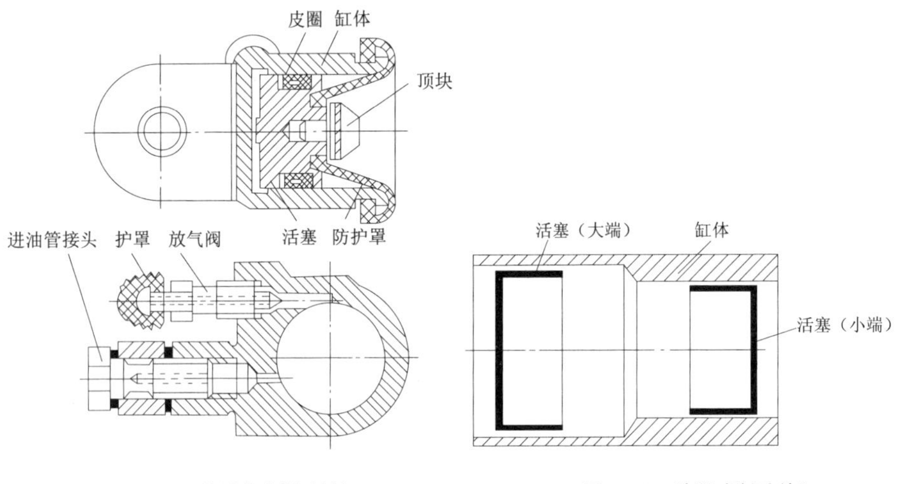

图 9-1-21 单活塞式制动轮缸

图 9-1-22 阶梯式制动轮缸

（4）伺服真空液压式制动传动装置

真空液压式制动传动装置的功用是可以减轻驾驶员施加于制动踏板上的力，增加车轮的制动力，达到操纵轻便、制动可靠的目的。

真空加力装置可分为增压式和助力式两种。增压式是通过增压器将制动主缸的液压进一步增加，增压器装在主缸之后。助力式是通过助力器来帮助制动踏板对制动主缸产生推力，助力器装在踏板与主缸之间。

①真空助力式液压制动传动装置的组成

图9-1-23所示为一汽红旗CA7220型轿车采用对角线布置的双回路液压系

统，即左前轮缸与右后轮缸为一液压制动系统，右前轮缸与左后轮缸为另一液压制动系统。串联双腔制动主缸的前腔通向左前轮制动器轮缸，并经感载比例阀通向右后轮缸。制动主缸的后腔通向右前轮制动器轮缸，并经感载比例阀通向左后轮制动器轮缸。真空伺服气室和控制阀组成一个整体部件，称为真空助力器。制动主缸直接装在真空伺服气室的前端，真空单向阀装在真空伺服气室上。真空伺服气室工作时产生的推力，也同踏板力一样直接作用在制动主缸的活塞推杆上。

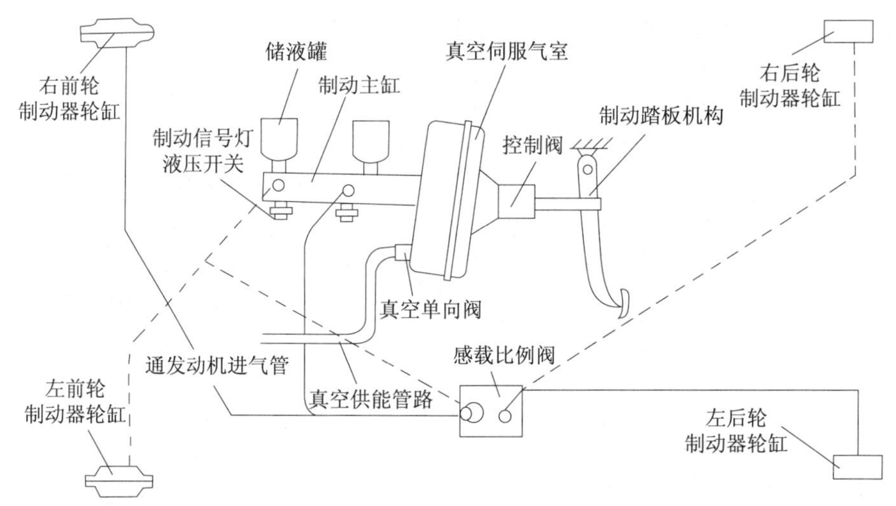

图 9-1-23 真空助力式液压制动传动装置

②真空助力器

图9-1-24（a）所示为真空助力器结构，真空气室用螺栓固装在车身前围板上，并借调整叉与制动踏板机构连接。伺服气室前腔经真空单向阀通向发动机进气歧管，即真空源。控制阀由真空阀与空气阀组成。外界空气经过滤环和毛毡过滤环后进入伺服气室后腔。

伺服气室膜片座内有连通伺服气室前腔和控制阀腔的通道A，以及连通伺服气室后腔和控制阀的通道B，带有密封套的橡胶阀门与在膜片座上加工出来的阀座组成真空阀，与控制阀柱塞的大气阀座组成大气阀。控制阀柱塞同控制阀推杆借后者的球头铰接。

在未踩制动踏板时，如图9-1-24（b）所示，控制阀处于非工作状态，控制阀推杆弹簧将控制阀推杆连同柱塞控制阀推至后极限位置，使真空阀离开膜片座上的阀座，即真空阀处于开启状态。真空阀被弹簧压紧在空气阀座上，即空气阀关闭。伺服气室前、后两腔经通道A，控制阀腔和通道B相通，控制阀腔便与大气隔绝，但同时使通向左气室的通道A与通向右气室的通道B相通，使左、右气室的压力差为零。在发动机工作时，真空阀被打开，两气室的真空度绝对值至发动机进气歧管处相同。

当刚踩下制动踏板时，控制阀总成尚未向左移动。踏板机构的控制力可以推动控制阀推杆和控制阀柱塞相对于膜片座前移。当柱塞与橡胶反作用盘之间的间隙消除后，控制力经反作用盘传给制动主缸推杆，如图9-1-24（c）所示，使主缸内的油液以一定的压力流入制动轮缸。

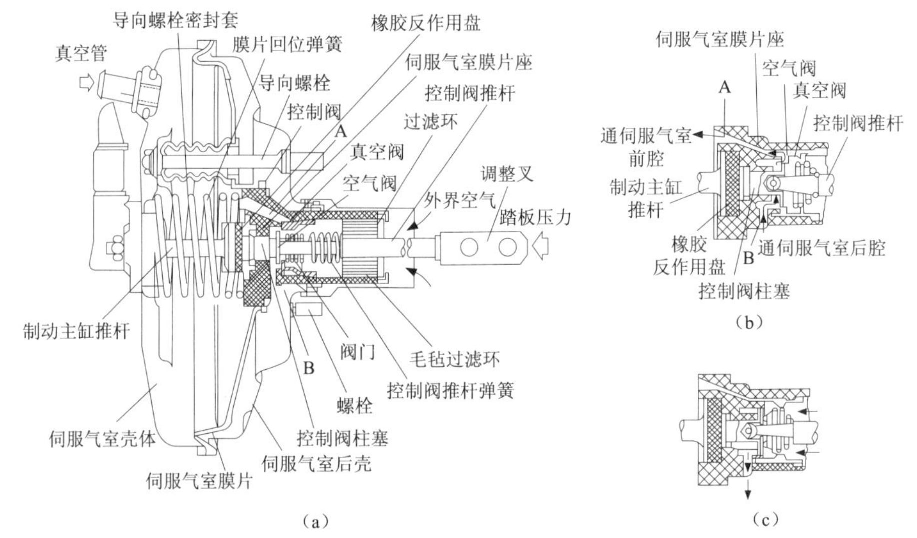

图 9-1-24 真空助力器

在制动推杆前移的同时，阀门在弹簧作用下，随同控制阀柱塞前移，直至与伺服气室膜片座上的真空阀座接触，即真空阀关闭，使伺服气室前、后隔绝，后腔与真空源隔绝。控制推杆继续推动柱塞前移到其后端面离开阀门一定距离，即空气阀开启，如图9-1-24（c）所示。外界空气经过滤环和毛毡过滤环进入伺服气室后腔，真空度降低。在伺服气室前、后腔压差作用下，通过膜片、膜片座及反作用盘，给主缸推杆加力。在此过程中，膜片座及柱塞也不断前移。若柱塞保持某一位置不动，则阀门重新与柱塞接触而达到平衡状态。在任一平衡状态下，伺服气室后腔中的稳定真空度均与踏板行程成一定的比例关系，体现了控制阀的随动作用。当伺服气室后腔的压力等于大气压力时，助力作用达到最大。

解除制动时，控制阀推杆弹簧将控制阀推杆和空气阀推向右移，使真空阀离开膜片座上的阀座，真空阀开启。伺服气室前、后两腔相通，均为真空状态。膜片座和膜片在膜片回位弹簧作用下回位，制动主缸即解除制动作用。

当真空助力器或真空源失效时，作用于主缸推杆上的力取决于驾驶员对制动踏板施加的踏板力，但踏板力要比真空助力器或真空源未失效时大得多。

2. 气压式制动传动装置

气压式制动传动装置是以发动机的动力驱动空气压缩机工作，然后将压缩空气的压力转变为机械推力，使车轮产生制动。驾驶员只须按不同的制动强度要求，控制踏板的行程，释放出不同数量的压缩空气，便可调整气体压力的大小来获得所需的制动力。

气压式制动装置利用一个双腔（或三腔）的制动控制阀、两个或三个储气筒，组成两套或三套彼此独立的管路，分别控制两桥或三桥的制动器。

（1）气压式制动传动装置的结构与工作原理

气压式制动传动装置如图9-1-25所示，主要由能源和控制装置两部分组成。能源部分包括空气压缩机、调压装置、储气筒、气压过低报警装置、油水放出阀和取气阀、安全阀等部件。控制装置包括制动踏板、拉杆、控制阀、快放阀、继动阀、前后制动气室等。

制动时，踩下制动踏板，通过连接杆使制动控制阀的进气阀打开，储气筒中的高压空气从气管经制动控制阀的进气阀门流入制动气室，推动气室推杆向外伸出，通过调整臂带动凸轮轴转动，迫使制动蹄压向制动鼓，产生制动作用。

放松制动时，抬起制动踏板，制动控制阀的排气通道打开，制动气室的高压空气倒流回制动阀经排气孔排入大气。制动气室推杆和制动器凸轮轴转回到不制动位置，使制动作用解除。

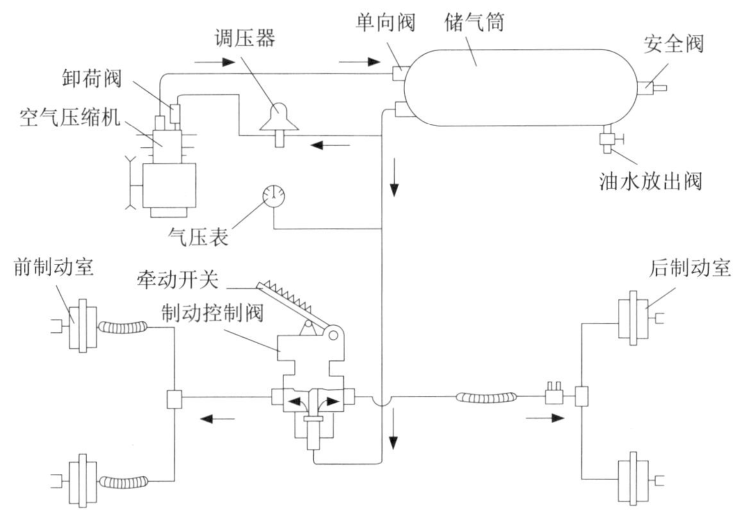

图 9-1-25 气压式制动传动装置

（2）气压式制动传动装置的主要总成

①空气压缩机

空气压缩机按其气缸数量可分为单缸和双缸两种。空气压缩机固定在发动机一侧的支架上，是整个制动系统的动力源，由曲轴带轮通过V形带驱动。

②调压器

调压器的作用是使储气筒内气压能控制在规定的范围内，同时使空气压缩机能卸荷空转，减小发动机的功率损失。

③制动控制阀

制动控制阀是汽车气压制动系统的主要控制装置，制动控制阀的作用是控制由储气筒进入制动气室和挂车制动控制阀的压缩空气量，并有渐进变化的随动作用，以保证作用在制动器上的力与加于制动踏板上的力成正比。

制动阀的结构形式很多，其结构随汽车制动回路不同，分单腔式、双腔式和三腔式，双腔式又可分为并联式和串联式，而三腔式多为并联式。

④制动气室

制动气室的作用是将输入的空气压力转变为转动制动凸轮的机械力，使车轮制动器产生制动力矩。

制动气室分为膜片式和活塞式两种。膜片式制动气室，结构简单，但膜片寿命较短，行程较小（不大于40mm），制动器间隙稍有变化，就需要调整。活塞式制动气室的活塞行程大，推力不变，使用中不必频繁地调整制动器间隙，活塞工作寿命也较长，但其结构较复杂，成本较高。

五、前后轮制动力分配调节装置

汽车制动时，作用在车轮上的制动力随着踏板力的增加而增加，但最大制动力受到轮胎与路面附着力的限制，制动力不能超过附着力，否则，车轮将被“抱死”。若前轮抱死而后轮滚动，会使汽车失去操纵性能而无法转向。若后轮抱死而前轮滚动，会使汽车侧滑而发生甩尾的危险，造成极为严重的后果。为此，在一些汽车中采用各种压力调节装置，来调节前后轮制动器的输入压力，以改变前后轮制动动力分配，使之接近理想分配，以获得尽可能高的制动性能。

目前制动力调节装置有限压阀、比例阀、感载阀和惯性阀等。

1. 限压阀

限压阀（图9-1-26）是一种最简单的压力调节阀，串联在制动主缸与后轮制动器的管路之间。其功用是当前、后制动管路压力由零同步增长到一定值后，即自动将后轮制动器管路中的压力限定在该值不变，防止后轮抱死。

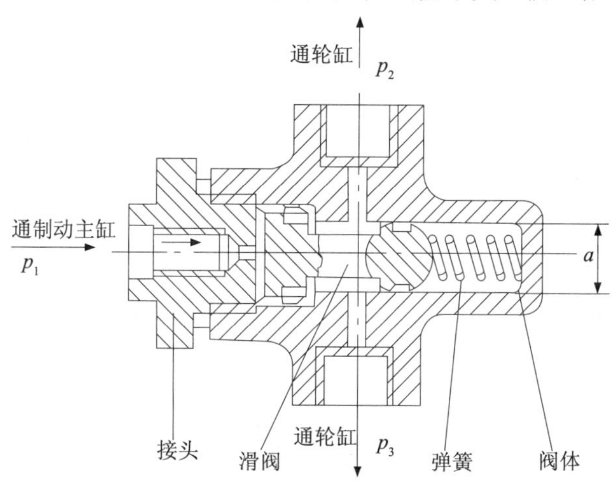

图 9-1-26 液压式限压阀

2. 比例阀

比例阀一般串联在制动主缸与后轮制动器的管路之间，其功用是当前、后制动管路压力p_1和p_2由零同步增长到一定值p_S后，即自动对p_S增长加以限制，使后制动管路压力p_2的增量小于前制动管路压力p_1的增量，使实际油压分配曲线与理想曲线更为接近，如图9-1-27所示。

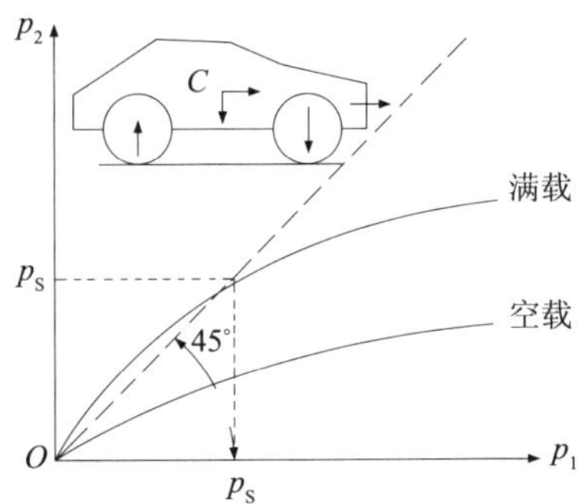

图 9-1-27 理想的前后轮制动管路压力分配特性曲线

3. 感载阀

有些汽车，特别是中、重型货车在实际装载质量不同时，其总重力和质心位置的变化较大，因而满载和空载下的理想促动管路压力分配特性曲线差距也很大。这种情况下则采用随汽车实际装载质量变化而改变的感载阀。感载阀分为感载比例阀和感载限压阀。

如图9-1-28所示为液压式感载比例阀。阀体安装在车身上，活塞右端的空腔内有阀门，杠杆的一端由感载拉力弹簧与后悬架连接，另一端压在活塞上。

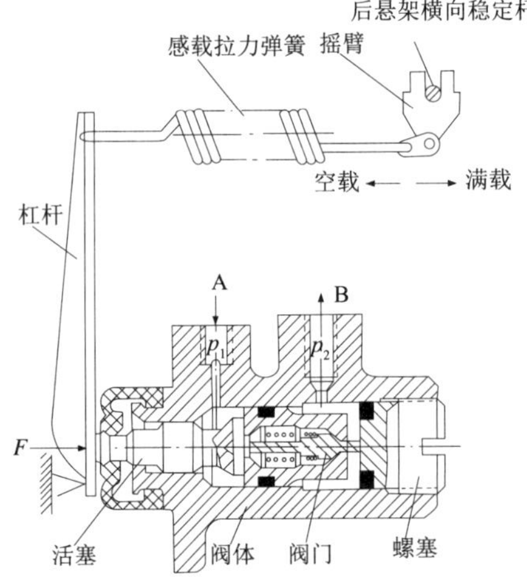

图 9-1-28 液压式感载比例阀及其感载控制机构

4. 惯性阀

惯性阀是一种用于液压系统的制动力自动调节装置，其形状与感载阀相似，但其调节作用起始点的控制压力值p_S取决于汽车制动时作用在汽车质心上的惯性力，即p_S不仅与汽车总质量或实际装载质量有关，而且与汽车制动减速度有关。

如图9-1-29所示，惯性限压阀内有一个惯性钢球，惯性钢球的支承面相对于水平的仰角θ必须大于零，惯性阀方可起作用。汽车在水平路面上时，θ应为10°—13°。

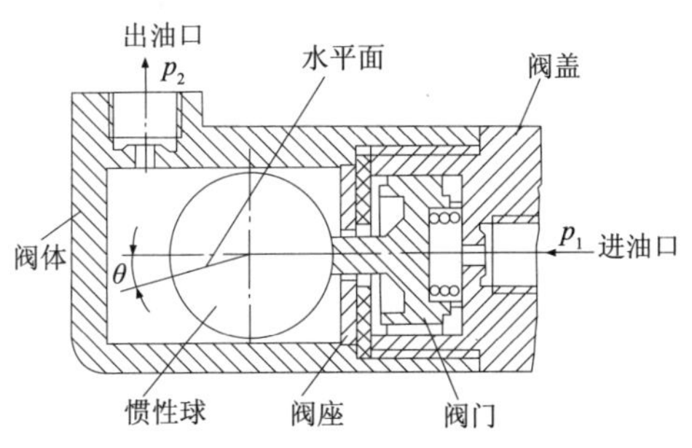

图 9-1-29 惯性限压阀

六、汽车制动系统的检修与调整

1. 盘式制动器检修

（1）检查制动块厚度

前制动器外侧制动块可通过轮盘上的检视孔目测检查。内侧制动块利用反光镜进行目测检查如图9-1-30所示。若制动块已拆下，可直接用直尺或游标卡尺测量。制动块磨损极限值通常在维修手册中均有说明（包括底板），如果小于规定值，就应更换制动块。

（2）检查制动盘厚度

用千分尺或刹车片卡尺测量，如图9-1-31所示。制动盘表面上的圆跳动量为0.06mm，如果检查结果不符合维修手册规定，应更换新件。

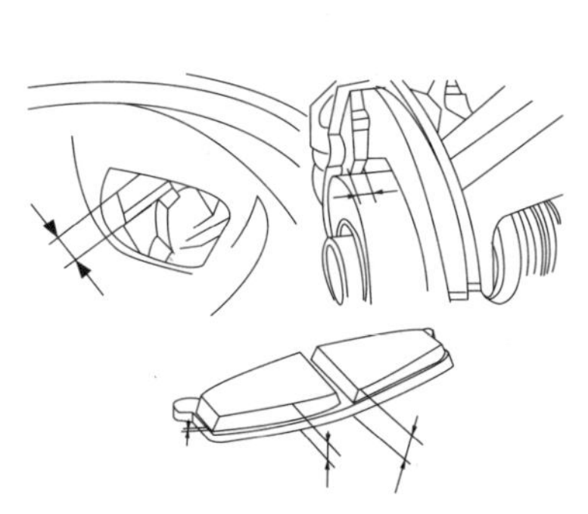

图 9-1-30 制动块厚度检查

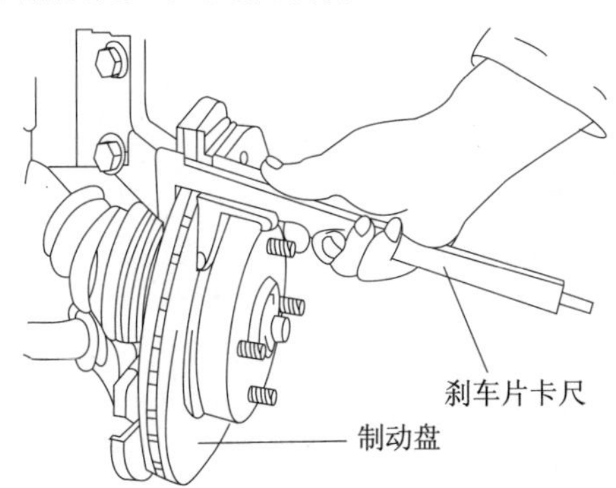

图 9-1-31 前轮制动盘厚度的检查

（3）制动盘端面圆跳动的检查

制动盘端面圆跳动会使制动踏板抖动或使制动衬片磨损不均匀。可用百分表检查制动盘的端面圆跳动，应不大于0.06mm。不符合要求可进行机加工修复（加工后的厚度不得小于8 mm）或更换，如图9-1-32 所示。

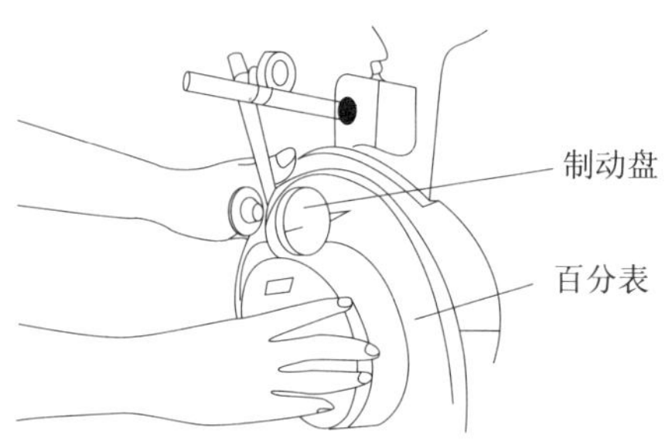

图 9-1-32 制动盘端面圆跳动检查

2. 鼓式制动器的检修与调整

（1）制动蹄摩擦片的更换

制动蹄摩擦片使用15000km后，出现损坏或磨损到极限时，应及时更换。可以连同制动蹄一起更换。

如果仅更换制动蹄摩擦片，应先去掉制动摩擦片上的旧铆钉及孔中的毛刺。铆接新摩擦片时，应从中间向两端铆接。更换新制动摩擦片时，应使用相同质量的摩擦片。

（2）检查制动蹄摩擦片厚度

用游标卡尺或直尺测量制动蹄片的厚度，利用制动器底板上的观察孔检查制动蹄摩擦片厚度和拖滞情况，如图9-1-33所示。标准值为5mm，使用极限为2.5mm。其铆钉与摩擦片表面距离（不包括底板）不得小于1mm。在未拆下车轮时，制动蹄摩擦片的厚度可从制动底板上的观察孔目测，如图9-1-34所示。

（3）后制动鼓的检查

更换新摩擦片时，应检查后制动鼓尺寸，制动鼓内径为200mm，磨损极限值为201mm。摩擦表面径向圆跳动量为0.05mm，车轮端面圆跳动量为0.20mm。如果超过规定值时，应更换新件。

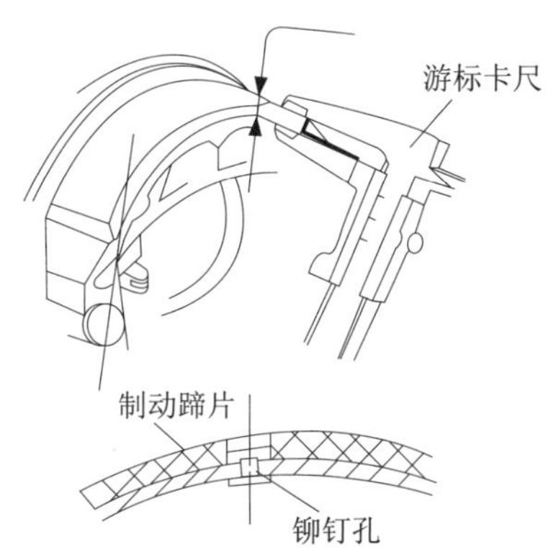

图 9-1-33 测量制动蹄片厚度

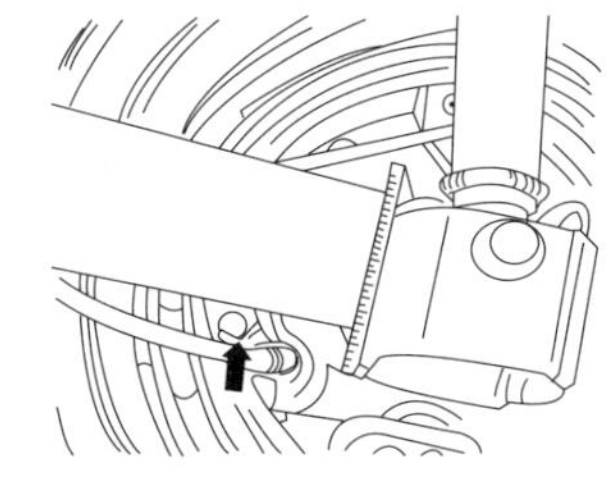
图 9-1-34 观察孔观察后制动摩擦片

（4）制动鼓的磨损检查

检查制动鼓内表面有无烧损、刮痕和凹陷，若不能修磨，应更换新件。检查制动鼓内表面直径用游标卡尺或专用仪器检查内表面直径，标准值为Φ 180mm，使用极限为Φ181mm。检查制动鼓内表面圆度误差用仪器测量制动鼓内表面的圆度误差，使用极限为0.03mm，超过极限应更换新件，如图9-1-35、图9-1-36所示。

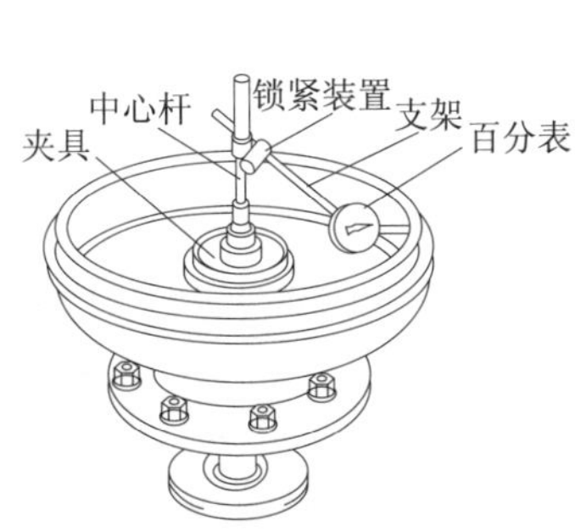

图 9-1-35 用百分表检查制动鼓的磨损

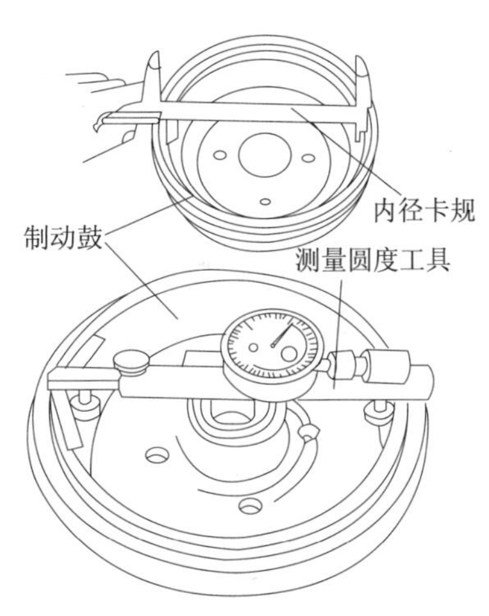

图 9-1-36 检查制动鼓磨损

（5）鼓蹄接触面积检查

如图9-1-37所示，将后制动鼓摩擦衬片表面打磨干净后，靠在后制动鼓上，检查二者的接触面积，应不小于60%，否则应继续打磨摩擦衬片的表面。

（6）回位弹簧的检查

若弹簧自由长度增加5%，则应更换新弹簧（图9-1-38）。

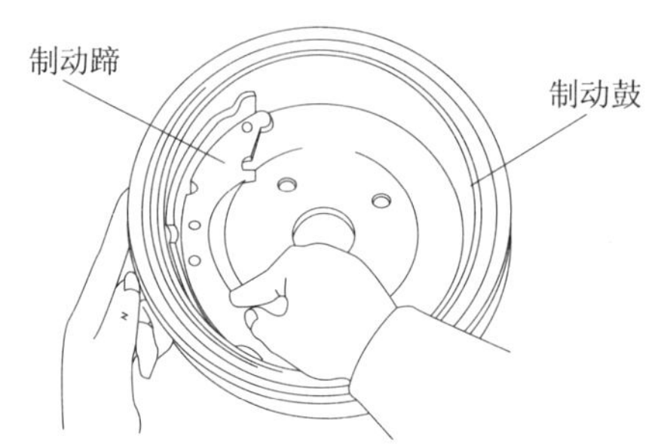

图 9-1-37 制动蹄摩擦片与制动鼓接触面积的检查

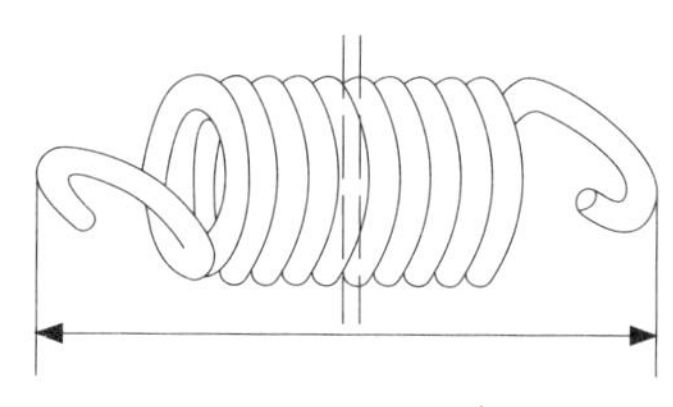
图 9-1-38 后制动定位弹簧的检查

（7）制动鼓与蹄间隙的调整

①全面调整的方法

架起车桥，使制动鼓能自由转动；松开蹄片的偏心支承销轴锁紧螺母；转动支承销使轴端标记处于相互靠近的位置；转动上端调整凸轮，使蹄片压向制动鼓，从动鼓的检查孔用厚薄规检查每个蹄片两端与制动鼓是否贴紧。如果蹄片轴端发现间隙，则用转动蹄片支承销的方法消除；反向转动调整凸轮，使蹄片上端与鼓脱离接触，产生合适的间隙为止。

②局部调整的方法

架起车桥，使制动鼓能自由转动，用规定厚度的厚薄规通过制动鼓上的检查孔，在蹄片上、下端检查间隙；转动上端的调整凸轮，使制动鼓与制动蹄的间隙增大或减小，调整时用规定厚度的厚薄规反复测量，当拉动时感到稍有阻力，即为合适。间隙调好后，有轻微摩擦声时，允许将间隙稍许放大一些。

3. 驻车制动器的检修与调整

以东风EQ1090E型汽车驻车制动器为例对驻车制动器进行检修与调整。检查连接机构有无变形、松旷；检查驻车制动器的摩擦衬片铆钉距表面0.50mm时应更换；驻车制动鼓表面磨损起槽超过0.50mm时可对鼓进行修磨，其内径加大不超过4mm。

（1）调整蹄鼓间隙

①调整拉杆长度

调整拉杆上的调整螺母；将调整螺母拧紧，蹄鼓间隙减小；反之，则蹄鼓间隙增大。调整完毕后，将锁紧螺母锁紧。

②调整摇臂与凸轮的相对位置

将驻车制动杆向前放松至极限位置；将摇臂从凸轮轴上取下，反时针方向错开一个或数个齿后，再将摇臂装于凸轮轴上，并将夹紧螺栓紧固；重新调整拉杆上的调整螺母，直到有合适的驻车制动拉杆行程为止。调好后，制动间隙应为0.2—0.4mm；驻车制动器调好后，完全放松驻车制动杆时，制动器蹄鼓间隙为0.2—0.4mm。向后拉驻车制动杆时，应有两“响”的自由行程，从第三“响”时应开始产生制动，第五“响”时汽车应能在规定的坡道上停住。

（2）驻车制动器性能的检查

汽车每行驶12,000km左右时，应对驻车制动器的性能进行检查。驻车制动器应满足以下性能：在空载状态下，驻车制动装置应能保证车辆在坡度为20%（总质量为整备质量的1.2倍以下的车辆为15%）、轮胎与路面间的附着系数≥0.7的坡道上正、反两个方向保持固定不动的时间应≥5min；拉紧驻车制动器，空车平地用二挡应不能起步；驻车制动器操纵杆的工作行程不能超过全行程的3/4；放松驻车制动操纵杆，变速器处于空挡，支起一只驱动轮，制动鼓应能用手转动且无摩擦声。

4. 液压式制动传动装置的检修与调整

（1）制动主缸的检修

如图9-1-39所示，检查储液罐是否破损，出现破损应更换；检查泵体内孔和活塞表面，其表面不得有划伤和腐蚀；用内径表检查泵体内孔的直径，用千分尺检查活塞的外径，并计算出内孔与活塞之间的间隙值，其标准值为0.04—0.106mm，使用极限为0.15mm，超过极限应更 换。检查制动主缸皮碗、密封圈是否老化、损坏与磨损，否则应更换之。

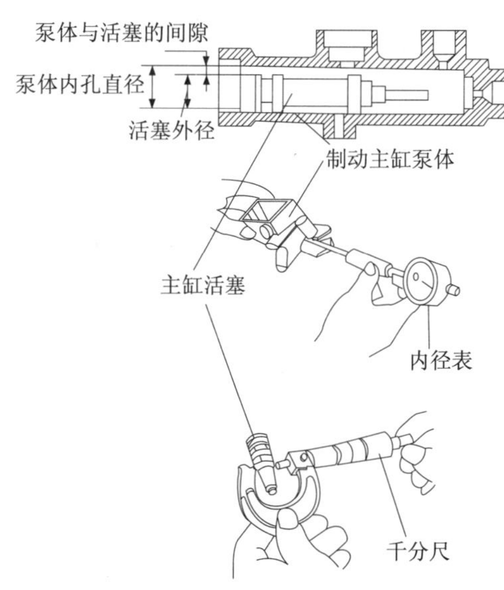

图 9-1-39 制动主缸的检查

（2）制动轮缸的检修

分解轮缸后，用清洗液清洗轮缸零件；清洗后，检查制动轮缸内孔与活塞外圆表面的烧蚀、刮伤和磨损情况。如果轮缸内孔有轻微刮伤或腐蚀，可用细砂布磨光。磨光后的缸内孔应用清洗液清洗后，用无润滑油的压缩空气吹干；然后测出轮缸内孔孔径和活塞外圆直径，并计算出内孔与活塞的间隙值，标准值为0.04—0.106mm，使用极限为0.15mm。

（3）液压式传动装置的放气

放气原则及顺序先按主缸，

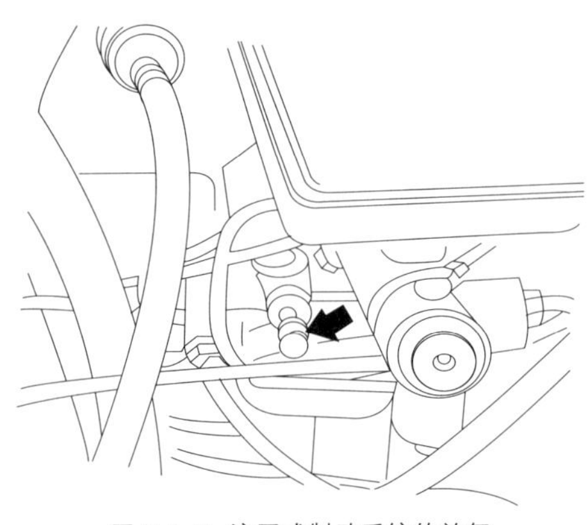

图 9-1-40 液压式制动系统的放气

再真空增压器，再轮缸，轮缸由近及里，先下后上的顺序。注意排气时应随时检查总泵中的制动液面，液面不可过低，否则空气会进入制动系统。如图9-1-40所示，放气方法为：

①起动发动机，使其处于怠速运转。

②将软管一头接在放气螺塞上，另一头插在一个盛制动液的容器中。

③一人坐在驾驶室内，连续踩下制动踏板，直到踩不下去为止，并且保持不动。

④另一人将放气螺塞拧松一下，此时，制动液连同空气一起从胶管喷入瓶中，然后，尽快将放气螺塞拧紧。

⑤在排出制动液的同时，踏板高度会逐渐降低，在未拧紧放气螺塞之前，切不可将踏板抬起，以免空气再次侵入。

⑥每个轮缸应反复放气几次，直至将空气完全放出（制动液中无气泡）为止，按照右后轮—左后轮—右前轮—左前轮的顺序逐个放气。

注意：在放气前将储液罐制动液加至规定高度，放气后也要补加制动液。

（4）制动踏板的调整

制动踏板自由行程的调整：检查制动踏板自由行程时，用手轻轻压下踏板，直到手感明显变重时，测出这段行程量，其值应不大于45mm。如果不符合规定，可松开制动主缸助力器上推力杆上的螺母，通过旋动叉头来调整推力杆长度，从而调整制动踏板自由行程，且保证踏板有效行程为135mm，总行程不小于180mm。图9-1-41所示为制动踏板行程的调整。

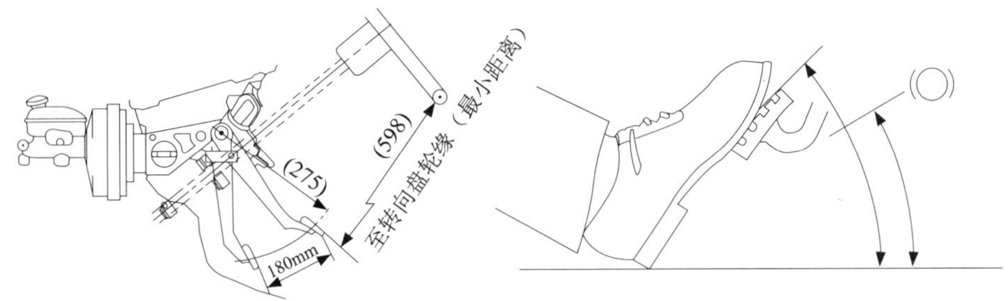

图 9-1-41 制动踏板的行程调整

七、盘式轮制动器的拆装与检查

前轮制动器的分解如图9-1-42所示。

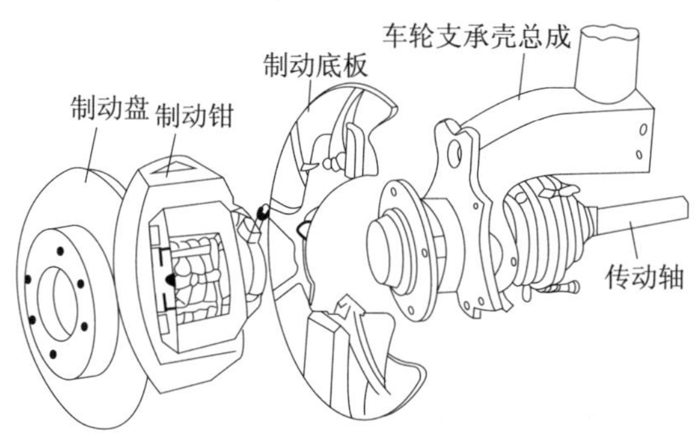

图 9-1-42 前轮制动器分解图

1. 前轮制动器的拆卸

（1）松开车轮螺栓螺母（拧紧力矩110N • m）。

（2）松开制动钳壳体的紧固螺栓（拧紧力矩70N • m），前轮制动器即可与车轮轴承分离。

（3）拧松制动器罩的螺栓，制动器罩即可从转向节体上取下。

（4）松开制动软管接头。

2. 制动摩擦片的拆卸和安装

（1）制动摩擦片的拆卸

①拆卸上、下定位螺栓，如图9-1-43 所示，用手卸下上、下定位弹簧。

②取下制动钳壳体，如图9-1-44所示。取下制动器底板上的制动摩擦片。

③把制动钳活塞压回制动钳壳体内，如图9-1-45所示。活塞回位前，先抽出制动液储液罐中的制动液，否则会引起制动液外溢，损坏表面油漆。制动液有毒，排放制动液时，必须使用专用容器存放。

（2）制动摩擦片的安装

①装入新的摩擦片。安装制动钳壳体，用70N • m的力矩紧固定位螺栓。

②安装上、下定位弹簧，如图9-1-46所示。

③安装后，停车时用力将制动器踏板踩到底数次，使制动摩擦片正确就位。

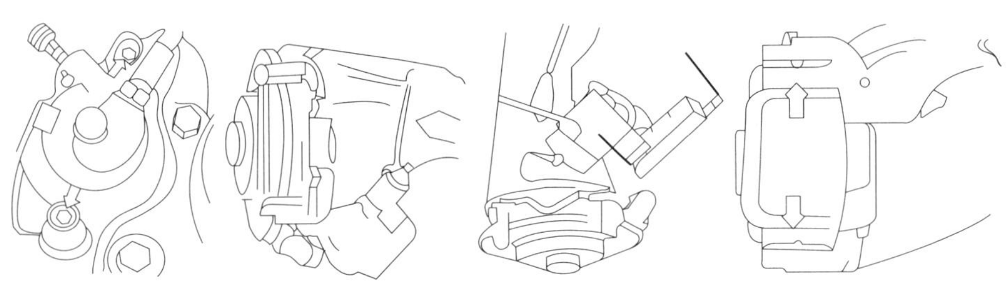

图 9-1-43 卸下上、下定位螺栓　图 9-1-44 拆下制动钳壳体　图 9-1-45 把活塞压回到制动钳壳体内　图 9-1-46 安装上、下定位弹簧

（3）前轮制动器的检查

①检查制动摩擦片厚度。前制动器外侧摩擦片可通过轮盘上的检视孔目测检查。内摩擦片利用反光镜进行目测检查。摩擦片磨损极限值为7mm（包括底板），如果小于规定值，就应更换摩擦片。

②检查制动盘厚度。制动盘厚度为 a=20mm，如图9-1-47所示，磨损极限值为17.8mm。制动盘摩擦片表面上的圆跳动量为0.06mm，如果检查结果不符合规定，应更换新件。

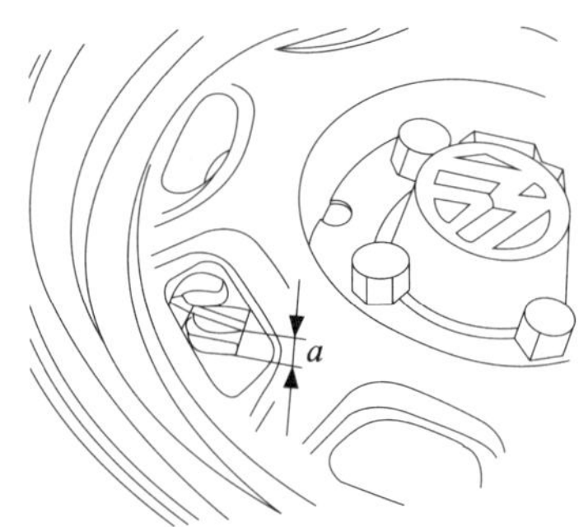

图 9-1-47 前轮制动盘厚度的检查

第二节 制动系统常见故障的诊断与排除

一、液压式制动装置常见故障诊断与排除

1. 液压制动不良、失效

（1）现象

迅速将制动踏板踩到底，汽车不能立即减速、停车，其制动减速小，制动距离长。

（2）原因

①制动主缸原因

a. 主缸内制动液不足；补偿孔堵塞；加液口盖通气孔堵塞。

b. 主缸皮碗、皮圈老化、发胀、变形或踏翻。

c. 主缸活塞与缸体磨损过量，松旷漏油；活塞回位弹簧过软或其自由长度不足。

d. 回油阀密封不良；出油阀弹簧过软、折断；油阀密封不良。

②制动轮缸原因

a. 轮缸皮碗老化、发胀、活塞卡滞。

b. 轮缸活塞与缸筒磨损过量，松旷漏油；活塞回位弹簧过软或折断。

③制动器原因

a. 制动蹄摩擦片磨损过量，与制动鼓间隙过大或调反，即制动蹄轴端间隙大于驱动端的间隙，接触面积过小或接触面趋于摩擦片的中间部位。

b. 制动鼓失圆、起槽或磨损导致鼓壁过薄。

c. 制动蹄摩擦片表面沾有油污、泥土，铆钉外露或表面烧焦硬化。

④其他原因

a. 制动踏板自由行程过大。

b. 液压制动系统中渗入空气，制动系温度过高形成气阻。

c. 油管凹瘪，接头松动渗漏，制动软管老化、破裂或堵塞。

（3）诊断与排除

液压式制动系统产生制动效能不良的原因，一般可根据制动踏板行程（俗

称高、低）、踏制动踏板时的软硬感觉、踏下制动踏板后的稳定性以及用脚制动时踏板增加高度来判断。

①一般制动时踏板高度太低、制动效能不良。如连续两脚或几脚制动，踏板高度随着增高且制动效能好转，说明制动鼓与摩擦片或总泵活塞与推杆的间隙过大。

②维持制动时，踏板的高度若缓慢或迅速下降，说明制动管路某处破裂、接头密闭不良或分泵皮碗密封不良，其回位弹簧过软或折断，或总泵皮碗、皮圈密封不良，回油阀及出油阀不良。可首先踏下制动踏板，观察有无制动液渗漏部位。若外部正常，则应检查分泵或总泵故障。

③连续几脚制动时，踏板高度仍过低，且在第二脚制动后，感到总泵活塞未回位，踩下制动踏板即有总泵推杆与活塞碰击响声，是总泵皮碗破裂或回位弹簧太软。

④连续几脚制动时踏板高度稍有增高，并有弹性感，说明制动管路中渗入了空气。

⑤连续几脚，踏板均被踏到底，并感到踏板毫无反力，说明总泵储液室内制动液严重亏损。

⑥连续几脚制动时，踏板高度低而软，是总进油孔中储液室螺塞通气孔堵塞。

⑦一脚或两脚制动时，踏板高度适当，但太硬，制动效能不良。应检查各轮摩擦片与鼓的间隙是否太小，中高速不当。若间隙正常，则检查鼓壁与摩擦片表面状况。如表面正常，再检查制动蹄弹簧是否过硬，总泵或分泵皮碗是否发胀，活塞与缸壁配合是否松旷。如均正常，则应进而检查制动软管是否老化不畅通。

2. 制动突然失灵

（1）现象

汽车在行驶中，一脚或连续几脚制动，制动踏板均被踏到底，制动突然失灵。

（2）原因

①总泵内无制动液。

②总泵皮碗破损或踏翻。

③分泵皮碗破损或踏翻。

④制动管路严重破裂或接头脱节。

（3）诊断与排除

发生制动失灵的故障，应立即停车检查。首先观察有无泄漏制动液处，如制动总泵推杆防尘套制动液处。如制动总泵推杆防尘套处制动液漏流严重，多属总泵皮碗踏翻或严重损坏。如某车轮制动鼓边缘有大量制动液，说明该轮分泵皮碗压翻或严重损坏。管路渗漏制动液一般明显可见。若无渗漏制动液现象，则应检查总泵储液室内制动液是否充足。

3. 制动发咬

（1）现象

踏下制动踏板时感到既高又硬或没有自由行程，汽车起步困难或行驶费力。

（2）原因

①制动踏板没有自由行程或其回位弹簧脱落、折断或过软。

②踏板轴锈滞回位困难。

③总泵皮碗、皮圈发胀或活塞变形或被污物卡住。

④总泵活塞回位弹簧过软、折断，皮碗发胀堵住回油孔或回油孔被污物堵塞。

⑤制动蹄摩擦片与制动鼓间隙过小。

⑥制动蹄回位弹簧过软、折断。

⑦制动蹄在支承销上下能自由转动。

⑧分泵皮碗胀大、活塞变形或有污物粘住。

⑨制动管凹瘪、堵塞，使回油不畅。

⑩制动液太脏，粘度太大，使回油困难。

（3）诊断与排除

放松制动踏板后，全部或个别车轮仍有制动作用，即表明制动发咬。行车中出现制动发咬，若各轮制动鼓均过热，表明总泵有故障。若个别制动鼓过热，则属于该轮制动器工作不良。

若故障在总泵时，应先检查制动踏板自由行程。若无自由行程，一般为总泵推杆与活塞的间隙过小或没有间隙。若自由行程正常，可拆下总泵储液室螺塞，踏抬制动踏板，观察回油情况。如不回油，为回油孔堵塞。如回油缓慢，可检查制动液是否太脏、粘度太大。如制动液清纯，则总泵皮碗、皮圈可能发胀或其回位弹簧过软，应分解总泵检查。

若故障在个别车轮制动器发咬，可架起该车轮，旋松分泵放气螺钉，如制动液随之急速喷出且车轮即刻转动自如，说明该轮制动管路堵塞，分泵未能回油。如转动该轮仍发咬，可检查制动蹄摩擦片与制动鼓间隙是否太小。若上述均正常，则应检查分泵活塞皮碗及制动蹄回位弹簧的情况。

4. 制动跑偏（单边）

（1）现象

汽车制动时，向一边偏斜。

（2）原因

①两前轮制动鼓与摩擦片的间隙不一，两前轮摩擦片的接触面积相差太大，两前轮摩擦片的质量不同，两前轮制动鼓内径相差过多，两前轮制动蹄回位弹簧弹力不等。

②前轮某侧分泵活塞与缸筒摩擦过甚，某侧前轮分泵有空气，软管老化或分泵皮碗不良或前轮某侧制动鼓失圆，两前轮气压不一致，某侧前轮摩擦片油污、水湿、硬化、铆钉外露。

③两前轮制动蹄支承销偏心套磨损程度不一。

④两后轮有上述前三条故障的。

⑤车架变形、前轴移位、前束不合要求、转向机构松旷及两前钢板弹簧弹力不等。

（3）诊断与排除

检查时先通过路试制动，根据轮胎拖印查明制动效能不良的车轮予以检修。拖印短或没有拖印的车轮即为制动效能不良。可先检视该轮制动管路是否漏油，轮胎气压是否充足。若正常，可检测摩擦片与制动鼓间隙。如仍无效，可查分泵是否渗入空气。若无空气渗入，即拆下制动鼓，按原因逐一检查制动器各部件。如均正常，说明故障不在制动系统。应检查车架或前轴的技术状况及转向机构情况。如有制动试验台检查更为方便，看哪个车轮制动力小，即为不良的车轮。

二、盘式制动器的常见故障与排除

盘式制动器在使用过程中，常见的故障有气阻、制动力不足和制动时有噪声等。

1. 气阻

盘式制动器的发热部位集中在很窄的制动衬块上，其单位压力又比鼓式制动器大，制动衬块和钳体的活塞直接接触，因此制动时的热量极易传给制动液。因此盘式制动器容易产生气阻现象。但是，若采取相应的措施，也可防止气阻现象的发生。

植物油型制动液无法满足盘式制动器的使用要求，因此必须使用高沸点的合成制动液。但是，合成制动液具有吸水特性。在某些使用条件中，沸点下降很快。为防止制动液沸点的明显下降，一般常采用以下一些措施：

（1）定期更换制动液。夏季三个月或行驶5000km，冬季六个月或行驶

1000km后，将制动液更新。

（2）不同性质的制动液不可互换使用或混用。

（3）密闭保存制动液。

要限制制动液温度升高，应保证活塞能灵活地自动回位，避免因锈蚀、发卡使制动器打滑或发咬。当制动衬块磨耗过多时，传到制动液的热量也会迅速增加。因此，应及时更换磨耗的制动衬块。

2. 制动力不足

盘式制动器制动力不足时，可采用下述方法予以解决：

（1）改变制动衬块材料。可换用稍软的制动衬块材料，使摩擦系数相对得到提高，制动力变大。

（2）清除制动衬块排屑槽中的异物。如果制动衬块的排屑槽被异物覆盖，制动时将失去排出尘土、刮去水分的作用，使制动力降低。

3. 制动时有噪声

制动时，若有“嘎吱、嘎吱”的噪声时，可采用下述方法排除：

（1）在制动器钳体活塞和制动衬片之间，加一防噪声片，使活塞上形成一倾斜度。从而保证制动时制动衬块和制动盘柔性接触，使制动衬块在正常磨损状态下无异常噪声出现。

（2）选择材质软些、密度小些的制动衬块材料。

（3）制动时，制动衬块向一侧移动，可能出现撞击声响。这是由制动衬块和钳体之间的间隙过大所致，可用镀覆焊锡的方法消除间隙。但须注意，应使焊锡镀覆在与行驶方向相反的一侧，防止在制动力的作用下失效。

4. 前轮轴承损坏

制动钳体一般装配在转向节后侧，这可使制动时相对地减轻前轮轴承的负荷。但是，有的车型把钳体装于轴的前方，加重了前轮轴承的合成载荷，容易造成前轮轴承提前损坏。因此，对于采用这种结构的车轮，应适时地进行调整和检修。

三、汽车制动系统的故障诊断与排除

1. 车辆的故障现象

一辆某品牌的轿车，行驶3万公里以后，制动系统发生故障的现象是轻度制动时，忽左忽右跑偏；继续使用，制动失效。

2. 故障诊断及排除方法

（1）检查制动踏板高度及踏板力均符合技术要求。

（2）用真空表测量真空助力泵真空度数值也达标。

为确定真空泵和制动主缸压力是否正常，在轮缸处接表测量，结果显示：左右差值为零，而且启动真空助力与不启动真空助力，轮缸压力差值减半（100Bar—50Bar），且解除制动后，四轮转动灵活，说明进油量和回油量是正常的。

（3）拆下摩擦块测量厚度均为10mm左右。

表面上，该车制动系统一切正常，但继续检查发现，制动衬块和盘的表面都非常光滑，更换摩擦块和制动盘后，制动正常。那么摩擦打滑的原因是怎样形成的呢？

①摩擦块材料变质。如：车辆在下山过程中，长时间或频繁地使用制动，摩擦块与制动盘滑动摩擦而产生高温，高温下材料中的有机聚合物发生分解。

②制动盘一般为钢制，虽然有一定的金属硬度，但高温不会氧化，不仅硬度降低，而且冷却过快还会变形，造成制动盘快速磨损，盘的表面粗糙度降低，并产生很深的沟槽，即使更换新的摩擦片制动也不会好转，而且变形严重的情况下造成车轮动不平衡，车身抖动。

③摩擦打滑情况下使用制动，温度会越来越高，势必导致制动分泵温度增高，橡胶件老化，这些都是影响制动的不良因素。

3.结论

经过更换制动摩擦块与制动盘，制动效果恢复正常，在制动试验台进行制动性能的检测，各项指标符合规定。

对于车辆的液压制动系统，除了进行例行检查之外，还应特别注意摩擦材料的表面粗糙度，它对保证制动效果是非常重要的。

第十章
ABS与ASR的结构与检修

第一节 ABS防抱死制动系统的结构与检修

汽车防抱死制动系统ABS（Anti-lock Braking System），是汽车上的一种主动安全装置，用于汽车制动时防止车轮抱死拖滑，以提高汽车制动过程中的方向稳定性、转向控制能力和缩短制动距离。其原理是通过给各车轮施加最合适的制动力，充分利用轮胎和地面的附着系数，获得最佳的制动效果，保证汽车的行驶安全。

一、ABS理论基础

1. 制动过程中轮胎的三种状态

通过观察汽车制动过程中车轮与地面接触痕迹的变化，可以知道制动车轮的运动方式一般均经历了三个变化阶段，即开始的纯滚动，随后的边滚边滑和和后期的纯滑动。

制动过程中轮胎的三种状态如图10-1-1所示。

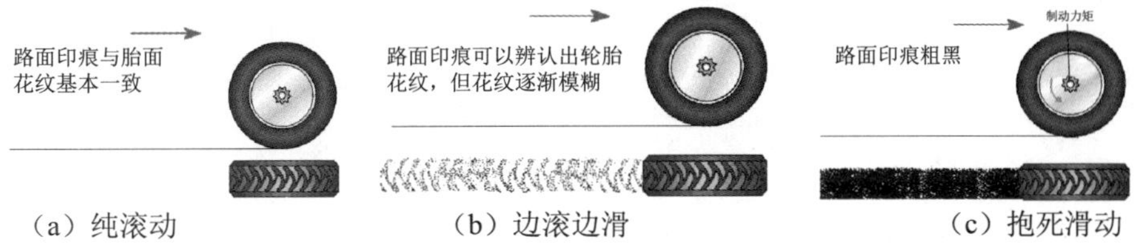

图 10-1-1 制动过程中轮胎的三种状态

2. 滑移率的定义

由图10-1-1可知，汽车在制动过程中，车轮在路面上的运动是一个边滚边滑的过程。汽车未制动时，车轮处于纯滚动状态；当车轮制动抱死时，车轮在路面上的运动处于纯滑动状态。为了定量描述汽车制动时车轮的运动状态，引入车轮滑移率S来反映车轮滑动的成分。

$$滑移率S=\frac{车速-轮速}{车速}\times 100\%$$

滑移率为0时，表示车轮处于纯滚动状态。

滑移率为100%时，表示车轮被抱死，车轮处于纯滑动状态。

滑移率在0—100%时，表示车轮处于边滚边滑的状态。

3. 附着系数Φ与滑移率S的关系

附着系数Φ与滑移率S的关系如图10-1-2所示。

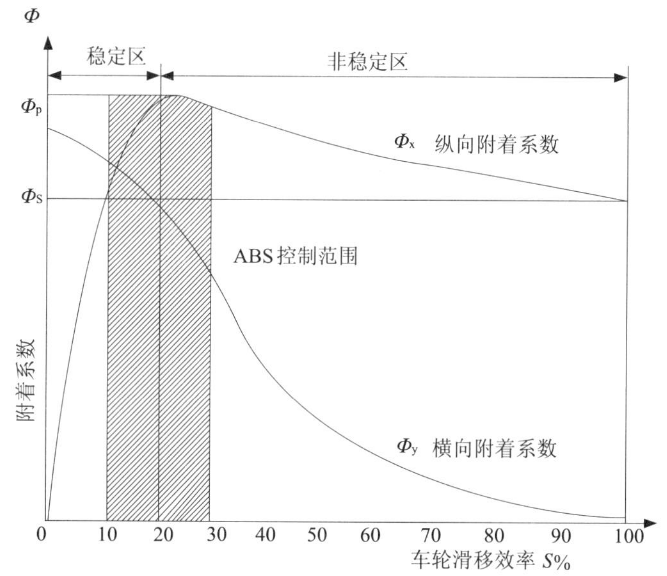

图 10-1-2 干燥硬实路面附着系数与滑移率的关系

由试验得知：当汽车车轮的滑移率在15%—25%时，轮胎与路面间有最大的纵向附着系数和比较大的横向附着系数，此时的制动效果最佳。因此汽车在制动时，车轮不应完全抱死，而应处于边滚边滑的状态。

二、ABS系统的优点

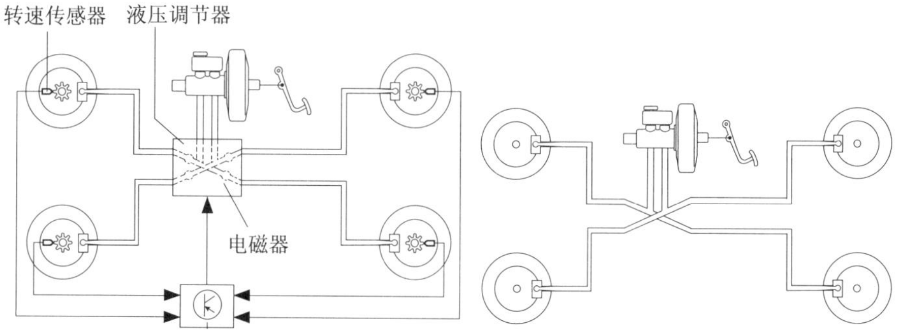

图 10-1-3 ABS防抱死制动系统　　图 10-1-4 传统的制动装置

汽车在制动过程中，车轮抱死时危害很大，但当滑移率在20%左右时，车轮与地面之间的纵向附着系数很大，可以获得最大的地面制动力，能最大程度地缩短制动距离；同时车轮与地面之间的横向附着系数也较大，使得汽车制动时能较好地保持方向稳定性和转向控制能力。以提高汽车行驶性能为目的而开发的各种ABS装置，其原理就是充分利用轮胎和地面的附着系数。ABS（图10-1-3）是在传统制动系统（图10-1-4）的基础上，增加了一套防止车轮制动抱死的控制系统。在汽车制动时，该套装置采用控制制动液压压力的方法，给各车轮施加最合适的制动力，将车轮滑移率控制在理想滑移率附近的较小范围内，从而实现最佳的制动效果。图10-1-5所示为传统制动系统与ABS防抱死制动系统制动效果的比较。

因此ABS具有如下优点：

（1）提高了汽车制动时的稳定性。

（2）提高了汽车在制动时方向的操纵性。

（3）缩短了汽车的制动距离。

（4）减少了轮胎局部的过度磨损。

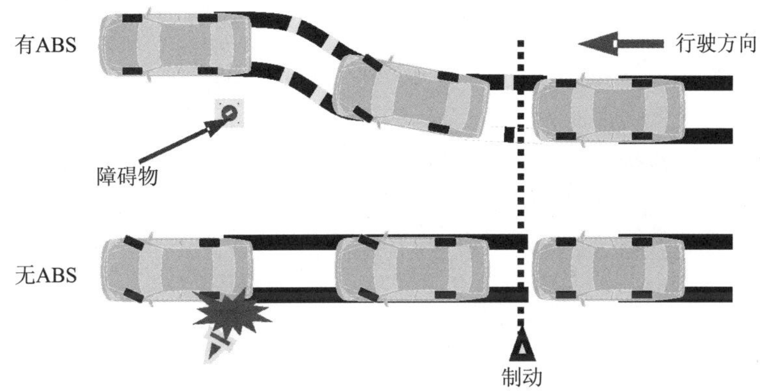

图 10-1-5 传统制动系统与ABS防抱死制动系统制动效果比较

三、ABS系统的种类

1. 按生产厂家分类

按生产厂家，ABS系统可分为德国的博世（Bosch）ABS系统、戴维斯（Teves）ABS系统、美国的德尔科（Delco）ABS系统和美国的本迪克斯（Bendix）ABS系统。这四种ABS系统目前应用广泛，且在不断发展、更新和换代。其中德国的博世（Bosch）ABS系统和戴维斯（Teves）ABS系统在欧洲，美国、日本、韩国等汽车中采用最多。

2. 按控制方式分类

按控制方式分，可分为单参数控制和双参数控制。

单参数控制以控制车轮的角减速度为对象，控制车轮的制动力，实现防抱死制动，其结构主要由轮速传感器、控制器（电脑）及电磁阀组成。

双参数控制的ABS，由车速传感器（测速雷达）、轮速传感器、控制装置（电脑）和执行机构组成。其工作原理是车速传感器和轮速传感器，分别将车速和轮速信号输入电脑，由电脑计算出实际滑移率，并与理想滑移率15%—25%做比较，再通过电磁阀来控制制动器的制动力。

3. 按控制通道和传感器数目分类

在ABS系统中，对能够独立进行制动压力调节的制动管路称为控制通道。如果某个车轮的制动压力占用一个控制通道单独进行调节，则称为独立控制。如果对两个（或两个以上）车轮的制动压力同时进行调节，则称这种控制方式为同时控制。

在两个车轮的制动压力进行同时控制时，如果以保证附着力较大的车轮不发生制动抱死为原则进行制动压力调节，这种控制方式称为高选控制；如果以保证附着力较小的车轮不发生制动抱死为原则进行制动压力调节，则这种控制方式称为低选控制。

实际使用中常按控制通道和轮速传感器的数目进行分类。

按照控制通道数目的不同，ABS系统分为：四通道ABS系统、三通道ABS系统、双通道ABS系统与单通道ABS系统。

（1）四通道ABS系统

四通道ABS系统如图10-1-6所示。

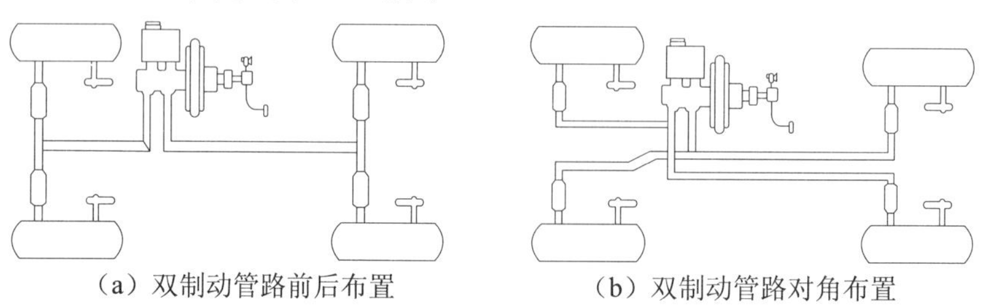

（a）双制动管路前后布置　　（b）双制动管路对角布置

图 10-1-6 四通道ABS系统

四通道ABS系统有四个轮速传感器，在通往四个车轮制动分泵的管路中，各设一个制动压力调节装置，分别对各个车轮进行独立控制。

由于四通道ABS系统是根据各轮速传感器输入信号，分别对各个车轮进行独立控制，因此四通道ABS系统附着系数利用率高，制动时可以最大限度地利用每个车轮的最大附着力。四通道控制系统特别适用于汽车左右两侧车轮附着系数相近的路面，不仅可以获得良好的方向稳定性和转向控制能力，而且可以获得最短的制动距离。但在不对称路面上制动时的方向稳定性差。行驶在附着系数对分的路面上或汽车两侧垂直载荷相差较大时，制动时两个车轮的地面制动力就相差较大，因此会产生横摆力矩，使车身向制动力较大的一侧跑偏，不能保持汽车按预定方向行驶，会影响汽车的方向稳定性。

（2）三通道ABS系统

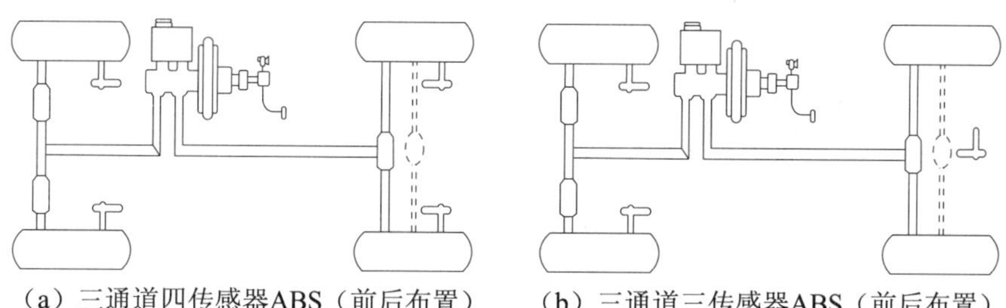

（a）三通道四传感器ABS（前后布置）　（b）三通道三传感器ABS（前后布置）

图 10-1-7 三通道ABS系统

三通道ABS系统是对两前轮进行独立控制，两后轮按低选原则进行统一控制，也称为混合控制。

图10-1-7（a）所示为按前后布置的双管路制动系统。该系统中虽然在通往四个车轮制动分泵（轮缸）的制动管路中，各设置一制动压力调节分装置，但两个后轮制动压力调节分装置却是由电子控制器按低选原则统一控制的，因此，实际上仍然是三通道ABS。

图10-1-7（b）所示为按前后布置的双管路制动系统。在通往两后轮制动分泵（轮缸）的制动总管路中，只设置一个制动压力调节分装置，以便对两后轮制动分泵的制动压力进行统一控制。由于三通道ABS对两后轮进行统一控制，对于后轮驱动的汽车，也可以在传动系统中（如主减速器或变速器中）只设置一个轮速传感器，感测两后轮的平均转速，实现近似低选原则的统一控制。

两后轮按低选原则进行统一控制时，可以保证汽车在各种条件下左右两后轮的制动力相等，即使两侧车轮的附着力相差较大，两个车轮的制动力都限制在附着力较小的水平，使两个后轮的制动力始终保持平衡，保证汽车在各种条件下制动时都具有良好的方向稳定性。但也可能出现附着系数大的一侧后轮的附着力不能充分利用的问题，使汽车的总制动力有所减小。但是，在紧急制动时，由于轴荷前移，在汽车的总制动力中，后轮的制动力所占的比重较小。因此，后轮附着力未能充分利用的损失对汽车的总制动力影响不大。

对两前轮进行独立控制，主要考虑到小轿车，特别是前轮驱动的汽车，前轮的制动力在汽车总制动中所占的比例较大（可达70%左右），可以充分利用两前轮的附着力。一方面使汽车获得尽可能大的总制动力，利于缩短制动距离，另一方面能在制动中使两前轮始终保持较大的横向附着力，使汽车保持良好转向控制能力。尽管两前轮独立控制可能导致两前轮制动力不平衡，但由于两前轮制动力不平衡对汽车行驶方向稳定性影响相对较小，而且可以通过驾驶员的转向操纵对由此造成的影响进行修正。因此，三通道ABS在小轿车上普遍采用。

（3）双通道ABS系统

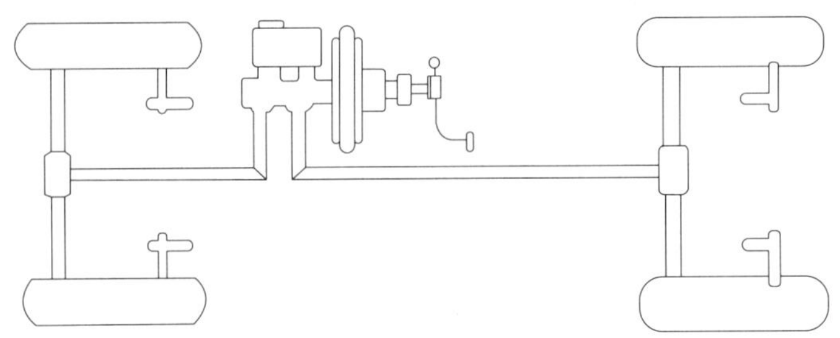

图 10-1-8 双通道ABS系统

为减少制动压力调节器的数量，降低成本，有些车也采用双通道ABS，如图10-1-8所示。但是由于双通道ABS难以在方向稳定性、转向操纵性和制动距离各方面得到兼顾，目前采用很少。

（4）单通道ABS系统

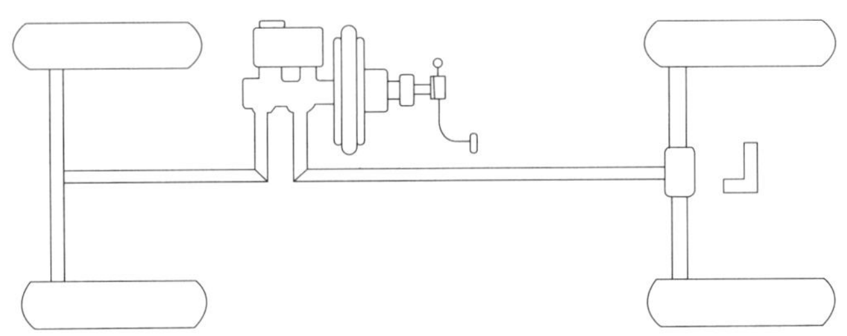

图 10-1-9 单通道ABS系统

单通道ABS在后轮制动器总管中设置一个制动压力调节器，在后桥主减速器上安装一个轮速传感器，如图10-1-9所示。单通道ABS一般都是对两后轮按低选原则进行统一控制，但不能使两后轮的附着力得到充分利用，因此制动距离不一定会明显缩短。另外前轮制动分泵的压力并未进行控制，制动时前轮会出现制动抱死，因而转向操纵能力也未得到改善，但由于制动时两后轮并未抱死，能够显著地提高制动时的方向稳定性，且结构简单，成本低，所以单通道ABS目前在一些轻型载货车上仍广泛采用。

四、ABS的基本组成与工作原理

ABS是在普通制动系统的基础上，加装ABS电控单元、ABS液压控制单元、轮速传感器、ABS警告灯等装置而形成的制动系统，其基本构成如图10-1-10所示。

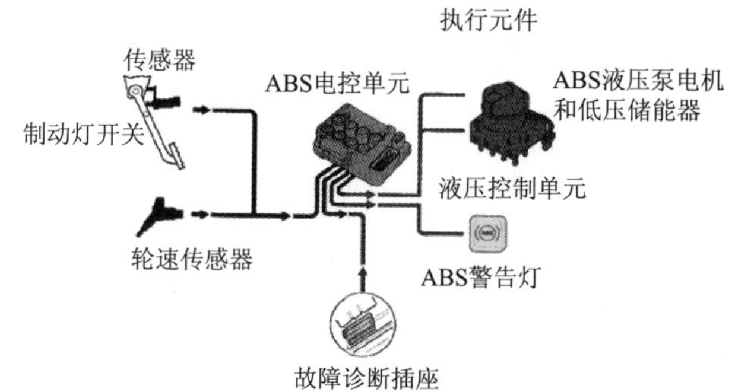

图 10-1-10 ABS防抱死制动系统的组成

1. ABS系统的主要零部件

（1）轮速传感器

轮速传感器的主要作用是检测车轮运动状态，获得车轮转速信号，并将车轮的转速信号送给ECU。目前ABS的轮速传感器主要有电磁感应式轮速传感器和霍尔感应式轮速传感器。轮速传感器一般安装在车轮处，但也有设置在主减速器或变速器中的，主要由传感头和齿圈组成（图10-1-11）。

如图10-1-12所示，磁感应式轮速传感器由电磁感应式传感头和磁性齿圈组成。传感头由永久磁芯和感应线圈组成，齿圈由铁磁性材料制成。当齿圈旋转时，齿顶与齿隙轮流交替对向磁芯，当齿圈转到齿顶与传感头磁芯相对时，传感头磁芯与齿圈之间的间隙最小，由永久磁芯产生的磁力线就容易通过齿圈，感应线圈周围的磁场就强。而当齿圈转动到齿隙与传感磁芯相对时，传感头磁芯与齿圈之间的间隙最大，由永久磁芯产生的磁力线就不容易通过齿圈，感应线圈周围的磁场就弱。此时，磁通迅速交替变化，在感应线圈中就会产生交变电压，交变电压的频率将随车轮转速成正比例变化。电子控制单元可以通过轮速传感器输入的电压脉冲频率进行处理来确定车轮的转速、汽车的参考速度等。

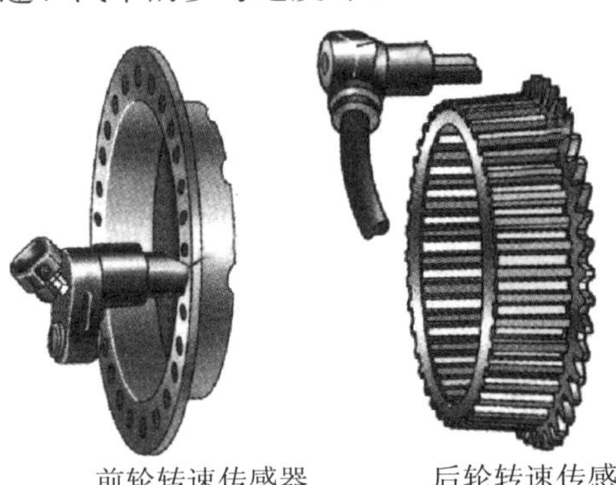

图 10-1-11 车轮转速传感器的安装位置

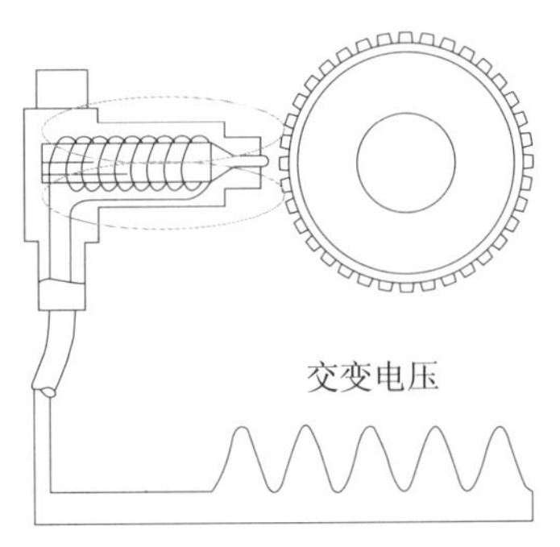

图 10-1-12 磁感应式车轮转速传感器的工作原理

（2）制动压力调节器

图 10-1-13 制动压力调节器

制动压力调节器，如图10-1-13所示，是ABS系统中最主要的执行器，一般设在制动总泵（主缸）与车轮制动分泵（轮缸）之间。

它的作用是接受ECU的指令，通过电磁阀的动作来实现车轮制动器制动压力的调节。现代轿车常用液压式制动压力调节器。液压式制动压力调节器主要由电磁阀、液压泵和储压器等组成。串接在制动主缸和工作缸之间，用电磁阀和液压泵产生的压力控制制动力。主要有循环式制动压力调节器和可变容积式制动压力调节器等。

循环式制动压力调节器在制动主缸与工作缸之间串接一个电磁阀，直接控制工作缸制动压力。

可变容积式制动压力调节器在原有制动系统管路上增加一套液压控制装置，控制制动管路中容积的增减，控制制动压力的变化。这种压力调节系统的特点是制动压力油路和ABS控制压力油路是相互隔开的。

（3）ABS电控单元

ABS电控单元的主要作用是接收各轮速传感器信号，进行比较、分析和判断，计算出制动时车轮的转速和车速变化来判断车轮与道路表面之间的滑移状况，然后控制制动压力调节器去执行压力调节的任务。同时，还包括初始检测功能、故障检测功能、轮速传感器检测功能和失效保障功能。ABS电控单元工作原理如图10-1-14所示。

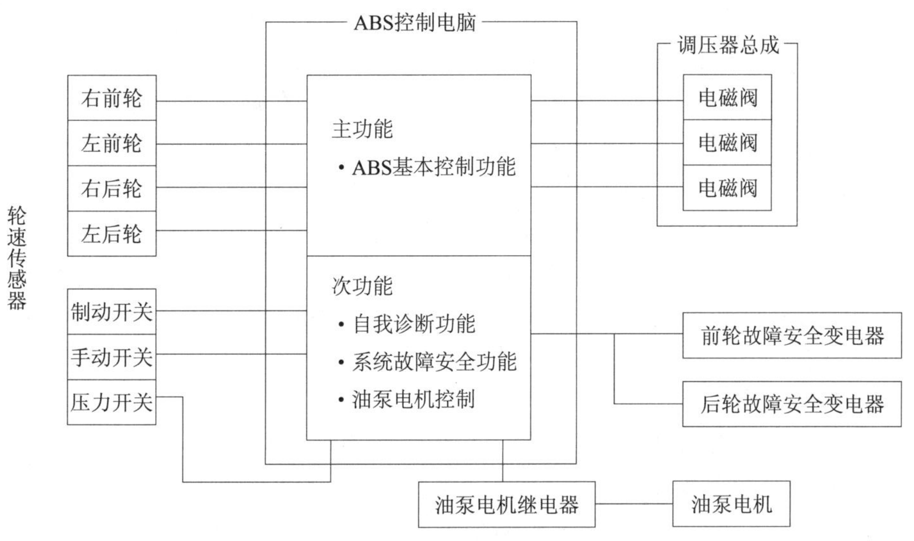

图 10-1-14 ABS ECU控制原理图

（4）ABS警告灯

ABS警告灯的作用是显示系统工作状态及自诊断报警。

黄色的ABS警告灯可显示ABS控制系统的故障，它报警后汽车仍然能维持常规制动，但ABS系统已断电保护，停止工作。

2. ABS系统的基本工作原理

ABS系统的基本工作原理如图10-1-15所示。

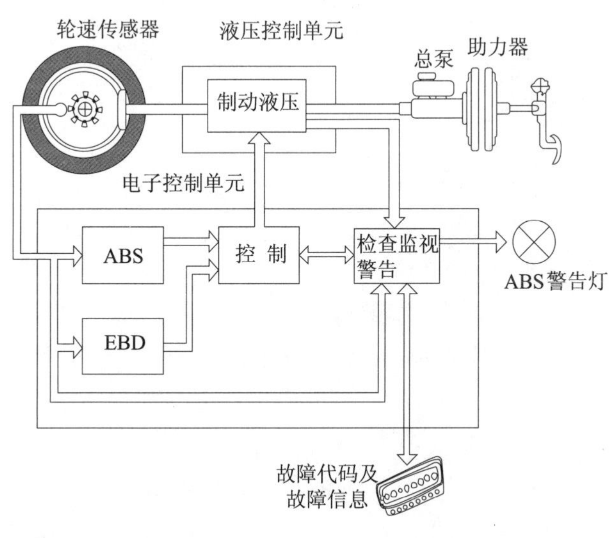

图 10-1-15 ABS系统的基本工作原理

汽车在制动过程中，轮速传感器不断把各个车轮的转速信号及时输送给ABS电子控制单元（ECU），ABS电子控制单元根据设定的控制逻辑对四个轮速传感器输入的信号进行处理，计算汽车的参考车速、各车轮速度和减速度，确定各车轮的滑移率。如果某个车轮的滑移率超过设定值，ABS电子控制单元就发出指令控制液压控制单元，使该车轮制动轮缸中的制动压力减小；如果某个车轮的滑移率还没达到设定值，ABS电子控制单元就控制液压单元，使该车轮的制动压力增大；如果某个车轮的滑移率接近于设定值时，ABS电子控制单元就控制液压控制单元，使该车轮制动压力保持一定。从而使各个车轮的滑移率保持在理想的范围之内，防止四个车轮完全抱死。

在制动过程中，如果车轮没有抱死趋势，ABS系统将不参与制动压力控制，此时制动过程与常规制动系统相同。如果ABS出现故障，电子控制单元将不再对液压单元进行控制，并将仪表板上的ABS故障警告灯点亮，向驾驶员发出警告信号，此时ABS不起作用，制动过程将与没有ABS的常规制动系统的工作相同。

3. 上海桑塔纳2000GSi型轿车ABS系统简介

（1）系统组成

桑塔纳2000GSi型轿车采用的是戴维斯（Teves）公司MK20-I型ABS系统，是三通道的ABS调节回路，前轮单独调节，后轮则以两轮中地面附着系数低的一侧为依据统一调节。ABS系统主要由ABS控制器（包括电子控制单元、液压控制单元、液压泵等）、四个轮速传感器、ABS故障警告灯、制动警告灯等组成，如图10-1-16所示。

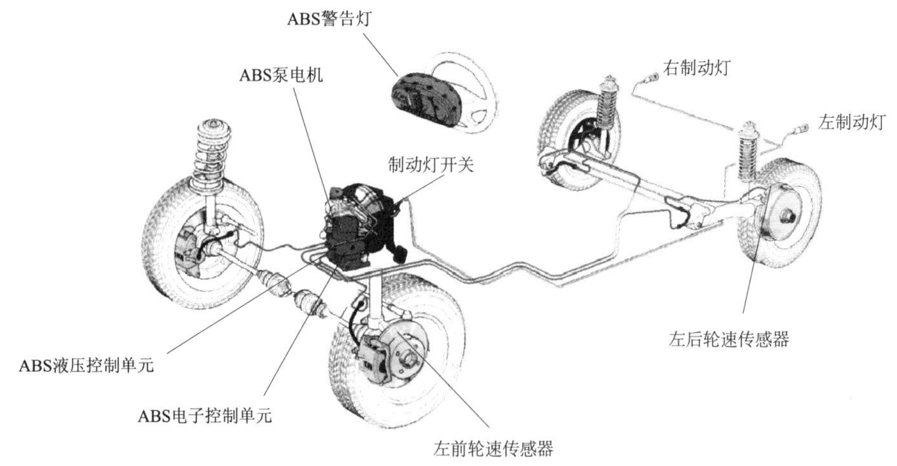

图 10-1-16 上海桑塔纳2000GSi型轿车ABS系统组成

（2）ABS工作过程

①开始制动

开始制动时，驾驶员踩制动踏板，制动压力由制动总泵产生，经常开的不带电压的进油阀作用到车轮制动分泵上，此时，不带电压的出油阀依然关闭，ABS系统没有参与控制，整个过程和常规液压制动系统相同，制动压力不断上升，如图10-1-17所示。

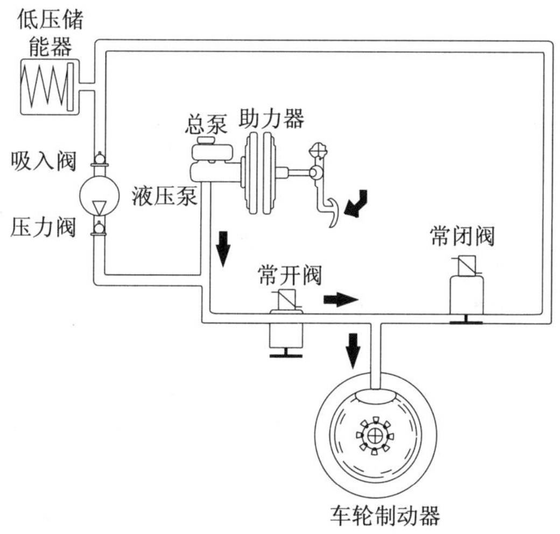

图 10-1-17 开始制动

②油压保持

当驾驶员继续踩制动踏板，油压继续升高到车轮出现抱死趋势时，ABS电子控制单元发出指令使进油阀通电并关闭阀门，出油阀依然不带电压仍保持关闭，系统油压保持不变，如图10-1-18所示。

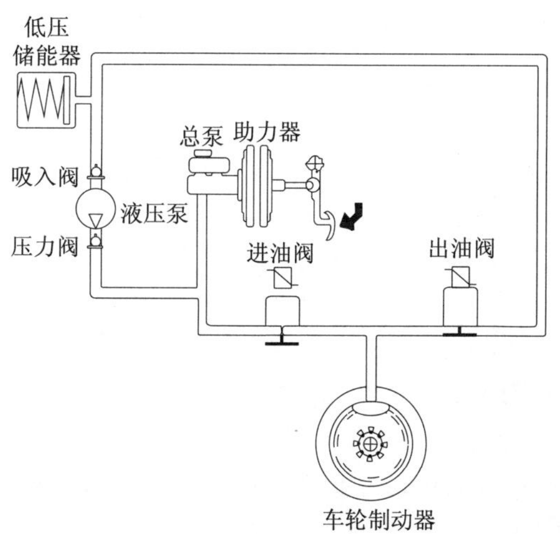

图 10-1-18 油压保持

③油压降低

当制动压力保持不变、车轮有抱死趋势时，ABS电子控制单元给出油阀通电打开出油阀，系统油压通过低压储液罐降低油压，此时进油阀继续通电保持关闭状态，有抱死趋势的车轮被释放，车轮转速开始上升。与此同时，电动液压泵开始起动，将制动液由低压储液罐送至制动总泵，如图10-1-19所示。

④油压增加

为了使制动最优化，当车轮转速增加到一定值后，电子控制单元给出油阀断电，关闭此阀门，进油阀同样也不带电而打开，电动液压泵继续工作从低压储液罐中吸取制动液泵入液压制动系统，如图10-1-20所示。随着制动压力的增加，车轮转速又降低。这样反复循环地控制（工作频率为5—6次/秒），将车轮的滑移率始终控制在20%左右。

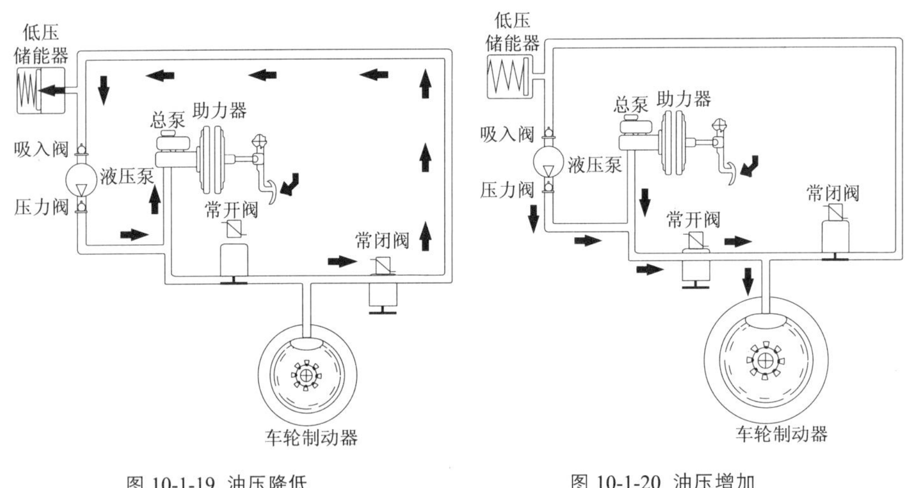

图 10-1-19 油压降低　　图 10-1-20 油压增加

五、电控防抱死制动系统（ABS）的检修

1. 检修ABS的注意事项

（1）ABS系统与普通制动系统密不可分，普通制动系统一旦出现故障，ABS系统也就不能工作，故当车辆制动系统出现问题时，应首先判明是ABS系统故障还是普通制动系统故障，而不能把注意力全部集中在传感器、电控单元和制动压力调节器上。

（2）ABS电控单元对电压、静电非常敏感，维修时稍有不慎就可能会损坏电控单元。因此，点火开关接通时不可以拔或插电控单元上的连接器。

（3）维修轮速传感器时应特别小心，不要碰伤传感器头，不要用传感器齿圈做撬面，以免损坏，安装时不可用力敲击，磁隙可以调整，但要用非磁性工具调整。

（4）装有 ABS 的汽车，每年应更换一次制动液。否则，制动液吸湿性很强，含水后不仅会降低沸点，产生腐蚀，还会造成制动效能衰退。

（5）注意不要让电控单元受碰撞和敲击，不能处在高温环境中。

（6）当蓄电池电压过低时，ABS系统将不能工作，所以特别在汽车停驶长时间后再起动时，应检查蓄电池电压。

（7）更换制动器或更换液压制动系统部件后，应排净制动管路中的空气，以免影响制动系统的正常工作。

2. ABS故障检修的一般步骤

（1）确认ABS故障症状。

（2）先对ABS系统进行直观检查，检查制动液渗漏、导线破损、插头松脱、制动液液位过低等情况。

（3）利用自诊断系统进行读取故障码，然后根据维修手册来寻找故障位置。

（4）根据故障情况，利用必要的工具和仪器对故障部位进行具体的检查，确定故障部位和故障原因。

（5）修理或更换部件以排除故障。

（6）清除故障代码。

（7）路试。

3. ABS主要部件的检修

（1）轮速传感器的检修

轮速传感器可能出现的故障有：感应线圈短路、断路或接触不良，传感器齿圈上的齿有缺损或脏污，信号探头安装不牢或磁极与齿圈之间有脏物等。

轮速传感器在安装时注意其传感头的额定扭矩，不要拧得过紧或过松，否则极轴与齿圈的间隙过小或过大，影响轮速信号的产生与输出；检查轮速传感器与桥壳之间有无间隙；传感器齿圈的齿面应无刮痕、裂缝、变形或缺齿等，严重时应更换转子轴总成。

（2）ABS电子控制单元的检修

首先检查ABS电子控制单元线束插接器有无松动，连接导线有无松脱；再检查其线束插接器各端子的电压、电阻值或波形与标准值进行比较。如果与之相连的部件和线路正常，则应更换电子控制单元再试。

更换ABS电子控制单元时，将点火开关关闭，拆下电子控制单元上的线束插头，拆下旧的电子控制单元，固定好新的电子控制单元，插上所有的线束插头（注意线束不能损坏和腐蚀，插头应接触良好），对角线拧紧固定螺钉；起动发动机，红色制动灯和ABS灯应显示系统正常。

（3）制动压力调节器的检修

制动压力调节器可能会出现电磁阀线圈不良、阀门泄漏等故障。

检测电磁阀线圈的电阻，如果电阻值无穷大或过小等，均说明其电磁阀有故障；将制动压力调节器电磁阀加上其工作电压，看阀能否正常动作，如果不能正常动作，则应更换制动压力调节器；如果怀疑是制动压力调节器有问题，则应在制动压力调节器内无高压制动液时，拆下调节器进一步检查。

六、ABS制动系统的故障诊断与排除

1. 故障现象

ABS不工作，ABS警报灯闪亮。

2. 故障诊断分析

用VAG1552读取故障代码，代码为00285，右前轮速传感器G45故障。拆下右前轮传感器，测量其电阻值为1.0kΩ属正常，更换新G45，再进行检查，故障仍然存在，00285故障码不能被消除。拆下右前轮齿圈进行检查，发现齿轮变形，这样在行车时轮速传感器与齿圈的间隙时大时小，传输信号时强时弱。以致ABS电控单元不能检测到这一信号，使得故障信息显示为该轮速传感器没信号，警报灯闪亮，ABS系统停止工作。

3. 故障排除

更换右前轮齿圈，消除故障代码，路试行车正常，ABS正常工作，故障排除。

第二节　ASR驱动防滑转系统的结构与检修

一、ASR理论基础

1. 汽车行驶时的附着条件

汽车行驶时，驱动力的增大受地面附着力的限制，当驱动力超过地面附着力时，将发生驱动轮滑转现象。因此，汽车在行驶时应满足下面的附着条件：

$$F_t = \frac{M_r}{r} \leqslant F_z \cdot \varphi$$

式中　F_t ——汽车驱动力（N）；

M_r——作用在驱动轮上的转矩（N・m）；

r ——驱动轮半径（m）；

F_z ——车轮与地面之间的附着力（N）；

φ ——车轮与地面之间的附着系数。

2. 车轮滑转率与地面附着系数

由汽车驱动力公式可知，随着驱动轮转矩不断增大，汽车的驱动力也随之增大，当驱动力超过地面附着力时，驱动轮就开始滑转。当车轮与地面之间的附着系数非常小时，尽管驱动轮不停地转动，但汽车却原地不动，即驱动轮滑转。

驱动轮的滑转程度用驱动轮滑转率S_d表示：

$$S_d = \frac{V_w - V}{V_w} \times 100\%$$

式中　V_w——驱动轮轮缘速度；

V——汽车车身速度。

当车身未动（$V=0$）而驱动车轮转动时，$S_d=100\%$，车轮处于完全滑转状态；当车身速度与驱动轮轮缘速度相等（$V=V_w$）时，$S_d=0$，驱动车轮处于纯滚动状态；当车身速度小于驱动轮轮缘速度（$V<V_w$）时，$0<S_d<100\%$，驱动轮处于边滚边滑的状态。在车轮转动过程中，滑转所占的比例越来越大，滑移率S_d也越大。

3. 驱动时附着系数与滑转率的关系

在各种路面上，地面的附着系数均随滑转率的变化而变化，如图10-2-1

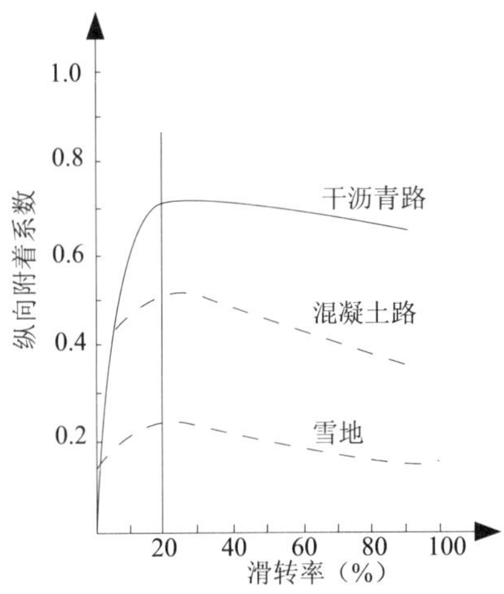

图 10-2-1 驱动时附着系数与滑转率的关系

所示。试验研究表明，当滑转率在10%——20%时，纵向附着系数达到峰值；而当滑转率为100%时，即车轮完全空转时，纵向附着系数变小，此时产生的驱动力最低，对后轮驱动汽车会失去方向稳定性，对前轮驱动汽车会失去转向控制能力。可见，要获得最大的驱动力，必须根据驱动力的大小自动调节车轮的滑转程度，使之保持在10%——20%的范围内，从而最大程度地利用附着系数。

4. 防车轮滑转的控制方式

ASR控制驱动轮最佳滑转率的方式主要有：

（1）发动机输出功率控制

发动机功率控制可以通过改变节气门的开度、调节喷油器的喷油量和改变点火时间等方法，来控制发动机的功率输出，以抑制驱动车轮的滑转。

（2）驱动轮制动控制

驱动轮制动控制通过对滑转车轮施以制动力，使车轮的滑转率控制在目标范围之内。这时，非滑转车轮仍有正常的驱动力，从而提高了汽车在滑溜路面的起步和加速能力、行驶稳定性及转向操纵能力。

（3）发动机输出功率与驱动轮制动综合控制

为了达到最理想的控制效果，采用发动机输出功率控制与驱动轮制动控制相结合的控制系统。综合控制系统将根据发动机的状况和车轮滑转的实际情况采取相应的控制。比如，在发动机驱动力较小的状态下出现车轮滑转的主要原因可能是路面滑溜，这时采用对滑转车轮施以制动的方法就比较有效。而在发动机输出功率大（节气门开度大、转速高）时出现车轮滑转，则主要通过减小发动机输出功率的方法来控制车轮的滑转。有时候，车轮滑转的情况更为复杂，通过对车轮制动和减小发动机驱动力的共同作用来控制车轮的滑转。

（4）防滑差速器锁止控制

这种电子控制的差速器可以在不锁止到完全锁止（0—100%）的范围内，通过对锁止离合器施加不同的液压来进行控制。当一边的驱动轮出现滑转或两边的驱动车轮有不同程度的滑转时，控制器输出控制信号，通过液压控制装置调节差速器的锁止程度，以提高汽车的驱动力和行驶稳定性。

二、ASR的作用与特点

1. ASR的作用

ASR驱动防滑转控制系统或加速防滑转控制系统是ABS制动防抱死系统的完善和补充，是继ABS之后应用于车轮防滑转电子控制系统。其主要作用是防止汽车在起步、加速和滑溜路面行驶时驱动轮的滑转，以提高汽车的牵引性和操纵稳定性。

汽车防滑转控制系统是当驱动车轮出现滑转时，通过控制发动机的动力输出或对滑转车轮施以制动力来抑制车轮的滑转，以避免汽车牵引力和行驶稳定性的下降。

2. 驱动轮滑转对汽车行驶的影响

（1）汽车起步时、在加速情况下驱动轮滑转，降低汽车驱动力，损失发动机的转矩。

（2）汽车转向时、在非线性路面驱动轮滑转，破坏车辆的稳定性和操纵性，产生交通隐患。

（3）后轮驱动滑转的汽车将可能甩尾。

（4）前轮驱动滑转的汽车则容易方向失控，导致汽车向一侧偏移。

3. ASR的优点

（1）汽车在起步、行驶过程中可获得最佳驱动力，提高了汽车的动力性。尤其在附着系数小的路面，汽车起步、加速及爬坡能力的提高更加显著。

（2）提高汽车的行驶稳定性，改善前轮驱动汽车的方向控制能力。

（3）减少轮胎的磨损，降低汽车的燃油消耗。

此外，在ASR起作用时，可通过仪表板上的ASR指示灯或蜂鸣器向驾驶员提醒，提示驾驶员不要踩刹车过猛（紧急制动）、注意转向盘的操作、不要猛踩加速踏板等，以确保行车的安全。

三、防滑转系统的基本组成及工作原理

1. 驱动防滑转系统的基本组成

驱动防滑转系统的主要部件有ASR传感器、ASR控制器、ASR制动压力调节器和辅助节气门驱动装置等。

（1）ASR传感器

ASR系统的传感器有车轮转速传感器和节气门开度传感器。车轮转速传

感器与ABS系统共用，而节气门开度传感器则与发动机电子控制系统共用。

ASR专用的信号输入装置是ASR选择开关，将ASR选择开关断开，ASR系统就不起作用。如在须将汽车驱动车轮悬空转动来检查汽车传动系统或其他系统故障时，ASR系统就可能对驱动车轮施以制动，影响故障的检查。这时，关闭ASR开关，中止ASR系统的作用，就可避免这种影响。

（2）ASR控制器

ASR控制器以微处理器为核心，配以输入输出电路及电源等。ASR和ABS的一些信号输入和处理都是相同的，为减少电子器件的应用数量，使结构紧凑，ASR与ABS通常共用一个ECU。典型的ASR控制器组成，如图10-2-2所示。

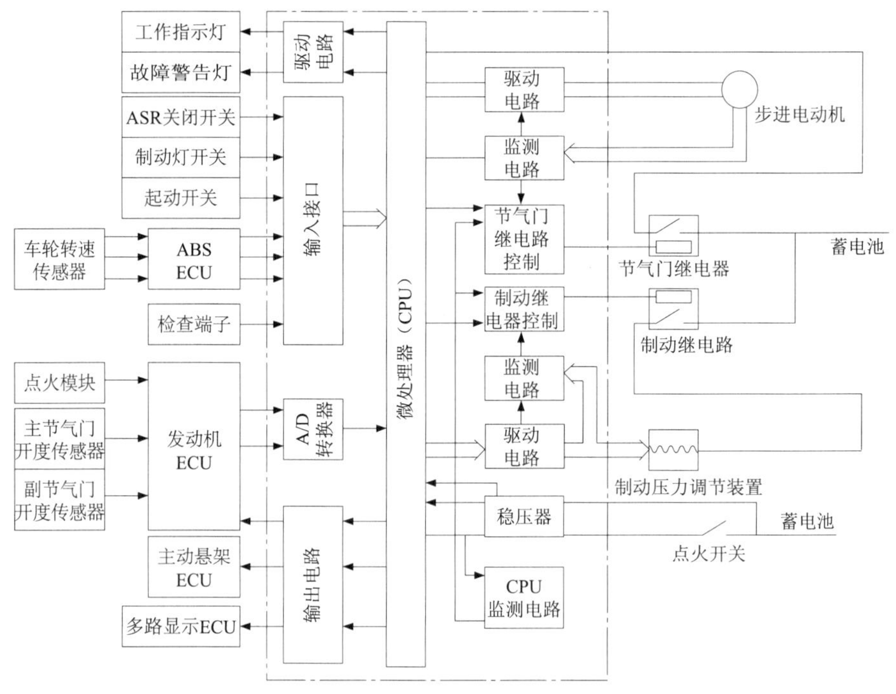

图 10-2-2 典型的ASR控制器组成

（3）ASR制动压力调节器

①单独方式的ASR制动压力调节器

ASR制动压力调节器和ABS制动压力调节器在结构上各自分开，通过液压管路互相连接。图10-2-3所示的是一种采用三位三通电磁阀、变容积式ASR制动压力调节器。

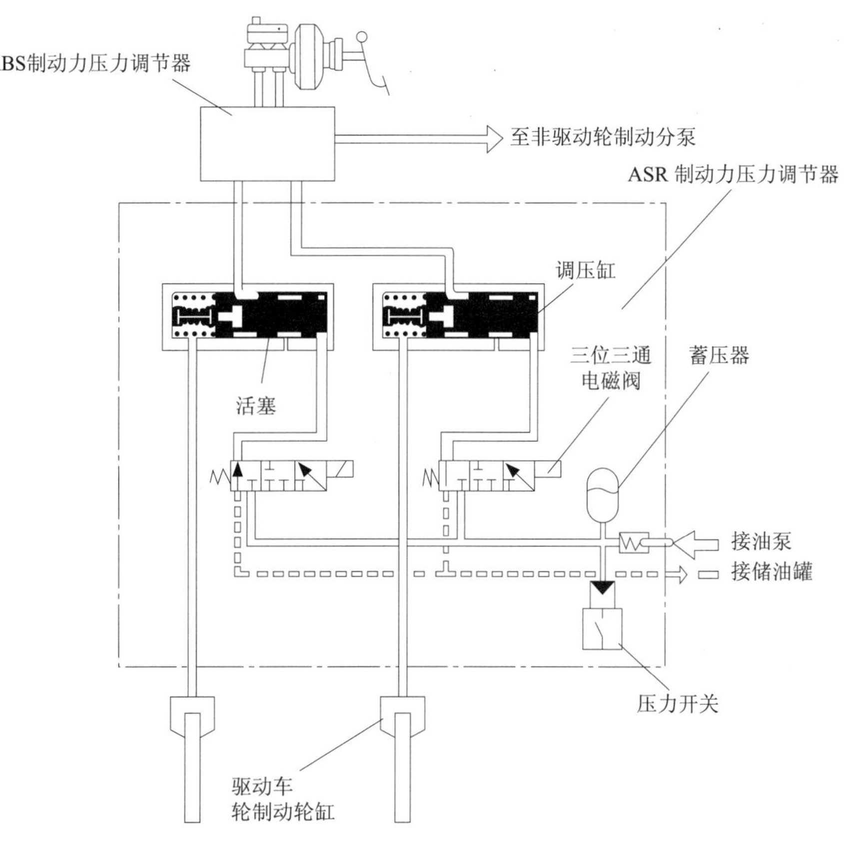

图 10-2-3 单独方式的ASR制动压力调节器

在ASR不起作用、电磁阀不通电时，阀在左位，调压缸的右腔与储液器相通而压力低，调压缸的活塞被回位弹簧推至右边极限位置。这时，调压缸活塞左端中央的通液孔将ABS制动力压力调节器与车轮制动分泵沟通，因此在ASR不起作用时，对ABS无任何影响。

当驱动车轮出现滑转而须对驱动车轮实施制动时，ASR控制器输出控制信号，使电磁阀通电而移至右位。这时，调压缸右腔与储液器隔断而与蓄压器接通，蓄压器具有一定压力的制动液推动调压缸的活塞左移，ABS制动压力调节器与车轮分泵的通道被封闭，调压缸左腔的压力随活塞的左移而增大，驱动车轮制动分泵的制动压力上升。当须保持驱动车轮的制动压力时，控制器使电磁阀半通电，阀处于中位，使调压缸与储液器和蓄压器都隔断，于是，调压缸活塞保持原位不动，使驱动车轮制动分泵的制动压力不变。当须减小驱动车轮的制动压力时，控制器使电磁阀断电，阀在其回位弹簧力的作用下回到左位，使调压缸右腔与蓄压器隔断而与储液器接通。于是，调压缸右腔压力下降，其活塞右移，使驱动车轮制动分泵的制动压力下降。

在驱动车轮出现滑转时，ASR电控单元通过对电磁阀的上述控制，实现对驱动车轮制动力的控制，将车轮的滑转率控制在目标范围之内。

②组合方式的ASR制动压力调节器

采用三位三通电磁阀、循环流动式ASR/ABS制动压力调节器的一实例如图10-2-4所示。

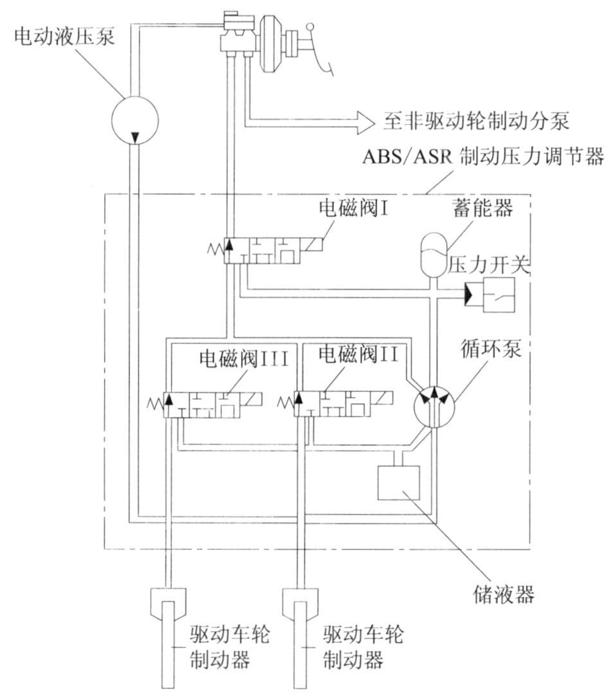

图 10-2-4 组合方式的ASR制动压力调节器

在ASR不起作用时，电磁阀I不通电。汽车在制动过程中如果车轮出现抱死，ABS起作用，通过控制电磁阀II和电磁阀III来调节制动压力。

当驱动车轮出现滑转时，ASR电子控制单元使电磁阀I通电，阀移至右位，电磁阀II和电磁阀III不通电，阀仍在左位，于是蓄压器的压力油通入驱动车轮制动泵，制动压力增大。当须保持驱动车轮的制动压力时，ASR电子控制单元使电磁阀I半通电，阀移至中位，隔断了蓄压器及制动总泵的通路，驱动车轮制动分泵的制动压力即被保持不变。当需要减小驱动车轮的制动压力时，ASR电子控制单元使电磁阀II和电磁阀III通电，阀II和阀III移至右位，将驱动车轮制动分泵与储液器接通，于是制动压力下降。

如果须对左右驱动车轮的制动压力实施不同的控制，ASR ECU则分别对电磁阀Ⅱ和电磁阀Ⅲ实行不同的控制。

（4）辅助节气门驱动装置

辅助节气门驱动装置一般由步进电动机和传动机构组成，安装在节气门体上的位置如图10-2-5所示。

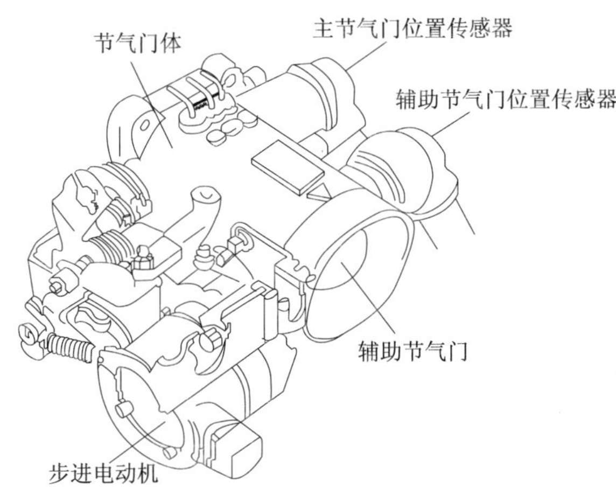

图 10-2-5 辅助节气门驱动装置总成

在ASR不起作用时，辅助节气门处于全开的位置。当驱动轮滑转，须减小发动机输出功率时，步进电动机根据ASR电子控制单元输出的控制脉冲转动规定的转角，通过传动机构带动辅助节气门转动，改变辅助节气门的开度，从而达到控制发动机的输出功率、抑制驱动车轮滑转的目的，辅助节气门工作原理如图10-2-6所示。

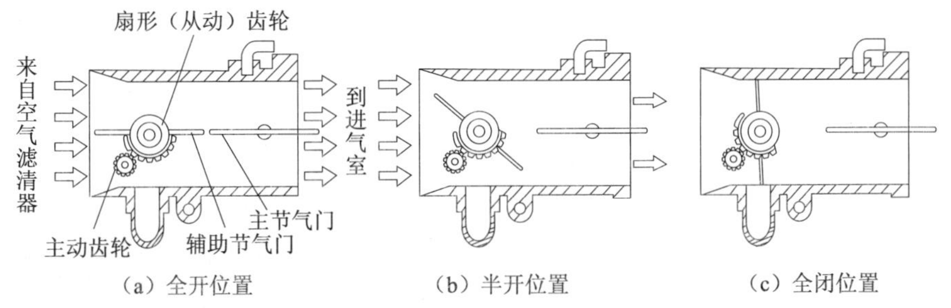

图 10-2-6 辅助节气门工作原理

2. 驱动防滑转控制原理

电子防滑转控制原理如图10-2-7所示，车轮转速传感器将行驶汽车驱动车轮转速及非驱动轮转速转变为电信号，输送给控制器。控制器根据车轮转速传感器的信号计算驱动车轮的滑转率，如果滑转率超出了目标范围，控制器再综合参考节气门开度信号、发动机转速信号、转向信号等确定控制方式，输出控制信号，执行器动作，将驱动车轮的滑转率控制在目标范围之内。

（1）控制发动机输出功率

在发动机节气门体的主节气门前方，设置了辅助节气门。辅助节气门一般由步进电动机驱动，在ASR不起作用时，辅助节气门处于全开位置。当两驱动车轮滑转率超出限定值时，ASR电控单元输出控制信号，控制辅助节气门驱动步进电动机工作，使辅助节气门的开度适当减小，以控制发动机的输出功率，抑制驱动车轮的滑转。

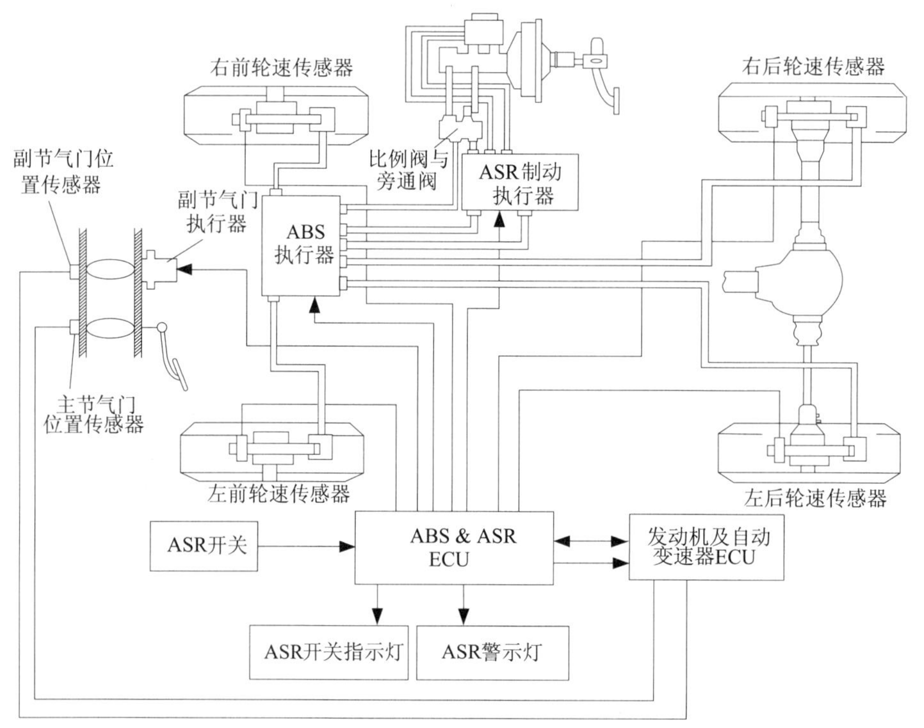

图 10-2-7 电子防滑转控制原理

通过调节辅助节气门开度来控制发动机输出功率的反应速度较慢，通常用调整点火时间和燃油喷射量来补偿辅助节气门调节的不足。当发动机输出功率调节量较小或辅助节气门调节还未能有效控制车轮滑转时，ASR的ECU则向发动机ECU输出控制信号，使点火时间适当推迟或喷油量适当减少，以实现迅速控制发动机输出功率的目的。由于推迟点火和减少喷油量会使燃烧质量变差，造成排气污染的上升或增大三元催化转化器的负担，因此，只适用于发动机输出功率瞬时微量调节。

（2）控制滑转车轮的制动力

ASR通过对其制动压力调节器的控制，实现对滑转车轮的制动。当车轮滑转时，ASR 电控单元输出制动控制信号，使ASR制动压力调节器工作，使滑转车轮有一适当的制动力，将车轮的滑转率控制在理想范围内。

通过制动来控制驱动轮的滑转率反应速度快，但是从舒适性和避免制动器过热等方面来考虑，这种控制方式只应在汽车行驶速度不高和短时间的情况下使用。

（3）发动机输出功率和驱动车轮制动的综合协调控制

ASR电控单元根据各车轮转速传感器、节气门位置传感器、发动机转速传感器等提供的信号计算得到车轮的滑转率，并判断汽车的行驶速度及行驶状况、节气门开度、发动机的工况等，确定是否进行防滑转控制和选择什么样的控制方式。在两边车轮同时出现滑转、发动机转速较高、汽车高速行驶等情况下，ASR电控单元优选减小发动机输出功率控制。如果减小发动机输出功率还未能使滑转率控制在目标范围之内，再辅以驱动轮制动控制。在两边驱动轮滑转率不一致、发动机输出功率较小、汽车行驶速度不高等情况下，ASR电控单元则选驱动轮制动控制方式。必要时，在对驱动车轮施以制动力的同时，再辅以减小发动机输出功率控制，以达到理想的控制效果。

3. ASR的工作特点

（1）ABS和ASR都是用来控制车轮相对地面的滑动，以使车轮与地面的附着力不下降，但ABS控制的是汽车制动时车轮的“拖滑”，主要是用来提高制动效果和确保制动安全；而ASR是控制车轮的“滑转”，用于提高汽车起步、加速及滑溜路面行驶的牵引力和确保行驶稳定性。

（2）虽然ASR也可以和ABS一样，通过控制车轮的制动力大小来抑制车轮与地面之间的滑动，但ASR只对驱动车轮实施制动控制。

（3）ASR在汽车起步及一般行驶过程中工作，当车轮出现滑转时即可起作用，而当车速很高（80—120km/h）时一般不起作用。

（4）ASR在处于防滑转控制过程中，如果汽车制动，ASR就立即中止防滑转控制，以使制动过程不受ASR的影响。

四、驱动防滑系统的故障诊断与排除

故障案例1：

1. 故障现象

奔驰600SEL轿车，仪表板上ASR故障灯常亮。通过了解，故障刚出现时，再行驶一段时间后ASR故障灯才会亮；关掉车子再重新起动，仪表板上的ASR故障灯又会熄灭；但再行驶一段路程，ASR故障灯又会重新点亮。

2. 故障检修

仪表板上的ASR故障灯常亮，说明该车ASR系统有故障。

先对ASR系统利用随车故障自诊断功能从故障检测插座上调取ASR系统故障代码，故障代码显示：ASR电脑与EGAS电脑信号传输有问题。对EGAS系统进行故障自诊断，调取故障代码，但读不出任何信息。因此怀疑其线路存在故障。经仔细检查EGAS电脑的线路系统，没有发现任何异常现象。打开EGAS电脑，发现EGAS电脑里面有个集成块已经烧毁，须更换。更换EGAS电脑后试车，ASR故障灯不再点亮，但路试一段距离后，ASR故障灯又点亮了。再利用随车故障自诊断系统提取ASR系统的故障代码，故障代码显示：怠速触点线路不良。

查怠速触点线路，发现怠速触点线路有一个线插断开，把该线插接上，试车，ASR故障灯不再点亮，故障彻底排除。

故障案例2：

1. 故障现象

一辆奥迪C5A6轿车，装备APS型发动机，排量2.6L。该车在行驶过程中驱动防滑转控制系统ASR指示灯常亮。用户反映该车前两天曾因发动机不起动故障拖到服务站维修过，但那时ASR指示灯并未点亮。

2. 故障检修

该车的驱动防滑转控制系统ASR，采用的是通过调整发动机的进气量控制发动机的输出功率，而进气量的调整是依靠改变节气门的开度实现的。同时ASR系统还对发生滑转的驱动轮直接加以制动。这种方式反映时间最短，是防止滑转最迅速的一种控制方式，对驱动轮进行制动还能起到差速锁的作用。对滑转的驱动轮施加一定的制动力外，该车还装备了电子差速锁，当车速超过40km/h时，该装置起作用。当左右驱动轮在不同的附着系数路面及弯道上行驶时，能提高汽车稳定行驶的能力。针对该车ASR指示灯点亮的情况，应该清楚了解：如果ASR发生故障时，ASR指示灯会常亮。正常情况下，打开点火开关时，此指示灯会在点亮约2s后熄灭。车辆行驶过程中，如果ASR系统进入工作状态，指示灯将闪动。在解决该车故障时，先将故障诊断仪连接到自诊断接口上，打开点火开关，检测显示00761的故障码，但无法将其清除，其含义为发动机控制系统存在故障。由于ASR系统的功能依赖于控制单元J104与发动机控制单元及变速器控制电脑之间的数据交换，而它们之间又是通过CAN总线彼此进行信息传递，因此这时ASR指示灯的故障也被存入了发动机控制单元。根据故障诊断仪的提示，进入发动机控制系统，发现了一条提示发动机第三缸喷油嘴有故障的故障码。此时考虑很有可能是线路上的问题导致了发动机电控系统故障码的出现。故决定先对喷油嘴线圈电阻进行测量，当断开3缸喷油嘴线束插头后，测量喷油嘴电阻时，未发现阻值异常。但在装复喷油嘴插头准备进行喷油嘴元件最终执行功能测试时，听到有熔丝被烧毁的声音，而此时发动机已无法起动。经检查保险盒内的34号保险熔丝被烧断。问题出现在喷油嘴的供电线束内。经检查，3缸喷油嘴连线的外皮已被汽油管磨破。也正是由于此原因导致喷油嘴供电保险丝损坏，造成燃油系统不正常供油，发动机不能起动的故障。经过对3缸喷油嘴线路损坏进行修复并更换34号熔丝后，该车一切恢复正常。